贵博论丛〔第一辑〕

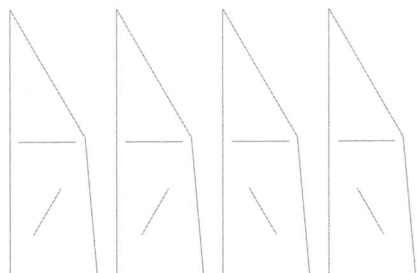

贵州省博物馆 主编

GUANGXI NORMAL UNIVERSITY PRESS
广西师范大学出版社
·桂林·

GUI-BO LUNCONG

图书在版编目（CIP）数据

贵博论丛. 第一辑 / 贵州省博物馆主编. —桂林：
广西师范大学出版社，2020.1
ISBN 978-7-5598-2674-9

Ⅰ．①贵… Ⅱ．①贵… Ⅲ．①文物工作－贵州－
文集②博物馆－工作－贵州－文集 Ⅳ．①G269.277.3-53

中国版本图书馆 CIP 数据核字（2020）第 037326 号

广西师范大学出版社出版发行

（广西桂林市五里店路 9 号　邮政编码：541004）
网址：http://www.bbtpress.com

出版人：黄轩庄

全国新华书店经销

广西广大印务有限责任公司印刷

（桂林市临桂区秧塘工业园西城大道北侧广西师范大学出版社
集团有限公司创意产业园内　邮政编码：541199）

开本：720 mm × 1 010 mm　1/16

印张：24.5　　字数：340 千

2020 年 1 月第 1 版　　2020 年 1 月第 1 次印刷

定价：98.00 元

如发现印装质量问题，影响阅读，请与出版社发行部门联系调换。

目　录

| 下　篇 |

上　篇

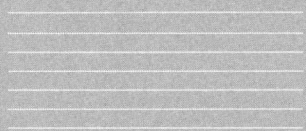

博物馆与文化多样性的保护与传承

陈顺祥*

摘 要 文化多样性是人类共有的遗产，也是不同文化间交流互鉴的重要动力。博物馆作为人类物质与非物质遗产的收藏、保护、研究、展示和传播机构，与文化多样性有着天然的渊源关系。博物馆的多元性是文化多样性的具体表现。本文结合贵州关于文化多样性的保护实践，提出博物馆应当抛弃陈见，调整方向，从馆舍天地走向大千世界，在文化多样性的保护、传承和传播中发挥文化中枢的作用。

主题词 博物馆 文化多样性

世界文化丰富多彩。在全球化和现代化日益发展的今天，文化多样性越来越得到认同。中华文明具有强大的生命力，对待世界不同文化有着"各美其美，美人之美，美美与共，天下大同"的传统。习近平总书记更是文化多样性的积极倡导者。他多次在不同的国际会议中指出，"文化是多彩的，人类文明因多样才有交流互鉴的价值"，"文明因多样而交流，因交流而互鉴，因互鉴而发展"，体现着中华文明的包容与自信。

中国积极倡导的"人类命运共同体"，与一些国家认为所谓的"文明中心论""文明冲突论"形成了鲜明对比。博物馆如何回应世界政治经济所带来的变化，如何在文化多样性的保护传承中贡献力量，如何发挥自己在促进世界文明

* 陈顺祥，男，(1974-)，贵州省博物馆馆长，研究馆员。研究方向：传统建筑保护、文化遗产规划、博物馆运营。

交流互鉴的特殊作用，是全球的博物馆在发展过程必须回答的重大问题。一方面，博物馆的多元性是世界文化多样性的集中体现，博物馆之间的交流往往能促进不同文化之间的交流。另一方面，博物馆作为"收集、保存、研究、传播和展示人类及其环境物质遗产及非物质遗产"的公共机构，理当承担起更多文化多样性保护与传承的重任。

一、文化多样性语境下的博物馆反思

与保护生物多样性一样，保护文化多样性也并非一开始就是世界的普遍共识。2001年11月，联合国教科文组织第三十一届会议在法国巴黎举行。出于对"文明冲突论"的担心，"各国重申了文化间对话是促进和平的最佳保障的信念，断然驳斥了各种文化和文明之间不可避免地要发生冲突的这种论调"，一致通过了《世界文化多样性宣言》(下称《宣言》)。可以说，这个文件是在2001年"9·11"事件后不久的特殊情况下获得一致通过的。[1]

《宣言》指出："文化在不同的时代和不同的地方具有各种不同的表现形式。这种多样性的具体表现是构成人类的各群体和各社会的特性所具有的独特性和多样化。文化多样性是交流、革新和创作的源泉，对人类来讲就像生物多样性对维持生物平衡那样必不可少。从这个意义上讲，文化多样性是人类的共同遗产，应当从当代人和子孙后代的利益考虑予以承认和肯定。"《宣言》发布后，在联合国教科文组织近二十年的推动下，文化多样性逐渐成为全人类共同的文化价值观。

博物馆是服务于社会及社会发展的非营利、永久性机构，它面向公众开放，以教育、研究和娱乐为目的，收藏、保护、研究、传播与展示人类及人类环境中的物质与非物质遗产。2015年11月20日，在巴黎举办的联合国教科文

---

[1] 松浦晃一郎：《世界的文化财富，就是其对话的多样性》，2001年联合国教科文组织文件。

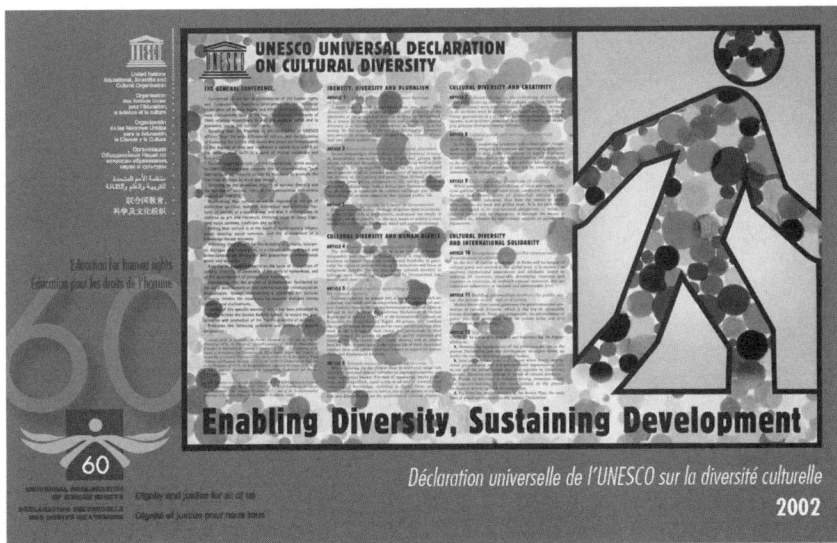

联合国教科文组织《世界文化多要性宣言》宣传资料

组织第38届大会上，正式通过由国际博物馆协会与联合国教科文组织共同起草的《关于保护与促进博物馆和收藏及其多样性、社会角色的建议书》（下称《建议书》）。《建议书》指出：博物馆是致力于展示人类自然与文化多样性的机构，在遗产的保护、保存与传播方面扮演极其重要的角色。在文化多样性语境下，不同文化都试图厘清"我是谁从哪里来到哪里去"的永恒命题，多元文化得以提上议事日程，全球博物馆趁势而为，迎来了新的发展期。正如《建议书》所倡导的，全球各类不同的博物馆，已经逐渐成为世界文化多样性保护、传承和传播的中坚力量。

进入21世纪后，全球博物馆数量持续增长。目前，全球博物馆的数量约8万家，美国博物馆数量第一，按窄口径统计大概是8000家，按宽口径统计更是高达17000家，其次是德国（约6000家）、法国（5000余家）、俄罗斯（5000家）。[1]改革开放40年，中国博物馆事业发展迅猛，成为全球博物馆的重要组

---

[1] 段勇：《当代中国博物馆》，南京：译林出版社，2017，9页。

成部分。2017年底，全国备案的博物馆达到5136家，是1949年的200多倍、1978年的15倍，目前仍以每年180家左右的速度增长，平均两天就有一座新的博物馆向社会开放，我国成为世界上博物馆事业发展最快的国家之一。中国现在平均25万人一座博物馆，虽然低于世界发达国家平均5万人一座博物馆的比率，但就中国巨大的人口基数而言，这一成绩也足以说明中国博物馆事业迅猛发展的态势。在数量增长的同时，中国的博物馆类型也不断丰富。除传统的综合类、考古类、艺术类、历史类、自然类、民族类、遗址类博物馆外，大量以民俗记忆、非遗传承、工业遗产、近现代遗存、生活日用品为主题的博物馆不断涌现，填补了博物馆传统门类的空白，丰富了博物馆结构体系。

新的信息技术和传播技术不断升级，互联网技术的不断更新，社交网络和移动技术的迅猛发展，也给博物馆带来了新的变化。近年，随着《国家宝藏》《我在故宫修文物》《如果文物会说话》等电视节目的推动，博物馆受到的关注度越来越高。2017年，中国举办的陈列展览在2万个以上，有9.7亿观众走进博物馆。故宫、南博、上博等综合性大馆领跑博物馆文创，也成为大众关注的焦点。中国的博物馆对于保护文化多样性和促进不同文明之间交流，发挥着越来越重要的作用。

但同时，中国博物馆的发展也面临许多新的问题。首先就是"不平衡"，即发达地区与欠发达地区博物馆发展不平衡、博物馆大馆与小馆之间的发展不平衡。发达地区的博物馆人才集聚，经费充足，而欠发达地区人才匮乏，经费仅能维持基本开支。能成为网红博物馆的毕竟是少数，大量的中小型博物馆和非国有博物馆仍面临着巨大的生存危机。其次是"不充分"，由于缺少人才和必要的经费、场地，大量中小型博物馆的作用发挥不充分，研究、保护和展示都跟不上。三是特色危机，即博物馆特色不突出，除了建筑不一样，展览风格、文创产品、教育活动均有同质化的倾向。四是博物馆藏品来源逐渐枯竭。民间收藏的兴起，艺术市场的繁荣，博物馆建设热潮的到来，以及考古机构与博物馆的脱钩，博物馆能够征集、接收捐赠、调拨出土文物的机会越来越少，博物馆的收藏功能逐渐弱化。[1]这些问题综合作用的结果，将使藏品丰富、人财物富足的综合性大馆越来越占据有利地位，而一些小型博物馆却面临被淘汰出局的境地，对博物馆文化多样的保护与传承十分不利。

二、文化多样性的贵州探索与实践

贵州是文化多样性的富集之地。贵州各族同胞在这片神奇的土地上创造了历史悠久、风格各异的历史文化、地域文化和民族文化，其中以绚丽多姿的民族文化最具特色。贵州省简称"黔"或"贵"，位于中国西南部，东抵湖南，南邻广西，西界云南，北连四川、重庆。全省山峦重叠，高原、山地、丘陵共占90%以上，所谓"九山半水半分田"。贵州有汉、苗、布依、侗、土家、彝、仡佬、水、回、白、瑶、壮、畲、毛南、蒙古、仫佬、满、羌共18个世居民族。各民族文化既精彩纷呈，又形成了"多元一体"的格局。早在唐宋时期，贵州民族文化的多样性就引起了关注。明清之后，关于贵州民族文化的记述日渐增多，明清时期的文献、地方志等均有记述。清嘉庆年间，还出现了图文记述的《百苗图》。清末，现代摄影技术进入贵州，贵州的民族文化开始有了真实的影像记录。贵州民族调查至今已有百余年的历史。

贵州很早就开始重视文化多样性保护和传承。1950年代，贵州省博物馆在筹建之后即开始了贵州民族文物的调查征集工作，并在1960至1970年代，开设了"贵州民族服饰展""贵州苗族银饰展"等展览。1985年，贵州在北京推出"贵州侗族建筑及风情展"。1988年，又在北京陆续推出"贵州苗族风情展""贵州酒文化展""贵州蜡染文化展"，在西安推出"贵州民族节日文化展览"等，受到社会各界广泛关注。1988年，贵州建成各类专题性博物馆10个：遵义贵

---

[1] 第一次全国可移动文物普查登录文物1.08亿件/套，如果按2017年全国博物馆数量计，每家博物馆平均馆藏量不足2万件/套。可见，有的中小型博物馆藏品数量严重不足。

贵州乡土建筑遗产

贵州非物质文化遗产

州酒文化博物馆、铜仁贵州傩文化博物馆、镇远贵州民族建筑博物馆、黄平贵州民族节日博物馆、安顺贵州蜡染博物馆、台江贵州刺绣博物馆、兴义贵州民族婚俗博物馆、平坝贵州地戏博物馆、福泉贵州古城垣博物馆、郎德贵州民族村寨博物馆，开创了贵州民族文化从"馆舍天地走向大千世界"的探索。

与此同时，"大千世界"也一直进行着文化多样性的保护传承。1980年代以来，贵州推进的民族村寨、文物保护单位、历史文化名村、非物质文化遗产、乡村旅游、生态博物馆、村落文化景观、传统村落等文化遗产保护实践，是贵州文化多样性保护与传承的重要探索，其中以生态博物馆的实践影响最大。贵州生态博物馆的探索始于1990年代初。1995年，在挪威生态博物馆学家约翰·杰斯特龙和中国博物馆学家苏东海先生的推动下，贵州迈开了以民族村寨建设生态博物馆的步伐。1997年，时任国家主席的江泽民同志和挪威国王哈拉尔五世联合签署了《挪威合作开发署与中国博物馆学会关于中国贵州省梭戛生态博物馆的协议》。1998年，六枝梭戛长角苗生态博物馆信息资料中心建成，标志着亚洲首座生态博物馆正式开馆。2000年8月，中挪生态博物馆国际研讨班在六枝举行，生态博物馆专家与博物馆村民共同制定了生态博物馆建设的《六枝原则》。2005年，贵州相继建设了六枝梭戛长角苗、花溪镇山布依族、锦屏隆里汉族、黎平堂安侗族四座生态博物馆，成为中国首批生态博物馆群。2005年，由香港中国西部文化生态工作室资助，在黎平地扪创办了中国第一家民办生态博物馆。生态博物馆理念的引入，使贵州文化多样性的保护和传承迸发出新的活力。

1990年代以后，贵州省博物馆关于文化多样性收藏、研究、保护和展示进一步拓展。1999年，在传统民族服饰、银饰展的基础上，贵州省博物馆推出"多彩贵州"基本陈列，并在2008年进行了改陈。之后，贵州省博物馆建成了中国最大的"苗族服饰库"和"苗族银饰库"。2017年9月30日，贵州省博物馆新馆正式对外开放，在老馆"多彩贵州"2.0版本的基础上，推出了"多彩贵州"3.0版。展览围绕贵州丰富多彩的民族文化、历史文化和地域文化，分"民族贵州""古生物王国""历史贵州""黔山红迹"四个部分。"民族贵州"从自然环境、传统建筑、传统工艺、民族服饰、音乐歌舞、民族节日、婚恋习俗等方面进行了展示。

　　展览是发挥博物馆文明交流互鉴作用的主要手段。自新馆开放至2019年6

贵州省博物馆变迁（1960、2000、2017）

贵州省博物馆"民族贵州"基本陈列

贵州省博物馆社会教育活动

月，贵州省博物馆自办和引进临展12个。既有结合馆藏文物举办的民族服饰、书画、瓷器、红色文化展览，也有引进俄罗斯、埃及、波兰等国外文物特展，以及国内西夏文物、海丝文物的展览。这些展览，促进了贵州与中国乃至世界的文化交流，也让贵博成为贵州了解世界多样性文化的窗口。另一方面，贵州省博物馆推出的"贵博假期""贵博课堂""贵博讲坛"等社会教育活动，围绕贵州丰富多彩的自然、历史和民族文化进行策划，让公众在走进博物馆的同时，对贵州文化的多样性有了深入了解。在文创研发方面，贵州省博物馆结合贵州民族织染、刺绣、银饰、雕刻、制陶、造纸、竹编等传统工艺，设计研发了多款文创产品，成为传播贵州文化多样性的重要载体。目前，贵州省博物馆与第三方机构合作推出的"贵博研学"，拟与贵州各类专题博物馆、文化遗产地、传统村落等进行深度衔接，让博物馆与大千世界进行广泛而深入的互动。

三、文化多样性与博物馆再定位

博物馆是全人类的宝库。它们储藏着世界各民族的记忆、文化、梦想和希望。[1]今天，世界形势面临着"百年未有之变局"，博物馆的发展也遇到了前所未有的机遇和挑战。博物馆应当顺势而为，迎难而上，为世界文化多样性的保护、传承和传播做出应有之贡献。联合国教科文组织《关于保护与促进博物馆和收藏及其多样性、社会角色的建议书》（下称《建议书》）指出：21世纪面临的重大挑战即是保护与促进文化、自然的多样性。博物馆收藏由此成为实现保护自然与人类文化的物质与非物质证据的主要手段。因此，博物馆的发展应当与文化多样建立更加密切的关系。

《建议书》还指出："作为文化传播、跨文化对话、学习、讨论与培训的场所，博物馆在教育（正式、非正式、终身学习）、社会凝聚力与可持续发展方面也扮演了重要角色。博物馆在增强公众意识——文化与自然遗产意义重大，保护遗产与传播人人有责——方面具巨大潜能。同时，博物馆也支持经济发展，特别是通过文化与创意产业，旅游业等。"因此，在文化多样性保护与传承的大背景下，中国的博物馆有必要对自身的发展规划及宗旨职能进行再梳理、再定位。

一是加强博物馆体系建设。

对于文化多样性的保护、传承和传播，仅仅依靠有限的博物馆是难以胜任的，需要从国家和地区政策层面推动博物馆体系建设，建设引领一批小而特、小而专的博物馆，不断完善博物馆类型，形成不同博物馆之间的协同发展的综合体系。《国家文物事业发展"十三五"规划》提出，到2020年，基本形成"主体多元、结构优化、特色鲜明、富有活力"的博物馆体系。同时，应积极构

---

[1] ［英］蒂莫西·阿姆布罗斯、［英］克里斯平·佩恩著，郭卉译：《博物馆基础》，上海：译林出版社，2016，8页。

建"大馆带小馆，国有带民营"的发展体系，形成一些互补性强的区域性、专题性、专业性博物馆联盟。作为综合性博物馆，应积极发挥其区域龙头馆的作用，带领区域博物馆联动发展。

二是加大中小型博物馆扶持力度。

应当重新审视博物馆在构建文化多样性中的作用，对那些具有重要文化多样性意义的中小型博物馆应当给予更多的重视。要在博物馆政策机制上发挥国家的宏观调控能力，在资金、人才、物资上给予中小型博物馆更多的优惠政策，在捐赠、税收及服务能力提升上给予更多政策支持。除此之外，还应大力发展非国有博物馆，在加大扶持力度的同时，加强评估监管，让其充分发挥博物馆的职能。

三是转变博物馆发展方向。

为了避免"千馆一面""千展一面"，博物馆应当树立文化多样性的战略思维，根据自身特长和资源禀赋，适当调整博物馆发展方向。如博物馆展览规划，应当更多关注文化多样性以及"一带一路"国家交流互鉴的主题；博物馆收藏，除了考古类、历史类、艺术类外，也要关注行业特点、地域特色、时代记忆类的藏品，拓宽收藏渠道。再如博物馆的展览、教育和文创，不能一味走历史、考古、艺术类的"阳春白雪"，也应关注科普、手工艺、当下社会生活等方面。关注不同人群的文化权利，让博物馆成为兼容各种文化的巨大容器。博物馆也应当利用网络、移动技术、大数据、人工智能等新技术手段，让展示、教育、保护、研究、传播拥有更多表现形式、更多可能，实现博物馆与公众之间的超级连接。

四是推动博物馆与大千世界的互动。

任何博物馆的时间、空间、藏品都是有限的，因此，要想有持续的影响力，博物馆应当推动"从馆舍天地走向大千世界"的运动，让博物馆时间、空间和藏品得到无限拓展。博物馆可以通过展览、教育、文创、研学等方式，与地质公园、自然生态保护区、景区、遗产地、文物保护单位、传统村落、工业

博物馆 + 大千世界

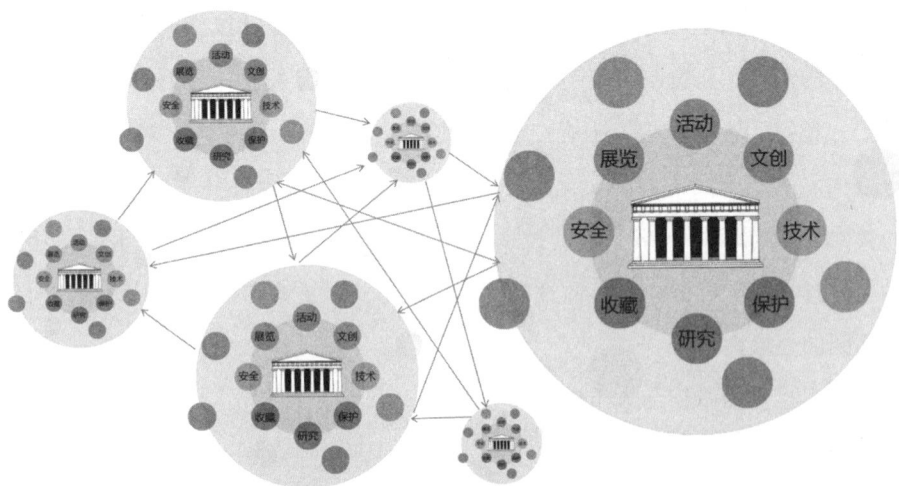

博物馆应当在文化多样性保护、传承和传播中发挥中枢作用

遗产、农业遗产，以及学校、社区、工厂、铁路、空港、地铁等社会生活的方方面面发生关联，形成博物馆自身发展的网格体系，让博物馆真正成为连接"馆舍天地与大千世界"的文化中枢，推动深层次的文化多样性保护、传承与传播。在馆舍天地与大千世界的互动中，生态（社区）博物馆的理念值得借鉴推广。

五是加强博物馆间的交流互动。

博物馆应当更加关注不同文化之间的差异与交流，在充分尊重各种文化的基础上为世界文化多样性做出积极贡献。博物馆应当更加开放和多元，广泛交流合作，为不同文化的呈现提供持续而热烈的平台。中国各类博物馆不仅是中国历史的保存者和记录者，也是当代中国人民为实现中华民族伟大复兴的中国梦而奋斗的见证者和参与者。博物馆应当积极参与国家"一带一路"倡议，围绕中心，服务大局，加强与不同国家、不同文化之间的交流合作，在引进来的同时，积极推动"走出去"战略，让中华文化与世界文化进行广泛而深入的交流对话。

如今，博物馆的社会作用正在发展变化。2019年国际博物馆日主题是"作为文化中枢的博物馆：传统的未来"。文化中枢也好，传统的未来也罢，今天的博物馆已经不同于过去静止不变的机构，博物馆正在重新定义，交互性和参与性越来越强。2019年9月，国际博物馆协会还在日本京都对博物馆的新变化进行讨论。不管博物馆将如何定义，其保护和传承文化多样性的历史使命依然存在。作为社会的核心机构，博物馆应当在不同文化之间建立对话，为和平世界搭建桥梁，并定义可持续发展的未来，使多样性的世界文化得到保护、传承和传播。

对新形势下中国博物馆发展的几点思考

李甫*

摘　要　进入新世纪，中国博物馆发展作为文化建设事业的重要组成部分，其发展上升为国家战略层面，并迎来了重要的战略机遇期。新形势下，对中国博物馆现状及未来发展的思考，有利于博物馆在运营上制定更加科学恰当的措施，创造更多符合时代精神的文化产品，以服务于社会。

关键词　新形势　博物馆发展

进入21世纪，随着中国经济的高速发展及人们对文化权益的迫切需求，国家日益重视文化建设在社会发展中的引领作用，博物馆作为公共文化建设的重要组成部分，其建设上升为国家发展战略层面，政府在资金投入及各项政策上给予了巨大支持。中国博物馆事业得到迅速发展的同时，普遍存在体制机制欠缺、人才匮乏及发展不均衡等问题。伴随博物馆定义内涵及外延的不断扩展变化，其公共属性亦日益彰显，信息与网络技术的广泛应用促使博物馆各项功能的实现方式更为多元化。

---

* 李甫，男，(1977-)，贵州省博物馆研究部主任，副研究馆员。研究方向：贵州近代史、博物馆学。

一、中国博物馆事业发展现状

1.博物馆发展迅速

中国博物馆事业兴起比西方晚，从晚清状元张謇1905年创办中国第一座真正意义上的公共博物馆——南通博物苑算起，至今历程不过114年。其间，发展大体可分为20世纪20年代、50年代、80年代及进入新世纪以后等4个高峰阶段。从博物馆的发展速度上说，中国博物馆无论是国有博物馆、还是私人博物馆，在数量、质量及类型上都取得了傲人的成绩；从博物馆受众面说，博物馆从少数人的文化殿堂已扩展为普通群众文化共享的精神乐园。

尤其是进入21世纪后，国内掀起新一轮的博物馆扩建、改建或新建高潮，2007年底，我国博物馆已有2400多座，基本形成了以故宫博物院、国家博物馆及上海博物馆等著名博物馆为龙头，各省、市博物馆为主干，专题博物馆及私有博物馆为补充的百花竞妍的局面。2008年，全国博物馆、纪念馆免费开放后，为中国博物馆事业发展插上了腾飞的翅膀，这一年即有502家博物馆向社会免费开放。2010年至2018年，中国博物馆数量从3415增长到5354座，[1] 呈逐年上涨趋势（表一）。《国家博物馆事业中长期发展规划纲要（2011—2010年）》中指出：到2020年，从40万人拥有1个博物馆发展到25万人拥有1个博物馆。2019年"5·18国际博物馆日"期间，国家文物局局长刘玉珠公布：截至2018年底，我国登记备案的博物馆达5354家，比上年增加218家，免费开放博物馆数量为4743家，占博物馆总数的88.6%。2018年，我国博物馆举办展览约2.6万次，教育活动近26万次，参观人数达11.26亿人次，比上年增加1亿多人次。（表二）[2]

按照5354座博物馆、我国14亿人口的数量核算，至2018年底，平均26万人已拥有1座博物馆，基本可以断定至2020年能够实现25万人拥有1个博物馆的目标。

表一：2010年至2018年中国博物馆数量增长趋势

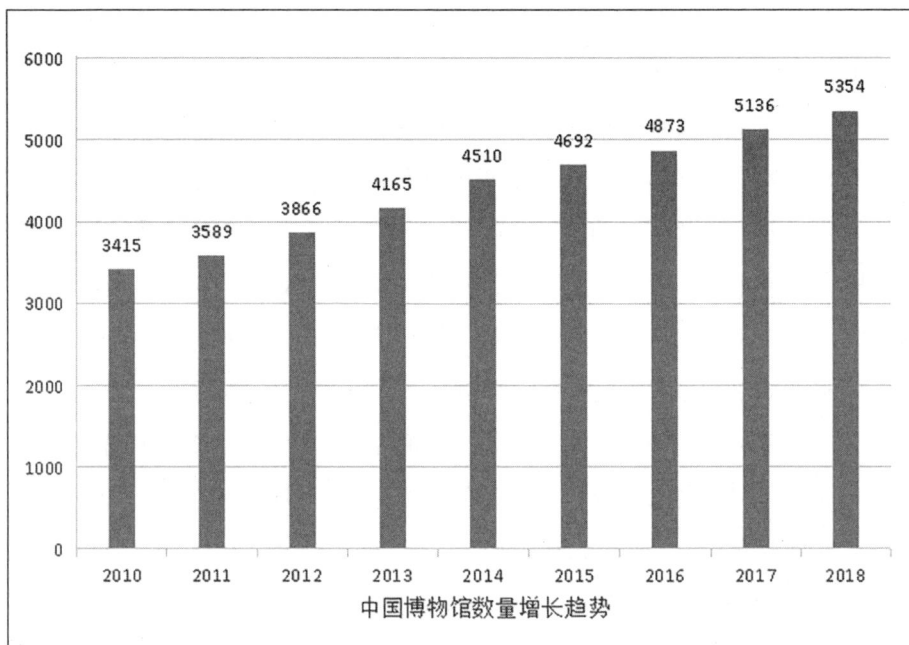

中国博物馆数量增长趋势

表二：根据2016年中国博物馆名录统计中国共有博物馆4826座

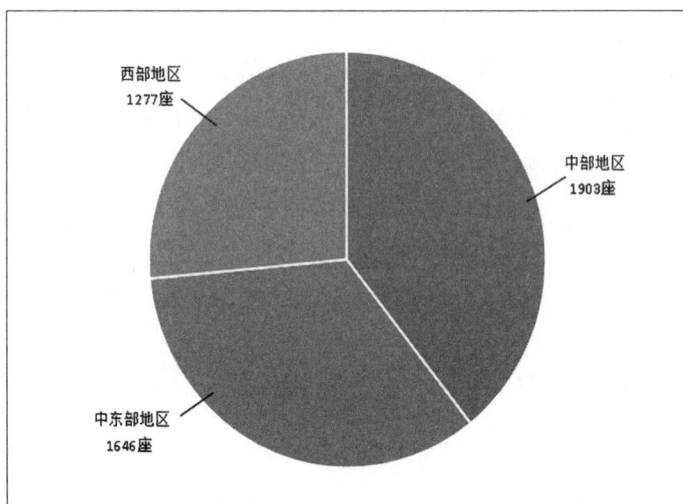

2.博物馆发展不均衡

我国博物馆数量虽然增长迅速，但受经济发展、文化资源及地区间受重视程度不同等因素影响，存在博物馆发展质量相对滞后，地区发展不均衡等问题。根据2016年中国博物馆名录统计，我国共有博物馆4826座，其中东部地区有博物馆1903座，中部地区有博物馆1646座，西部地区有博物馆1277座[1]。经济发达地区在资金上较为富裕，在科学技术、展示手段、办馆理念上思想境界开阔，部分博物馆已进入了世界一流博物馆的行列，如故宫博物院、中国国家博物馆、上海博物馆及南京博物院等，对自身发展方向、功能定位清晰，重视人才建设与事业发展的关系，国际间的展览及学术交流频繁，在博物馆发展理念上敢于大胆借鉴、探索及创新。而处于经济欠发达地区或省市级以下的博物馆，在资金及博物馆运营理念上普遍相对滞后，尤其是近年来新增的一些中小型博物馆，在资金、管理与业务人才上更是捉襟见肘。

目前，我国博物馆事业的主力军是各省、市、自治区由文化和文物部门主办的社会历史类博物馆，所占比重大约70%。其中，省级综合性博物馆，如陕西、河南、湖南、湖北、浙江、广东、山东等，无论在资金投入、硬件条件，还是人才储备、展示手段上都不相上下，在省级博物馆这一层面起着示范作用。在市级博物馆中，也不乏个别实力雄厚的博物馆，如成都博物馆，但更多的中小型博物馆则因历史、文化资源及地域等方面的限制，在藏品等级与数量、资金来源等方面差别较大。除国有博物馆外，行业及民办类博物馆近年来发展迅速，所占比例不到30%，基本上是专题博物馆，藏品涉及面较窄，但因其独有的馆藏，也能彰显自身特色，并吸引大量观众，是中国博物馆事业不可或缺的重要组成部分。近年来，民办博物馆以成都市建川博物馆聚落最为耀眼，其占地500亩，建筑面积近10万平方米，拥有藏品800余万件，其中国家

---

[1] 东部：辽宁、河北、北京、天津、山东、上海、江苏、浙江、福建、广东、海南；中部：吉林、黑龙江、内蒙古、山西、河南、安徽、江西、湖南、湖北；西部：新疆、西藏、青海、甘肃、陕西、宁夏、四川、重庆、贵州、云南、广西。

一级文物425件，是当下民间资本投入最多、建设规模和展览面积较大，收藏内容较为丰富的民办博物馆。[3]

3.博物馆人才资源匮乏

我国博物馆数量至今仍呈增长态势，但在博物馆专业人才队伍建设与博物馆事业发展上并非完全吻合。复旦大学文物与博物馆学系陆建松教授认为我国博物馆专业人才队伍与博物馆事业发展存在四个"不适应"：1.专业人才数量不能适应我国博物馆快速增长对人才总量的需求；2.从业人员专业素质不能适应我国博物馆提升专业化水平的需求；3.从业人员专业素质不能适应博物馆角色和功能的转变；4.专业人才培养不能适应我国博物馆类型发展多样化的要求。[4]该观点虽然出自2014年，但至今仍符合中国博物馆人才匮乏的国情。

博物馆数量的快速增长与博物馆专业人才培养上的不足，导致了博物馆专业人才青黄不接、后劲不足的严重局面。每年全国博物馆学专业毕业的学生远远跟不上博物馆发展速度的要求。目前，许多博物馆，尤其是中小型博物馆在人才构成上专业人员匮乏，专业结构大部分为非博物馆相关专业，真正学博物馆学的专业人才因工作条件及待遇等各方面的综合因素，导致部分专业人才流向其他行业，从而造成了博物馆人员专业素质滞后的局面，也造成博物馆在短期内难以实现质量跨越，毕竟文博业作为一种专业性极强的行业，离不开专业人才这一软实力基础。在博物馆功能不断扩展的当下，博物馆不仅需要博物馆学方面的专业人才，还需要大量懂教育、活动策划、展览策划及设计、材料应用、文物修复、文创设计等方面的专业人才，没有他们，实现我国现代博物馆的功能及角色转变是非常困难的。

二、中国博物馆事业面临的新挑战

1.博物馆事业上升为国家发展战略

随着中国社会经济的发展及人民生活水平的提高，党和国家越来越重视公共文化设施及公众对文化的享受权益建设。2008年1月23日，中宣部、财政部、文化部、国家文物局联合下发《关于全国博物馆、纪念馆免费开放的通知》，全国公共博物馆、纪念馆实行免费开放。十七届六中全会提出：要大力发展公益性文化事业，保障人民基本文化权益。加强博物馆、图书馆、美术馆、科技馆、纪念馆等公共文化服务设施和爱国主义教育示范基地建设。十八大提出："扎实推进社会主义文化强国建设，基本建成公共文化服务体系。"十九大报告指出："文化是一个国家、一个民族的灵魂。文化兴国运兴，文化强民族强。完善公共文化服务体系，深入实施文化惠民工程，丰富群众性文化活动。"这些在文化建设上波浪式的国家战略层面的政策措施的出台，充分说明党和政府从实现科学发展和促进人的全面发展的战略角度出发，高度重视文化建设。

基于博物馆事业上升为国家发展战略层面，博物馆在体制机制上也紧跟时代步伐，有关部门在管理制度、激励机制等方面也出台了一些新举措。2003年，中国博物馆协会开始推行全国十大精品展览评选活动，每年诸多优秀展览参与竞选，博物馆展览水平获得了快速提升，优秀展览层出不穷。2008年2月，为完善博物馆行业评价体系，不断提升博物馆管理水平和服务质量，国家文物局开始推行博物馆评估定级体系建设。从国家文物局网站获悉，截至2016年底，我国一二三级博物馆数量855家，其中，一级130家，二级286家，三级439家。为提高博物馆策展水平，2012年，国家文物局发布了《关于加强博物馆陈列展览工作的意见》，该意见从坚持公益属性、突出科学品质、强化教育功能、规范设计制作、提高策展能力及加强专业指导等6个方面对博物馆陈列展览提出了指导性意见，是新时期博物馆做好陈列展览工作的行动指南。

2.博物馆定义及功能调整变化

博物馆的定义是一个理论问题，更是一个社会实践的问题，是随社会的发展而不断更新的。自1946年国际博物馆协会（ICOM）成立至今，对博物馆的定义进行了七次修改[5]。目前，国际博物馆协会对博物馆的定义是2007年8月第二十一届大会通过修改后的《国际博物馆协会章程》里所诠释的："一个社会及其发展服务的、向公众开放的非营利性常设机构，为教育、研究、欣赏的目的征集、保护、研究、传播并展出人类及人类环境的物质及非物质遗产。"2019年9月1日至7日，国际博物馆协会第25届大会在日本东京召开，根据"博物馆定义、前景和潜力"常务委员会的建议，国际博物馆协会执行委员会决定，重新考虑和修订现有的博物馆定义，因提交表决的"新的博物馆定义"仍然存在不足，不能全面反映博物馆在21世纪应承担的功能和责任，70.41%的代表同意推迟修改。这反映了博物馆在全球化背景下其内涵及功能不断得以发展和丰富，也是新形势下博物馆不断适应社会发展的基本要求。

改革开放40年来，中国博物馆的发展与西方博物馆的交流互动日趋频繁，1983年，中国博物馆学会正式加入国际博物馆协会，并成立了国际博物馆协会中国国家委员会，自此，中国博物馆发展及运营模式就与西方博物馆紧密联系在一起，其发展受到积极影响。2015年2月9日，从新时期的中国博物馆发展实际出发，国务院颁布了新的《博物馆条例》，对中国博物馆进行了重新定义，第一章总则第二条："本条例所称博物馆，是指以教育、研究和欣赏为目的，收藏、保护并向公众展示人类活动和自然环境的见证物，经登记管理机关依法登记的非营利组织。"这一定义与国际博物馆协会2007年对博物馆的定义在收藏、保护、教育、研究、展示方面是一致的。从中也可以看出，中国对博物馆的定义将教育、研究及欣赏作为最终目的，并将教育放在了第一位，更加突出博物馆的教育功能。

3.博物馆公共性与服务性更加凸显

随着国民素质的整体提升，博物馆对观众的服务已经提高到一个较高的层面。博物馆所具有的良好参观环境、完善的配套服务设施及更加人性化的接待服务，这些只是当代博物馆所具备的基本条件，已远远满足不了人们对博物馆的参观需求。博物馆需要有对文物及其文化更加规范准确的专业解读才能更好地吸引参观者，对于每一位进入博物馆的观众来说，能够得到最好的专业知识才是博物馆最大的价值。因此，博物馆深层次的服务性更应该体现在博物馆依靠自身的藏品资源深入挖掘其文化内涵，做好以适应时代特点的新型展陈形式、研学教学活动及文博知识宣讲等系列文化惠民服务，方能满足观众享受文化权益的要求。

目前，博物馆的公共属性还体现在是否有丰富而实用的文创产品。博物馆文创产品作为文化服务的延伸，是观众把"博物馆记忆"带回家最为直接有效的方式之一。2015年，《博物馆条例》提出："鼓励博物馆挖掘藏品内涵，与文化创意、旅游等产业相结合，开发衍生产品，增强博物馆发展能力。"2016年3月，国务院发布《关于进一步加强文物工作的指导意见》，明确要求"大力发展文博创意产业"。2016年5月，国务院办公厅转发原文化部、国家发改委、财政部、国家文物局《关于推动文化文物单位文化创意产品开发的若干意见》，鼓励"具备条件的文化文物单位采取合作、授权、独立开发等方式开展文化创意产品开发"。在新形势下，博物馆不再只是收藏、展示、研究的场所，在博物馆基于藏品文化内涵挖掘的文创视野下，文创产业被赋予了更多的责任和使命。

三、理清发展思路，适应时代发展

1.继续探索适应中国博物馆的理事会制度

国家将对博物馆理事会制度的探索作为推动文博事业可持续发展的一项重要内容。2010年，中宣部、财政部、文化部、国家文物局联合下发《关于进一步做好公共博物馆纪念馆免费开放工作的意见》，明确要求公共博物馆纪念馆要逐步实行理事会决策、馆长负责的管理运行机制。2013年，十八届三中全会《中共中央关于全面深化改革若干重大问题的决定》规定，推动博物馆、科技馆等组建理事会，吸纳有关方面代表、专业人士、各界群众参与管理。从2014年开始，国内部分省级博物馆，如广东、云南、贵州开始推行理事会建设为主要内容的法人治理结构改革试点，至今虽在试点中存在决策监督功能欠缺、理事职责发挥不到位等共性问题，但毕竟已迈出了坚实的一步。

从博物馆理事会的组织架构分析，理事会制度有利于实现管办分离、政事分离的体制改革目标，对于推进博物馆体制机制创新、增强博物馆内在发展活力，拓展其公共属性具有重要意义。"在当前的初步探索阶段，博物馆理事会建设应重点处理好理事会与主办单位的权责划分问题，处理好部分现行的人事、财务等政策与理事会制度不兼容的问题，处理好借鉴西方理事会制度与建设有中国特色的理事会制度的关系问题，处理好理事会成员履职尽责和理事会决策职能落地问题。"[6]

2.推进博物馆内部机构改革

博物馆事业要获得良性循环，必须打破固有思维，大胆借鉴、吸收同行的成功经验。自20世纪80年代开始，旧有的"三部一室制"（保管部、陈列部、群工部与办公室）苏联博物馆发展模式的弊端逐步暴露出来，满足不了博物馆功能需求，引发了业界对博物馆运行与管理机制的思考，西方博物馆办馆理念开始为国内博物馆逐步采用。1991年，上海博物馆在进行内部机制改革时，极力参照欧美博物馆界强调专家在展览中的作用，为使业务人员能更好地接触藏品、研究藏品，达到提升业务能力的目的，打破固有的行政管理建制，重新划分业务部门，消除藏品研究、利用与保护之间的机构壁垒，力求达到更好调动文物研究人员科研积极性的目的，经过这一改革，业务人员的藏品研究能力及水平得以提高。2004年，天津博物馆也进行了类似的改革，不再设立陈列部、保管部及研究部等部门，改为按文物类别划分部室，部门工作集该类文物的保管、研究及展示于一体。实践证明，这种部门设置模式更能发挥博物馆的保护、研究及展示职能，利于博物馆人才培养及事业发展，这是新形势下博物馆实现良性发展的必然趋势。

3."互联网＋"是实现博物馆公共性的有效途径

在计算机信息技术已把人类带入数字化时代的今天，数字化成为促进各行各业生存发展的主要潮流。博物馆作为展示社会文明及其成果的重要场所，公众对它的期望更加突出，博物馆公共性要求其具有多功能、立体化的社会服务才能满足公众需求。因此，博物馆更应抓住信息技术这一发展契机，促进各项工作加快开展，逐步实现博物馆的数字化，建设智慧博物馆。藏品数据库建设是博物馆实现全面数字化建设的基础，实现博物馆藏品数据库建设可以为文物研究、陈列展览、社会教育及文创研发提供更高效的数据应用。无论是基本陈列还是临时展览，多媒体技术、影像技术为博物馆数字化展示提供了强大的技术支撑，可以有效辅助展览效果，实现更直观生动的展示形式，对增强陈列内容的表现力和吸引力有着不可替代的作用。

互联网技术作为最具发展活力的领域已全面融入人们生活的方方面面。2016年，国家文物局、国家发改委、科技部、工信部、财政部印发的《"互联网+中华文明"三年行动计划》提到，推动具备条件的文物单位，依托本单位文物信息资源，结合自身实际情况，采取合作共建、授权委托、独立开发等方式开展文物信息资源的开发利用工作。

计算机信息与网络技术为博物馆公共性打开了一扇大门，网站、APP应用、多媒体数据资源等各种信息的融合，微博、微信公众号等线上及线下互通互联的聚合平台让博物馆的受众人群成几何倍增，互联网让古文化重新"活起来"已成为共识。

4.人才队伍建设是博物馆事业发展的核心要素

博物馆作为专业性极强的行业，人才储备是其发展壮大的关键。随着博物馆功能的不断扩展，博物馆对人才的要求不仅包含博物馆学、考古学，还包括教育、文创销售、修复与复制、材料应用、网络信息技术、安全、创意及展览设计等。基于对藏品文化内涵的科学研究，是提高博物馆运营质量、公共性及服务性的核心要素，是贯穿整个博物馆业务活动的主线，也是博物馆生存和发展的基础，因此，培养一支研究能力强的博物馆业务团队是适应新形势发展的核心任务。

博物馆领导层需要关心博物馆专业人员的工作环境，营造从业人员积极向上的精神风貌，才能够保障团队的和谐共处与工作的高效运转。对博物馆专业人才的培养，除结合有关专业进行针对性招聘外，对博物馆藏品研究欠缺，或因自身历史遗留下来的人员，应从实际出发，通过跟班培养、专业培训、项目锻炼、馆际交流合作等方式进行业务能力提升，合理进行工作分配。人才队伍建设，不是一朝一夕所能实现的，应制定适应自身博物馆人才培养的体制机制，并辅以相应的经济杠杆措施，否则，博物馆人才的培养进度可能跟不上人才流失速度。总之，就是要完善博物馆内部人才队伍培养的体制机制。

四、结语

新形势下，中国博物馆发展事业已上升为国家发展战略，博物馆定义的内涵及外延不断扩展变化，公共属性日益彰显，博物馆需要不断调整原有的运营模式，做好顶层设计，适应博物馆公共性及服务性要求。对博物馆事业发展的思考，是博物馆人常抓不懈的一项重要任务，只有着眼未来，才能保持长久的活力，博物馆的愿景和各项措施才能够持续推进，并落到实处。要以新形势下的博物馆事业发展为契机，秉持包容性、共享性合作与对话的精神，我们有理由相信中国的博物馆事业将会更加美好。

［参考文献］

1. 见中国国家文物局官网，http://www.sach.gov.cn。

2. 见中国国家文物局官网，http://www.sach.gov.cn。

3. 见建川博物馆官网，http://www.jc-museum.cn。

4. 陆建松：《博物馆专业人才培养和学科发展》，载《中国博物馆》，2014（2）。

5. 崔波、杨亚鹏：《博物馆定义大盘点》，载《中国文物报》，2017-10-25（5）。

6. 魏峻：《关于博物馆定义和未来发展的若干思考》，载《中国博物馆》，2018（4）。

浅谈博物馆社会教育的价值、功能、作用与意义

金萍*

摘　要　本文结合新中国成立七十周年的新背景和新要求，首先对博物馆的社会教育的价值、功能、作用与意义进行了综述，其次从价值、功能、作用、意义四个方面展开分析，最后对全文进行总结。

关键词　博物馆社会教育　价值　功能　作用与意义

博物馆不仅承担着传统的收藏和研究等职责，而且还要在新时期下更好地将自身的社会教育职能发挥出来。因为博物馆各项业务活动的开展，都需要以发挥社会教育的作用为前提。作为重要的社会文化服务机构，博物馆加强社会教育工作，主要是通过陈列展览和文物藏品以及有关资料和社会资源的综合应用，搭建出灵活多样的、用于科学文化知识的传播和思想品德教育与社会交流的平台，从而推动社会发展。因此，我们必须要对其价值、功能、作用与意义有一个综合而又全面的认识，才能更好地促进社会教育职能的发挥。

一、博物馆社会教育的价值、功能、作用与意义综述

社会教育是博物馆的主要职能之一，同时也是彰显博物馆时代使命的主要渠道和方式。党的十八大以来，本着全心全意为人民服务的初心，为了满足广

---

* 金萍，女,（1964- ），副研究馆员。研究方向：博物馆社会教育。

大人民群众的休闲理念、休闲方式和文化需求的转变，尤其是越来越多的公众将博物馆作为文化生活必需品的新常态下，国家加大了对博物馆的重视力度，在为社会及社会发展提供服务的过程中，越来越注重社会教育工作的开展，使得博物馆社会教育的价值、功能、作用和意义上升到了新的高度。党的十九大之后，为了更好地贯彻和落实党的十九大精神，越来越多的公共博物馆正在奋力谱写文物事业新篇章，使得博物馆社会教育的价值、功能、作用和意义更加具有凝聚力。其价值、功能、作用与意义发生的转变，是我们必须要深刻认识和践行的。

就博物馆社会教育的价值来看，自党的十八大以来，国家对博物馆社会教育的重视提升到了前所未有的高度，博物馆的社会教育价值发生了巨变。既要坚持以人为本的原则，又要注重社会教育的针对性和有效性，从而将社会教育的价值发挥得淋漓尽致。

就博物馆社会教育的功能来看，党的十八大和十九大报告中都要求加强社会主义精神文明的建设，博物馆在发挥社会教育功能过程中，必须要意识到自身不仅具有公共服务的功能，而且还有社会教育的功能，在为人民服务的过程中，引导人们通过博物馆掌握自然与社会进程中的物质证据，切实注重社会教育与公共文化服务效能的发挥，是当前博物馆社会教育功能发挥的主要方向和思路。

就博物馆社会教育的作用来看，作用与功能看似为近义词，但作用与功能也存在一定的区别和联系。社会教育的作用，主要是引导更多的人参与到城市文化滋润、城市风骨养育、民族精神弘扬和人类文明传承的行列之中，这需要博物馆在社会教育方面紧密结合自身优势和特色，打造新颖的社会教育新天地，才能更好地让人们感受博物馆的魅力。

就博物馆社会教育的意义来看，早在1753年，全球首个国立公共博物馆建立以来，就开始注重博物馆社会教育工作的开展，具有非凡而又不可或缺的意义。近年来，随着中国社会主义文化事业的不断发展，广大人民群众也已经领略到博物馆社会教育的意义，博物馆因此已成为广大人民群众享受文化盛宴的聚居地，彰显着当地文物动向的新业态。所以，其意义就在于从传统的实物媒介范围中拓展，使得教育活动更加丰富，采取实践的方式强化群众对知识获取的便捷性和有效性，从而更好地诠释博物馆的社会教育意义。

二、博物馆社会教育的价值分析

博物馆社会教育的价值在于，更好地发挥其全面性和社会性的教育，能促进国民综合素质的提升，加上其提供的多样性和开放性的教育服务，能有效地促进公众文化素质的提升，在优良的文化熏陶和直观的教育与启发下，使其社会教育价值得到更好的挖掘。因此，在当前的新形势下，博物馆在社会教育的价值彰显过程中，需要切实注重以下工作的开展：

一是始终以党的十九大精神的贯彻和落实为起点，在社会教育工作中，需要认清自身的角色和定位，加强对十九大精神的学习，并在社会教育过程中将其落到实处，才能更好地契合现代人的审美意识与文化需求。例如在文物展览方面，需要在传统的方式外，融入新科技，融入受众乐于接受和所见的方式之中。比如依托微信公众号、微博等强化与受众之间的互动，能更好地帮助受众掌握文化知识，满足受众对展览文物的好奇心。

二是切实注重馆员自身业务素质与能力的提高。馆员作为参与博物馆社会教育的客体，具有较强的引导作用，所以在博物馆社会教育价值彰显过程中，需要明确自身定位，从传统的监督、管理的角色向服务的角色转变，切实注重人本理念的渗透，并在自身的职业生涯中，始终加强对先进思想和精神的学习，尤其是要以十九大精神为引领，不断地提高自身的专业知识能力和语言表达能力，采取喜闻乐见的讲解方式，使受众得到吸引、启发和教育。

三是切实注重与地方特色的有机结合。在博物馆的社会教育价值发挥过程中，博物馆承载着传播地域文化的使者作用，所以，为了更好地发挥社会教育价值，需要注重地域文化传播，注重当地民间习俗与本土文化的发掘和展览策划，以具有当地文化特色的物质文化内容吸引群众参与到展览活动之中，使之在情感上产生共鸣。

四是切实注重教育渠道的拓展和优化。社会教育是博物馆重要价值的体现之一，所以在教育渠道上，需要注重对其拓展和优化，比如开展有关博物馆的专题知识讲座、出版有关科普读物、加强与学校合作教育、吸引社会力量参与博物馆社会教育等，切实彰显社会教育价值。

三、博物馆社会教育的功能分析

博物馆社会教育具有的功能，在于博物馆能更好地诠释其应有的公共性、直接性和多样性。在博物馆社会教育功能中，我们既要注重功能定位，又要强化教育功能的发挥。其教育功能主要得益于其具有以下优势：一是丰富的教育资源；二是互动性的教育活动。所以在发挥社会教育功能过程中，需要注重以下工作的开展：

第一，开展灵活多样的社会教育活动，促进社会教育工作的开展。这就需要在陈列展览的基础上，采取收藏和探究等具有延展性的服务与教育，如专题讲解、专业表演、研究探讨、有奖问答及亲身实践等多元化方式，满足群众多样化与多层面的需求，使得博物馆社会教育功能达到受众广泛化的目的。

第二，切实加强社教队伍建设工作的开展，致力于打造高素养和全能型的社教队伍建设，从而为社会教育工作活动的高效实施奠定坚实的人力资源基础。因此，博物馆需要集思广益，结合新形势下的新需求，切实加强社交队伍建设，注重社教人员职能结构的划分和优化，及时加强社情民意的调查，并对有关信息汇总后进行改进和完善，才能更好地提高社教队伍的质量。

第三，切实发挥好新媒体在博物馆社会教育方面的作用。随着新媒体时代的到来，越来越多的受众习惯利用网络来接受新的知识，在这样的现状下，需要切实注重新媒体作用的发挥，利用其新技术、新形式和新理念以及覆盖广和传播便捷等优势，及时地将社会教育的内容传播给受众。在此基础上，还要发挥大数据的优势，加强对读者、对社会教育成效的检验，并通过大数据分析受众行为习惯、社会教育内容的接受程度等，针对性地优化社会教育的内容和方式，尤其是要加强博物馆与受众之间的互动，这样才能变被动为主动，从而更好地诠释社会教育功能之所在。

四、博物馆社会教育的作用分析

社会教育的对象是全体社会成员，在文化与生活知识教育活动中，博物馆的社会教育发生了巨大的变化，使得博物馆自身的作用也在不断地深化和完善。因此，在当前日益注重社会主义精神文明建设的今天，博物馆的社会教育作用也发生了巨变。具体主要体现在以下几个方面：

一是在教育目的方面，传统的博物馆社会教育目的在于对学校教育进行有益的补充，但是这样的目的过于泛化，缺乏针对性，其取得的效果和作用不是很明显。因此，博物馆的社会教育目的更加具有针对性，需要结合受众群体的划分，在社会教育内容上需要有针对性，这样就能更好地将所要表达的内容精准地呈现在受众面前。比如，有的受众对文物本身就不喜欢，很少有机会接触到博物馆开展的社会教育活动，就需要加大社会教育活动的宣传力度。而有的受众本身就比较热爱文物，可采取在线电子问卷的方式，对受众进行大数据分析，精准推送具有较强针对性的社会教育内容，契合其实际需求。

二是在教育方式方面，传统的博物馆社会教育方式无外乎面传心授，至于社会教育所起到的效果如何，往往被忽视。而在当前日益注重社会教育的今天，社会教育方式也发生了深刻的变革，所以需要对教育方式进行优化和完善。除了面对面交流、活动交流，还可以提供碎片化教育方式，让更多受众在碎片化的时间里享受快餐式的社会教育服务，并且切实注重线上与线下的一体化互动。比如将博物馆中的馆藏文物采用小视频并配上语音和文字说明的方式，将其放在抖音、快手等视频软件上，就能让更多的人通过碎片化的时间来接受博物馆的社会教育。

三是在教育理念方面，传统博物馆的社会教育主要秉承的是人本理念，但是人本理念在践行中并没有收到良好的效果，主要原因在于人们想当然认为实施社会教育就能取得良好效果，忽视了人在社会发展中不断变化的规律和现实。所以在教育理念方面，既要坚持人本理念，又要将人本理念升华到人文理念。结合人在各个时期的思想观念、道德标准和价值取向，以人性为本，促进人文理念的传递。尤其是在当前以传授为主而内化不足的现状下，需要以强化受众的人文素养为新方向和目标，注重对人的尊重、重视、关爱，才能更好地结合人类社会发展的变化而针对性地进行改进和优化。给受众更多自由，减少束缚，才能更好地使受众便于理解和认知。只有发挥好人文理念的作用，才能促进社会教育作用的发挥。

四是在教育模式方面，传统博物馆的社会教育模式主要是填鸭式，具有较强的被动性，使受众大多被动接受社会教育。因此，新时期背景下的博物馆社会教育，要从传统的灌输转移到引导上来，优化和完善教育模式，才能更好地适应未来发展的需要。而引导式教育模式，其作用就在于引导受众结合自身的需求，选择相应的教育内容，在彰显人文关怀的同时亦将教育作用发挥出来。

五、博物馆社会教育的意义分析

社会教育作为博物馆的主要职能之一，因博物馆的社会教育更加注重人的教育，有助于人的全面教育，从而培养出全面的人和合格的人。所以其意义就在于更好地促进人的成长。加强博物馆社会教育工作的开展，具有十分重要的意义，具体主要体现在以下几个方面：

第一，有助于民族精神的激发，实现中华民族伟大复兴的中国梦。在当前的全民教育时代下，博物馆作为民族文化与历史变迁的主要展示场所，能有效地展示历史人文沿革，通过采取展览的方式来实施社会教育时，受众好像在历史长河中徜徉，全方位地接受历史的洗礼和熏陶。将受众的散射思维科学扬弃后，始终以中国特色社会主义思想为指导，有利于受众社会主义核心价值观体系的培育，激发民族精神和爱国精神，对于实现中华民族的伟大复兴有着不可或缺的意义。

第二，有助于民族文化的传承和发展。习近平总书记要求青年注重中国文化的传承和发展，博物馆作为民族文化集中展示的平台，在保护传统文化的过程中，通过强化社会教育，能更好地加深青年对传统文化的认知程度，从而引导更多的受众参与到民族文化知识的传承和发展行列之中。

第三，有助于科普工作的开展。科普是一项将科技与教育相结合的综合性工作，近年来，为了更好地实现中华民族的伟大复兴梦，尤其是在科技兴国的号召下，越来越多的博物馆开始采取以科普活动的方式强化社会教育工作的开展，这样就能在活动中顺利开展科普工作，促进科学知识的普及，促进受众的参与兴趣和积极互动。

第四，有助于艺术素养的培养，博物馆中收藏了很多艺术品，这些艺术品往往代表了一个时代、一种艺术类别的风格，博物馆通过社会教育的工作，能更好地促进国民艺术素养的提高。

六、新时期背景下优化博物馆社会教育服务的对策探究

1.切实注重陈列展览工作的开展，为社会教育服务优化奠定基础

博物馆中陈列了大量历史文物，有效彰显了历史文化韵味。在当前的新时期背景下，我们必须充分利用这些文物，更好地促进博物馆社会教育服务的优化。在社会教育中，以馆藏文物为载体，切实强化文化展览工作的开展，通过馆藏陈列加强与受众之间的沟通，结合受众的实际需求，针对性地确定展览主

题、展览形式和展览内容，设计上要贴近社会需求，从而为社会教育服务优化奠定坚实的基础。

2.切实提升讲解人员的专业技能，为社会教育服务优化注入动力

讲解人员在社会教育服务中占主导作用，为达到优化服务的目的，需要切实注重其专业技能的提升，加强现代技术知识的学习，充分意识到博物馆社会教育的价值、功能、作用与意义，才能实现社会教育服务的最优化。

3.切实注重博物馆社会教育宣传，为社会教育服务优化加砖添瓦

博物馆社会教育工作目前尚未得到全面持续地深入发展，尤其是基层群众接受博物馆社会教育的机会较少，所以博物馆需要利用线上线下等不同渠道强化社会教育的宣传，才能更好地赢得受众的认知、接受和喜爱。

七、结语

综上所述，在博物馆社会教育工作中，其价值、功能、作用与意义具有较强的关联性，又存在一定区别，所以我们需要加强对其价值、功能、作用与意义的认知，并切实履行好社会教育的各项职能，才能适应未来发展的需要。

[参考文献]

1. 陈明孝:《如何在新时期深化博物馆社会教育的服务》[J]，载《文化创新比较研究》，2019（3）。

2. 刘露媛:《浅析博物馆社会教育工作的创新》[J]，载《文物鉴定与鉴赏》，2019（4）。

3. 马婧:《浅析地方性博物馆社会教育与非物质文化遗产的相互作用——以常州博物馆为例》[J]，载《文物鉴定与鉴赏》，2019（4）。

4. 马悦:《分析探究博物馆社会教育工作——以张家川博物馆为例》[J]，载《中国民族博览》，2019（4）。

5. 曲芳芳:《博物馆社会教育资源均等化的实现及应用指导》[J]，载《文物鉴定与鉴赏》，2019（9）。

6. 王静:《浅谈博物馆的社会责任与社会教育》[J]，载《文物鉴定与鉴赏》，2019（6）。

7. 王增华:《博物馆社会教育宣传与服务工作探析》[J]，载《文物鉴定与鉴赏》，2019（4）。

8. 肖芳:《试论博物馆青少年社会教育的意义——以深圳博物馆为例》[J]，载《大众文艺》，2019（10）。

9. 谢显纹:《浅析博物馆社会教育——以江西省赣州市博物馆教育为例》[J]，载《文物鉴定与鉴赏》，2019（6）。

10. 钟旭:《基层博物馆社会教育宣传职能调整优化》[J]，载《文物世界》，2019（2）。

藏品总帐管理的职能设置

张婵[*]

摘 要 博物馆总帐是博物馆藏品管理中一个极其重要的岗位。其职能的发挥，对于保证博物馆藏品的安全，达到藏品管理有序，藏品信息数据有帐可查的目的，乃至促进博物馆各项业务工作的顺利开展，均具有重要的意义。文章从总帐工作在藏品管理中职能的认识，对其岗位职能提出了一些思考。

关键词 博物馆 藏品总帐 藏品管理

博物馆库房管理中的总帐即博物馆藏品总登记帐，亦称"国家文化财产帐"，它是一件物品被博物馆确定予以收藏后，严格遵循有关的要求进行登录，并受到国家有关法律保护的一种帐册。在未经国家文物管理机构批准的情况下，任何人不得私自涂改、随意废置。鉴于这种帐册所特有的重要性，博物馆往往派专人进行处理，设立专门的总帐管理人员，并严格排斥库保人员兼任。只要文物不注销，总帐管理人员所做的最主要的工作就是始终着眼于文物的保管与运作情况。因此，总帐管理人员在博物馆藏品管理工作中的地位就变得十分重要。

---

* 张婵，女，(1979-)，副研究馆员，研究方向：博物馆藏品管理与研究、纸质文物预防性保护研究。

一、藏品总帐的职能

从总体上看，总帐管理人员的职能由份内与份外两部分工作构成。

（1）在博物馆的总帐管理过程中，总帐管理人员的份内工作是非常清楚的，即他们必须认真登录藏品总登记帐。总帐管理人员的这部分工作在博物馆物品入藏的整个操作流程中，处于博物馆相关人员做出对某件文物或标本进行收藏的决定之后、文物库保人员办理一系列手续进行具体接收之前的特殊位置。由于总帐本身所带有的某种法律意义上的作用，决定了总帐管理人员所登录的总帐犹如法庭上的证言，必须详尽而准确。对于一件已决定入藏的物品，总帐管理人员首先应根据一定的编排顺序给出它的代号，这个代号一经编定就具有唯一、永久的性质，即使已注销的文物所使用过的编号也不得加以重新利用，更不能直接采用该物品以前的编号。

总帐档案需要反映的是馆藏文物有价值的文字、数据、来源与图表的原始历史记录，其档案资料是我们认识藏品的信息源，是对藏品进行收藏的体现，为陈列布展、科学研究提供最基本与最原始的技术支撑。文物建档的过程，是藏品登录逐步规范化的过程。总帐管理人员必须依靠具有相关专业知识的人员完成对总帐的各个条目（如年代、定名、计量、质地、完残情况等）科学而又详细的记录，同时，总帐管理人员还应该主动积极地从物品藏前的经手人手中发掘藏品的流传经历，尤其是发掘品之外的传世品或捐赠品。

通过总帐建档，可以发现过去的积弊，从而对历史遗留的问题纠谬补缺，借此对每件藏品的类别、时代、名称、级别、数量、尺寸等按统一的定义进行审核，不完备的将其补充，有错误的将其更正，力求每个项目达到规范化要求。通过建档，能提高保管人员的业务素质与研究水平。藏品档案的建立工作与开展藏品研究有着密切的关系，对发掘体现藏品的内涵价值，有着重要的意义。它既是藏品深化研究的过程，又是藏品研究成果的体现。由于藏品档案内容全面、具体，要完成一份合格的藏品档案，则要求档案具体完成人——总帐管理员及保管员有着丰富的文物知识，熟悉藏品的有关资料并熟练掌握文物库房的工作等程序。在建档过程中，对档案要求填写的每一部分内容，都要认真查对，一丝不苟。例如：对于征集入库的藏品，首先要借助于藏品总帐的原始资料，进行反复细致地核对，查证实物是否与记载相符；对见于著录者，则要翻阅大量的文字资料，争取将该藏品的研究文章和著作收录殆尽。对于那些性质、用途不明的藏品，则应根据考古发掘的同类藏品进行比较研究，力求填写准确。

在总帐工作管理中，藏品定名的规范对完善藏品科学管理体系是一项重要的基础工作。首先是指明年代、质地、款识（族别）；其次是外在主要的辨识特征，如颜色、纹饰、形状等；最后是与其使用属性相符的部件专有名称/器形。文物类别和种类不同，决定了它们各自的定名规范也不会相同。藏品定名是一件严肃谨慎的事情，需要在长期工作中不断总结研究。

总之，建立一份完整合格的藏品信息档案，还在于编写工作的质量，而编写过程即是研究记录的过程，这就极大地提高了保管人员的业务素质和鉴别能力。藏品的文字描述，需要我们具备一定的文字功底与专业知识，例如馆藏民族藏品文物，纹饰含有许多民族独特的寓意、生活形态等；书画藏品，题跋、落款能反映当时作者创作的背景；瓷器图文，显示烧制工艺和技艺；等等，这些都需要请教专业老师共同斟酌，尽可能地使语句、文字精练、缜密、恰当、妥帖。因藏品档案要求直观地看到什么就写什么，不需要联想，因此也不使用不必要的修饰词句。总帐与藏品档案的建立与逐步完善，才是业务工作坚实的基础。

总帐不能作为查询的工具，必须经过主管领导的批准并办理手续才能使用。为了更好更便捷地开展工作，总帐管理人员在完成这份份内工作的同时，可以根据本馆工作的实际需要，建立并完善除总登记帐之外的其他辅帐和副帐，如文物出入库日记帐、文物注销帐、藏品辅助展品帐等。

（2）在总帐管理人员的职能中，这些份内工作的设定是明确而清晰的，但是这些工作只是总帐管理人员日常工作中的一个重要方面，随着博物馆对外交流的范围日益广泛、社会教育功能的体现日趋深入，总帐管理人员的另一方面工作即所谓的份外工作量也随之加大，它们主要是指围绕总登记帐所展开的日常工作以外的其他工作，如对文物出入库、藏馆状况的监控，提供来馆文物交流展的单据与资料的管理等，这些工作主要围绕着博物馆专业档案的管理功能而展开，因此我们也可以称其为博物馆交流类专业档案的管理工作。之所以要将这一部分归入总帐的管理职能范畴，是因为除了博物馆内陈列的本馆展品出入库状况需要在总帐的日常管理职能中有体现外，总帐还承担着各级各类藏品档案的管理工作，随时督促库保人员在藏品档案上反映所有藏品的提用、修复、拍摄、鉴定等各种情况，这种独特的档案管理明显区别于其他行政类的档案管理要求，它们具有更强的专业性。由于目前的大多数博物馆中库保部门与各专业部门的职责可谓泾渭分明，陈列策划部门策划后交由各专业部门进行操作的各类展览往往涉及馆内、馆外的众多展品，尤其是引进类展览，在展览过程中产生的各类资料与档案比较零散，而陈列策划部门又不负有整理与管理的职责，因此经常造成全局性资料积累与统计的不便。而总帐管理职能的延伸则恰好为这种管理提供了便利，同时在总帐的日常管理中，不定期产生文物管理情况简报的职责也要求包含这方面的信息，以提供给各级领导及相关业务部门作为开展工作的依据。这一途径不仅可以加强库保部门与其他部门的信息流通与业务合作，另一方面还可以使总帐室及时了解需更换的文物展品的操作情况与外来展品的借用期限等相关信息，及时提醒有关部门进行相关操作。

二、藏品总帐在藏品管理中的地位及作用

由于博物馆总帐管理工作在整个博物馆工作流程中所处的特殊地位，它的份内工作主要与博物馆的每一个藏品库房发生关系，并围绕着藏品而展开，而它的份外工作又直接与各相关专业部门形成联系，为各专业部门工作提供专业

档案使用上的便捷与支持。因此，总帐管理人员职能的设定直接影响到博物馆在藏品管理体制上的合理性。

1.藏品总号是藏品的身份证

"藏品总帐是藏品正式的法律文本，亦称国家文化财产帐，受到国家有关法律保护，在未经国家文物管理机构批准的情况下，任何人不得私自涂改、随意废置。"即藏品受国家法律的保护。总帐的接收程序是，一件物品在被博物馆接收后，博物馆就承担了保护它的法律责任，但其法律地位与身份是在经过科学鉴定，确定其为藏品，将鉴定材料与物品一同交由藏品总帐管理人员查验无误，由藏品总帐管理工作人员分配藏品总号，并严格遵循有关的要求将其登录到藏品总帐之后才确立的。藏品总号是藏品的"身份证号"，具有唯一性与终身性。有了藏品总号，这件物品才能成为博物馆正式藏品，才具有法律地位与身份，受到国家有关法律的保护，要处置它就要按法定程序进行。

2.藏品总帐是检查藏品数量和质量的根据

国家颁布的博物馆工作条例中将博物馆藏品管理工作列为各项工作之首，并做出了原则性的规定，提出了"制度健全、账目清楚、鉴定确切、编目详明、保管妥善、查检方便"的标准。查检是对所有馆藏品的清库核对，查检内容最重要的就是数量与质量，这对于藏品安全和管理来说至关重要。

3.藏品总帐为藏品建档提供详细完备的资料

"藏品档案包括与每件藏品有关的历史资料、鉴定记录、修复记录、使用记录，有关的研究著录、照片、拓片、器物绘图、检验报告等。"藏品总帐管理人员所做的藏品总帐登录工作本身就是一件藏品原始档案的制作过程，为该藏品今后的研究与使用提供最基本与最原始的技术和资料支撑。

4.藏品总帐为科学进行藏品管理和藏品利用提供数据支持

藏品管理能否科学、合理，很大程度上依靠藏品总帐提供的各项藏品统计数据。包括：按质地、类型、时代、材质等统计的藏品数量；藏品注销、增减、借出归库等变动统计；藏品提出修复、保养等保护统计；这些数据为藏品管理提供可靠、有效的依据。

藏品管理制度的制定要有科学性，要符合博物馆工作和事业发展的规律。要与时俱进，不断把那些在实践中证明不够完善或是过时的规定，及时加以修正补充，以保持规章制度的活力和效应。例如：随着越来越多的途径如电视台做节目、社会人士做研究等需要了解更多的藏品讯息，我们需要增强藏品资料流失、保密等多方面的管理制度，既能发挥博物馆的社会职能又能有效保护、保管好藏品；捐赠的藏品，需要有鉴定、鉴选制度，并与捐赠人签订相互制约、具有法律效应的合同、协议。要对藏品管理制度不断完善，加强馆藏文物核查监督制度，对馆藏文物做到上监下管，加大文物的安全监管力度。

三、藏品总帐职能设置的思考

藏品总帐的建立还有许多需要完善之处。例如：除了界定为藏品文物外，还有参考品、展览辅助品等储备性藏品，其界限含混不清，会存在隐患。随着时间的推移和历史背景的变革，应定期组织相关专家根据文物的历史性、科学性、艺术性，定级、提升、增减藏品文物的范畴，使统计范畴统一、规范、细化，同样需要规范管理，以利于藏品管理。

实现文物管理现代化、科学化是信息社会发展的需要，也是博物馆事业发展的必然趋势。为适应现代科学快速发展的今天，用现代化的手段进行文物藏品管理，提高藏品保管工作效率和科学管理水平，使用电脑技术，利用其速度快、计算精确度高，以及有"记忆"能力和逻辑判断能力等特点，是目前进行藏品管理最为理想的手段。然而，要实现藏品管理现代化，则首先要解决藏品管理基础工作的规范化、标准化问题，这是计算机管理的先决条件。我们如果做到藏品数据统一规范，在使用计算机进行藏品检索和统计时，只需要按某一特征的任意条件，即可无一遗漏地查找出如年代、级别、作者、器型、纹饰等同类藏品的信息，并显示和打印出所需文物资料卡片、图像，免去了翻箱倒柜查找文物的麻烦，不但提高藏品利用率，而且增加了藏品的安全系数。还可根据需要，精确地、及时地提供有关藏品总数，以及库存、陈列借调、文物增减情况等各类统计数字。例如：针对借出、借入藏品的时间规定，藏品信息化系统就会提示交还、归入时间，藏品总帐人员就需要提醒相关人员、分类帐人员办理归还或续借手续。对藏品的提用、修复、拍摄、鉴定等各种情况，藏品信息的数据化管理都会呈现，藏品总帐人员也要随时督促库管人员在藏品档案上有所反映。可见，藏品信息的数据化管理与藏品总帐职能息息相关。藏品信息化管理可以减少对藏品本体多次翻阅查找的损害，立体直观地展示藏品本体3D形态，可以跟踪、提示藏品的流动情况，能使我们更直接、更直观、更具立体感与空间感地获取信息资料。可提高工作效率，减轻今后工作负担，为研究藏品提供重要的依据。

文物藏品是博物馆发展的基础，藏品总帐贯穿藏品管理工作的全过程，为科学管理博物馆藏品并使之发挥最大作用提供有力保障。有目的、有针对性地加强文物的保护、保管和征集工作，对博物馆的可持续发展有至关重要的作用。作为博物馆的藏品总帐管理工作人员，我们需要认真对待工作，细致、无误地记录好每一个数据，不漏掉任何细节，一定要以严谨的工作作风为博物馆藏品管理严格把关，尽职尽责地对待每一件藏品，保证藏品管理的科学有效。

[参考文献]

1. 段少京：《关于博物馆藏品管理工作的探讨》，载《南方文物》，2004（4）。

2. 潘洪：《博物馆藏品管理工作的探讨》，载《安徽文学》(下半月)，2007（6）。

3. 文化部：《藏品管理办法》，见中国政府网 http://www.gov.cn/flfg/2006-01/09/content_51766.htm。

4. 张华英：《浅论博物馆的藏品管理工作》，载《科技创新导报》，2009（19）。

5. 庄文静：博物馆藏品的信息资源建设的思考》，中国文物信息网，2004-8。

6. 赵翔：《浅谈文物保管员工作》，载《大众文艺》，2011（14）。

"馆校合作"推动博物馆教育与学校教育的有机融合

简小艳 *

摘　要　博物馆教育与学校教育是一个需要不断探索与研究的永恒命题。如何充分利用"馆校合作"有机融合教育资源，充分发挥博物馆的社会教育职能，满足青少年多元化需求，已成为文博社教工作者共同思考和探讨的问题。我们需要继续以开放的姿态和理念，在必要机制的保障下，通过更加务实的工作与合作，推动博物馆教育与学校教育的有机融合，更大化地实现博物馆的"教育"核心职能，让博物馆真正成为公众的"终身课堂"。

关键词　馆校合作　博物馆教育　学校教育

当下，伴随着我国博物馆事业迈向国际化和社会化的铿锵步伐以及强化公共服务功能的澎湃大潮，博物馆教育迎来了前所未有的机遇，其发展也出现了一系列新的趋势和新的热点。2015年3月20日，国务院颁布实施的《博物馆条例》更是将"教育"放在博物馆诸多功能的首位，博物馆教育同学校教育一起被纳入了国民终身教育体系。我国博物馆教育处于不断深化和转型中，博物馆事业也进入快速发展的阶段。当今的博物馆已不再只是收藏和保护文物的机构，而是一个服务于人的全面发展和面向未来的公共文化教育机构。博物馆已从过去的以收藏为主转化为今天的以教育为主，即由"藏品为中心"向"公众

---

* 简小艳，女，(1972-)，副研究馆员，中国博物馆协会第四届社会教育专业委员会委员。研究方向：博物馆社会教育。

为中心"的转化。博物馆教育工作者不再只是执行者，不再只是简单地向观众灌输博物馆知识，而是转变为博物馆教育的组织者。

近年来，许多博物馆力求将青少年教育与学校教育紧密结合起来，深入挖掘博物馆资源，开发博物馆教育课程，与学校联合开展丰富多彩的教育活动，力图让更多的青少年体验博物馆学习的乐趣，提高参与博物馆学习的积极性。在新的历史时期，"馆校合作"这一创新的模式逐渐发展起来，并且在一次次实践中走向成熟。如何充分利用"馆校合作"有机融合教育资源，充分发挥博物馆的社会教育职能，满足青少年多元化需求，已成为文博社教工作者共同思考和探讨的问题。

一、"馆校合作"的背景及意义

1. 国家相关政策的支持，顺应文化建设的需要

2004年，国务院颁布《关于进一步加强和改进未成年人思想道德建设的若干意见》，将博物馆定位为"爱国主义教育基地"，对未成年人提供服务。2010年，《国家中长期教育改革和发展规划纲要（2010—2020年）》提及"充分利用社会教育资源，开展各种课外及校外活动"。2014年，国家文物局下发《关于开展"完善博物馆青少年教育功能试点"申报工作的通知》（文物博函〔2014〕73号），为促进博物馆青少年教育与学校教育的有效衔接，探索构建具有均等性、广覆盖的博物馆青少年教育项目并形成机制。2016年3月4日，发布的《关于进一步加强文物工作的指导意见》（国发〔2016〕17号）指出："推动建立中小学生定期参观博物馆的长效机制，鼓励学校结合课程设置教学计划，组织学生到博物馆开展学习实践活动。"这些政策的颁布，为博物馆与中小学合作提供指引与政策保障。2015年2月，习近平总书记在西安博物院考察时再次强调，一个博物馆就是一所大学校，要把凝结着中华民族传统文化的文物保护好、管理好，同时加强研究和利用，让历史说话、让文物说话。由此可见，博物馆与

学校教育的交集日渐明显，博物馆必须通过与学校教育的有效结合，来践行自己的文化使命，传承中华传统文化。

2.博物馆教育与学校教育的关系及馆校合作的意义

博物馆教育与学校教育是各具特色的两种教育形式，二者之间既有区别又存在广泛的联系。学校教育是封闭的，设有固定课程，有考试升学的压力，同时，学校教育更具有专门性、计划性和约束性。相较之下，博物馆教育则是一种典型的非正式学习途径，是开放式的，具有生动性、参与性、趣味性、互动性和娱乐性。此外，博物馆教育的形式是多样的，不刻意划分受众，可以是展览、讲座、互动体验等，所以博物馆教育更具有公众性和社会性。

尽管特点、形式各异，但二者的教育目的相同，都在于促进青少年个体发展，培养青少年个人思想观、人生观、价值观，增强青少年社会意识，陶冶社会道德情操，发展利于青少年个体发展的兴趣爱好。博物馆教育工作的核心是传播知识，通过知识的传播给人以教育和启迪，推动青少年教育工作既是学校的职责也是博物馆的职责。推动博物馆与学校深度合作开展教育，将为开辟青少年校外教育的"第二课堂"起到巨大的推动作用。

二、馆校合作的实践与案例

近些年来，全国各地博物馆社教工作者们通过请进来、走出去的方式，开发了众多形式多样、各具特色的教育活动，而其中反响最大的则是博物馆针对青少年群体开展的教育活动。许多博物馆不仅针对中小学生群体开发策划了益智的教育活动，一些大中型博物馆还开发出相关博物馆的学习课程。2015年，国家博物馆与北京史家小学共同出版了《认知——国家博物馆课程学习绘本》一书，面向以年级为单位的中小学生，推出"走进博物馆系列课程学习绘本"；同时，国家博物馆还与史家小学共同开发馆校合作项目，合编出版了《中华传统文化——博物馆综合实践课程》，这是面向小学三年级至六年级学开设的一门依托博物馆资源，从认知自然入手，对人类生存发展的规律、规则进行梳理总结的综合实践性课程。国家博物馆规范化、标准化的课程研发体系形成了较为完善的馆校合作教育模式，对我们中小型博物馆馆校合作开发博物馆综合实践课起到引领和示范作用。南京博物院设计了《文物里的吉祥动物》《小学生人文历史课》等针对幼儿园、小学、初中义务教育阶段的多种课程。而秦陵博物院针对小学生推出了《秦陵移动课堂》校本课程，以"秦始皇和他的军队"为主题，讲述秦代历史文化。内蒙古博物院推出了"行走中的博物馆"历史、民俗、自然、科普、艺术系列课程体系，包括教案、课件、教材。笔者所在的贵州省博物馆除了推出"贵博课堂"等教育课程外，还开展了"民族文化进校园"主题社教活动，以公开课的形式，向贵阳七中初一年级的学生讲述贵州少数民族服饰及传统手工技艺。此外，故宫博物院的"如意主题"教育课程、湖北省博物馆的"礼乐学堂"教育课程、河南博物院的"历史教室"等特色课程的推出，都体现出所有文博社教工作者正以开放的姿态面向学校和社会公众，努力履行博物馆社会教育的使命和职责。

三、当前国内馆校合作的主要模式

馆校合作体现了现代博物馆的公共属性和教育转型，从最初的陶冶情操到如今的实践思考，馆校合作不仅能够使青少年所学习的理论知识得到熟练地掌握与运用，更能培育青少年思维的拓展和全局观念的树立与社会责任感，在立德树人方面具有重要的作用。目前，国内最常见的馆校合作方式可简单归为三种：请进来、走出去、共建综合实践教育基地，实现"有机融合"与"广覆盖"。

1. 请进来

学生到博物馆参观展览是学生利用博物馆学习的最常见、最基本的形式，主要包括以下三个方面：第一，实地倾听讲解员讲解。这是青少年了解博物馆的最基本方式。目前，笔者所在的贵州省博物馆自新馆开馆以来接待的学生团体越来越多，无论是幼儿园的小朋友，还是中小学生乃至大学生对讲解都非常感兴趣。第二，建立互动式教育模式。互动式的教育模式，改变了传统单一的说教模式，让讲解与实践操作相结合，给学生观众思考的空间，一起探讨，共同学习，使学生由被动的听转为主动的发现和研究，从而更大程度地发挥博物馆的教育功能。2018年4月，笔者所在的贵州省博物馆与贵阳市第二实验小学六年级师生开展了一场名为"童眼看家乡"的研学课程活动。到博物馆参观学习之前，老师就与学生进行了研究性学习分组，确定调查问卷，查阅相关资料以及学习参观活动，互动环节所要提问的问题，等等。活动当天，学生们在参观完展览后，与博物馆的讲解员展开了互动。学生提问，讲解员回答；讲解员提问，学生抢答，最后，再由讲解员选出有价值的问题，对提问学生给予奖励。活动结束后，各小组学生要通过统计调查问卷数据，撰写调查报告进行研学总结，汇编研学资料册并撰写活动简报。在这样的研学活动中，学生们不再是被动的接受教育，而是主动参与其中，积极思考，融会贯通，生动而有趣。第三，引导青少年成为志愿者讲解员。让青少年从旁观者变成参与者，从倾听者成为讲述者，身份的转变能够让他们从中学到很多宝贵经验。2018年暑期，我馆与北师大贵阳附中共同建立了第一支中学生志愿讲解队。在经过馆方专业人员的基本礼仪知识讲授以及现场讲解培训、实习和考核后，20名中学生志愿者讲解员正式上线。每周末，学生都会来到博物馆，为广大观众提供志愿讲解服务。如今，这些年轻的面孔已经成为贵州省博物馆一道亮丽的风景线。

2. 走出去

博物馆作为馆校合作的主导，还要学会走出去。目前最常见的走出去馆校合作模式同样包含三个方面：第一，建设流动博物馆。四川博物院、内蒙古博物院都已走在流动博物馆服务的前列。建设压缩型博物馆，在当下社会背景下无疑是可行的。第二，博物馆到学校授课。考虑到小学生的安全问题，博物馆走进学校也是推动青少年教育的比较好的方式。第三，博物馆社教人员成为青少年的校外辅导员。芳草地国际学校贵阳分校及观山湖区第二小学就拟聘笔者为校外辅导员，这种形式为馆校合作提供了新思路。

3. 共建综合实践教育基地，实现"有机融合"与"广覆盖"

为了更好地服务于国民教育，实现博物馆教育与国民教育的有机融合和长效合作，许多博物馆纷纷与学校共建综合实践教育基地，与教学团队建立合作。博物馆多根据自己的馆藏和陈列重点，自行设计较完整的互动体验项目和小课堂，将这些教育以成品的形式带到学校。实践证明，这种形式确实有利于博物馆教育迅速进入学校的教学课堂，但是不足在于缺乏与教师的沟通，计划性较差，要真正实现"有机融合"与"广覆盖"还远远不够。为此，许多博物馆社教同仁均认为，博物馆应该增进与教师之间的沟通，在教育项目的计划和设计中尊重学校教师的资源诉求和课堂安排，博物馆可组织专家、社教人员参与中小学教师培训，通过教师研习会、教师博物馆之友等方式，增强博物馆社教人员与学校教师的双向互动，让更多教师了解博物馆，深入理解博物馆文化，找到博物馆与学校教育的契合点，为馆校合作创造良好的心理认同和双师力量，逐步实现博物馆教育资源的"广覆盖"。只有真正能为教师所用、能有效嵌入课堂、辅助教学的博物馆校本课程，才是馆校合作长效性的根本条件和保障。

四、馆校合作面临亟待解决的问题

多年来，在积极推进馆校合作实践中，虽然不少博物馆在发挥爱国主义教育基地作用，配合学校德育工作，提升青少年综合素质方面取得了显著的成效。但纵观"馆校合作"运行机制，也存在诸多必须面对和亟须解决的问题。

1. 缺乏相应的、具有可操作性的政策保障机制

虽然国家为了推进"馆校合作"，不论是从文博系统还是教育系统都发布了相应的文件，但并没有像欧美国家那样制定系统的"国家教育标准"来指导实施，以至于博物馆在与学校建立长效合作机制上，存在有目共睹的现实困难

与障碍。

2."馆校合作"的深度与广度不够

通过调查，目前多数博物馆对于青少年教育项目的内容策划侧重于博物馆少部分藏品、展陈的一般性介绍，没有把学校的资源激活、融入进来，以至于博物馆的教育资源很难跟课程教育进行有效的对接。以学校教学课程为主旨的校本课程，在发掘深度、内容设计上还值得研究，教育内容覆盖的全面性和深广度还需加强。总体来说，现阶段的"馆校合作"更多地侧重在了意识形态的角度，流于形式，结合的深度和广度都不够。

3.学校对博物馆教育的认可度不够

博物馆与学校隶属不同的行业系统，学校注重的是升学指标，而博物馆追求的是教育延伸与社会效益的提升。学校由于紧张的教学计划和学生学业压力及安全忧患，不愿意经常组织学生参观博物馆。在当前的应试教育环境中，需要让学校和家长看到博物馆资源切实有益于提高学生课程的学习效果，才能获得学校和社会的认可。从学校的角度，组织学生到博物馆参观往往是一次性安排数百上千人，而且通常是"一窝蜂""走马观花"式的游览，对博物馆教育资源的利用非常有限，教育效果堪忧，这样做的结果远不及有计划分批带领学生走进博物馆参观，并参加博物馆教育活动所达到的效果。

4.博物馆教育人力资源缺乏

从博物馆的角度，多数博物馆缺乏专职教育员，而以合同制讲解员为主体的队伍结构，也难以策划出系统化、高水平的教育课程。一旦学生团体大量走进博物馆，无论是教育活动的策划组织能力还是接待能力，都很难满足学校的需求。而多数博物馆长期固定不变的展陈内容，同样难以吸引青少年学生。尤其是相当一部分中小型博物馆还存在缺乏必要的教育场地、缺乏配套硬件设施、缺乏专项经费支持等必须面对的问题。

五、推动博物馆教育与学校教育有机融合的几点思考

现阶段，笔者认为推动博物馆与学校教育的有机融合需要做到以下几点：

1.加强与教育主管部门、宣传部、文明办等相关机构的沟通与合作，建立协调机制，进一步引导全社会关注博物馆教育，将未成年人课外教育实践纳入中小学教育质量综合评价体系和学生综合素质评价体系中。作为博物馆社会教育工作者，应该积极倡议博物馆与教育部门合作，将博物馆教育变为中小学教育的重要组成部分，把博物馆学习纳入国家基础教育战略，写入中小学教学大纲。通过博物馆教育与学校教育的有机结合，逐步形成中小学生定期前往博物馆学习的长效机制。

2.共享教育资源，综合运用文博知识与学校课程。建立博物馆与学校课题合作机制，共同分析寻找博物馆教育资源与中小学学科课程的衔接点。我们可以呼吁教育行政部门把参观博物馆列入教师培训计划，要求教师走进博物馆，逐步树立博物馆教育理念，并结合博物馆资源开展教学。博物馆应有目的、有计划地组织教育教学培训，深入分析研究国家基础课程标准，与学校老师保持联系，根据课程教学大纲结合博物馆实际教育资源编写博物馆教育项目活动方案，设计活动具体互动体验项目。博物馆和学校通过有效合作，互相取长补短，最大限度实现资源共享。

3.尝试与第三方社会教育机构的合作。目前，多数中小型博物馆缺乏教育人员，优秀社教人员和专职教育员严重匮乏。为此我们倡议博物馆体制创新，引进高素质教育人员，以适应博物馆教育工作的人才需求。另一方面，可尝试与第三方教育机构合作，使博物馆教育资源得到更大利用。第三方教育机构出于自身可持续发展的需要，在相对灵活的营运机制下，注重丰富未成年人课外活动内容的开发，创新开展青少年素质教育形式。双方合作，博物馆可借力策划出特色教育项目，弥补专业人员的短缺，助力博物馆教育的提升。而第三方教育机构以博物馆为依托，可获取更大的发展空间。二者互惠互利，共同为青

少年群体打造更大的课外教育平台。

六、结语

博物馆作为社会教育机构，已然成为学校教育的有益补充。博物馆教育与学校教育将是一个永远要继续的话题，更是一个需要不断探索与研究的永恒命题。实际工作中，我们需要继续以开放的姿态和理念，在必要机制的保障下，通过更加务实的工作与合作，更大化地实现博物馆的"教育"核心职能，让博物馆真正成为公众的"终身课堂"。

［参考资料］

1. 何宏：《博物馆与学校——教育合作进行时》，见中国博物馆协会社会教育专业委员会，秦始皇帝陵博物院编：《中国博物馆教育研究系列丛书 带路——博物馆教育的行动与思考》，三秦出版社，2017。

2. 张媛媛：《"馆校结合"强化博物馆的社会教育职能》，见天津市文物博物馆学会编：《回顾与展望2016年中国博物馆宣教工作研究》，天津人民出版社，2016。

3. 周甜：《馆校合作推动青少年教育的实践和思考》，见天津市文物博物馆学会编：《回顾与展望2016年中国博物馆宣教工作研究》，天津人民出版社，2016。

4.《博物馆条例》，2015年3月20日国务院颁布实施。

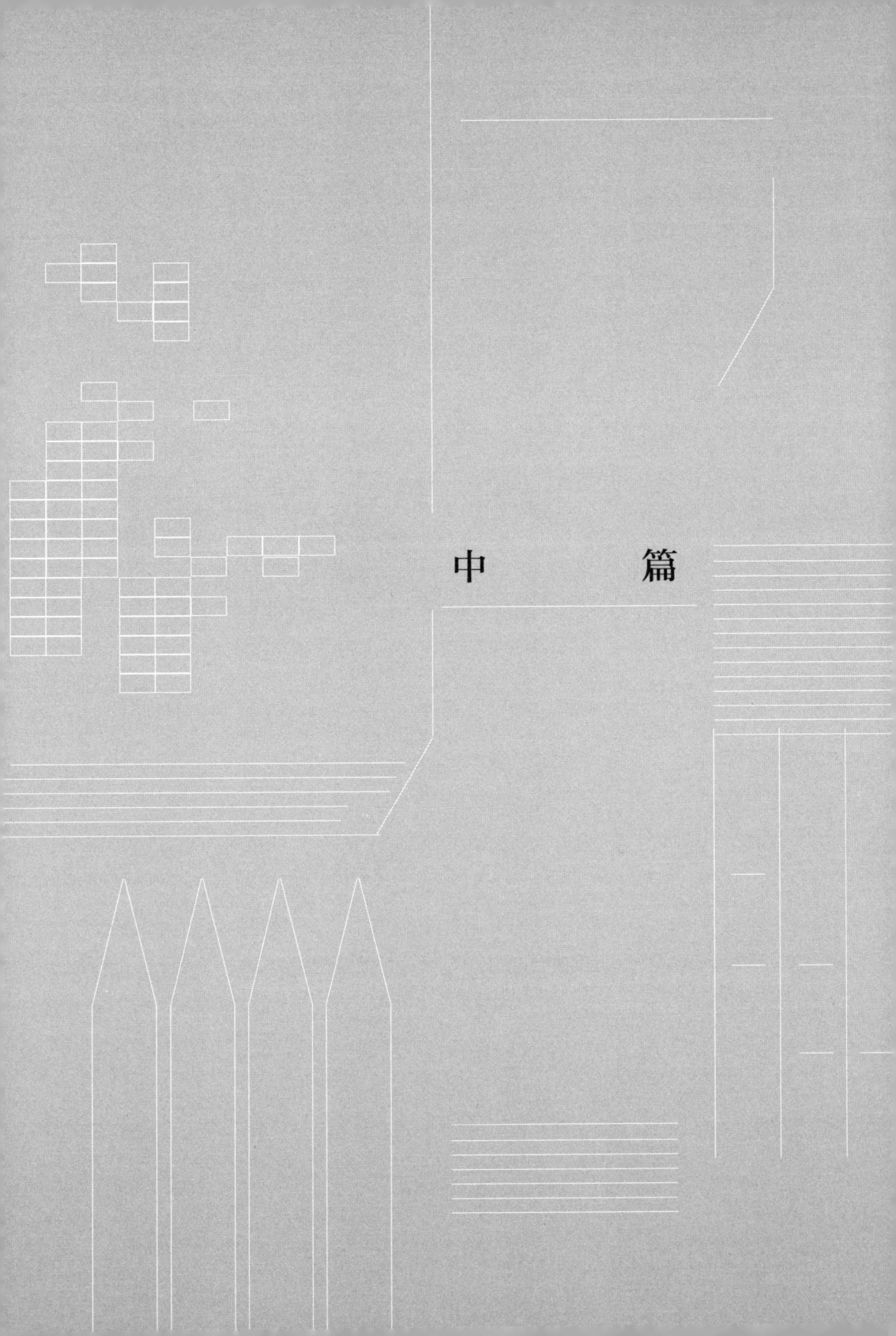

中　篇

贵州中生代爬行类足迹化石综述

曾嵘[*]

摘　要　贵州中生代地层中蕴含着丰富的爬行类足迹化石，记载着爬行动物的类型和行为方式。目前我省发现的中生代爬行类足迹化石点共有8处，从三叠纪、侏罗纪到白垩纪都有其足迹化石的代表，在国内占有一定的地位。其中贞丰牛场发现的手兽足迹是该类化石在我国的首次记录；仁怀茅台恐龙足迹是我国发现的侏罗纪早期规模最大的蜥脚类恐龙足迹化石群；另外，研究人员还以习水同民恐龙足迹命名了一个新的恐龙足迹化石种。

关键词　足迹化石　爬行类　中生代　贵州

贵州以关岭古动物化石群、兴义古动物化石群和盘县古动物化石群为代表的三叠纪海生爬行动物化石群驰名中外，但很多人不知道的是贵州远古时期也曾是陆生爬行动物乐居的场所。贵州陆生爬行动物代表性化石是发现于大方、毕节、息烽和平坝等地的原蜥脚类恐龙，它们生活在距今1.8亿年前的中生代侏罗纪早期。近年来，以恐龙为主的脊椎动物足迹化石不断在贵州被发现和报道，引起了人们的广泛关注。据相关文献资料报道，到2013年底，我国已发现中生代爬行动物足迹化石点63处，化石属种共计42属61种，包括恐龙足迹38属55种，翼龙足迹1属3种，其他爬行动物足迹3属3种。截至2019年，贵州发现的中生代爬行类足迹化石点共有8处，从三叠纪、侏罗纪到白垩纪都有其

＊　曾嵘，女，(1974-)，馆员。研究方向：古生物研究。

足迹化石的代表。其中三叠纪的3处：贞丰牛场、贞丰龙场和安顺幺铺；侏罗纪的3处：毕节响水、仁怀茅台和赫章辅处；白垩纪的2处：赤水宝源和习水同民。

一、三叠纪爬行类足迹

贵州三叠系地层分布广泛，发育良好，蕴含的古生物化石极其丰富，地层以海相沉积为主，既有台地相浅水碳酸盐岩地层，又有深水广海盆地陆源碎屑岩。贵州已知三叠纪的古生物化石有：菊石、双壳类、腕足类、腹足类、介形类、有孔虫、牙形石、棘皮类、节肢动物、叶肢介、珊瑚、藻类、植物、鱼类和爬行动物等十几个门类。

1.贞丰牛场手兽足迹

1988年，贵州贞丰牛场发现的手兽足迹是该类化石在我国的首次记录。化石点位于贵州省黔西南布依族苗族自治州贞丰县北盘江镇（原牛场乡）青杠林村上坝组，足迹化石产出于中三叠统关岭组下段发育泥裂构造的泥质白云岩中，目前暴露含足迹化石的地层层面近百平方米，共保存了三条行迹。其中一条行迹大约长10米，保存较为清晰完整，且保存有前足脚印，另外两条稍浅，未保存前足脚印，说明该造迹动物既可以四足行走又可以仅靠后足奔跑。

1988年4月，贵州省博物馆自然部王新金根据贞丰县城建局张英群同志提供的线索，赴贞丰县青杠林上坝村进行实地考察。据当地老乡介绍，这些似脚

图1　贞丰牛场手兽足迹化石点

印的东西是20多年前取石作晒坝时发现的。王新金老师考察后，从地质、地层和脚印的特征进行综合分析，初步认定这些脚印是距今2亿年前的一种爬行动物留下的，具有相当重要的科研价值。此后贵州省博物馆还对此脚印进行了翻模并以模型展出。

1989年，贵州省地矿局区调队的王雪华和马骥对贞丰牛场发现的足迹化石进行了首次公开报道。1988年5月下旬，他们在黔西南地区进行岩相古地理研究工作时，在贞丰县牛场上坝村发现，通过对足迹和步迹形态特征，结合当地的地质面貌及地层环境等方面的研究，得出结论：贵州贞丰牛场遗迹化石是中三叠世早期脊椎动物爬行类行走遗留的足迹，可将该遗迹化石归为 *Chirotherium* sp.，距今约2亿年。保存该遗迹化石的岩石沉积特征表明，该时期贞丰、牛场近南北一线地处滨海临陆地带，主要由潮上带碳酸盐—蒸发盐序列白云岩组成，属干燥炎热气候环境。

1996年，甄朔南、李建军等将该地点收入《中国恐龙足迹研究》一书，成书前该书作者之一北京自然博物馆李建军还专程前往现场考察。

2. 贞丰龙场手兽足迹

中国石油大学（华东）地球资源与信息学院的吕洪波等（2004）在距离牛场足迹化石点十几公里的龙场镇中三叠统关岭组下部的白云岩层面上发现了相同类型的足迹。这批足迹至少由3只不同的造迹者个体所留，但多数比较凌乱且不完整。他们对龙场足迹化石进行了描述和研究，通过与贞丰牛场的同类足迹进行对比分析，并与发现于欧洲、美洲等地的同类属种进行比较，确认该造迹动物为可以两足行走的四足原始爬行类 *Chirotherium*，生存于干旱的热带区域。

Lockley和Matsukawa（2009）进一步确定了贵州贞丰的手兽足迹与欧洲各地发现的手兽足迹形态形似。

Klein和Lucas（2010）在讨论全世界三叠纪四足动物足迹对生物地层和地质年代的意义时，将贵州贞丰的手兽足迹鉴定为巴尔斯手兽足迹种

图2　贞丰牛场手兽足迹（王维/摄）

（*Chirotherium barthii*）。

2011年，中国地质大学（北京）地球科学与资源学院邢立达等赴贞丰牛场和龙场两个化石点考察后，在2013年发表的论文中，从地层、古环境、系统分类、形态特征等方面对足迹化石进行了重新研究，同意Klein和Lucas（2010）的观点，也将贵州贞丰的手兽足迹归入巴尔斯手兽足迹种（*Chirotherium barthii*），并给出了详细的对比和描述。

手兽的相关介绍：

手兽足迹（*Chirotherium*）1833年首次发现于德国三叠纪岩石中，其形状与人手有些相似，它由四个向前伸的趾和一个以大幅度夹角向外伸的"拇指"组成。Kaup（1835）将其命名为"*Chirotherium*"，该词源于希腊语，意为"手形兽"。甄朔南等（1996）首次将其翻译为"手兽"。1925年德国科学家Wolfgang Soergel经过详细研究"手兽"后，认为这个向外侧伸出的"拇指"，就是一个变化了的外侧趾，即第Ⅴ趾，并做出结论，认为"手兽"的造迹动物大概是与鳄类很相似的槽齿类动物，这类动物的体长从35厘米变化到2.5米。

手兽足迹化石在世界各地都有发现，我国除了在贵州贞丰牛场和龙场两地发现外，2013年在四川攀枝花以及2017年在云南会泽也有发现。手兽足迹是我国最古老的四足动物遗迹，贞丰的保存得较完好，是二叠—三叠大灭绝事件后，大型爬行动物出现和动物群复苏的珍贵证据。世界各地发现的手兽足迹主要保存于三叠系地层中，而且以中、晚三叠世为主，发育于具有炎热干旱的泥裂结构的层面上。吕洪波等（2004）认为这些地点在当时曾经属于同一个大陆，而且都处于干旱、炎热的低纬地区。

3.安顺幺铺爬行类足迹

2009年，贵州省博物馆专业人员在开展第三次全国文物普查工作期间，在安顺市文物局同志的带领下考察认定了安顺幺铺的足迹化石点。

根据三普调查时的考察记录，化石点位于安顺市经济技术开发区幺铺镇红龙村将军山，在红龙村西南（253°）542米处。化石产出于中三叠统关岭组下段薄层泥质白云岩中，层面发育泥裂结构，反映了炎热干旱的沉积环境。岩层走向163°，倾向240°，倾角16°。足迹化石分布面积长约26米［东南（150°）—北西方向］，宽约5.7米［西南（240°）方向］。

2017年7月，贵州省博物馆自然部专业人员和中国地质大学（北京）地球科学与资源学院邢立达一同考察安顺幺铺足迹化石点。据当地村干部介绍，他们已发现此足迹几十年了，但不知道是什么动物留下的遗迹。在清扫足迹面后，研究人员先用粉笔将足迹轮廓勾画出来，识别行迹后，分别对不同行迹及其足迹进行编号，然后铺上透明塑料薄膜，在薄膜上对全部足迹进行临摹，绘制足迹分布图。最后进行测量，对一些保存极好或非常特殊的足迹，研究人员还进行了三维拍摄。邢立达认为，安顺幺铺足迹化石非常重要，虽然面积不

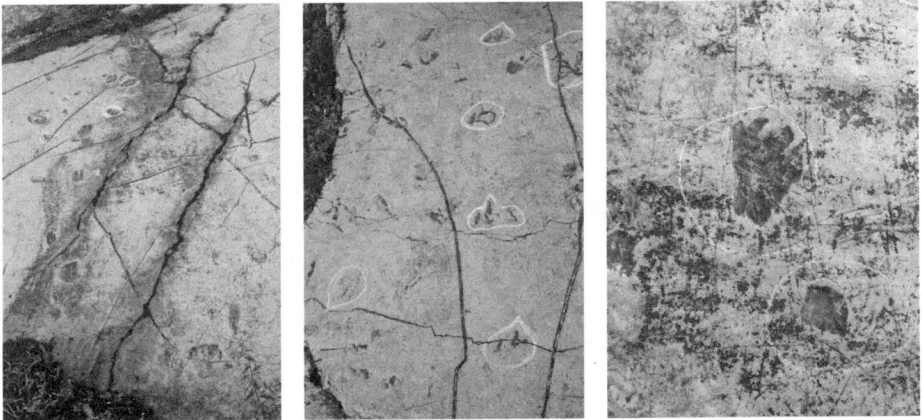

图3、图4、图5　安顺幺铺爬行类足迹

大，但是它揭示的信息可能很多。目前研究人员已完成所有足迹的数据采集，具体的研究工作正在进行。

考察结束后不久，邢立达向我馆及安顺当地有关部门提供了《贵州安顺幺铺三叠纪脊椎动物足迹群的初步报告》。他在报告中指出，安顺幺铺三叠纪脊椎动物足迹群具有以下特点：1.多样性强（品种多）。从形态上，安顺幺铺的多数足迹属于典型的海生脊椎动物游泳迹，可以分为幻龙类游泳迹、楯齿龙类游泳迹，以及一些未知的陆生爬行动物足迹。足迹大小差异大，从5—6厘米到20—30厘米，代表了不同尺寸或不同年龄段的动物。2.举世罕见（具有世界性意义）。幻龙类游泳迹只有云南罗平有发现。其他足迹目前都是世界首次发现。3.足迹数量多。初步统计，足迹超过200个，且具有发现更多足迹的潜力。

在认识到安顺幺铺足迹化石的重要性后，当地国土部门的领导及红龙村的村干部都非常重视，现已搭建雨棚及围栏，将足迹化石点保护起来。

二、侏罗纪恐龙足迹

贵州侏罗纪地层为陆相红色岩系，以河流相及湖相沉积为主。古生物可见有淡水双壳类、腹足类、叶肢介、植物、鱼类及爬行类等。

1.毕节市金海湖新区响水乡恐龙足迹

据《贵州地质》2016年第1期报道，成都理工大学沉积地质研究院张晓诗等在区域地质调查中，首次在毕节市金海湖新区响水乡下侏罗统自流井组马鞍山段中部地层砂岩层面发现了蜥脚类恐龙足迹化石。足迹点位于响水乡北西向340°直线距离7公里处，大转弯南东简易公路南西侧岩壁砂岩上层面。

同年11月，毕节市文物局戴犁和中国科学院古脊椎动物与古人类研究所博士生张立召在响水乡进行野外考察时，也发现了路边岩石上的奇特脚印。由于这些脚印排列有序，大小也有规律，张立召判断这应该是古生物遗迹。为此2016年12月，毕节市文物局邀请中国地质大学（北京）地球科学与资源学院邢立达考察了毕节响水恐龙足迹化石点。在采集相关数据研究后，邢立达向毕节市文物局提供了该批古生物遗迹认定意见：恐龙足迹共4道，其中保存最好的一道包含了约8对前后足迹，后足迹较大，长约30厘米，前足迹较小，长约10厘米，从形态上分析，这属于典型的蜥脚类恐龙足迹，其造迹者的长度约5—6米。通过与中国西南地区其他恐龙足迹相对比，这批足迹与发现于四川的泸州古蔺、重庆大足等地的中型蜥脚类足迹非常相似，这表明同时期中国西南

图6　毕节响水恐龙足迹化石点

有着类似的蜥脚类恐龙动物群面貌。鉴于原始岩层的风化较强以及该区域被列为饮用水水库库区，邢立达还提出下一步的工作建议：1.岩面整体用硅橡胶翻模，并用树脂或石膏制成模型；2.精选岩面3—4对足迹，用胶渗透加固后切割采集，日后配合模型在博物馆展示。

2017年5月，贵州省博物馆自然部专业人员赴足迹点考察，毕节市文物局戴犁介绍发现经过及研究人员考察情况，并向我馆提供了相关资料。

毕节响水的恐龙足迹是贵州省首次记录侏罗纪恐龙足迹，填补了贵州省该时期的遗迹化石记录空白，也为了解该地区距今约1.8亿年前的古环境、古生态信息提供重要的线索。

2.仁怀茅台恐龙足迹

化石点位于贵州省仁怀市茅台镇岩滩村一酒厂内。2013年6月，该酒厂在建设制酒车间时，考虑到其后侧边坡地带岩层不够牢固，于是对边坡进行清理。清理后发现一个完整的岩石平面，质地坚硬，有许多深浅不一的印痕，初步暴露了现在的恐龙足迹地。

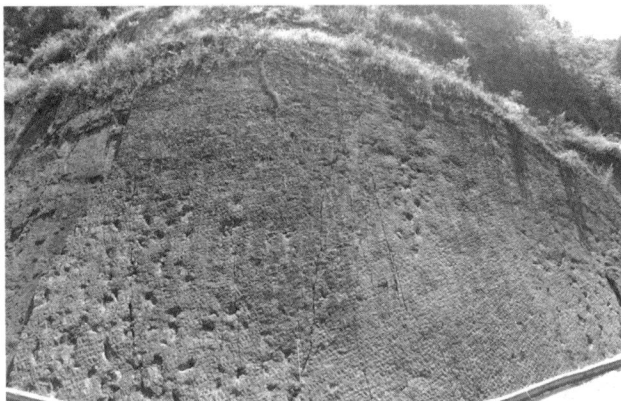

图7 仁怀茅台恐龙足迹化石点（郭松波/提供）

图8 仁怀茅台恐龙足迹
（郭松波/提供）

2017年7月，该公司员工郭松波看到贵州习水恐龙足迹的报道后，逐步联想到厂内的神奇印记，与网上图片对比后，初步怀疑是恐龙足迹，于是向领导汇报。随后，该酒厂分别联系、邀请贵州省博物馆和中国地质大学（北京）地球科学与资源学院前往考察，但由于我馆当时正忙于筹备新馆基本陈列展览，非常遗憾未能前往。

2017年8月，由中国地质大学（北京）地球科学与资源学院邢立达等组成的中美德足迹考察队前往化石点考察并采集相关数据。通过研究认定，仁怀茅台的恐龙足迹化石保存于下侏罗统自流井组地层，距今1.8亿多年。目前暴露的恐龙足迹遗址宽25米，高14米，面积约350平方米。已发现的恐龙足迹超过250个，组成至少14道行迹，其中仅发现1个兽脚类足迹，其他都是蜥脚类足迹（包括几个罕见的蜥脚类恐龙游泳迹），足迹的造迹者主要是一群体长5—6米的蜥脚类恐龙。研究成果于2019年发表在国际知名地学类刊物《Geoscience Frontiers》（《地学前缘》）上。

2018年10月，为加强对恐龙足迹化石的保护，仁怀市政府出资对化石点进行钢化玻璃覆盖。

2019年7月，贵州省博物馆和中国科学院古脊椎动物与古人类研究所组成的联合考察组赴仁怀茅台足迹点进行考察。恐龙足迹的发现者郭松波向考察组介绍发现经过以及研究人员的考察情况，并向贵州省博物馆提供了相关图片资料。

我国发现的侏罗纪早期的恐龙足迹较少，之前仅在贵州毕节、四川古蔺、自贡富顺、重庆大足四个地方发现，而且足迹保存都不是非常理想，存在发现地交通不便、足迹化石风化严重、数量稀少或保护难度大等问题。仁怀茅台发现的恐龙足迹化石由于新暴露不久，保存较好，而且数量多，面积大，是我国目前发现的侏罗纪早期规模最大的蜥脚类恐龙足迹化石群，对研究我国侏罗纪早期恐龙动物群的分布和演化都具有重要意义。

3.赫章辅处恐龙足迹

2018年5月，由贵州省博物馆、中国地质大学（武汉）和赫章县文物事业管理局组成的联合考察组，共同对赫章县古基乡恐龙化石点周边地层进行野外踏勘过程中，得到群众提供的线索，在距离古基乡恐龙化石点以西50公里处的赫章县辅处彝族苗族乡，疑似有恐龙足迹化石。据此线索，考察组在结束古基乡野外踏勘后，前往赫章县辅处乡。

经考察组现场考察认定，辅处乡足迹化石情况属实，确系恐龙足迹。该恐

图9　赫章辅处恐龙足迹化石点　　　　图10　赫章辅处兽脚类恐龙足迹

图11　赫章辅处蜥脚形类恐龙足迹（韩凤禄/摄）

龙足迹化石点位于赫章县辅处乡南，目前暴露于地表的恐龙足迹主要分布于大约20平方米的斜坡及其相邻区域。足迹化石主要分布区基岩裸露，坡度角约为30°。地质层位大约属中下侏罗统，详细情况有待进一步工作厘定。考察组初步观察，足迹化石主要分布区所在斜坡目前可见两组不同大小的兽脚类恐龙足迹，都为三趾，分别向不同的方向行进。其中大的兽脚类足迹长达20厘米，步长约1米，推测体长2—3米。同时，这处足迹的左侧同一层面上未被杂草覆盖的区域，还有几处蜥脚形类的足迹。它们具有圆形的凹坑（直径约20厘米），一侧明显，另外一侧较浅，估计其体型和现代的大象相似，但在蜥脚形类恐龙中算是小个头了。除此之外，考察人员还发现一连串更小的兽脚类恐龙足迹，长度约15厘米，步长约50厘米。推测体长在1—2米。更令考察人员惊奇的是这些兽脚类足迹几乎在一条直线上延伸，而且步长和足迹长的比例很大。中国地质大学（武汉）地球科学学院江海水和韩凤禄认为这可能是造迹兽脚类恐龙在奔跑时留下的脚印，对于研究恐龙的行为方式和古环境具有非常重要的意义。这次赫章辅处侏罗纪恐龙足迹类型因其丰富多样，而且连续延伸，显得弥足珍贵，而该处的部分恐龙足迹指示其造迹动物奔跑的行为在贵州更是首次发现。考察结束后，2018年6月，贵州省博物馆在官方微信公众号上对赫章辅处发现的恐龙足迹化石进行了首次公开报道。

2018年12月，由贵州省博物馆、中国地质大学（北京）地球科学与资源学院、自贡恐龙博物馆组成的联合考察组对赫章辅处恐龙足迹进行了进一步考察。在考察组清扫足迹面后，一些新的蜥脚形类足迹化石又暴露出来。联合考察组对现场数据进行了详细的采集工作，对足迹进行勾画、临摹、测量、拍照等，研究人员将对这一地区的恐龙足迹进行深入研究。

三、白垩纪恐龙足迹

贵州省的白垩系主要分布于水城、晴隆、贞丰一线北东广大地区，缺失早白垩世早、中期沉积。其中，赤水、习水地区的白垩系与四川盆地毗连，属大型内陆坳陷盆地边缘河流沉积相。贵州白垩纪的化石不多，常见的仅无脊椎动物介形虫和植物轮藻化石等。

1. 赤水宝源恐龙足迹

化石点位于贵州省赤水市宝源乡联华村。很多年前，当地人发现在宝源乡的一些巨型岩石上有形状像鸡爪的脚印，村民们叫这种岩石为"仙鸡石"。上面的"仙鸡脚印"不仅每个足迹的长、宽相等，而且足迹之间的距离也几乎相等。

2009年，由中国、波兰、美国、加拿大等组成的国际考察队赴化石点进行考察。足迹保存在一块14米长、11米宽、几乎垂直的砂岩坍塌体上。由于实地工作阻碍很大，所以研究者只观察了坍塌体中下部的足迹。他们认定这些"仙鸡脚印"就是恐龙的足迹，来自下白垩统窝头山组（夹关组）地层，距今1亿年。

图12　赤水宝源恐龙足迹化石点

图13　赤水宝源恐龙足迹

加拿大阿尔伯塔大学生物科学系邢立达等在2011年发表的研究成果中描述了这批足迹，发现的72个足迹组成了7道非鸟兽脚类行迹，此外还有一些孤立的足迹。从形态上看，这批足迹被研究者暂时归入似和平河足迹未定种，大多数足迹的跖趾区都保存了不同大小的、延长的跖骨印。赤水宝源的恐龙足迹是贵州省首次记录白垩纪恐龙足迹，填补了贵州省该时期的遗迹化石记录空白。

图14 习水同民恐龙足迹化石点

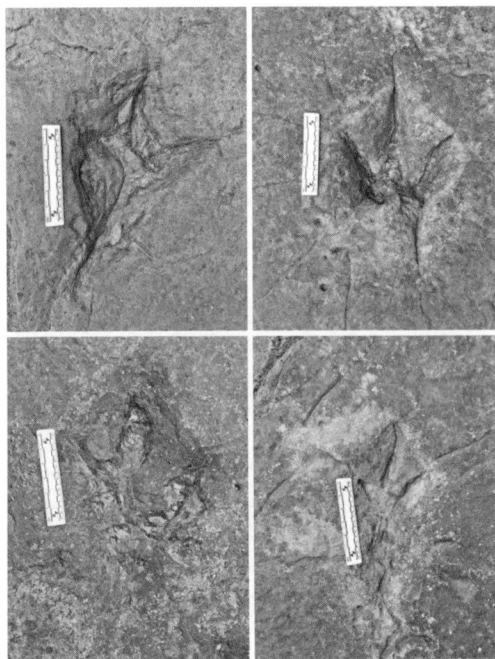

图15 习水同民的恐龙足迹

2019年7月，贵州省博物馆和中国科学院古脊椎动物与古人类研究所组成的联合考察组赴赤水宝源足迹化石点考察。考察组在考察以前发现的2处足迹点后，清理并新发现了7处印迹，有的印迹与以前发现的足迹形态特征相似，而有的印迹则完全不同。

2. 习水同民恐龙足迹

化石点位于贵州省遵义市习水县同民镇蔺江村，在习水国家级自然保护区内。足迹分布在同民河边的红色砂岩石板上，数量共64个，其中56个足迹可识别出10道行迹，另外还有8个孤立的足迹。

2016年7月，同民镇干部袁锐在此做调查时发现了这些奇怪的印记，他上网查询后，发现这些印记的特征与赤水宝源的恐龙足迹类似，于是向相关部门报告。

2017年5月，贵州省博物馆在看到习水同民发现疑似恐龙足迹的相关报道后，随即派出自然部专业人员等前往考察。考察人员初步认定此印记为恐龙足迹，地层为下白垩统窝头山组（夹关组），距今约1亿年。化石层面发育泥裂结构，反映了炎热干旱的沉积环境。

图16　习水同民的大型鸟类足迹

2017年7月，由贵州省博物馆、中国地质大学（北京）地球科学与资源学院、自贡恐龙博物馆组成的联合考察组再次考察习水同民足迹化石点。经过专家现场考察分析确认，这里发现的印记是典型的四川盆地白垩纪时期的恐龙足迹化石，从岩石层面可以观察到，有不同类型的恐龙生存于此。除恐龙足迹化石外，还发现有一种大型的鸟类足迹化石。

通过对习水同民恐龙足迹的深入研究，中国地质大学（北京）地球科学与资源学院邢立达等命名了1个新的恐龙足迹化石种，研究成果于2018年发表在国际知名地学类刊物《Geoscience Frontiers》（《地学前缘》）上。此处恐龙足迹印痕较深，保存了有价值的细节，为专家了解白垩纪时期恐龙的分布、研究古地理信息提供了有用的参考价值。

综上所述，我们可以发现，贵州目前发现的3处三叠纪爬行类足迹均保存于中三叠统关岭组下段地层中；3处侏罗纪恐龙足迹均保存于下侏罗统自流井组地层中；2处白垩纪恐龙足迹均保存于下白垩统窝头山组（夹关组）地层中。足迹类型有：手兽、蜥脚类恐龙、兽脚类恐龙和鸟类。

贵州中生代爬行类足迹化石统计表

序号	产地	时代和层位	类型
1	贞丰县北盘江镇（原牛场乡）青杠林村上坝组	中三叠统关岭组下段	手兽
2	贞丰县龙场镇石灰窑	中三叠统关岭组下段	手兽
3	安顺市经济技术开发区幺铺镇红龙村	中三叠统关岭组下段	海生脊椎动物游泳迹、未知的陆生爬行动物足迹
4	毕节市金海湖新区响水乡	下侏罗统自流井组	蜥脚类恐龙
5	仁怀市茅台镇岩滩村	下侏罗统自流井组	蜥脚类恐龙、兽脚类恐龙
6	赫章县辅处乡拖二村	下侏罗统自流井组	蜥脚类恐龙、兽脚类恐龙
7	赤水市宝源乡联华村	下白垩统窝头山组（夹关组）	兽脚类恐龙
8	习水县同民镇蔺江村	下白垩统窝头山组（夹关组）	兽脚类恐龙、鸟类

贵州三叠纪地层分布广泛，发育良好，不仅有属种丰富的海生爬行动物化石，还发现了陆生动物手兽的足迹化石和未知的爬行动物足迹等化石。贵州地矿局地质科学研究所的杨瑞东对黔中、黔南三叠纪古生态、古群落进行了系统研究，认为这是因为在中三叠世早期，当时上扬子台地区的海生爬行动物很繁盛，关岭、贞丰、兴义顶效一带位于"S"形浅滩带内侧的局限海湾内，水动力较弱，水体较闭塞，但可能仍与广海相通，但是在贞丰牛场上坝一带，当时已间歇性变成陆地（岛屿），因为在该地中三叠统关岭组下部具干裂纹的泥质白云岩层面上，还发现了爬行动物的足迹化石、干裂纹切穿足迹，说明足、步迹形成于干裂过程中。同时在岩层中有腹足、腕足及植物碎片化石，其中植物

碎片不可能从离此地还有160公里远的滨岸带搬运来的，由此推测当时在"S"形的浅滩带上局部地区可能间歇性成为岛屿，岛上有植被。贞丰龙场和安顺幺铺的足迹化石遗迹中，其古生物、古地质特征显示其与贞丰牛场足迹化石遗迹一样，具有大致相同的古地理环境，同时在时间和空间上也相距不远，均是中三叠世早期上扬子台地南缘"S"形浅滩带上的古生物遗迹。间歇性形成的岛屿构成岛链，为贞丰龙场、牛场和安顺幺铺的古陆生爬行动物提供了大致相同的生存空间和生态环境。同时这些古陆生爬行动物足迹也为贵州中三叠世早期的这个"S"岛链提供了有力的古生物证据。

贵州的侏罗纪地层中，除了在大方、毕节、息烽、平坝和赫章等地发现原蜥脚类恐龙的骨骼化石外，在毕节、仁怀、赫章也发现了恐龙的足迹化石。这些实体化石和足迹化石从不同角度丰富和完善了贵州侏罗纪恐龙的本来面貌，对贵州侏罗纪恐龙研究具有不可或缺的作用。

贵州白垩纪地层脊椎动物化石鲜有发现，常见的仅有无脊椎动物化石和植物化石等，近年来间或有少量鱼类化石发现。在习水和赤水的白垩纪地层中发现了保存较好的鸟类和爬行类足迹化石，实属难得。这些足迹化石构成了贵州白垩纪古脊椎动物的重要环节，具有十分重要的科学意义。鱼类实体化石抑或鸟类、爬行类足迹化石的发现，在一定程度上让以往略显模糊的贵州白垩纪的考古发现逐渐向清晰明了迈出了重要的一步。

足迹化石研究是古生物学和地质学的一个很古老的分支。足迹化石是动物在具有一定湿度、黏度、颗粒度的地表停留或行走时留下的足迹形成的化石，主要形成在河流和湖泊边的滩地上。随着各种脊椎动物足迹的发现，足迹化石的重要性也逐渐被认识到：1.足迹是动物生活的时候留下来的，因此可以推测造迹动物的身体结构、生活习性、生活方式等信息；2.足迹是在原地保存的，能更准确地反映造迹动物生活的古环境和古气候等方面的信息；3.通过分析足迹类型可以判断当地动物群的构成。所以，足迹化石带给我们的信息在一定程度上能有效弥补骨骼化石记录的局限性，特别是在恢复古环境、古生态等方面具有无可替代的作用。

因足迹化石在野外会受到自然风化或者人为破坏的影响，贵州省博物馆计划赴我省已发现的足迹化石点对足迹化石进行翻模复制，并搜集相关文字、图片、影像等资料，为以后的相关展览做准备，旨在让广大群众认识到足迹化石的重要性，从而增强保护意识和提高鉴别能力。

致谢：1.中国地质大学（北京）地球科学与资源学院邢立达副教授提供的研究论文及考察报告；2.贵州省博物馆在野外考察工作中，得到了相关单位的大力支持。

附注：本文除注明来源的图片外，其余图片由作者供图。

[参考文献]

1. 甄朔南、李建军、韩兆宽等：《中国恐龙足迹研究》，成都：四川科学技术出版社，1996。

2. 李建军：《中国古脊椎动物志》第二卷第八册《中生代爬行类和鸟类足迹》，北京：科学出版社，2015。

3. 邢立达、Martin G. Lockley、张建平：《中国西南早白垩世恐龙及其他四足类足迹》，宁波：宁波出版社，2016。

4. 贵州省地质矿产局：《贵州省区域地质志》，北京：地质出版社，1987。

5. 李建军：《恐龙足迹给我们讲述的科学故事》，载《化石》，2014（4）。

6. 王新金：《贞丰县上坝村发现的爬行动物脚印》，载《贵州文史天地》，1996（2）。

7. 王雪华、马骥：《贵州贞丰发现中三叠世早期恐龙遗迹》，载《中国区域地质》，1989（2）。

8. 吕洪波、章雨旭、肖加飞：《贵州贞丰中三叠统关岭组中Chirotherium——原始爬行类足迹研究》，载《地质学报》，2004。

9. 张晓诗、赵兵、谭梅等：《贵州大方侏罗统自流井组地层特征及恐龙足迹化石的发现》，载《贵州地质》，2016（33）。

10. 杨瑞东：《兴义顶效贵州龙动物群的古生态环境讨论》，载《贵州地质》，1997（1）。

11. Xing L. D., Harris J. D., Gierliński G. D., et al. 2011. Middle Cretaceous Non-avian Theropod Trackways from the Southern Margin of the Sichuan Basin, China. Acta Palaeontologica Sinica, 50(4): 470-480.

12. Xing L. D., Klein H., Lockley M. G., et al. 2013. Chirotherium Trackways from the Middle Triassic of Guizhou, China. Ichnos 20: 2, 99–107.

13. Xing L. D., Lockley M. G., Klein H., et al. 2018. Theropod assemblages and a new ichnotaxon Gigandipus chiappei ichnosp. nov. from the Jiaguan Formation, Lower Cretaceous of Guizhou Province, China. Geoscience Frontiers 9: 1745–1754.

14. Xing L. D., Lockley M. G., Tang D. J., et al. 2019. Early Jurassic basal sauropodomorpha dominated tracks from Guizhou, China: Morphology, ethology, and paleoenvironment. Geoscience Frontiers 10: 229–240.

15. Xing L. D., Lockley M. G., Zhang L. Z., et al. in press a. First Jurassic dinosaur tracksite from Guizhou Province, China: Morphology, trackmaker and paleoecology. Historical Biology. DOI: 10.1080/08912963.2017.1326485.

崖上阴宅：习水崖墓调查记

李飞 *

摘　要　贵州习水境内迄今已发现上百座崖墓，是黔北崖墓较为集中的区域。近期我们对其中的6处15座崖墓进行了复查，虽均是空墓，但6座带有题记，5座带有画像（1座既有题记又有画像），内容较为丰富，它们是四川崖墓的有机组成部分。结合题记，黔北崖墓有着上千年的年代跨度，从东汉直至明清，其使用的人群可能存在汉与非汉的区别。题记有买地券和石工"广告"两类性质。画像中的阙、鱼、鸟、舟、马等，都是汉画像中的常见题材，其与题记一起，蕴含着安顿逝者并为生者求得福祉的美好愿景。

关键词　崖墓　题记　画像

将肉身厝置在人工开凿的岩穴里，作为灵魂安息的地方，这一葬俗，流行于汉晋以降的四川及其周边的滇北、黔北、重庆、鄂西与湘西等地。黔北崖墓则集中分布在赤水、习水、桐梓等县市，但多是调查发现，经正式发掘的较少。近年来，习水文化工作者在县境组织专门调查，又陆续有了新的发现，其中习水河流域的泥坝乡发现7座，寨坝镇14座，大坡镇5座，三岔河镇7座，程寨镇18座[1]；桐梓河流域的官店镇发现51座，二郎镇3座[2]；赤水河流域则在

---

* 李飞，男，（1976-　），贵州省博物馆副馆长，研究馆员。研究方向：中国西南考古。

[1] 政协习水县委员会编：《鳛国故地·习水河卷》，成都：电子科技大学出版社，2018，75—78、100—101、129—130、169—172、214页。其中程寨镇的18座，是2018年9月调查后的新数据。

[2] 政协习水县委员会编：《鳛国故地·桐梓河卷》，成都：电子科技大学出版社，2018，50—51、82页。

醒民镇发现2座，土城镇黄金湾发现9座[1]；其总数已逾116座。

2016年9月7—8日以及2018年9月13—17日，我们分两次对上述崖墓中的6处15座进行了复查，分别是：（1）泥坝飞龙山崖墓（1座）；（2）三岔河红湾崖墓（1座）；（3）三岔河井头崖墓（1座）；（4）三岔河岩上崖墓（5座）；（5）大坡海渔崖墓（1座）；（6）程寨白村崖墓（6座）。6处崖墓均分布在习水河或其附近河流岸边陡直的崖壁（3、4、6），或独立大石上（1、2、5），多被当地人称为"蛮洞子"或"蛮子洞"，传说是"蛮人"躲避战乱的居所。这批墓葬数量虽不多，却是习水已知崖墓中较为重要者，因为它们或有题记、或有画像，蕴含着丰富的信息。

这6处15座墓葬，除三岔河岩上崖墓外，其余材料均未正式公布，知者甚少。为使专事崖墓研究的学者了解黔北崖墓的一般情况，深化该区域崖墓的研究，兹不揣浅陋，将调查情况整理成文，就教于方家。

一、习水崖墓的新发现

依调查的先后次序，将6处墓地的材料简述如下表。需要说明的是，因是雨中匆匆边走边记，观察与记录难免粗疏，部分信息还有待进一步核实，特别是铭文的释读。更为准确的信息，留待未来再做深入调查与考释。

1.飞龙山崖墓

在泥坝乡飞龙山村十一组紫云河西岸一独立的巨石上，紫云河向北注入綦江河。石之临河一面，人工凿有一孔，当地人称蛮洞子，实即崖墓。

墓向55°。三重门框，外框高104厘米、宽104厘米，中框高、宽均约100

[1] 醒民崖墓参见政协习水县委员会编：《鰼国故地·赤水河卷》，成都：电子科技大学出版社，2018，69页。土城黄金湾，1994年发现2座，参见张合荣：《贵州习水县东汉崖墓》，载《考古》，2002年第7期。2014年开始，又陆续发现了7座，参见张改课：《习水黄金湾遗址考古发掘的主要收获与初步认识》，载《习水历史文化》，第6期（2017年12月）。

表一：习水崖墓一览表（单位：厘米）

序号	墓号	方向	墓门 尺寸（由外而内）				墓径		墓顶结构	墓葬位置	纪年/铭文	雕刻		备注	墓葬类型
			结构	高	宽	进深	宽	高				墓门	墓室		
1	海滩M1	360°	单重	78	185	78	185	56—78	前后斜坡形	大石（176）	熹平五年	阴线刻双阙（较抽象），何形图案	后壁鱼刺形纹＋波浪纹，左右两壁波浪形，顶为鱼刺形纹	门楣两面坡浅槽	A型（横长方形）
2	岩上M5	38°	三重	100 / 85	133 / 115	75	115	85	前后两面坡悬崖	麦壳岙石	鱼，鸟，舟	阴线刻，两壁顶为鱼刺形纹	后壁鱼刺形纹，右两壁伸波浪形，左壁中面坡刻浅槽		
				108	162										
3	岩上M4	77°	三重	90	138	77	138	90	前后两面坡悬崖				前后两壁及左右浮雕鱼一尾，墓顶鱼刺形纹		
4	岩上M3	100°	三重	135 / 130	118 / 105	233	233	90—122	左右卷棚式悬崖				左右浮雕鱼，墓顶鱼刺形纹		B型（方形）

序号	墓号	方向	墓门结构	墓门尺寸（由外而内）高	墓门尺寸（由外而内）宽	进深	墓室宽	墓室高	墓顶结构	墓葬位置	纪年铭文	雕刻墓门	雕刻墓室	备注	墓葬类型
5	岩上M2	145°	二重	125、100	125、100	230	240	100—140	后端左右两面坡，前端略呈卷棚式	悬崖	章武三年（223）				B型（方形）
6	岩上M1	145°		130	130					悬崖				未竣工	C型（长方形）
7	飞老山M1	55°	三重	104、100、98	104、100、72	210	165	90—140	四角攒尖形	大石					
8	红湾M1	208°	三重	144、112、80	144、112、80	205	155—178	100—130	穹隆顶	大石		阴线刻双阙、人物、鱼、鸟、舟等	墓壁饰波浪形纹；后壁右侧鱼一尾，心圆，顶饰同锯齿纹		
9	井头M1	238°	二重	125、95	125、95	212	165	90—130	穹隆顶	悬崖	永历四年1650	墓门左侧阴线刻鱼、马等图案		永宁、巴县、合江三地工匠修造	
10	白村M1	188°	二重	133、100	125、88	215	225	96—133	穹隆顶	悬崖	延熙二年（239）				B型（方形）

序号	墓号	方向	尺寸(由外而内) 墓门 结构	墓门 高	墓门 宽	墓室 进深	墓室 宽	墓室 高	墓顶结构	墓葬位置	纪年/铭文	雕刻 墓门	雕刻 墓室	备注	墓葬类型
11	白村M2	200°	三重	171、146	93、63				左右两面坡	悬崖			未竣工		B型(方形)
12	白村M3	201°	三重	173、156、约100	160、124、93	214	210	100－140	弯隆顶,四角有线汇顶	悬崖					B型(方形)
13	白村M4	195°	三重	120、106	115、95	191	187	97－132		悬崖		墓门左侧阴刻一菱形图案			B型(方形)
14	白村M6	187°	三重	154、120、109	137、112、84	190	192	82－122	弯隆顶	悬崖	墓门左上刻"李隽石"三字,右上一"王"字				B型(方形)
15	白村M5	198°	三重	126、96、84	116、77、66	211	182	80－113	弯隆顶	悬崖				墓室右侧设龛,台长170,宽65,高50厘米	D型(长方形,带壁龛)

厘米，内框高98厘米、宽72厘米。长方形墓室进深210厘米、宽165厘米，四角攒尖顶高90—140厘米。左右两壁（以立于墓内，面对墓门之左右为左右，下同）被竖线均分为三格。左壁饰点状纹，右壁线条作波浪状。后壁亦三格，中央一格较窄，右格饰水波纹，中央刻鱼一尾；左侧点线纹（上）与水波纹相结合（下）；中央一格又被分作上中下三格，饰点纹。墓顶作四角攒尖形，墓之每角拉出一线，在墓顶中央交会，交会处绘大小同心圆两个，左两格饰锯齿（四个，门楣亦有），右两格饰点纹。墓顶其余地方饰点线纹（亦可视作加工痕迹）。门外饰双阙，双层楼阁式，顶有羽饰。左阙外一躬身门吏，向墓门方向作迎谒状。再外有水母状纹饰三组，其中一组上绘出眉眼，下为水波状双线身体。门吏下摆亦凿有一组。另有零星线条三根，不构成完整图案。右阙外小舟一叶，似系于阙侧长杆上，驰离墓门，舟首作鸟形，上似有鱼鹰二只。舟下肥鱼一尾。右上飞禽一羽，头向墓门，背有羽饰（图1）。

图1　飞龙山M1

双阙作为入口标志及身份象征，是汉墓中常见的题材，其与一侧门吏以及其他图案均是该崖墓的组成部分。

2.红湾崖墓

在三岔河乡柿角园村红湾组习水河北岸田间一巨石上，地因墓名，称蛮子洞。巨石向河一面距地面约3米高处向里开凿一长方形墓室，墓向208°。回字形三重门框，外框144、中框112、内框80（厘米见方）。当地村民称，封门石板数十年前仍可见，今已不存。墓室进深205厘米，左右两壁略呈弧形，墓室前（155厘米）后（175厘米）略窄，中央（178厘米）稍宽。墓顶略呈穹窿顶，高100—130厘米。墓门左侧，距地面180—300厘米处线刻图案一组，拙朴可爱。计有鱼三尾，头向墓门；马四匹，头亦向门；另有疑似马图一幅，形体较他马为大，独自背向墓门而行，背有菱形图，似一人骑于马上（图2）。

图2　红湾崖墓

3.井头崖墓

在三岔河镇天水池村井头组旋山垴西侧崖壁上，前临梅子洞溪，向下注入习水河。墓向238°。洞口距地面2.5米。回字形双重门框，外框125、内框95（厘米见方）。长方形墓室进深212厘米、宽165厘米。墓顶介于三面坡与穹窿顶之间（左右两面坡与由前而后倾斜并渐高的一面交会，交会处作弧形而非尖锐的夹角），高90—133厘米，最高处居于墓室前端。

图3　井头崖墓

墓门右下竖书阴刻铭文二列，自右向左作：

匠士永合巴三县

皇明永历四年正月廿二日为记

其下三个符状铭文，左右排列，莫辨（图3）。

铭文中的"永合巴三县"应指永川（今重庆永川区）、合江（今四川合江县）、巴县（今重庆城区）三地，即凿墓的匠人来自此地，修墓的时间在南明永历四年（1650）。凿墓的石工并非来自本土，而来自川渝地区。

图4 岩上M2章武三年（223）题记拓本

4.岩上崖墓

即此前所称的"三岔河崖墓"，1982年发现，因内中一墓有章武三年（223）题记而广为人知[1]。在三岔河镇三岔河村岩上组西南侧崖壁上，前临三岔河，东南与习水河汇。墓共5座，自右向左（由南向北）依次编号为M1—M5。根据远近关系，可分作两组，M1、M2为一组，居于石崖南侧；其余3座为一组，居于北侧。两组之间相距约50米。

（1）南组

M1、M2两墓，其中M1系一座未竣工的墓葬，刚开凿不久即放弃，原因不明。已凿出的墓门外框130厘米见方，深10—30厘米。门框左壁距M2门框右壁80厘米。M1、M2并不在同一水平线上，M1较M2高出25厘米。

M2，距地面130厘米，墓向145°。回字形双重门框，外框125厘米、内框100厘米见方。墓室近方形，进深230厘米、宽240厘米。墓顶后部近两面坡形，前部近卷棚式，墓顶最高点在距墓门80厘米处，达140厘米，四角高100厘米，前后壁中央高130厘米。

该墓左侧外门框外140厘米处有修墓题记，凡3列，上端略与墓门上端平齐。隶书，阴刻铭文（图4）：

章武三年七月十日，姚立从曾意

----

[1] 黄泗亭：《贵州习水县发现的蜀汉岩墓和摩崖题记及岩画》，载《四川文物》，1986（1）。

买大父曾孝梁右一门，七十万，毕。知者：廖诚、

杜六。葬姚胡及母。

这则题记，是一份土地买卖的契约，清晰记明了墓葬的年代（章武三年，即223年）及墓主，乃姚立父母的夫妻合葬墓。其中的"胡"当为"父"。"大父曾孝梁右一门"一句至为关键，但可作不同解读，多有歧义。"大父"即祖父，祖父之名则有"曾孝""曾孝梁"两读；其后的"右"，亦有人读作"石"；合之作"大父曾孝梁石一门"，将"梁石"作为一个词组。这一读法的问题在于，姚立买地于曾意，地自属曾意，似无需再注明其系祖父"曾孝"之"梁石"（或"曾孝梁"之石）。结合墓葬分布的情况，似应读为"大父曾孝梁右一门"，作如下解读："大父"名"曾孝"。"梁"或为墓之意，类似的例子见于云南昭通，该地带封土堆的汉晋墓葬，被呼作"梁堆"。但关于这一点还需进一步的证据。"右"指方位，即姚立父母之墓坐落在曾意祖父曾孝墓之右侧。也就是说，这里本是曾氏的坟山，姚立从曾意手中购得地方以葬其父母。南组墓既为姚氏墓，其北侧50米开外的3座墓应该就是曾氏祖茔。在空间关系上，姚氏墓恰处在曾氏墓的右侧。

（2）北组

M3、M4、M5。三墓相邻，彼此相距约3米，距地表高3—4米，墓向崖面的变化各有不同。M3、M4在同一崖壁的两面，M5在另一块凸起的岩石上。

M3，墓向100°。回字形双重门框，外框高135厘米、宽130厘米，内框高118厘米、宽105厘米。墓室方形，进深与宽均233厘米。左右卷棚式顶，四角低，中央高，四角高90厘米，左右两壁中央高100厘米，前后中央高122厘米。该墓是岩上崖墓中规模最大者。

M4，墓向77°。回字形双重门框，外框高108厘米、宽162厘米、深10—15厘米。外框顶部凿刻略似屋脊的浅槽；内框（墓室）高90厘米、宽138厘米、进深77厘米。墓顶作前后两面坡形，但起伏不大。后壁中央饰鱼刺形纹，外侧则作波浪形（或两组波浪形纹饰，中央用竖直的西线隔开）。左右两壁饰波浪

形纹，左壁中央浮雕鱼一尾，头部向外。墓顶亦饰鱼刺形纹。

M5，墓向38°。回字形双重门框，外框下沿作斜坡状，其余则如前述诸墓作阶梯状垂直凿入，高100厘米、宽133厘米；内框（墓室）高85厘米、宽115厘米、进深75厘米。后壁纹饰与M4同。左右两壁饰波浪形纹。顶饰鱼刺形纹。

墓门左右两侧阴线刻双重檐墓阙各一座，由阙座、身和檐等组成，阙高48厘米。左阙之外，一"9"字形图案，似是一躬身人像，或以手中所持之物代表门吏。其上于墓门左上隶书阴刻"麦孟京娄石"5字。墓门右上端，自右向左依次刻舟、鱼与鱼鹰图案一个，头皆向右。舟头作鸟首状，舟上所载之物似鱼鹰。鱼后的鱼鹰作啄鱼状，背有羽饰（图5）。该组图案与泥坝飞龙山崖墓所见者颇为相似。"麦孟京娄石"，"娄"即娄，《说文》："娄，空也。"意即该墓乃名为"麦孟京"的石匠所凿。

如果我们前面对章武三年题记的解读不谬，即姚立的父母（M2）葬在曾意祖父曾孝墓之右侧，则曾孝之墓有可能是M3—M5中的任何一座。如果是北组墓葬中最靠近M2的M3，则M3的年代当早于M2。从墓葬的排列规律看，其左侧的M4、M5年代当较M3更早。更有可能的情况是，M4、M5为曾孝夫妇墓（M5葬曾孝，男居左），因为两墓墓室均呈横长方形，形制相同，且规模较小，墓室长仅115—138、宽75—77厘

图5　岩上M5画像与题记拓本（拓片由陈聪先生提供）

米，不足以葬一具平直放置的整尸（只有采取屈肢葬或捡骨葬），可能每墓只葬一位死者，并以习见的男左女右方式葬入。如此，M3可能便是曾意父母之墓，乃预留的空间，即姚立父母下葬时，尚无该墓，该墓年代较M2略晚或基本同时。无论是哪种情况，M4、M5的年代均应早于M2，即横长方形墓葬的年代应早于方形者。这一判断，可以得到下文将叙及的有确凿纪年的海渔崖墓的支持。

一般认为汉代的买地券，乃冥世土地契约。但土地买卖双方及见证人都应确有其人，不过都是亡故之人。卖地人应是附近较大墓地中先葬入的亡人，新葬入者通过买地求得先抵者在冥界的承认与庇护[1]。这组墓葬附近目前未发现其他墓葬，因此即便排除前文左右关系的推断（基于"梁石"或"梁右"的解读），北组3座墓葬也应属曾氏祖茔。

5. 海渔崖墓

在大坡镇建筑村海渔组河咀，习水河南岸田间一独立的巨石上，当地人称蛮洞子或蛮子洞。墓距地面高140厘米，墓向360°。墓门仅一重，但其左右及上端，用阴线刻出外框，中央饰以锯齿纹。墓室呈横长方形，口略大于底（后壁），剖面呈梯形。宽185厘米、进深78厘米、外高78厘米、内高56厘米。后壁中央阴刻"天上"二字，无法确定是否与墓葬同时。墓门上端刻两面坡浅槽。

墓门左右两侧阴刻几何形双阙，颇为抽象，局部饰以斜线与圆弧形纹饰。墓门上端自右向左依次刻相向的双鱼，中央一对角线相交的长方形图案。左侧禽鸟一只，头向左；其左鱼一尾，与禽鸟相向。再左刻一倒三角形纹，中饰甲字形纹饰，其与长方形图案或分别代表规与矩。该组纹饰与两面坡浅槽之间一块微凸的岩石上，自左向右阴刻铭文一组，是2016年复查时的新发现（图6）。铭文隶书：

熹平五年

---

[1] 鲁西奇：《中国古代买地券研究》，厦门：厦门大学出版社，2014，45—51页。

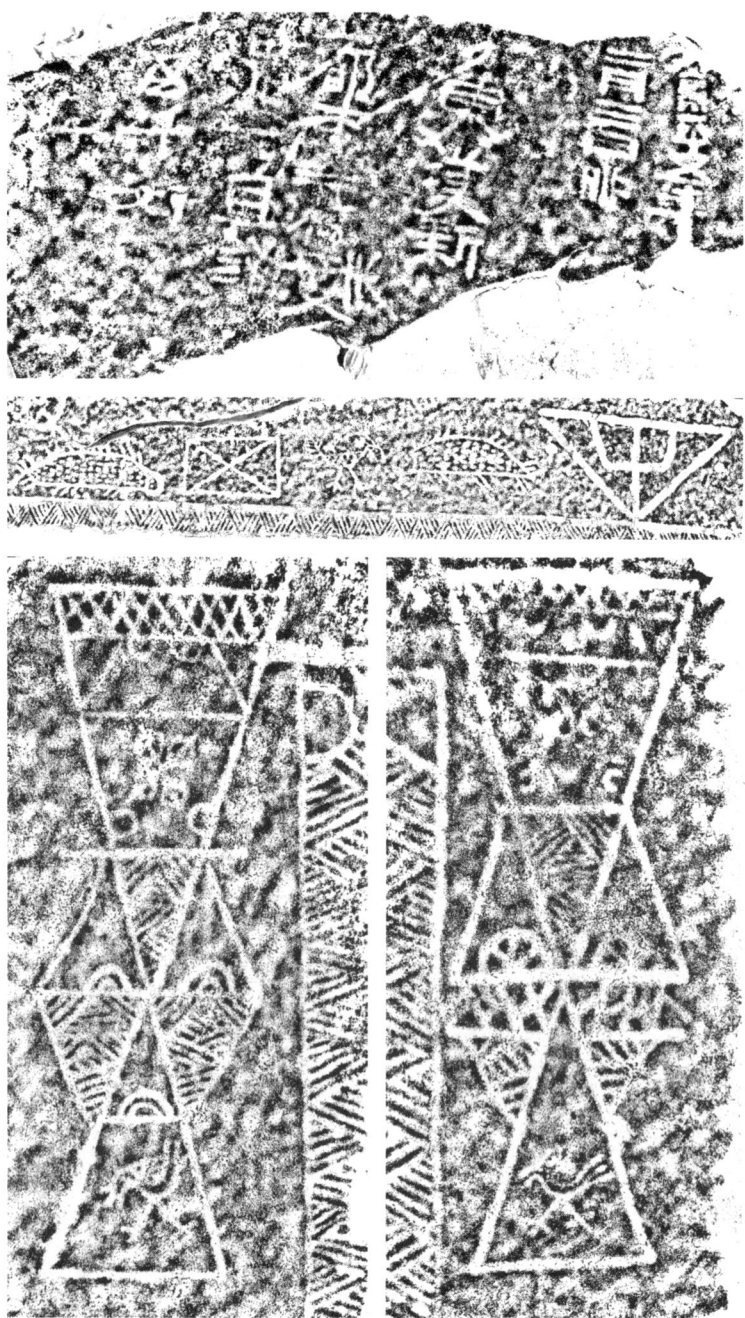

图6　海渔M1画像与题记拓本（熊俊、左云杰拓）

二月三日作

广汉新

都李元伯（？）镂

□□直钱

五千又（？）

十

铭文显示，该墓由新都籍石匠开凿，这是一条十分重要的信息。其后"直钱五千"等铭文应是石匠的工价。铭文中的熹平五年（176），是继岩上章武三年（223）崖墓之后，该区域发现的又一例有确切纪年的早期崖墓，且是年代最早的一座，十分重要。

6.白村崖墓

在程寨镇红旗村白村组，分布在习水河北岸的同一崖壁上，小地名牛肚塘。共6座，自西向东依次编号M1—M6。

M1，在崖壁的最西侧，距地面高382厘米，方向188°。二重门框，第一重高133厘米、宽125厘米；第二重高100厘米、宽88厘米。方形墓室，进深202—215厘米、宽225厘米，后壁略呈弧形。穹隆顶，四角低，中央高，高96—133厘米。2018年9月复查时，于墓门上方发现铭文，阴刻隶书三列，多磨泐不清，可辨者有（图7）：

延熙二年三月廿日孙作，以

图7　白村M1题记拓本（陈聪拓）

□□

七千，米八十石，以五年二月卅日

……

纪年较为模糊，但首字的"𨑉"，第二字的"灬"及其上一横可辨，推测系"延熙"二字。加之该墓的形制与岩上M2较为相似，均二重门框，平面呈方形，而岩上M2为章武三年（223）墓，推测该墓年代在延熙二年（239）是合理的。与海渔M1相同，铭文中的钱、米，应是石匠的工价，与买地无涉。

M2，在M1东4米处，墓向200°。仅凿出三重门框即因故放弃，未竣工。第一重门框，高171厘米、宽146厘米，第二重高121厘米、宽117厘米，第三重仅凿出上半部分，宽93厘米、深14厘米。

M3，在M2东14.5米处，墓向200°。三重门框，第一重高173厘米、宽160厘米，第二重高156厘米、宽124厘米，第三重高117厘米、宽93厘米。墓室方形，进深214厘米、宽210厘米。左右两面坡顶，高100—140厘米。

M4，在M3东32米处，距离地面高160厘米，墓向195°。双重门框，第一重高120厘米、宽115厘米，第二重高106厘米、宽95厘米。方形墓室，后壁略呈弧形，进深181—191厘米、宽172—187厘米。墓门左侧中上部阴刻一菱

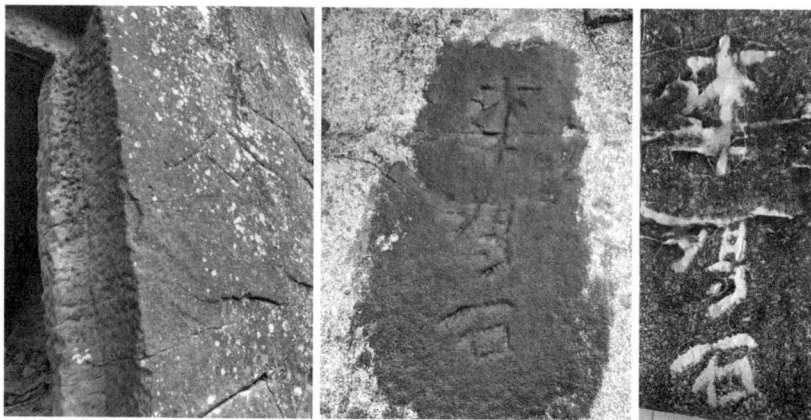

图8　白村M4、M5墓门画像与题记

形图案（图8）。

M5，在M4东18米处，距地面高181厘米，墓向198°。三重门框，第一重高126厘米、宽116厘米，第二重高96厘米、宽77厘米，第三重高84厘米、宽66厘米。长方形墓室，不甚规整，进深211厘米、宽107—119厘米。右壁设龛台，台长170厘米、宽65厘米、高50厘米。穹隆顶，高80—113厘米。墓门右上阴刻一"王"字；左上阴刻"李□石"三字（图8），第二字上部脱落，疑系"隽"字，通"镌"，意即该墓为李姓石工所凿。王与李，都应是石工之姓。

M6，在M5东17米处，距地面高170厘米，墓向187°。三重门框，第一重高154厘米、宽137厘米，第二重高120厘米、宽112厘米，第三重高109厘米、宽112厘米。方形墓室，进深190厘米、宽192厘米。穹隆顶，高82—122厘米。

二、崖墓的类型与年代

就目力所及，黔北崖墓从所处位置看，有凿在笔直的悬崖上、凿在独立大石上、凿在缓坡之上等三类，但均分布在近河的岩石上。从墓葬形制看，均为小型单室墓，有带墓道和无墓道两类。分布在缓坡之上的崖墓往往带有数米甚至十余米的长墓道，且多带有龛、灶等附属设施，可以赤水马鞍山、习水黄金湾两处为代表，主要分布在赤水河流域。而分布在悬崖和独立大石上的崖墓，均未见墓道，此次调查所见均属此类，主要分布在习水河流域。这种不同，是观念使然，还是不同小环境岩层的差异造就，还需再作考量。但这种差异已经清晰地提示，黔北崖墓可以作进一步的分区研究。

墓葬形制上，这批崖墓的墓门、墓顶变化看不出明显的规律，但墓室平面形状，却似有规律可循。依墓室平面形状的不同，可将6处13座墓葬（岩上M1、白村M2未竣工，不计在列）分作4型（见表一）。

A型，墓室呈横长方形，或称横穴式，即宽大于进深。海渔M1、岩上

M4、M5等3座墓葬属于此型。海渔M1有题记，显示其年代为熹平五年（176）。这应该可以代表A型（横长方形）墓葬的大致年代。这是因为，岩上M4与M5不独在墓葬形制上相同，墓内雕刻的鱼刺形、波浪形纹饰也完全一样，M4左壁所刻的鱼则可与M5墓外的鱼相呼应，其时代相近无疑。M5与海渔M1，除了墓葬形制外，墓外均有双阙、鱼、鸟等图案，仅有细微的差异。这3座墓的时代应该是相近的，即在东汉晚期。该型墓葬的墓室均较小，很难容下一具整尸，可能每穴仅葬一人或采用了二次葬。

B型，墓室呈方形。岩上M2、M3，白村M1、M3、M4、M6等6墓属此型。其中岩上M2的题记显示墓葬年代为章武三年（223），白村M1则在延熙二年（239），均在蜀汉时期。其余墓葬的年代应与之基本相当。

C型，墓室呈长方形，即进深大于宽，墓室呈纵长方形。飞龙山M1、红湾M1和井头M1等3座墓葬属于此型。井头M1题记显示该墓凿于南明永历四年（1650），另2座墓葬显然与之不在同一个时期。飞龙山M1鸟、鱼、舟、阙等装饰与岩上M5如出一辙，表明其年代应相当，即在东汉晚期。红湾M1刻有鱼、马图案，这种共存的关系，并不见于该区域已知的崖墓中，但在邻近的宜宾市长宁"七个洞"崖墓群M1、M2和M5中有发现，其中前2墓有纪年，分别为熹平元年（172）和熹平七年（178），后者同时也有鱼、鸟图[1]。红湾M1年代应大致与之相当，即亦在东汉晚期。可见长方形墓葬的年代早晚皆有，跨度较大。

D型，带壁龛。仅白村M5一例，长方形墓室，右壁设龛台。带壁龛的崖墓在赤水马鞍山[2]、万友号[3]等地有发现，均带墓道，分布于赤水河岸，其年代在东汉晚期至蜀汉、魏晋时期。白村M5年代当不超此限。

---

[1] 罗二虎：《长宁七个洞崖墓群汉画像研究》，载《考古学报》，2005（3）。

[2] 贵州省文物考古研究所等：《贵州赤水市马鞍山崖墓》，载《考古》，2005（9）。

[3] 贵州省文物考古研究所等：《赤水市万友号崖墓清理》，见贵州省文物考古研究所编著：《贵州田野考古报告集（1993—2013）》，北京：科学出版社，2014，272—274页。

从以上分析看，就这批墓葬而言，A、B两型墓间存在早晚关系，即横长方形墓早于方形墓。C型墓葬（长方形）的关系则比较复杂，早晚皆有，最晚者如井头M1，至永历四年（1650）。前引长宁"七个洞"的7座崖墓，其墓葬形制均为长方形或近长方形，年代在东汉中晚期。另据马晓亮的研究，目前已知的少数几例两汉之交的早期崖墓，其墓室平面就有长方形、横长方形和方形等类，并由此演变出不同的模式。但该文所列横长方形墓与习水所见者有所不同[1]。

结合崖墓纪年，似不难看出该组崖墓在形制上A→B→C的演变关系，但C型墓的例子表明实际情况可能要复杂得多，由A到B的变化也还需要更多材料的支持。崖墓年代的判定，需结合画像和出土遗物作综合分析，仅从单纯的墓葬形制，可能得出错误的结论。遗憾的是，这些崖墓的墓室早已空空如也，看不到任何随葬品的痕迹。

三、画像的内容

15座崖墓中，5座有画像，有阙、鸟、鱼、舟、马等题材。

1.阙

飞龙山M1、岩上M5、海渔M1等3墓均用阴线刻出双阙，位于墓门的左右两侧（图9）。前两墓的墓阙造型颇为相近，下有阙台，上有双重檐阙顶。飞龙山M1左阙一侧刻出躬身门吏（图9，②），岩上M5左阙的同一位置有抽象图案，亦当代表门吏（图9，④）。海渔M1的双阙则较为抽象，呈几何形，但一望即知其为墓阙。

阙是汉画像中较为常见的题材，多饰于崖墓的墓门两侧或石棺的挡板，作为入口的标志。简阳鬼头山崖墓3号石棺的双阙中央[2]、长宁七个洞4号崖墓右

[1] 马晓亮：《四川早期崖墓及相关问题探讨》，载《考古》，2012（1）。
[2] 内江市文管所等：《四川简阳县鬼头山东汉崖墓》，载《文物》，1991（3）。

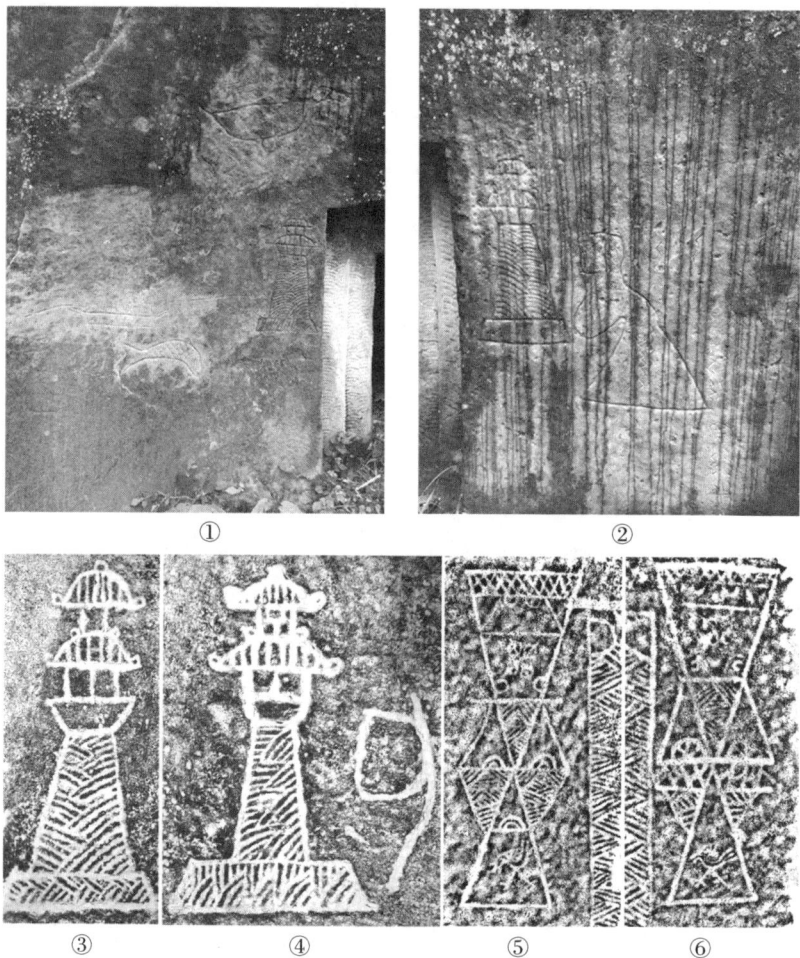

图9　阙（①-②飞龙山M1　③-④岩上M5　⑤-⑥海渔M1）

阙都带有"天门"榜题，显示此系进入天国的大门，墓内便是一个神仙的世界。鬼头山3号石棺上阙旁所立人物，带有"大司"的榜题，表明其身份是主守天门的门吏，于此迎接升天的来客。这是汉代升仙思想的具体体现[1]。习水3墓中的墓阙与门吏的取义当与此同。

---

[1] 罗二虎:《长宁七个洞崖墓群汉画像研究》，载《考古学报》，2005（3）。

2.鸟、鱼与舟

鱼与鸟的形象，汉画像中也较为常见。海渔M1双阙的下部及墓门上方中央各饰一鸟，后者之左右二侧各刻鱼一尾（图6；图9，⑤—⑥）。岩上M5墓门上方中央饰一鸟，刻意强调了飞羽，长颈长吻，前有鱼一尾，似作鸟啄鱼状，鱼前有舟一叶（图5）。飞龙山M1墓门右上，去阙不远处，饰一鸟，背有飞羽，形象与岩上M5的接近。右阙之下，饰鱼一尾，舟一叶，墓室后壁刻鱼一尾（图1）。红湾M1墓门左侧，刻鱼3尾，向墓门游动（图2）。岩上M4墓室左壁中央亦刻鱼一尾。

岩上M5与飞龙山M1中，鱼与舟并存，相互映衬，显示这是一个水中的情境。其中的舟，造型复杂，又有几分龙的形象。鸟、鱼、龙等是汉画像中常见的神禽瑞兽。鱼在汉画像中，被认为有多重寓意，可象征升天、子孙繁盛与富足有余等[1]。根据与鱼共存、与阙共存的关系，习水崖墓的鸟形图案的指向应有不同。前揭鬼头山崖墓的榜题中即有"九"（鸠）与"白雉"的区别。啄鱼或与鱼共存之鸟，可能为鱼鹰一类，鸟啄鱼图案则蕴含着阴阳交合的生殖意象[2]。阙上之鸟，则可能为鸠、白雉或凤鸟，有吉祥之意。

3.马

马的形象仅见于红湾M1，该墓墓门左侧阴刻马4匹，向门而行。另有一图形象略异，亦当为马，反向而驰，其上隐约一人乘骑（图2）。马及骑马图，见于长宁七个洞M1、M2、M5等崖墓墓门侧，鬼头山崖墓3号棺左壁画像中也见头饰羽者骑于鹿（或马）上的，侧有榜题"先人骑"，表明这类图像亦可能与升仙思想相关。

4.其他

除上述常见画像外，这批崖墓中尚有海渔M1墓门顶矩形与三角形图案、

---

[1] 罗二虎：《长宁七个洞崖墓群汉画像研究》，载《考古学报》，2005（3）。
[2] 牛天伟：《四川长宁"七个洞"崖墓画像考辨》，载《考古》，2010（11）。

飞龙山M1的水母形图案、白村M4的菱形图案等，均应各有寓意，因缺乏可资对比的材料，暂付阙如。

崖墓中的画像，以及下文将要论及的题记中的买地、广告诸内容，主要表述了墓主升仙与子孙多福两种寓意，即所谓的"送死"与"慰生"。两者看似矛盾，实则统一：唯有安顿了逝者的灵魂，才能求得生者的福祉。

四、题记的内涵

15座崖墓中6座带有题记（见表一），蕴含着丰富的历史信息。

第一，4座崖墓有明确纪年，这也是贵州境内目前仅见的4座纪年崖墓，分别是熹平五年（176）海渔M1，章武三年（223）岩上M2，延熙二年（239）白村M1，永历四年（1650）红湾M1，反映了崖墓在黔北逾千年的流行情况。

第二，5则题记交代了石工的信息，分别是海渔M1"广汉新都李元伯（？）镂"，白村M1"孙作"，岩上M5"麦孟京娄石"，白村M6"李隽（？）石"，红湾M1"匠士永合巴三县"。这些石工或有名有姓，或有姓无名，尤为重要的是，一早一晚两则题记显示开凿崖墓的石工来自时之四川境。其中，开凿海渔M1的李姓石工来自约400公里外的广汉郡新都县（今成都市新都区）。红湾M1的开凿者则来自邻近的"永合巴三县"，即永川（今重庆永川区）、合江（今四川合江县）、巴县（今重庆城区）三地。这表明，时之川籍石工南入黔中开凿墓穴，似是一种普遍现象，且历时久远。四川境内业已发现的约10万座崖墓[1]证实了该地石工技艺的日臻成熟，这里的匠人一路云游，抵达有崖葬习俗之地，为当地居民提供技术服务。匠人的流动，或可解释黔北崖墓与川渝崖墓风格趋同的原因。

第三，6则题记按内容可分两类，一类是买地券，一类是石工的"广告"。

---

[1]《"崖墓与中国西南汉代文明学术研讨会"在成都召开》，载《考古》，2008（8）。

前者有章武三年（223）的岩上M2，其余5例则均可归为"广告"类。买地券乃冥世土地买卖的契约，有一定的范式，其意是新葬入者通过购买附近先入葬者的坟地，求得先抵者在冥界的承认与庇护。所谓广告，则是石工在其开凿的墓穴上铭刻下自己的名字，这一则可能是受战国以降"物勒工名"传统的影响，在石上勒下自己的名字以示负责；一则也有意利用题记宣传自己的作品，以广招徕。部分题记上也有如买地券般用钱米若干的记载，流露出赞助人通过技艺高超的石工以及不惜工本的开销彰显孝心的努力[1]。

五、余论

通过对习水近年发现的上百座崖墓中的6处15座墓葬的复查，我们获取了一批新的材料，并在此基础上对崖墓的类型与年代、画像内容以及题记内涵进行了初步讨论。

虽然数量不菲，但与数以万计、形制多样、画像与题记都十分丰富的四川崖墓相比，黔北崖墓仍略显逊色。此次调查的崖墓有一个共同的特点：都是小型单室墓，由于开凿在陡崖或独立的大石上，因此均无墓道，与赤水河岸开凿于斜坡之上带长墓道的崖墓形成鲜明对比。差异的原因，可能有环境的因素，也可能是人群与观念的不同使然。同样不带墓道，但各墓在墓室的结构上仍有细微的差别，其平面有横长方形、方形与长方形等多种形制，结合纪年，不同形制的崖墓之间年代存有差异，横长方形崖墓的年代略早。但这一认识，尚需更多的发现予以检验。海渔M1有熹平五年（176）题记，是贵州目前发现的可确定的年代最早的纪年崖墓，其墓葬形制为横长方形（A型）。同样带有纪年的白村M1墓室呈方形（B型），则因关键铭文的漫漶，其年代还存在讨论的空

---

[1] 邢义田：《汉碑、汉画和石工的关系》，见邢义田：《画为心声：画像石、画像砖与壁画》，北京：中华书局，2011，50—58页。

图10 肖坝延熹二年（159）崖墓题记
（采自《四川历代碑刻》第25页）

间。目前暂释的"延熙二年（239）"，还存在"阳嘉二年（133）"或"延熹二年（159）"的可能。四川纪年崖墓中较早的是乐山肖坝永平元年（58）墓，其余也有"建初""永元""延光""阳嘉""延熹"等偏早者[1]。但阳嘉仅有4年，与铭文中的"以五年二月卅日"不合。而在乐山肖坝的另一座崖墓中，"延熹"之"熹"，亦作一横下四点状（图10）[2]，与白村M1第二字的写法接近。如果白村M1确系延熹二年（159）墓，则将取代海渔M1而成为贵州目前所知最早的纪年崖墓，墓葬形制从横长方形到方形的演变之说也便难以成立。

题记显示，黔北部分崖墓由蜀中匠人开凿却是确凿无疑的，其上画像因此可以四川崖墓中的榜题予以解释。由此可以确认，黔北崖墓是以四川盆地为中心分布的四川崖墓的一部分，应作为一个整体予以考察，却因已处于南部边缘，其规模与中心地带崖墓已不可等量齐观。

关于黔北崖墓的使用人群。多数论者认为，崖墓这种墓葬形式体现了汉代时期整个帝国范围内的共同价值观[3]。罗开玉先生则基于墓室结构、葬具、是否使用二次葬及随葬品（如是否使用发钗与发簪等）的特征，将一组南北朝以降至宋明时期的崖墓从众多崖墓中剥离出来，认为墓主是当地少数民族，即"非

---

[1] 范小平：《四川崖墓艺术》，成都：巴蜀书社，2006，27页。

[2] 高文、高成刚：《四川历代碑刻》，成都：四川大学出版社，1990，25页。该题记铭于四川肖坝崖墓内，1941年发现。铭文作："延熹二年（159）三月十日，佐孟机为子男乃造此冢，端行九丈，左右有四穴，□入八尺，当□由川世中出。"

[3] 陈轩：《四川东汉崖墓铭文与崖墓结构功能研究》，载《考古》，2017（5）。

汉系崖墓"[1]。可见即便在共同的价值观下，崖墓的使用人群仍存有差异。目前已知的黔北崖墓有着上千年的年代跨度，使用的人群可能也较为复杂。岩上M2的题记上出现了"姚立"与"曾意"等典型的汉人名，似表明墓主为汉人。但更多的崖墓则未留下题记、葬具与随葬品，因此在所谓"汉系"与"非汉系"崖墓形制颇为接近的情况下，我们无法仅据此而推知墓主的具体身份，仅能根据周边已有的研究成果，推测它们当中可能也存有汉与非汉的区别。

总之，新发现的部分崖墓带有丰富的画像和确凿的纪年，为深入探讨黔北崖墓的内涵、年代、流变与使用人群等问题提供了新的珍贵资料。目前贵州仅见的4座纪年崖墓均分布在习水境内，分别为熹平五年（176）海渔M1、章武三年（223）岩上M2、延熙二年（239）白村M1、永历四年（1650）红湾M1，其中的"延熙二年"因字迹磨泐还有待进一步考释，不排除为"阳嘉二年"或"延熹二年"的可能。纪年清晰的则显示，崖墓这种墓葬形制在黔北行用了上千年历史，情况较为复杂。

附记：先后参加调查的人员有冯世祥、陈聪、陈应洋、黄黔华、曲华、左云杰、熊俊、夏保国等先生，铭文释读得到杨爱国、芦军、李树浪、朱良津、吴鹏等先生的帮助，在此一并致谢。

---

[1] 罗开玉：《四川非汉系崖墓初探》，载《四川文物》，2008（4）。

由西林铜鼓葬和可乐套头葬想到的几个问题

唐文元 [*]

摘　要　广西西林铜鼓葬与贵州赫章可乐套头葬非处同一地区，其墓葬形制、葬具等也有较大区别，但从铜鼓、鼓形铜釜、铜釜的特殊地位和使用方式，以及铜鼓与铜釜的历史文化内涵，再结合秦汉时期西南夷地区的历史现状，说明了句町古国与夜郎古国之间政治、经济、文化的密切关系。

关键词　铜鼓葬　套头葬

西林铜鼓葬，是1972年7月，广西西林县八达公社普合大队普驮粮站在扩建晒坝时发现的，"墓的形制非常特殊，墓坑略作圆形，造作不规则，直径1.5—1.7米不等，深2米；在地表之下深约0.6米处有一块圆形石板盖住墓口，石板下面并排放着十二块大小不等的石条，石条下面就是铜鼓。石板和石条都是现已风化的石灰石，有的有加工痕迹。铜鼓四件是互相套合埋在地下的。……在最内层的铜鼓内堆放骨骸。……从骨骸堆放的情况判断应是'二次葬'"[1]。虽然没有经过科学发掘，有些资料也不齐全，但经过考古工作者事后周密的调查和对墓葬的认真清理，还是掌握了墓葬的基本情况，并获得了大量的出土文物（近400件），其中铜器270余件，玉、石、玛瑙器100余件，这么丰富的实物资料，已足以使墓葬的年代、族属、墓主人身份等基本问题得到解决，以此还可以使我们对其他相关问题作进一步的探索。

---

* 唐文元，男，(1941-)，研究馆员。研究方向：贵州民族考古、南方古代铜鼓、文物保护技术。

"西林铜鼓墓所出器物都有西汉前期特征，没有发现明显属于西汉中期以后的东西，也没有汉代流行于西南和岭南的铜钱和铜镜，其下葬的年代推断为西汉前期，当是不误的。"[2]西林，西汉时属益州牂柯郡句町县地，句町是汉武帝元鼎六年（前111年）所设，而句町县名的由来，则是源于"故句町国"。因此，

图1　西林铜鼓葬所用铜鼓葬具

西林铜鼓葬应是古句町族的墓葬。"西林铜鼓葬用四鼓作葬具，互相套合，象征着内棺外椁，当然是十分隆重的。墓主人生前地位显赫可由此想见。""可以推知墓主人很可能就是句町族的首领。"[3]

可乐套头葬，是1977年9月至11月在贵州赫章县可乐公社进行大型发掘中首次发现，之后多次对该地发掘，先后共清理了300多座土著人的墓葬，其中有26座套头葬（未经正式发掘的不计在内）。所谓套头葬即将尸体头部套一铜（或铁）釜或铜鼓而葬，还有的除套头外，足部还套一釜或垫一铜洗，或将一铜洗盖于面部。套头用的器具以铜釜为主，使用铜鼓套头的仅发现一例，即M153。该墓随葬的文物有铁削、铁铧、铁锸、铜带钩、铜鼓和一些稻谷、大豆遗存，随葬品的数量在绝大多数土著人墓葬中算多的（一般仅随葬一、二件或空无一物），但比个别墓葬又算微乎其微，如M274，不仅头部套了一件大铜釜，另外还出土了近百件随葬品，有铜戈、铜柄铁剑等兵器，铜发叉、铜铃、玉管、玉珠等装饰品，铁釜、铁削、铁刮刀等生活用品。

可乐土著人墓葬的时代"约在战国晚期至西汉晚期"，大多数为战国晚期和西汉早、中期。从套头葬的统计中可以看出，"早期墓均是用鼓形的炊具套头而葬，中期釜形器，到了晚期才出现专作礼乐的重器——铜鼓。"[4]M153的年代属于套头葬中时代较晚的，可晚到西汉中期以后，但不会晚于西汉晚期。而

M274的年代，从出土的铜兵器和装饰器来看，应是西汉中期或更早。可乐土著人墓葬的族属，据《后汉书》载：战国时期的夜郎"东接交趾，西有滇国，北有邛都国"，约为今天贵州的西部和西北部，云南东部和东北部，四川南部和广西西北部。因此，他们应是古夜郎民族的墓葬。M153和M274墓主身份，从随葬品的分析可知"前者是一员武将，后者则是一方的望族或'都老'"。[5]

从以上西林铜鼓葬和可乐套头葬的原始资料及基本推断，不由让我对几个新的问题产生了一些思考。

一、独特的丧葬形式

在人类社会中，人的诞生、婚嫁和死亡，可说是人生的三件大事。而死亡又是人生的最后终结。自古以来，不论什么人种，也不论什么民族，都将其视为人生旅途中的重要一步。于是，伴随死亡而产生的丧礼和葬仪也就自然形成，而且逐步发展为在一定的历史阶段、民族范围内相对稳定的丧葬习俗。而不同阶段、不同民族、不同地域的丧葬习俗，又有其自行发展、演变，相互影响、渗透等诸多因素，同时还较多地包含着各个民族对死亡的认识以及处置死者尸体和亡灵的一系列方法。因此，丧葬习俗既包含着一个民族精神文化的内涵，也是一个民族物质文化的遗留，还有这个民族历史文化发展轨迹及多民族文化融合的遗痕。

人类的丧葬习俗可谓五花八门，琳琅满目，从对尸体的处置方式分有：弃尸、天葬、火葬、水葬、树葬、土葬、二次葬等。从选择的葬所分有：江河（水葬）、海洋（水葬）、丛林（弃尸、树葬）、沟壑（弃尸）、旷野（土葬、天葬）、山崖洞穴（悬棺葬、岩洞葬、崖墓）等。从使用的葬具分有：草席、竹帘、木棺、石棺、瓮棺（二次葬）、金棺（二次葬）、银棺（二次葬）、铜棺等。从葬式分有：仰身直肢、屈肢、俯身、蹲葬等。在西林铜鼓葬和可乐套头葬被发现之前，从未有过用铜鼓作葬具或使用釜、鼓套头而葬的记载和传闻，这两种葬俗的发现，不仅为人类丧葬文化增添了两种崭新的内容。同时也显现了古句町民族和夜郎民族的独特文化个性。从使用的器具来看，是相同或相似的一类金属器，而且又是在同一个历史时段，说明这两个民族不仅在地域上紧相毗连，在文化上也有着极其相近的内涵。

二、铜鼓、铜釜是葬具还是随葬器？其墓主身份如何判断？

西林铜鼓葬的四面铜鼓是用来装殓骨骸的，无疑应是作葬具使用的。不过，古代葬具的质地和种类各式各样，为什么偏偏选择铜鼓做葬具呢？值得进一步深入探讨。该问题因无文献可考，实难定论，我们只能从其他民族使用葬具的习俗和使用铜鼓的民族及铜鼓在这些民族中的崇高地位来分析、推理，以求逐步解开其中的谜团。众所周知，汉民族在使用葬具上，古代是有严格的规定的，特别是在汉代以前，帝王、诸侯、士大夫……不同级别的人死后，该使用什么样的葬具，"殓具"（死者穿戴之具）、墓葬的形式、规模等，都有严格的规定，违者必遭严惩。少数民族的葬俗虽与汉民族不同，但在丧礼葬仪上也同样有着严格的等级区别。

"铜鼓，就其名称和表象的功能来看，似乎应是一种打击乐器。但古往今来它就在少数民族生活中和思想意识的深处，而绝非一般的乐器所能界定的。铜鼓的这种属性，一则是因为铜鼓本身所具有的各种神秘幽深的文化内涵所决定，二则是由使用它的各个少数民族所赋予它的神圣地位所决定的。"由于铜鼓在南方少数民族中，从它定型的春秋中期始（楚雄万家坝出土的铜鼓）直至今天都被视为"宝物"，即作为少数民族的"礼器"和"重器"来对待。[6]因此，把铜鼓作为随葬品随死者入土，应该是较高级别的一种葬仪了，这在云南石寨山"滇王墓"及其族群的墓中已充分体现。那么，作为葬具直接装殓尸体，而且使用的还是四面相互套合的铜鼓，如此隆重，推断死者为"句町族的首领"，是符合逻辑的。

图2　赫章可乐M274套头葬全景

那么可乐套头葬的鼓和釜是否为葬具呢？在套头葬的墓中，普遍都发现有棺木的残片或痕迹，显然这些墓的葬具是木棺，鼓和釜只是套戴在尸体头、足部的一件特殊器具，类似汉代皇帝和贵族葬俗中的金缕玉衣、银缕玉衣、铜缕玉衣等。这些给死者穿戴用的特殊物件，不能简单地归到随葬器一类去。玉衣就是玉衣，又称为"玉匣""玉柙"，是这些高层人物死后的殓服。因此，我认为套头用的鼓和釜，在这些墓中称为"殓具"更恰当。

在可乐已发掘的26座套头葬中，25座是用铜釜，仅一座是用铜鼓，其中用铜釜套头的M274墓头脚都套有大铜釜，头部套的铜釜不仅体形硕大，而且铸造精良，装饰雄美、奇特，在铜釜的肩部饰一对立虎，虎头伸出釜口，两虎相向，龇牙长啸，虎身镌刻有斑纹，颈上饰有海贝纹项圈，这么精美的铜釜在贵州还是首次出土。此墓共出土文物近百件，有兵器、装饰品、生活用品等。用铜鼓套头的M153墓，随葬品远不及M274，仅出土文物五件，除一件重器铜鼓外，以生产工具和农作物稻谷、大豆为主。因此，推断"前者是一员武将，后者则是一方的望族或'都老'"，也是没有问题的。

三、铜鼓葬和套头葬的深层含义

人生百岁，终有一死。由于古代人们对宇宙及生死缺乏科学的认识，总以为在眼前活生生的世界之外，还有一个冥冥的阴间世界；在人体之外，还有一个同样鲜活的灵魂，人死之后，其灵魂就去了阴间世界继续生活。因此，生前过着优裕生活的人，总期望死后也能过着同样优裕的生活；生前清贫、穷困或者受苦受难的，更期望死后到阴间能彻底改变生前的困境，过上安乐、富裕的生活。这就是历史上"厚葬"习俗形成的思想基础。南方少数民族普遍把铜鼓视为"权力"和"财富"的象征，那些有权有财的上层人物死后随葬铜鼓，无非就是要将"权力"和"财富"统统带到阴间去，如果将自己的身体置于"权力"和"财富"的包裹之中，岂不更是"万无一失"？这可能就是句町首领用铜鼓做葬具的真实心理。

至于夜郎民族的套头葬，破解的关键词是"头"。"头"，《辞海》："人体的最上部，动物体的最前部……""头"字中的"头目"条："头与目，人身最重要的部分。《汉书·刑法志》：'夫仁人在上，为下所仰，犹子弟之卫父兄，若手足之扞头目。'"头，又称"首"。《辞海》中"首"字的"首领"条："头颈。《左传·襄公十三年》：'若以大夫之灵，获保首领以殁于地。'"可见古人早已认识到人体中头部的重要性，并将头或首这一词延伸到其他重要的领域，如头目、首领等。人的生前在头部大做文章的例子，古往今来举不胜举，如冠、帽、头饰、发式等。帝王将相更在头上大做文章，一方面以示与常人的不同，另一方面显示自己的至尊地位，什么王冠、凤冠、金冠、银冠等，不一而足。就是寻常百姓对头部的重视，也可与衣、食并重，在条件许可或特定的环境下，其重视程度甚至超过衣、食。

既然人们生前那么重视自己的头，死后必然也会在头部大做文章。这一事实，已为中外考古资料所证实。如1990年河南省三门峡市虢国墓地出土的西周（前11世纪—前771年）玉面罩，"由印堂、眉毛、眼、耳、鼻、嘴、腮、下颌、髭鬚等大小十二片组成，各部位的特征明显，玉片上均有细小穿孔，推想原来曾在玉片之下衬以丝织物，加以缀连。这种面罩是专门供死者殉葬的面具，即殓葬中的'瞑目'。其后，汉代发展为'玉柙'（即玉衣），此为首次出土的早期完整的玉面罩"。[7]

又如四川广汉著名的三星堆遗址，"1986年7月18日，南星镇在三星堆遗址取土造砖坯，发现一批玉石礼器。经省、县文物考古工作人员十多个昼夜的科学发掘，清理出长4.4米，宽3.4米，深2.2米的大型祭祀坑。出土'金杖'、'金面罩'、'青铜人头像'和'玉璋'、'玉戈'以及石器、象牙等大批珍贵文物四百余件。'金杖'用纯金皮包卷而成，长1.42米，重五百多克，上面精工雕刻戴冠的人头、水鸟、鱼和树叶等图案，可能是一组图腾。'金杖'可能是'王权'的象征，为全国首次发现，这对于探讨祭祀坑的作用及整个三星堆遗址群的性质具有重要意义。'金面罩'为薄金皮所制，与真人头大小相似，眉、眼、口部雕空，鼻梁突起，呈人面状，造型生动。十三件青铜人头像，似真人头大小，为空心铸造，头戴平冠，面部造型准确生动，高鼻阔目，耳大面丰，表情威严神圣，具有很高的艺术性。这样大的一批完整的铜铸头像，在全国还是首次发现。此外，还有铜面具、铜人坐像、铜龙头、铜虎、龙虎纹铜罍等数十件。"[8]

三门峡市出土的玉面罩及三星堆出土的金面罩、青铜人头像、铜面具，无不传达了这些物件主人对头部高度重视的信息，并散射出一道道令人寻味的神秘光环。这些光环映照出的是一个民族对他们所信仰的图腾的无上崇拜。

可乐套头葬传递给我们的信息，除了沿袭人类对头部重视的共有心态外，更主要的还传递了他们对某些自然物和动物的崇拜，如太阳、虎（可能是夜郎民族的图腾之一），也表明他们将权力、财富及民族图腾放在同样重要的"首"位。

四、句町与夜郎的经济及文化关系

据《汉书》记载，古句町国于汉武帝元鼎六年（前111年）设县，其地域大概包括今云南的广南、富宁，广西的西林、隆林、凌云、百色等地。其北部与漏卧（今云南罗平、贵州兴义一带）、夜郎（今贵州西部）相接，其间有南盘江相连，是汉代南越通夜郎和滇的枢纽和必经之地，因此两个古国（县）历来交往密切，这就是同是使用铜鼓的西南夷诸民族中，将铜鼓用在葬俗上所表现的文化如此接近的原因之一。

句町与夜郎虽然山水相连，但因自然条件不同，两国的经济状况也不尽相同，句町"虽是高原山区，但大部山岭气势磅礴，并不陡峭，高山谷地中也有些小平原和盆地；土地肥沃，气候湿润，适合于古代畜牧和农耕"[9]。句町的经济比较巴蜀、滇、南越可能要差一些，但比夜郎要强，在汉王朝中央的心目中也要得宠一些。在汉昭帝始元元年（前86年），"益州廉头、姑缯民反，杀长吏。牂柯、谈指、同并等二十四邑，凡三万余人皆反"，"句町侯亡波率其邑君长人民击反者，斩首捕虏有功，其立亡波为句町王"[10]这也说明了句町具有一定的经济实力作为后盾，才能支撑他的军事行动，并以胜利博得汉王朝的嘉奖、赐封。

夜郎虽地广人多，但多高山峡谷，交通极不方便，故《史记》《汉书》等文献多记载：夜郎地区"无蚕桑、寡畜产"，"方诸郡为贫"。同时还提到："巴蜀殷富"，"西南夷君长以百数，独夜郎、滇受王印。滇，小邑也，最宠焉"。看来夜郎之所以能享受汉王朝赏赐的"王印"，主要是因为"西南夷君长以十数，夜郎最大"，非国力雄厚，经济发达。正因为如此，夜郎可能产生了"穷则思变"的念头，于是，"至成帝和平中（前27—25年），夜郎王兴与句町王禹、漏卧侯俞更举兵相攻。牂柯太守请发兵诸兴等，议者以为道远不可击，乃遣太中大夫蜀郡张匡持节和解。兴等不从命，刻木象汉吏，立道旁射之"。直至牂柯太守陈立将夜郎王兴斩首。这时"句町王禹、漏卧侯俞震恐，入粟千斛，牛羊劳吏士"。此时"兴妻父翁指与兴子邪务收余兵，迫协旁二十二邑反"。最后，翁指被夜郎臣民斩首，这场战争才算结束[11]。说明夜郎的上层人物确有些"夜郎自大"，而且穷兵黩武，远没有句町王禹、漏卧侯俞等识时务，以至遭到灭顶之灾，亡国之难。

以上这段故事（历史），虽然是发生在西汉，但由此可以推知，战国、西汉之间，夜郎、句町、漏卧等邻国间，是相互熟悉、了解的，在经济、贸易、文化上必然也是频繁交流，因此，文化上既各有特点，也有许多共同之处。只因地理环境、自然条件的差异，经济的发达程度有区别。这些民族都是铸造、使用、热爱、崇拜铜鼓的，但反映在地下，句町、漏卧出土的铜鼓远比最大的夜郎国要多，且规格也要高。再相比更发达、更繁荣的滇、南越，更是望尘莫及。

［注释］

1.广西壮族自治区文物工作队:《广西西林县普驮铜鼓墓葬》，见广西壮族自治区文物工作队编:《广西文物考古报告集1950—1990》，广西人民出版社，1993。

2、3、9.蒋廷瑜:《西林铜鼓墓与汉代句町国》，见中国古代铜鼓研究会编:《广西博物馆建馆六十周年论文选集》，广西民族出版社，1993。

4.唐文元、刘卫国:《夜郎文化寻踪》，四川人民出版社，2002。

5.唐文元:《古王国寻踪》，贵州人民出版社，2008。

6.唐文元:《礼器——铜鼓在少数民族中的定位》，见中国古代铜鼓研究会编:《铜鼓和青铜文化研究》，贵州人民出版社，2001。

7.主保平等撰:《中国文物精华》，文物出版社，1992。

8.李绍明等主编:《巴蜀历史·民族·考古·文化》，巴蜀书店，1991。

10、11.《汉书》卷九十五《西南夷两粤朝鲜传》，中华书局，1962。

摇钱树与佛像

袁炜[*]

摘　要　结合公元1—3世纪印度佛教造像的发展，针对摇钱树上佛像的制作仪轨、佛教内涵、佛像断代与佛像传入途径等问题来研究汉晋时期西南地区摇钱树树干、树叶和底座上的佛像，可知：摇钱树佛教造像中佛陀本身在细微之处都严格遵照同时期印度佛教造像仪轨，摇钱树佛像具有的佛教宗教内涵，其与西北印度佛教造像的变化几乎同步，当时巴蜀地区与印度交流密切。

关键词　摇钱树　汉晋　佛像

20世纪40年代起，在西南地区出土的汉晋时期摇钱树上陆续发现有类似佛像的图案，针对这些佛像图案，1980年，俞伟超将其确认为佛教造像并纳入佛教宗教考古。自此，有不少的论文和专著论及摇钱树上佛像的内涵与传播路线等问题，如何志国《汉魏摇钱树初步研究》和《早期佛教造像研究》，根据摇钱树身佛像佛衣、面相等的不同将其分为A、B两类，并认为A型向B型转化的时间在2世纪三四十年代。将摇钱树纳入整个中国佛像发展的学者有金维诺[1]和李正晓[2]等，此外，温玉成等认为这种造像并非佛陀而是老子，巫鸿等人也认为摇钱树上的造像就算是佛陀，其反映的也非佛教内涵而是汉代传统的

---

*袁炜，男，(1989-)，馆员。研究方向：古代中西钱币文化交流、贵霜史。本文属于国家社会科学基金重大项目"敦煌中外关系史料的整理与研究"（项目编号：19ZDA198）的阶段性成果。
[1] 金维诺：《中国古代佛雕：佛造像样式与风格》，文物出版社，2002，10页。
[2] ［韩］李正晓：《中国早期佛教造像研究》，文物出版社，2005，47—49页。

神仙观念。对于摇钱树上佛像的传入路径，传统观点认为是沿西北丝绸之路由印度传入，还有一些观点认为摇钱树上佛像是沿着滇缅道由印度直接传入巴蜀地区的。[1]

因为对摇钱树上佛像的研究不可避免地要涉及大量印度早期佛教造像研究，而关于印度早期佛教造像研究的观点很多，相互之间的分歧也很大，还未形成普遍共识。故本文首先辨析贵霜帝国时期印度佛教造像的发展，然后再论证摇钱树上佛像的制作仪轨、佛教内涵、佛像断代与佛像传入途径等问题。

一、贵霜帝国佛像及迦腻色伽时代

据当代印度、巴基斯坦的考古研究，佛像产生于贵霜帝国时期。在贵霜帝国，有两大佛教造像中心，一是位于西北印度的犍陀罗及其周边区域，二是位于印度中部的马土拉。学界曾将具有印度传统风格，出土于马土拉的佛教造像称为马土拉风格佛像，将具有希腊、罗马艺术风格，出土于犍陀罗及其周边地区的佛教造像称为犍陀罗风格造像。但因为当今考古学对犍陀罗艺术与马土拉艺术的相互关系和产生的先后顺序还存有较大的争议，因此笔者在本文论述中并没有使用摇钱树上佛像属于犍陀罗艺术还是马土拉艺术的描述。

首先，马土拉地区除了流行佛教造像外，还流行有婆罗门教和耆那教造像。据耆那教传说，耆那大雄在公元前4世纪访问了马土拉，直到贵霜时期，马土拉一直是耆那教中心。[2] 通过对马土拉地区造像的研究，可以看到，耆那教与"印度式"佛教造像几乎同时出现，并且在图像学上具有很大程度的相似性。[3] 且贵霜帝国并没有任何扶持耆那教的举动，如贵霜钱币上打制有希腊罗

---

[1] 何志国:《摇钱树研究评述》，载《四川文物》，2009（4），64—69页。

[2] Kanchan Chakraberti, Socitey, Religion and Art of the Kushana India A Historico-Symbiosis, K. P. Bagchi & Company, 1981, pp. 25-29.

[3] 赵玲:《印度秣菟罗早期佛教造像研究》，上海大学博士学位论文，2012，188—197页。

马神祇、伊朗神祇、婆罗门教神祇和佛教神祇，但绝无耆那教神祇。[1]由此说明了马土拉地区耆那教造像和"印度式"佛教造像的产生与贵霜统治者无关。

其次，在犍陀罗地区，近年来，随着意大利考古队在斯瓦特布特卡拉一号佛教寺院考古的新进展，学者发现犍陀罗地区最早的佛像并非典型的犍陀罗作品中的

图1 贡巴特发现的"印度式"佛像，其左侧为梵天，右侧为帝释天，引自［意］卡列宁：《犍陀罗艺术探源》

"阿波罗式"佛像，而更似"印度式"佛像，其特征接近于马土拉风格造像。这种"印度式"风格佛教造像，很快被"希腊化"佛像替代（图1）。[2]在当时的西北印度，下层民众是印度土著，而上层统治阶级则历经了希腊人、塞种人和贵霜人。至于希腊艺术、犍陀罗艺术和贵霜三者之间的关系，通过史料和考古学可以一窥。在贵霜帝国建立前的贵霜翖侯时期，贵霜就与希腊人联合，发行中亚希腊式银币，其中一枚赫拉攸斯（Heraios）时期的四德拉克马银币，钱币正面有国王肖像，钱币背面则有国王骑马像，其后方是带翅的希腊胜利女神尼克（Nike），其上希腊文铭文可释读为"最高的领袖，赫拉攸斯，贵霜和塞

---

[1] Benoy Chandra Sen, The Age of the Kushanas - A Numismatic Study, Punthi Pustak, 1967, pp. 144-188.

[2]［意］菲利真齐：《犍陀罗的叙事艺术》，［意］卡列宁、菲利真齐、奥里威利编著，魏正中、王倩编译：《犍陀罗艺术探源》，上海古籍出版社，2016，162页。

图2、图3　赫拉攸斯四德拉克马银币，引自杜维善：《贵霜帝国之钱币》

人的领导者"（图2、3）。[1]但随着丘就却对兴都库什山南北两侧的征服，在征服过程中，中亚自马其顿东征以来的希腊文化受到严重的破坏，贝格拉姆、塔克西拉等印塞王朝、印度安息王朝统治下的希腊文化城市都遭受了严重的毁坏。在贵霜钱币中，如贵霜王朝仿印塞总督泽奥尼塞斯钱币以及后期发行的赫拉攸斯钱币上的希腊文讹写严重，不能释读，这意味着贵霜在占领原希腊文化区域后，当地的希腊文化遭受到毁灭性的破坏，连希腊文都已不复传承。而另一方面，自公元1世纪初起，随着罗马帝国统治下的埃及人、阿拉伯人对印度洋季风的利用，开辟了一条自红海起通过印度洋季风到达印度各沿海城市的航线。这些埃及人、阿拉伯人普遍操希腊语，将具有罗马、希腊文化的商品带到印度，并对印度文化、艺术产生了一定的影响。[2]丘就却仿罗马式钱币就是其中的典型代表，其钱币样式和质量仿罗马帝国奥古斯都钱币，而其钱币铭文则

---

[1] Joe Cribb, The 'Heraus' coins: their attribution to the Kushan king Kujula Kadphises, c.AD 30—80, M. Price, A. Burnett, and R. Bland, Essays in Honour of Robert Carson and Kenneth Jenkins, Spink, 1993, p. 107—134。

[2] 罗帅：《印度半岛出土罗马钱币所见印度洋贸易之变迁》，吐鲁番学研究院、吐鲁番博物馆编：《古代钱币与丝绸高峰论坛暨第四届吐鲁番学国际学术探讨会论文集》，上海古籍出版社，2015，108—118页。

图4、图5　丘就却仿罗马帝国奥古斯都样式钱币，引自杜维善:《贵霜帝国之钱币》

采用希腊文和佉卢文。(图4、5)[1]

　　犍陀罗最早有关贵霜的铭文，其时间为122年，学界认为这一纪年属于始于公元前46年的阿泽斯纪年，阿泽斯纪年122年即为公元77年，即贵霜统治犍陀罗的时间在公元77年之前。[2]据布特卡拉一号遗址的考古发现，佛像出现的时间在公元1世纪中叶前后。与贵霜统治犍陀罗的时间极为接近。在犍陀罗佛教艺术产生时，一则当地原本的希腊文化面临贵霜的冲击，二则航行于印度洋的希腊、罗马商人又带来了新的希腊、罗马文化。由以上证据，可以认为，在犍陀罗地区，最早的"印度式"佛像由下层印度土著发明设计雕刻，此后吸收了当地原本的希腊文化和来自印度洋贸易的希腊、罗马文化，由此产生了犍陀罗式佛像。而在马土拉地区，则继续沿着"印度式"佛像发展。

　　除了印度佛教造像的产生外，贵霜帝国国王迦腻色伽的即位年代在研究摇钱树佛像上也具有重要的断代作用，对于迦腻色伽的即位年代，当前学界的主

[1] Joe Cribb, The Origins of the Indian Coinage Tradition, South Asian Studies 19, 2003, pp. 4–5.

[2] Michael Willis, Buddhist Reliquaries form Ancient India, British Museum Press, 2000, pp. 43.

流观点是公元127年，[1]本文也以此说为是。

二、摇钱树树身上的佛像

摇钱树是流行于东汉三国西晋时期的陪葬明器，在四川、重庆、贵州、陕西、甘肃、宁夏、青海、湖南等省区市均有出土，其主要流行区域是巴蜀地区、西南夷地区（南中地区）等。有不少学者对摇钱树树身佛像做了数据统计，据周克林统计，截至2011年摇钱树树身佛像发现25株，但对于每株上带有几尊佛像，周克林未统计。[2]据何志国统计，截至2013年出土有带树干佛像摇钱树26株，含佛像79尊。[3]故笔者以何志国统计为基础，综合周克林统计并进一步收集摇钱树佛像资料，又收集到4株12尊，以补何著缺漏，具体情况如下。

2007年贵州务川大坪汉墓群M10号墓出土一件摇钱树树身残件，有1尊佛像，保存较好，结跏趺坐，左手提衣襟，右手施无畏印，顶有肉髻，高眼大鼻，面容丰润，着右衽圆领衣，造型与城固县文管所藏和重庆丰都延光四年摇钱树佛像相同（图6）。[4]甘肃省钱币博物馆藏摇钱树，通高1.4米，树枝上有五尊佛像，底座陶土上绿釉，整体完整，佛像高肉髻，着通肩大衣，施无畏印，据传出自甘肃礼县（图7）。[5]2002年，重庆丰都汇南墓群JM2号墓出土两

[1] 关于贵霜年代学中迦腻色迦即位年代这一问题，学界长期有争议，近年来逐步统一为迦腻色迦即位于公元127/128年。近年来相关学界推论年表参见David Jongeward and Job Cribb with Peter Donovan, Kushan, Kushano-Sasanian, and Kidarite Coins A Catalogue of Coins From the American Numismatic Society, The American Numismatic Society, 2014, P. 4. Hans Loeschner, Kanishka in Context with the Historical Buddha and Kushan Chronology, Vidula Jayasval, Glory of the Kushans - Recent Discoveries and Interpretations, Aryan Books International, 2012, pp. 137-194. Osmund Bopearachchi, Some Observations on the Chronology of the Early Kushans, Res Orientales., vol. XVII, 2007, P. 50.

[2] 周克林：《东汉六朝钱树研究》，巴蜀书社，2012，254页。

[3] 何志国：《早期佛像研究》，华东师范大学出版社，2013，106—109页。

[4] 贵州省文物考古研究所：《2003—2013贵州基建考古重要发现》，科学出版社，2015，140—147页。

[5] 袁炜、曹源：《摇钱树与厌胜钱关系考》，载《中国钱币》，2014（2），38页。

图6 贵州大坪汉墓出土的摇钱树佛像，引自
李飞：《叩问黄土——一个考古者的田野札记》

图7 甘肃省钱币博物馆藏摇钱树

晋时期摇钱树残枝1件，其上有1尊佛像，有项光，高肉髻，着通肩大衣，施无畏印。[1]青白江博物馆藏摇钱树，通高1.8米，树枝上有五尊佛像，红陶底座，整体完整，1987年出土于青白江区大同镇战斗村三组。[2]

何志国曾做过摇钱树树干佛像类型划分，将佛像划分为A、B二型，认为A型在前、B型在后，且根据有明确纪年的摇钱树和科学出土的摇钱树判断认为摇钱树上佛像出现于东汉中期，在三国时期结束。[3]

对于划分结果，笔者基本赞同，但何志国以摇钱树佛像面容宽窄比例将其分为蒙古人种面型和欧罗巴人种面型两种，笔者不敢苟同，且不说随着分子生物学的发展，按肤色、面部特征等将现代人类划分为蒙古人种、欧罗巴人种等的划分方式已经被淘汰，单就摇钱树佛像来说，因其尺寸较小、采用铸造工艺

[1] 四川省文物考古研究院：《重庆市丰都县汇南墓群2002年度发掘简报》，载《四川文物》，2012（6），13—29页。

[2] 周克林：《东汉六朝钱树研究》，巴蜀书社，2012，482页；邱登成：《西南地区汉代摇钱树研究》，巴蜀书社，2011，160页。

[3] 何志国：《汉魏摇钱树初步研究》，科学出版社，2007，202—212页。

等原因，很难区分每一株摇钱树上佛像面容的具体细节特征。故笔者以摇钱树佛像佛衣为划分标准，将其分为身着印度道提式服装的"印度式"佛像和身着罗马通肩大衣式服装的"贵霜式"佛像，与何志国的划分相比，即何著A型I式是"印度式"摇钱树佛像，何著B型是"贵霜式"摇钱树佛像。

对此，结合"印度式"摇钱树佛像向"贵霜式"摇钱树佛像突变的时间，和佛教、佛教造像在公元1、2世纪发展过程中的重大事件。笔者认为这一造型突变与贵霜帝国的迦腻色伽对佛教的改造有关。迦腻色伽即位于公元127年，在迦腻色伽崇信佛教之前，佛教是印度本土民众的信仰，故佛教造型也偏向印度样式，而作为游牧民族的贵霜帝国国王迦腻色伽在皈依、扶持和宣扬佛教的过程中，对佛教本身进行了大规模的改造。最突出的两个例子，一是迦腻色伽举行了第四次佛教大集结，编纂三藏[1]，通过这次集结，贵霜以统治者的身份认可了大乘佛教[2]；二是犍陀罗地区布特卡拉一号遗址的早期"印度式"佛像到迦腻色伽时期被"犍陀罗佛像"取代，在佛像上融入了贵霜统治阶级中所盛行的希腊、罗马艺术风格。由此，可以认为"印度式"摇钱树佛像是早期印度土著民族的造型，到迦腻色伽改造佛教时被"贵霜式"摇钱树佛像所替代。

由上，笔者认为摇钱树树身佛像由"印度式"变化为"贵霜式"的原因与迦腻色伽即位后贵霜帝国对犍陀罗地区佛教造像的改造有关，其时间在公元2世纪30年代到40年代，稍迟于犍陀罗地区造像由"印度式"变为"贵霜式"，以及迦腻色伽即位的时间。

现出土的30株含树身佛像摇钱树，其中仅有4株是"印度式"佛像，26株是"贵霜式"佛像。排除考古发现本身所含有的偶然性，由此也可看出"贵霜式"佛像数量要远多于"印度式"佛像，这也从一个方面反映了在迦腻色伽扶持佛教前，佛教对外传播的深度和广度远远赶不上迦腻色伽扶持佛教发展后的情况。

---

[1]［唐］玄奘、辩机著，季羡林等校注:《大唐西域记校注》，中华书局，1985，331—333页。
[2] Rafi-us Samad, The Grandeur of Gandhara The Ancient Buddhist Civlization of the Swat, Peshawar, Kabul and Indus Valleys, Algora Publishing, 2011, P. 101.

三、摇钱树枝叶与底座上的佛像

与出土数量较多的摇钱树树干佛像相比，摇钱树枝叶佛像与底座佛像仅是零星的出土发现，据公开的资料，摇钱树枝叶佛像现出土三株，而底座佛像现出土一尊。

对于摇钱树枝叶造像的研究，有学者做了深入的研究，并认为两者高对相似，甚至源于同一粉本[1]，对此笔者深表赞同。但在一些造像的具体细节上，笔者有不同意见，其一是造像"着圆领衣，衣领饰栉齿纹，领口外缘饰连续覆莲纹"，由此另有学者依此推论，认为此佛像依旧身着通肩大衣，右肩服饰纹饰未描绘出的仅是因为犍陀罗艺术下不同造像风格的差异。[2]然而在摇钱树佛像中，细节的描述往往是符合佛教仪轨的，佛教仪轨中是没有依照我国传统瓷器、铜镜纹饰如"栉齿纹"等来装饰佛像衣领的，故笔者认为其应当是类似于当时印度菩萨造像颈前佩戴的多重项链和宝石美玉。其二是城固和资阳狮子山摇钱树枝叶佛像仅左肩刻画有衣纹褶皱，也说明造像的服饰是道提式而非通肩大衣。

摇钱树枝叶造像出现颈前佩戴多重项链和宝石美玉，这不符合严格的佛像仪轨，因为按照佛教仪轨，释迦牟尼在出家时将象征俗世的多重项链和宝石美玉全部舍弃。出现这种情况的原因有可能是以下两者之一：一则反映的是出家前身为王子的释迦牟尼；二则是佛像制作者没有领悟佛像装饰表达的内涵，没有严格依照佛教仪轨制作枝叶佛像。

安县摇钱树同时存在枝叶佛像和树干佛像，且树干佛像属于"印度式"佛像，故结合上文可判断摇钱树枝叶佛像都是在迦腻色伽对佛教和佛教造像改造

---

[1] 何志国:《安县与城固摇钱树佛像的比较研究》，载《敦煌研究》，2004（4），15—18页。
[2] 费泳:《中国佛教艺术中的佛衣样式研究》，中华书局，2012，120页。

影响前的佛像，具有明显的印度特征。而资阳狮子山M2号崖墓摇钱树树叶佛像，考古报告根据同墓出土器物认为其时代在东汉中期到晚期。笔者认为此摇钱树树叶佛像当在东汉中期乃至更早，其原因主要有以下两点。

一是此墓葬中有五具棺，是家族合葬墓，《隶释》一书收录有南宋时发现的汉代四川彭山崖墓题记，上书"维兮本造此穿者张公宾妻、子伟伯，伯妻孙陵在此右方曲内中"，"维兮张伟伯子长仲，以建初二年六月十二日与少子叔元俱下世，长子元益为之祖父穿中造内牺柱，作崖棺葬父及弟叔元"。[1]从此题记可以看出，彭山东汉崖墓五棺葬有四代人，可见这种家族合葬墓下葬时间有时相差几十年，故不能单纯地通过晚期器物推断整个墓葬的下葬时间。狮子山M2号墓未经盗扰，出土器物均摆放于原下葬位置，M2：49带树叶佛像摇钱树与M2：50铜镜、M2：51玛瑙珠、M2：52珊瑚珠、M2：53珠、M2：54银手镯和M2：55金戒指集中放置在崖墓侧室东部，与其他陪葬器物放置位置有明显区别，是同一次陪葬器物，发掘简报对M2：50铜镜有详细描述，此铜镜是铜华连弧纹镜。[2]汉代，包括巴蜀地区在内，铜华连弧纹镜一般出土自西汉中晚期墓葬，其流行时间在西汉晚期。[3]再考虑到铜镜作为实用器，其流行时间和陪葬时间可能有一段差异，但并不会长达近两百年，由此可见与铜华连弧纹镜为同一组文物的带树叶佛像摇钱树，其时代也应当在东汉早中期。

二是此崖墓是多室大型崖墓，有侧室和耳室，以往有学者认为其开始流行时间在东汉中期后段。[4]但随着近几十年考古发掘的深入，发现不少东汉早中期崖墓也有多室墓，且崖墓多有后代人增凿改造，看不出崖墓形态随时间有明

[1] [宋] 洪适撰：《隶释·隶续》，中华书局，1985，148、149页。

[2] 四川省文物考古研究院、资阳市雁江区文物管理所：《资阳市雁江区狮子山崖墓M2清理简报》，载《四川文物》，2011（2），10—23页。

[3] 孔祥星、刘一曼：《中国古代铜镜》，文物出版社，1984，70、71页；高大伦、岳亚莉：《四川出土铜镜概述》，载《四川文物》，2013（4），69页。

[4] 罗二虎：《四川崖墓的初步研究》，载《考古学报》，1988（2），150、151页。

显的规律性变化。[1]故单以多室墓来断定此墓不会早于东汉中期后段有失偏颇。

由此可见，资阳狮子山M2号崖墓摇钱树树叶佛像的年代至少在东汉中期，而不会迟至东汉晚期。

对于摇钱树底座佛像的研究，学界争论较多，甚至对有佛像底座是否为摇钱树座都有争议，其主要理由是南京博物院藏彭山佛像插座背面已损，其上部插孔直径达7厘米，比摇钱树树干要粗很多，

图8　彭山摇钱树底座佛像，引自何志国：《汉魏摇钱树初步研究》

故其不可能是摇钱树底座[2]，对此笔者认为一些已发现的汉代摇钱树底座可能是木质材料[3]，此摇钱树插座也有可能在插座孔和树干间有木质材料起填充作用，后木质和青铜部分被盗掘或氧化分解，仅余底部插座。故在此依旧依据主流观点，暂且认为其为摇钱树底座。（图8）

俞伟超认为此摇钱树底座佛陀身边两侍者要么是释迦牟尼的弟子迦叶、阿难，要么是大势至菩萨和观音菩萨。[4]而吴焯认为佛陀身边两侍者是一僧一俗

---

[1] 四川省文物考古研究院、绵阳市博物馆、三台县文物管理所：《三台郫江崖墓》，文物出版社，2007，288—290页。

[2] 何志国：《南京博物院藏彭山陶座佛像考》，载《东南文化》，2013（5），86、87页。

[3] 四川凉山彝族自治州博物馆：《四川西昌市杨家山一号东汉墓》，载《考古》，2007年第5期，26页。

[4] 俞伟超：《东汉佛教图像考》，载《文物》，1980（5），70—79页。

两胡人。[1]对于这两种观点，笔者认为俞伟超先生的观点并不正确，在印度佛教造像初期，菩萨是以印度王公为造型仿造的，其身穿传统印度王公服饰并佩戴大量饰品，但就图像学来说，此摇钱树底座佛陀身边两侍者并没有穿着、佩戴传统印度王公的服饰。

囿于汉代制陶工艺，此摇钱树底座人物图像的细节并不清晰，但大致可分辨出佛陀左右两侧的人物服饰造型不同，故吴焯认为佛陀身边两侍者是一僧一俗两胡人，对于这俩胡人的具体身份，吴焯并没有指明。对此，笔者认为这一僧一俗两胡人是梵天和帝释天，主要依据有两点。一是公元2世纪中亚佛教造像一佛二胁侍场景绝大部分是"梵天劝请"，表现的是佛陀担心众生不能理解高深的佛法而不愿传法，为此婆罗门教的最高神梵天和帝释天劝说佛陀向民众传法的故事。[2]隐含了印度佛教贬低婆罗门教，与之争夺信徒的现实情况。二是在"梵天劝请"场景中，分列释迦牟尼两侧的梵天和帝释天造型有很大的区别，梵天不佩戴饰物，头发绾成圆形的髻，有时束起卷发，有时散开头发披在双肩，其特征与一般头戴敷巾冠饰的诸神形成了鲜明的对照，其形象可能以梵的婆罗门形象为原型，而帝释天则以印度王侯贵族为原型，通常头戴敷巾冠饰或宝冠，除合十外均以一手持金刚杵，身上佩戴璎珞等饰品，与梵天形成鲜明对照。[3]

由上可见，摇钱树底座中间佛陀手呈无畏印，左侧头戴高冠做俗世胡人装束的是帝释天，右侧发梢微卷做胡僧装束的是梵天，梵天与帝释天面向佛陀合掌作礼。这与当时中亚、印度地区"梵天劝请"造像完全吻合。在佛像下面，还有一龙一虎一璧的造型，左右的龙虎造型与摇钱树上西王母的龙虎座类似，而底座璧的造型则与一些摇钱树枝叶佛像和西王母像在摇钱树枝叶璧上的造型

[1] 吴焯：《四川早期佛教遗物及其年代与传播途径的考察》，载《文物》，1992（11），40—42页。
[2] ［日］官治昭著，贺小萍译：《犍陀罗初期佛像》，载《敦煌学辑刊》，2006（4），125—128页。
[3] ［日］官治昭著，李萍、张清涛译：《涅槃和弥勒的图像学》，文物出版社，2009，178、180、188、189页。

一致，这两点说明了摇钱树底座佛像对西王母像的继承和取代。

四、摇钱树佛像的传入路径

除文献记载张骞曾在大夏见到过来自印度的巴蜀地区商品外，还有不少考古资料可以证明汉晋时期巴蜀地区与西北印度有着广泛的物质交流。在当今，西南巴蜀地区的汉晋墓葬出土有不少琥珀制品，这些琥珀制品的琥珀原料被认为是舶来品。[1]而对于这些琥珀原料的原产地，《汉书》描述说，"罽宾地平……出封牛……虎魄"。[2]据学者考证，西汉时，罽宾国是以犍陀罗为中心，囊括喀布尔河流域的一个国家。[3]四川什邡市箭台村遗址出土的汉代"陀螺"骰子，据学者研究，其源于印度。[4]1937年和1939年，法国考古学家在阿富汗贝格拉姆发现了两间时代为公元1世纪、藏有宝藏的密室，在这两座密室中出土有少量漆器碎片，[5]这些漆器被认为产自蜀郡和广汉郡。[6]由此可见汉晋时期巴蜀地区与西北印度双向间物质交流的广泛。

当代不少学者主张摇钱树上佛像自滇缅由印度直接传入四川，其主要理由有以下的两点，一是在考古学上当今新疆出土的最早的佛教物品是公元3世纪的[7]，而摇钱树上佛像却在公元2世纪大规模存在于四川盆地及其周边地区；二是《史记·大宛列传》中明确提到张骞在西域获知从印度可以直接到达巴蜀。[8]

---

[1] 霍巍、赵德云：《战国秦汉时期中国西南的对外文化交流》，巴蜀书社，2007，87—94页。

[2]《汉书》卷九十六《西域传上》，中华书局，1962，3885页。

[3] 余太山：《罽宾考》，载《西域研究》，1992（1），46—61页。

[4] 刘章泽：《四川什邡市箭台村遗址出土汉代"陀螺"骰子考》，载《四川文物》，2016（2），66—75页。

[5] Fredrik Hiebert-Pierre Cambon, Afghanistan Hidden Treasures from the National Museum, Kabul, National Geographic, 2010, pp. 131-142.

[6] 罗帅：《阿富汗贝格拉姆宝藏的年代与性质》，载《考古》，2011（2），75、76页。

[7]［荷］许理和著，吴虚领译：《汉代佛教与西域》，任继愈编：《国际汉学》第2辑，大象出版社，1998，291—310页。

[8] 邱登成：《西南地区汉代摇钱树研究》，巴蜀书社，2011，55、56页。

首先需要指出的是，随着近年来一批新的敦煌汉简资料的整理出版，有关东汉时期佛教在河西地区的传播也得到实物印证，如东汉时期的悬泉浮屠简，其上记载了"少酒薄乐，弟子谭堂再请拜。会月廿三日，小浮屠里七门西入"。此简据学者研究，有可能是僧徒间来往信件或佛教弟子要求拜访师傅的名刺。悬泉汉简经过整理编号的简牍近18000枚，其中有纪年的有2080枚，占总数的12%左右，其中年代最早的是西汉元鼎四年（前111），最晚的是东汉永初元年（107），而与悬泉浮屠简出于同一房屋遗址的简牍，其时代在东汉建武二十七年（51）至东汉永初元年十二月（108），且悬泉浮屠简的字体风格也更近似于东汉时期流行的字体风格。故悬泉浮屠简的时代当在公元1世纪下半叶及其前后。[1] 其时间段正好在最早有纪年出土摇钱树佛像的前20年，由此证实了东汉时期佛教经西北丝绸之路向东流传。

　　但是，摇钱树上佛像自滇缅由印度直接传入四川的可能性也不能排除。第一，早在张骞第一次出使西域时，就已经在大夏（巴克特里亚）见到经由印度传入大夏的邛竹和蜀布，由此张骞推断出有一条从西南可以通往印度的道路。当代学者通过对中国西南、缅甸、印度等地地理环境的研究，提出这条道路最有可能的路线是自四川出发，沿僰道至滇国（今云南东部），再向西至昆明（今云南西部），经过滇西纵谷至缅甸，再向西到孟加拉、印度、大夏。[2] 特别需要指出的是，张骞第一次出使西域到达大夏的年代约是公元前129年，而在公元前155年至公元前130年，统治自兴都库什山以南、西北印度到恒河这一广大地区的是著名的佛教护教法王、希腊国王米兰德。米兰德的名字不仅出现在希腊古典文献中，而且是诸多印度希腊国王中唯一见于印度文献者，汉传佛教经典《那先比丘经》和南传佛教经典《米兰陀王问经》以问答体的形式记载了米

---

[1] 郝树声、张德芳：《悬泉汉简研究》，甘肃文化出版社，2009，186—194页。
[2] 桑秀云：《蜀布邛竹传至大夏路径的蠡测》，伍加伦、江玉祥主编：《古代西南丝绸之路研究》，四川大学出版社，1990，175—200页。

兰德国王与那先长老对佛教哲学的诘辩。[1]张骞所闻的"身毒"应该就是米兰德国王全盛时期所统治的部分印度地区。[2]可以说，张骞所见来源于西南的邛竹和蜀锦必然是经过积极推动佛教发展的希腊国王米兰德统治下的中印度和西北印度才传入大夏（巴克特里亚）的。第二，东汉时期，随着匈奴与东汉对塔里木盆地周边绿洲国家的争夺和河西羌族的反叛，西北丝绸之路处于"三绝三通"的状态。[3]而摇钱树的佛像则自公元125年到两晋时期一直持续出现，这与西北丝绸之路的经常性断绝并不相符。在实物证据方面，据考古学研究，在孟加拉等地出土有少量的贵霜金币、大量的贵霜铜币以及带有西北印度佉卢文铭文的陶器，1909年，在英属印度东部博格尔（现属孟加拉国）出土了一枚波调金币。[4]1972年和1973年，印度西孟加拉邦班库拉县就出土有28至29公斤的贵霜等王朝钱币，并且西孟加拉地区自身也模仿迦腻色伽、胡维色伽和波调钱币样式打制铜币。[5]在印度西孟加拉邦禅爪克土各尔的考古遗址，出土了一件公元前后的赤土陶器，其上有似为伊朗系女神娜娜的塑像、婆罗米文以及流行于西北印度的佉卢文铭文，很显然这件陶器来自西北印度。[6]由此可见，贵霜帝国的经济、贸易交流已经到了印度东部。同时代中原王朝对西南的开发也到了云南西部，滇西保山出土有多座汉晋时期中原文化墓葬。[7]中印西南丝绸之路贸易通道沿线中，仅剩缅甸还未发现有这一时期的实物证据。[8]

---

[1]［意］朱莉阿诺：《西北印度地区希腊至前贵霜时代的钱币》，［意］卡列宁、菲利真齐、奥里威利编著，魏正中、王倩编译：《犍陀罗艺术探源》，上海古籍出版社，2015，64、65页。

[2] 杨巨平：《两汉中印关系考——兼论丝路南道的开通》，载《西域研究》，2013（4），8页。

[3] 苗普生：《略论东汉三绝三通西域》，载《新疆师范大学学报》，1985（2），56—63页。

[4] Benoy Chandra Sen, *The Age of the Kushanas – A Numismatic Study*, P. 238.

[5] B. N. Mukherjee, *Kushana Studies: New Perspectives*, Punthi Pustak, 1967, P. 348-358.

[6]［印］B. N. 莫克吉·卡尔迈尔（Mukherjee）著，景磊译，戈思齐校：《巴克特里亚语言的刻字在印度东部被发现》，载《内蒙古大学艺术学院学报》，2013（1），129、130页。

[7] 耿德铭：《保山坝蜀汉墓的考古发现与研究》，《东南文化》，1993（3），136—144页。

[8] 姚崇新：《佛教海道传入说、滇缅道传入说辨正——兼论悬泉东汉浮屠简发现的意义》，荣新江、朱玉麒主编：《西域考古·史地·语言研究新视野：黄文弼与中瑞西北科学考察团国际学术研讨会论文集》，科学出版社，2014，473—479页。

由此可见，在摇钱树佛像可能传入巴蜀的两条道路上，西北丝绸之路已有文献和实物双重证据，显得较为明确，而西南丝绸之路在缅甸段还存在着空白，依旧停留在论证阶段。

五、摇钱树佛像与"仙佛模式"

对于摇钱树上佛像的性质是否代表佛教在中国的传播，学界有不少的争论，其中影响较大的"仙佛模式"，即摇钱树上佛像仅与中国传统的神怪地位等同而出现于墓葬，体现不了其作为佛教宗教物的内涵，这与佛教在当时印度的情况不同。[1]有学者更是由此引出了"黄老浮屠""浮屠老子"等称谓。[2]

但在印度、中亚考古中，佛像的产生与丧葬有很大的关系。在印度，婆罗门教将火葬场、墓地等视为不洁之物，要建在远离村落难以看见的地方，并在村落和墓地间堆置土块以示分离，而印度佛教则将窣堵波视为圣物，建在村庄的十字路口供信徒膜拜。[3]犍陀罗地区最早的佛教雕刻出现在窣堵波的浮雕板上，而窣堵波就是埋葬佛骨舍利的佛塔。阿富汗白沙瓦曾出土一件青铜质的"迦腻色伽舍利器"，其上部铸造有佛陀造像，此外毕马兰也出土了一件铸有佛像的黄金舍利器。[4]且"迦腻色伽舍利器"上除佛陀外，还铸造有希腊神话中的日神、月神及小爱神等。[5]并有佉卢文铭文言：

2.Kaniṣ［kapu］re ṇagare［a］yaṃ gaṃdha［ka］raṃḍe + t.（*mahara）jasa

---

[1] 巫鸿著，王睿、李清泉译：《早期中国艺术中的佛教因素（2—3世纪）》，《礼仪中的美术——巫鸿中国古代美术史文编》，三联书店，2005，304、305页；温玉成：《用"仙佛模式"论说钱树老君》，《新疆师范大学学报》，2006（3），64—70页。
[2]［韩］李正晓：《中国早期佛教造像研究》，文物出版社，2005，144—146页。
[3]［日］宫治昭著，李萍、张清涛译：《涅槃和弥勒的图像学》，16、17页。
[4]［美］H·因伐尔特著，李铁译：《犍陀罗艺术》，上海人民美术出版社，1991，17页。
[5]［韩］李正晓：《中国早期佛教造像研究》，文物出版社，2005，148页。

Kaṇi -

4.ṣkasa vihare Mahasenasa Saṃgharakṣitasa agiśalanavakarmiana

3.deyadharme sarvasatvana hitasuhartha bhavatu

1.acaryana Sarvastivatina pratigrahe[1]

（在收容说一切有部法师之际，大王迦腻……在迦腻色迦普尔城，这个香盒是神圣的贡物，为保佑一切生灵繁荣和幸福。此贡物属于口口色迦寺院负责火塘的侍卫僧摩诃色那。[2]）

由此铭文明确其为佛教器物。再加上新疆楼兰贵霜移民的壁画墓中也发现包含地表佛塔、"佛与供养人"图案、法论和中心柱等佛教因素。[3]由此可以说明，佛教的信奉者使用有释迦牟尼造像的葬具并将其视为圣物在贵霜帝国是广泛存在的，而且有向东方传播的趋势，并与其他宗教神话体系混杂，这就动摇了"仙佛模式"中摇钱树上佛像仅作为神怪而不是偶像崇拜的理论，也说明了为何汉晋时期巴蜀地区的佛教造像的绝大部分出现在摇钱树、陶器等明器和墓葬画像石刻中。

对于摇钱树上佛像出现的原因，除前文提到的佛像对摇钱树上西王母造像的取代、早期印度佛像用于丧葬用具等因素外，当时印度佛教中广泛存在的圣树信仰也不可忽视。树崇拜本身是印度传统信仰的一部分，佛教在产生的过程中不可避免地吸收了树崇拜，如释迦牟尼在前世轮回中曾四十三次是树的精灵，其悟道在菩提树下。[4]埋藏佛骨舍利的宝塔在印度被称为窣堵波（梵文

---

[1] Stefan Baums, Catalog and Revised Texts and Translations of Gandharan Reliquary Inscriptions, David Jongeward, Elizabeth Errington, Richard Salomon and Stefan Baums, Gandharan Buddhist Reliquaries, Gandhāran Studies, Volume 1, pp. 200 - 251.
[2] 中文释读部分参照林梅村：《古代大夏所出丘就却时代犍陀罗语三藏写卷及其相关问题》，《汉唐西域与中国文明》，文物出版社，1998，120页。
[3] 陈晓露：《楼兰壁画墓所见贵霜文化因素》，载《考古与文物》，2012（2），79—88页。
[4]［英］爱德华·泰勒著，连树声译：《原始文化》，上海译文出版社，1992，664、665页。

stūpa），stūpa这个词最早出现在《梨俱吠陀》中，其意也是"柱"或"树干"。[1]
而树崇拜思想作用到印度早期佛教造像中，使得犍陀罗和马土拉地区的早期佛
教造像都有佛坐于树前的表现形式。[2]故摇钱树上佛像的产生与印度早期佛教
吸收树崇拜有关。

　　由以上论断可以看出，摇钱树佛教造像中佛陀本身在细微之处都严格遵
照同时期印度佛教造像仪轨，与西北印度佛教造像的变化几乎同步变化，这说
明了当时巴蜀地区与印度交流的密切。而摇钱树佛教造像中佛陀的底座、侍者
在有些摇钱树上则从印度造型变为汉晋巴蜀地区所流行的龙虎、鬼怪，则说明
了早期佛教造像为了更好地适应巴蜀地区的汉文化所进行的变化。这些变与不
变，其目的都是为了使佛像在保留原本内涵的同时更好地被汉文化所吸收，由
此说明了早期佛教造像所具有的佛教宗教内涵。其可能的传播路线有两条，一
是沿西北丝绸之路经新疆、河西从印度传入巴蜀，二是沿西南丝绸之路经滇缅
由印度传入巴蜀。当前研究表明，经西北丝绸之路传入的可能性更大一些，但
也不能彻底排除经西南丝绸之路传入的可能性。

---

[1] 李崇峰：《佛教考古：从印度到中国》，上海古籍出版社，2015，3、4页。
[2] 何志国：《汉魏摇钱树初步研究》，科学出版社，2007，231、232页。

贵州出土汉代狮形器研究

杨菊[*]

摘　要　本文通过文献学、考古学对汉代文献中的"师子"和贵州出土汉代狮形器及摇钱树上的佛像进行研究，得出以下结论：自西汉武帝通使西域以来，随着中西方文化交流的日益繁盛，狮子及狮子文化进入中土，狮子造型器物逐渐在中土流行。到东汉时期，中西方文化交流逐步影响贵州地域，狮子造型器物和佛像在贵州地域流布，但现有的证据还不能将贵州出土狮子造型器物与佛教联系起来。

关键词　贵州　汉代狮形器　摇钱树佛像

综述

自20世纪50年代起，在贵州黔西、清镇、平坝、安顺、兴义、兴仁等地相继出土、采集了多件琥珀、青铜、琉璃、骨质等形似于狮、虎的兽形器。李仲元认为，狮子在西汉武帝后期至新莽年间传入中原，东汉时期产生了狮形器，是中外文化交流的产物。[1]霍巍、赵德云指出，这些琥珀等材质的兽形器实际为狮形器。其造型自南海传入，使用者多为地方官员、豪强大姓、富裕

* 杨菊，女，(1989-)，助理馆员。研究方向：文物保护与修复，贵州地域出土文物。
[1] 李仲元:《中国狮子造型源流初探》，载《社会学辑刊》，1980年第1期，108—117页。

士绅，其功能为辟邪。[1]林移刚从文献学等角度考证了汉代狮子入华的相关问题。[2]刘自兵指出，狮子和佛教在同一时间段传入中国。[3]石云涛认为，这些狮形器以亚洲狮的形象为本源，其文化源头一是来自印度佛教文明，二是来自西亚波斯文化。[4]这些学者的研究集中于整体分析，对于贵州地域出土狮形器着墨较少，有待于进一步深入研究。

一、汉代文献中的狮子

两汉时期，狮子原产于非洲、亚洲印度至西亚地区，中原并没有狮子。《史记·大宛列传》对西域各国物产的记载源于张骞第一次出使西域，时载公元前128年。[5]可见此时狮子还未传入中原，西汉人还未了解狮子。《汉书》是第一部记录狮子的传世文献，《汉书·西域传》记载，汉武帝以来"钜象、师子、猛犬、大雀之群食于外囿"。[6]对于狮子传入中原的过程，《汉书·西域传》和出土文献敦煌悬泉汉简也均有记载。《汉书·西域传》言，"乌弋……有……师子"[7]；悬泉汉简言，"其一只以食折垣王一人师使者……只以食钩盾使者迎师子……以食使者弋君"（Ⅱ90DXT0214S:55）。[8]有学者认为，折垣王即乌弋山离王，在西汉元帝、成帝时期，乌弋山离国曾向西汉进贡过狮子，[9]可备一说。这是关于狮子进入中原的最早史料记载。

---

[1] 霍巍、赵德云：《战国秦汉时期中国西南的对外文化交流》，巴蜀书社，2007，94—107页；赵德云：《西周至汉晋时期中国外来珠饰研究》，四川大学博士论文，2008，106—113、129页；赵德云：《西周至汉晋时期中国外来珠饰研究》，科学出版社，2016，101—111、122页。
[2] 林移刚：《狮子入华考》，载《民俗研究》，2014年第1期，68—74页。
[3] 刘自兵：《佛教东传与中国的狮子文化》，载《东南文化》，2008年第3期，46—49页。
[4] 石云涛：《汉唐间狮子入贡与狮文化》，载《武汉科技大学学报》，2018年第2期，209—217页。
[5]《史记》卷一百二十三《大宛列传》，中华书局，1963，3157—3165页。
[6]《汉书》卷九十六下《西域传下》，中华书局，1964，3928页。
[7]《汉书》卷九十六上《西域传上》，3889页。
[8] 郝树声、张德芳：《悬泉汉简研究》，甘肃文化出版社，2009，209页。
[9] 罗帅：《悬泉汉简所见折垣与祭越二国考》，载《西域研究》，2012年第2期，38—42页。

东汉时期，西域各国向汉王朝进贡的狮子进一步增多，《后汉书·班超传》记载，"月氏尝助汉击车师有功，是岁（87年）供奉珍宝、符拔、师子"。[1]《后汉书·西域传》记载，"章帝章和元年（87年），遣使献师子、符拔"。[2]公元100年成书的《说文解字》言，"虓，虎鸣也，一曰师子"。[3]《后汉书·顺帝纪》记载，"顺帝阳嘉二年（133年），疏勒国献师子、封牛"。[4]《东观汉记》对疏勒国此次进贡的狮子有更为具体的描述，言"疏勒王盘遣使文时诣阙，献师子、封牛，师子形似虎，正黄，有髯耏，尾端茸毛大如斗"。[5]山东武氏祠狮子石刻铭文言，"建和元年（147年）……孙宗作师子，直四万"。[6]可知武氏祠前石兽为狮子。《后汉书·西域传》言，"大秦国……道多猛虎、师子，遮害行旅，不百余人，赍兵器，辄为所食"。[7]《三国志》裴松之注引《魏略·西戎传》记载："（大秦国）但有猛虎、狮子为害，行道不群则不得过。"[8]《魏略·西戎传》对大秦国的记载与《后汉书·西域传》对大秦国的记载大同小异，可见两者源于同一史料。据刘知几《史通》言："魏时京兆鱼豢私撰魏略，事止明帝。"[9]故《后汉书·西域传》和《魏略·西戎传》对大秦国狮子的描述在东汉至曹魏初期。可见东汉时期，西域贵霜、帕提亚、疏勒向汉王朝进贡狮子，狮子的形象已为中原所熟知，东汉工匠开始制作狮形石刻。

从语言学角度来看，有学者认为，"狮子"一词的原始印欧语 *sihatekó，佉

[1]《后汉书》卷四十七《班超传》，中华书局，1965，1530页。

[2]《后汉书》卷八十八《西域传》，2918页。《后汉书·和帝纪》言，章和二年，"安息国遣使献师子、扶拔"。贵霜于公元87年向东汉献狮子、符拔；帕提亚于公元87年、88年向东汉献狮子、符拔。如此密度的进献并不符合常理，可能为史书讹误。《后汉书》卷四《和帝纪》，168页。

[3]（东汉）许慎：《说文解字》，中华书局，1985，156页；顿嵩元：《许慎生平事迹考辨》，载《郑州大学学报》，1985年第3期，107页。

[4]《后汉书》卷六《顺帝纪》，263页。

[5]（东汉）刘珍等撰，吴树平校注：《东观汉记》，中州古籍出版社，1987，113页。

[6]巫鸿著，柳扬、岑河译：《武梁祠——中国古代画像艺术的思想性》，生活·读书·新知三联书店，2006，32页。

[7]《后汉书》卷八十八《西域传》，2920页。

[8]《三国志》卷三十《乌丸鲜卑东夷传》裴松之注引《魏略·西戎传》，中华书局，1959，861页。

[9]（唐）刘知几撰，（清）浦起龙释：《史通通释》，上海古籍出版社，1978，347页。

卢文 Sih(o)vigatabhay(o)，原始吐火罗语（月氏语）*ṣīcāke，焉耆文 śīśäk，龟兹文 ṣecake，它们衍变为汉文"师子"一词，其传播路线即由中亚至新疆（吐火罗），再到中原。可备一说。[1]

二、贵州出土汉代狮形器

在贵州出土的东汉文物中，有多件狮子造型的文物。狮形铜带钩，目前发现两件。一件于1961年威宁中水马家院子采集。长7.1厘米、宽3厘米。带钩整体为一狮子形，尾平直并向前方弯曲成钩，身背面中心铸有圆形纽。狮昂首，耳略长，大眼圆睁，张口，露出尖牙。前腿趴地，后腿弓起，呈行走状。颈部饰菱形纹，颈身交会处有条形纹，身上毛为翻卷的形态，背部似有羽翼。[2]这种动物形带钩的形象在威宁中水有所出土，具有浓厚的滇文化特征。[3]另一件于2005年在黔西火电厂建设区域内的M34中发掘出土。考古报告言，"虎形，背生翼，钩嘴弯曲较小，纽为圆形"。[4]考古报告认为此铜带钩为虎形带钩，其与1961年在威宁中水马家院子采集的铜带钩造型相似，笔者认为此铜带钩也为狮形铜带钩。狮型珠饰在贵州东汉墓中出土有数件。黔西甘棠M18出土一件琥珀狮坠，高0.6厘米、长1.8厘米，为天蓝色透明琥珀。琥珀背部可见雕刻的鬃毛，狮呈蹲坐式，腰中部有一穿孔。[5]兴仁交乐M19出土有兽状琥珀，[6]赵德云

[1] 唐钧：《异质文明传播路线与东亚佛教狮文化的成型》，《"汉传佛教与亚洲物质文明"未来学者论坛》论文集，清华大学，2018年7月，139页。其中（中亚）佉卢文部分为笔者所补充，参见 Fredrik Hiebert and Pierre Cambon: Afghanistan Hidden Treasures from the National Museum, Kabul, The National Geographic Society, 2008, P.276.

[2] 赵小帆：《贵州发现的两件铜带钩》，载《文物》，2000年第12期，72页。

[3] 张合荣：《夜郎文明的考古学观察：滇东黔西先秦至两汉时期遗存研究》，科学出版社，2014，102、103页。

[4] 贵州省文物考古研究所、黔西县文物管理所：《贵州黔西县汉墓的发掘》，载《考古》，2006年第8期，40—56页。

[5] 唐文元：《黔西甘棠汉墓群》，载《贵州文物》，1982年第1期。

[6] 贵州省文物考古研究所：《贵州兴仁县交乐十九号汉墓》，载《考古》，2004年第3期，51—58页。

认为此乃狮型琥珀。[1]清镇汉代墓葬清M56出土有琥珀质地的狮雕像共两件，其一高1.3厘米、长1.7厘米，其二高1.2厘米、长1.9厘米，狮子作蹲伏状，腹下有一穿孔，一作茶褐色，一作咖啡色。[2]安顺宁谷东汉墓出土2件器似爬状之狮的琥珀饰物，该饰物长3厘米、高约2厘米，身中部穿有一孔，红色半透明。[3]兴义M4、M5出土琥珀狮饰3件，其中两件高1.9厘米、长2.6厘米，一件高1.5厘米、长2.3厘米，三件均作蹲伏式，腹部有一穿孔。[4]清镇清M1出土1件琉璃狮形饰，高1.9厘米、长2.4厘米，红色透明，形状似蹲伏之狮，腹部有一穿孔。[5]清M14出土2件骨质狮形饰，其一高1.5厘米、长1.8厘米，其二高2.1厘米、长2厘米，通体漆黑不透明，所雕狮子耳、眼、嘴清晰可见。[6]

据以上不完全统计，现今贵州地域出土汉代狮形器共14件，出土地点集中于贵州中西部，这是西汉武帝以来开发西南夷，汉文化集中的地区。这些狮形器中狮的造型按器物不同可分为两类，甲类是狮形带钩，其造型为狮昂首行走，背部有羽翼。乙类是狮形珠饰，其造型为狮蜷首蹲伏，部分鬃毛、眼、耳、嘴清晰可见。甲类狮形带钩上狮子的造型与以石寨山和李家山为典型代表的滇文化狮形器和狮形纹饰器物极为相似。学界一般认为，滇文化和半月形弧形地带所传播的草原青铜文化密切相关，这类狮形器的源头大概在西亚两河流域或伊朗一带。[7]而乙类狮形珠饰上狮子的造型则与两汉时期江苏镇江、连云港，广西合浦，广东广州，陕西华阴，湖北宜都等汉文化地区出土狮形珠饰一致，应同属汉文化影响下的狮子造型，其最远影响至阿富汗北部席巴尔干黄金

[1] 赵德云：《西周至汉晋时期中国外来珠饰研究》，四川大学博士论文，2008，131页；赵德云：《西周至汉晋时期中国外来珠饰研究》，科学出版社，2016，123页。
[2] 贵州省博物馆：《贵州清镇平坝汉至宋墓发掘简报》，载《考古》，1961年第4期，209页。
[3] 李衍垣：《贵州安顺宁谷发现东汉墓》，载《考古》，1972年第2期，37—39页。
[4] 贵州省博物馆考古组：《贵州兴义、兴仁汉墓》，载《文物》，1979年第5期，20—36页。
[5] 贵州省博物馆：《贵州清镇平坝汉墓发掘报告》，载《考古学报》，1959年第1期，85—103页。
[6] 贵州省博物馆：《贵州清镇平坝汉墓发掘报告》，载《考古学报》，1959年第1期，85—103页。
[7] 杨勇：《战国秦汉时期云贵高原考古学文化研究》，科学出版社，2011，344页。

之丘（Tillya Tepe）出土狮形琥珀珠饰。[1]

在当前考古研究中，往往对汉代狮形器和虎形器的造型区分有争议。需要指出的是，战国秦汉时期，随着重庆地区巴文化向贵州地域的扩散，巴文化典型器物虎钮錞于在贵州东北部有所出土，[2]并向西影响到赫章可乐土著民族，在赫章可乐乙类墓M274（土著民族墓）中出土的一件铜柲帽（M274：89）、一件铜挂饰（M274：79）和一件立虎铜釜（M274：87），其上总共有四个立体虎饰。这些虎形饰品最大的造型特点是圆雕立虎，身体消瘦矫健，尾巴上扬卷曲，身饰斑纹。[3]这些巴文化影响下的贵州汉代虎形器上的虎造型特点突出，与上文所述的狮型器明显不同。

三、贵州出土摇钱树佛像

贵州省文物考古研究所于2007年在务川大坪发掘了一批汉代墓葬，M10出土的一件钱树干上有佛像一尊，佛像铸在一根食指粗的青铜摇钱树杆残体上，佛像呈结跏趺坐状，手持无畏印，其佛装为袒右式，即犍陀罗考古中的"印度式"佛像。[4]其样式与重庆丰都县镇江镇槽房沟M9出土摇钱树佛像一致，槽房沟M9出土陶座上有铭文"延光四年（125年）五月十日作"。这是迄今为

---

[1] Sarianidi. V. I: Baktrisches Gold, Leningrad, 1985, pp.38, 191, 245.

[2] 赵小帆认为虎钮錞于并非巴文化器物，但未得到学界响应，笔者在此仅引用相关虎钮錞于出土地点的资料，而不赞同赵小帆的观点；杨勇认为，虎钮錞于属于巴文化器物，虎是巴人的崇拜对象，赫章可乐出土虎形器明显与巴文化有关，笔者认为其说为是。赵小帆：《试论湘鄂川黔边界地区出土的虎钮錞于的族属问题》，载《贵州民族研究》，1995年第2期，54页；杨勇：《战国秦汉时期云贵高原考古学文化研究》，科学出版社，2011，48页。

[3] 贵州省文物考古研究所编：《赫章可乐二〇〇〇年发掘报告》，文物出版社，2008，67、68、77、78、81页。

[4] 佛像具体形制为笔者观摩图版所述。李飞：《叩问黄土——一个考古者的田野札记》，贵州人民出版社，2013，29—31页；贵州省文物考古研究所编著：《2003—2013贵州基建考古重要发现》，科学出版社，2015，146页。

止中土发现的有纪年最早的摇钱树佛像。[1]由此可见，务川大坪M10出土摇钱树上佛像时代也较早。

20世纪50年代，贵州省博物馆在贵州清镇、平坝发掘了一批汉代墓葬，其中在清11号墓的扰土中出土铜人像一件，原报告言，"中为沙胎外包铜质，两端已残，似为铜饰件"。[2]据罗二虎辨认，该墓所出土三段铜树干残件上保存有两尊铜人像。罗二虎认为此铜人像为摇钱树上的佛像，与四川地区出土的摇钱树上的佛像造像极为相似但又存在差异。[3]今按，清镇出土此摇钱树上佛像与绝大多数四川地区出土摇钱树佛像一致，其佛装为通肩大衣式，即犍陀罗考古中"希腊化"佛像。通过犍陀罗瓦斯特布拉卡拉佛教遗址考古可见，早期犍陀罗地区采用"印度式"佛像，并很快被"希腊化"佛像替代。[4]在中国西南地区，"希腊化"样式摇钱树佛像出土墓葬的纪年均明显迟于重庆丰都出土"印度式"摇钱树佛像，故清11号墓出土摇钱树佛像的时代要晚于务川大坪所出摇钱树佛像。

狮子与佛像的关系，早在印度孔雀王朝阿育王统治时期（公元前3世纪），阿育王为弘扬佛法在印度次大陆各地所立的阿育王石柱上就有狮子造型。公元前后增建的佛教塔寺桑奇大塔南门上也立有4个狮子造型石雕。[5]由此可见，当时的印度佛教与狮子密切相关。但需要指出的是，在这一时期，除佛教外，祆教也使用狮子造型，如大月氏钱币上有狮子造型，其旁边铭文为"NANAIA（娜娜）"。[6]故在没有明确证据的情况下，不能将狮子造型完全归于佛教。贵

[1] 何志国：《汉魏摇钱树初步研究》，科学出版社，2007，207、208页。
[2] 贵州省博物馆：《贵州清镇平坝汉墓发掘报告》，载《考古学报》，1959年第1期，85—101页。
[3] 罗二虎：《略论贵州清镇汉墓出土的早期佛像》，载《四川文物》，2001年第2期，49—52页。
[4]［意］菲利真齐：《犍陀罗的叙事艺术》，［意］卡列宁、菲利真齐、奥里威利编著，魏正中、王倩编译：《犍陀罗艺术探源》，上海古籍出版社，2015，162页。
[5] 扬之水：《桑奇大塔浮雕的装饰纹样》，载《敦煌研究》，2012年第4期，12页。
[6] Frantz Grenet: Zoroastrianism among the Kushans, Harry Falk: Kushans Histories Literary Sources and Selected Papers from a Symposium at Berlin, December 5 to 7,2013, Hempen Verlag, 2015, P.204.

州出土汉代摇钱树上佛像与狮子造型缺少直接关联证据，故现阶段还不能将贵州出土汉代狮子造型文物视为佛教在汉代贵州地域的传播。但至少可见，在东汉时期，狮子、佛像这些西域文化已经在贵州地域有所流布。

通过以上论述可见，自西汉武帝通使西域以来，随着中西方文化交流的日益繁盛，狮子及狮子文化进入中土，狮子造型器物逐渐在中土流行。到东汉时期，中西方文化交流逐步影响贵州地域，狮子造型器物和佛像在贵州地域流布，但现有的证据还不能将贵州出土狮子造型器物与佛教联系起来。

《影山草堂图》横卷赏析

朱良津 *

摘　要　本文试对莫友芝家族所藏的以其故居影山草堂为表现对象的画卷及题跋者作整体介绍。对卷中各画的技法、构图逐一分析，点明了各画的异同；并对卷中所附《影山草堂本末》一文缅怀家族、回忆故园的情结是此画卷产生的根本原因作了解析。

关键词　莫友芝　影山草堂图　赏析

《影山草堂图》是莫友芝、莫绳孙父子请人以莫友芝幼年读书地影山草堂为题所作的图画，及一些文人为影山草堂题识、题诗、铭赞的文字合裱在一起的长卷。影山草堂是莫友芝家族在独山兔场上街的居所后面供其读书的一间草屋，又因他曾在草屋边，见清风徐来，竹林摇曳，隐约可见远处的青山，即诵南朝谢朓诗句"竹外山犹影"，遂名"影山草堂"。这件横卷长990厘米，高30厘米（图1）。内容依次为：邓传密篆书题"影山草堂图"（图2），莫友芝行书撰《影山草堂本末》，郑珍绘《影山草堂图》，雍昌绘《影山草堂图》，倪文蔚绘《影山草堂图》，王闿运楷书《影山草堂图铭并序》，吴敏树楷书跋，汪士铎行书跋，《影山草堂图》（无作者题款），吴允徕绘《影山草堂图》初稿，石寅恭行书题跋，张行孚题跋，观妙道人绘《影山草堂图》，吴允徕绘《影山草堂图》，莫绳孙楷书录陈钟祥题影山草堂诗，莫经农楷书录孟传铸题影山草堂诗，

* 朱良津，男，（1964—　），研究馆员，中国书法家协会会员，中国美术家协会会员，贵州民族大学美术学院硕士生导师，贵州师范大学美术学院客座教授。研究方向：美术学。

图1 《影山草堂图》横卷（从右至左）

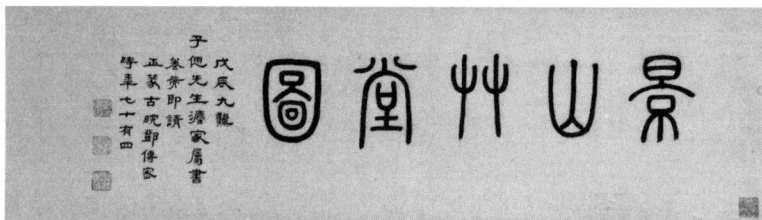

图2 邓传密篆书题"影山草堂图"

莫经农楷书录姚浚昌题影山草堂诗，莫俊农楷书录张维嘉题影山草堂诗，王居绘《影山草堂图》。

从文化史的角度看，莫氏影山草堂是贵州的一处人文景观，虽早已毁于战火，但莫友芝故乡独山县作了重修，旨在彰显地方文化，缅怀莫氏家族文化。这诸多的文人、画家都在卷中，以或图或文的形式，对这处人文景观进行描绘、介绍、感怀、评赞。对于这件长卷，笔者不仅要对卷中各图进行评述，还要先依序将其中的题诗、题跋、作铭者作大致的介绍。他们当中不乏在我国文化发展史上卓有成就的人物，对其作整体介绍，可以让读者对这件长卷整体的文化价值有一个认知。

邓传密（1795—1870），字守之，号少白，安徽怀宁人。他是大书法家邓石如之子。晚年入曾国藩幕府，擅诗，其书法篆隶二体秉承家法，为清代著名学者、书法家。从他题字款中可知，七十四岁时应莫友芝之请题"影山草堂图"五个篆字（图2）。

莫友芝（1811—1871），字子偲，自号郘亭，又号眲叟等，贵州独山人。清代著名金石学家、目录版本学家、书法家。卷中以行书所撰写的《影山草堂本末》一文，回首幼时在草堂中读书的情景，家族的欢乐与故园的优雅，以及世事变化连带的种种不幸。

王闿运（1833—1916），原名开运，字壬秋，号湘绮，湖南长沙人，经学家、文学家。因斋室名为"湘绮楼"，世称"湘绮先生"。与莫友芝一样，曾入曾国藩幕府。应莫友芝之请在横卷中楷书题写《影山草堂图铭并序》（图3）。

吴敏树（1805—1873），字本深，号南屏，巴陵铜柈湖（今湖南岳阳县）人，文学家、经学家。曾入曾国藩幕府。他在卷中以楷书题写的跋也是受莫友芝所托（图4）。

汪士铎（1814—1889），字振菴，别字梅村，江宁（今南京）人。历史地

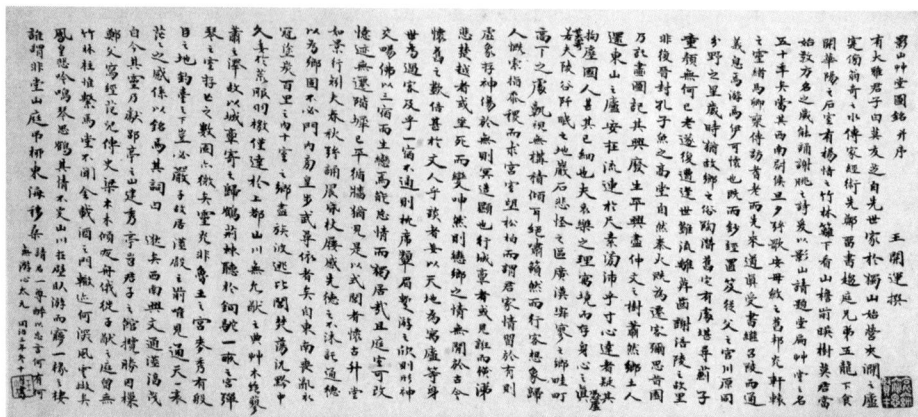

图3　王闿运楷书《影山草堂图铭并序》

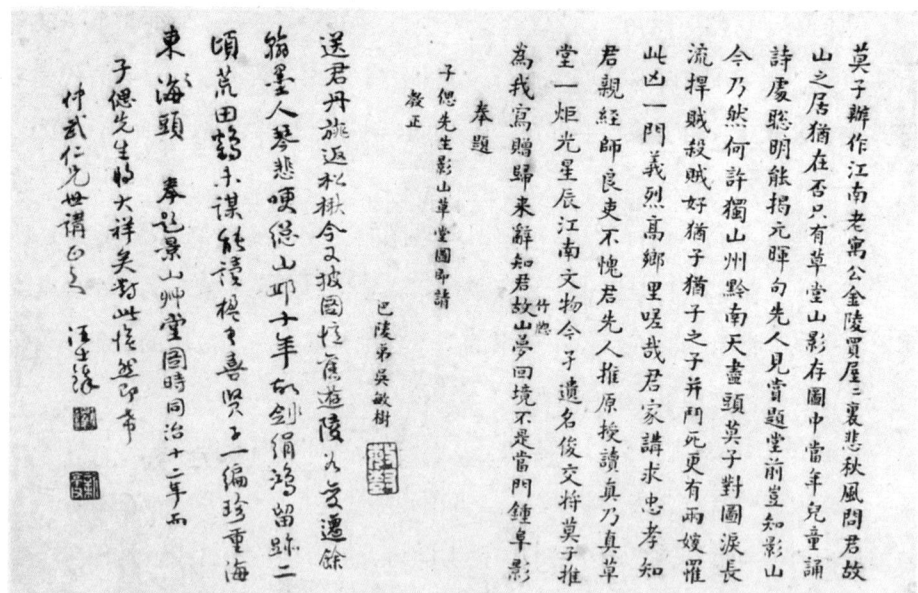

图4　吴敏树楷书跋、汪士铎行书跋

理学家。曾与莫友芝共事于胡林翼幕府，后来又一起从事访书校勘的事务。他以行书在卷中题诗，款署："奉题《影山草堂图》，时同治十二年，而子偲先生将大祥矣，对此抚然，即希仲武仁兄世讲正之。汪士铎。"可知他为《影山草堂图》题诗时，已是同治十二年（1873），当时莫友芝已去世两年。题诗是交付莫友芝子莫绳孙的（图4）。

石寅恭（生卒年不详），山西盂县人，光绪二十四年进士，曾任陕西清涧县知县。他以行楷在卷中题《影山草堂图》诗，款曰："丁丑夏日，仲武仁弟嘱题《影山草堂图》，作此歌以应之，笔墨久荒，不足当大雅一噱也。归安协臣石寅恭未定草。"他所指的丁丑年，即光绪三年（1877），应莫绳孙之邀所题，时莫友芝已去世六年（图5）。

张行孚（生卒年不详），字子中，号乳白，浙江安吉人。其著有《说文发疑》《海上墨林》等。他在横卷中的行楷题诗，款曰："敬题仲武观察大人尊翁邵先生《影山草堂图》，即求海正。安吉张行孚拜稿。"说明了也是奉莫绳孙之请（图6）。

陈钟祥（生卒年不详），字息凡，号抑叟，先祖为浙江山阴（今绍兴）人，寓籍贵阳。道光十一年（1831）举人。与张琚、莫友芝交游，同拜黔西知州、著名诗人吴嵩梁为师。后考取官学教习，以知县分发直隶，历任青神、绵竹、大邑知县，直隶沧州、赵州知州。他在此卷中的词，是早先写赠莫友芝的，落

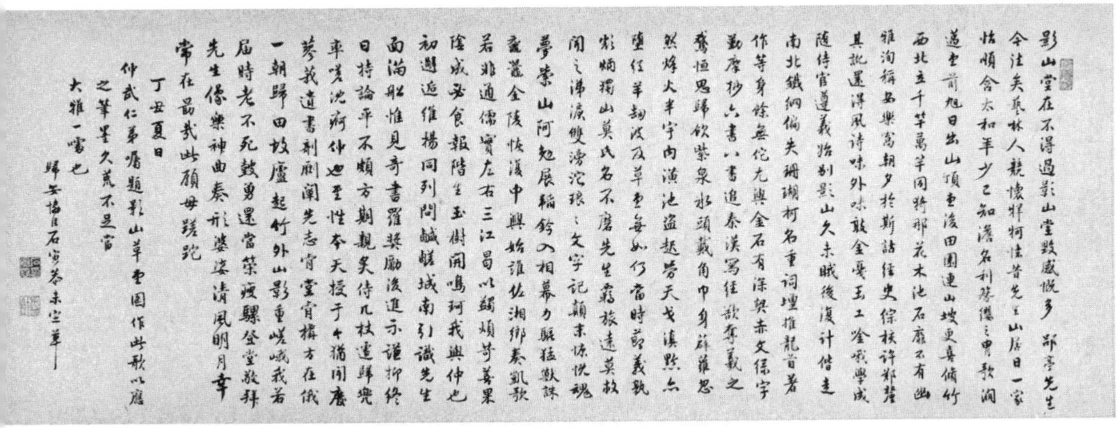

图5　石寅恭行书题跋

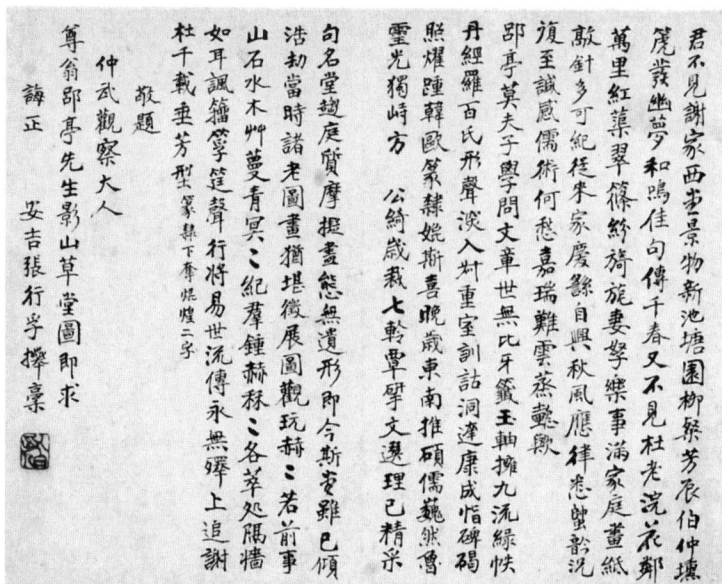

图6　张行孚题跋

款：“《浪淘沙令》咸丰庚申，子偲老弟年大人属题即正，陈钟祥作。”已告知是在咸丰时期。由莫绳孙于宣统辛亥年（1911）从其他册子中以行楷抄录的。

孟传铸（生卒年不详），字剑农，号柳桥，山东章丘人。道光时期拔贡，有《西征行》《西行纪程》刊行。他在卷中的题诗，落款：“《影山草堂图》长歌一章，应子偲先生大雅之属，即祈斧政。山左愚小弟孟传铸拜题。”又有莫绳孙子莫经农于宣统辛亥年，从别册中抄录时的说明：“右诗咸丰庚申题于别册，宣统辛亥经农谨录。”可知，该题诗是咸丰十年（1860）写给莫友芝的。

姚濬昌（1833—1900），字孟成，号慕庭，晚号幸余，安徽桐城人。姚濬昌出身桐城望族，其父姚莹为清代著名思想家、文学家、军事家，桐城派的代表人物之一。姚濬昌先是以军功授江西湖口县知县，后又历任江西安福知县、湖北竹山知县、南漳县知县，最后卒于竹山知县任上。姚濬昌的著述颇多，有《读易推见》三卷、《叩瓴琐语》四卷、《幸余求定稿》十二卷、《五瑞斋诗续钞》

九卷、《慎终举要》一卷、《里俗纠谬》一卷。姚濬昌是同光年间桐城诗派的重要诗人，曾进入曾氏幕府。他在该卷中的诗是应莫绳孙之请题写的："同治癸酉受业姚濬昌敬题先生《影山草堂图》，应仲武世兄属。"同治癸酉即同治十二年（1873），诗由莫经农于宣统辛亥年从别册中录入。

张维嘉（生卒年不详），"字孚吉，号颖仲，仁和（今杭州）人。工八法，得唐人三昧，晚嗜汉隶，遍摹碑版，别有逸趣。"[1]该卷中有他的三首诗，款曰："光绪丁丑秋月嗣君仲武兄持记徵诗，为谨赋五言三章。武陵后学张维嘉未定草。"贵州师范大学吴鹏在其《〈影山草堂图〉：莫友芝父子的乡愁与风雅》一文中指出，款中"武陵"为误笔，应是"武林"，张是杭州人，杭州旧称武林。题诗时间是光绪丁丑年，为光绪三年（1877），应莫绳孙之请而作。由莫绳孙子莫俊农于光绪辛亥年从别册录入。

在卷中诸段题诗题文中，最为重要的是莫友芝所题的《影山草堂本末》（图7）一文，从中可让我们对莫氏家族的历史有所了解，亦可窥见莫友芝父子之所以屡屡请人作《影山草堂图》，根源在于他们心中的那种对家族的缅怀、挥之不去的故园情结。这些情愫是成就此卷的根本原因。所以在评述卷中诸幅图画时，笔者先将《影山草堂本末》全文录下，文曰：

友芝先人之庐，在独山州北三十五里兔场上街，幼穉授经处曰"影山草堂"。在庐之后二十步，负竹结茅，面升旭，竹衡据，兼南北邻，可三百步。左林右池，小圃介林池间，右迤如磬折。堂之前有市，市之外有田，有山，山之外曰翁奇河，皆隔于庐，不相闻。堂之后有田，有池，有圃，接于山麓。山之下有伏溪，于池南四百步，井窥沸然。又南五百步穴出，东会翁奇河，又皆隔于竹，不相闻。唯疾风回旋，筱荡开阖，山态隐约在西北端。因诵元晖"竹

---

[1]（清）李放纂辑：《皇清书史》卷十五，见周骏富辑：《清代传记丛刊》"艺林类"第二十三册，台北：明文书局，1985，529页。

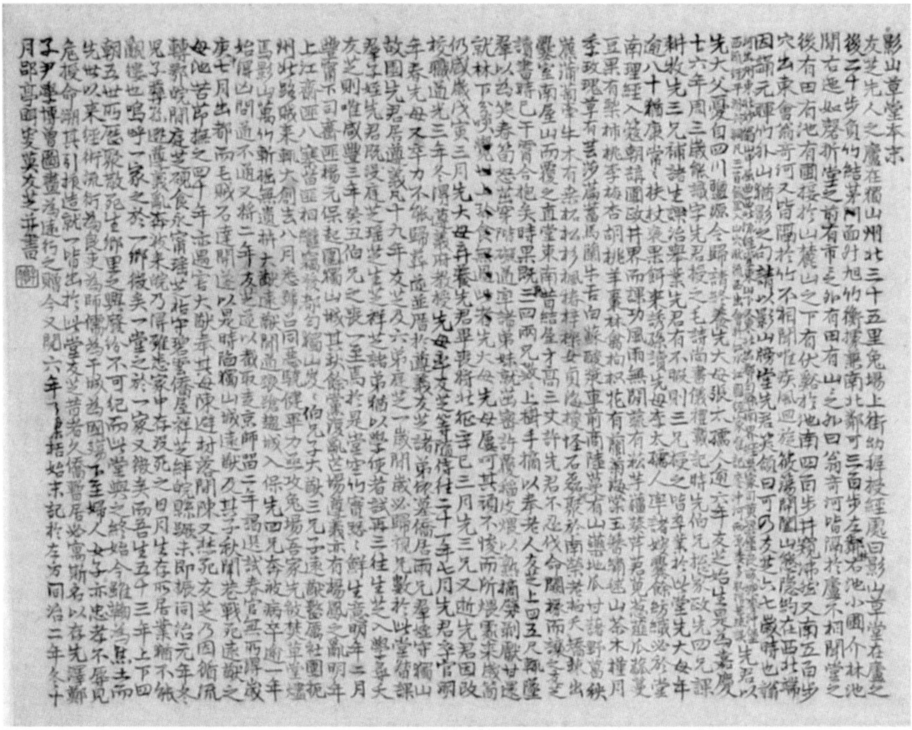

图7 莫友芝行书撰《影山草堂图》

外山犹影"之句，请以"影山"榜堂，先君笑颔曰："可"，乃友芝六七岁时也。（翁奇河出州东北妙翁山中，屈曲西北流经堂东山下，又东北出都匀县南界，经吴家司、黄梁堡、良亩塘、麦冲堡，西流经平洲六洞，凡三百余里。入山穴，洑流西出，会于红水江。途经家唯记麦冲河，而原委多□指，甚疏误。）先君以先大父忧，自四川盐源令归，请终养先大母张太孺人。逾六年，友芝始生，是为嘉庆十六年。周三岁能识字，先君授之《毛诗》《尚书》《仪礼》《戴记》。时先伯兄总家政，先四兄课耕牧，先三兄补诸生课，治举业。先君有不暇，则三兄授之，皆卒业于此堂。先大母年逾八十，犹康常，常扶杖褭果饵来诱孙读。先母李太孺人率诸嫂爨余，纺织必于堂南，理经入箧，朝讲圊政井界，而课功风雨无间。蔬有菘、芋、姜、葵、芹、薯、苋、葱、韭、瓜、蔬、蔓、豆;果有梨、柿、桃、李、梅、杏、胡桃、羊枣、林禽、枸杞;花有兰、菊、海棠、玉簪、绣球、山茶、木槿、月季、玫瑰;草有芸莎、蒿蓄、马兰、牛舌、白苏、酸浆、车前、商陆;蔓有山药、地瓜、甘薯、野葛、秋蔗、葡萄、牵牛;木有桑、柘、松、杉、枫、椿、梓、栎、女贞、海樱。怪石垒河聚于南荣，老柏夭矫竦出曍室，南屋山而覆之，直堂东南，昔结屋，才高三丈许，先君不忍伐，命阙橡而让之，友芝读书时已干霄合抱矣。时果既熟，三四两兄数数上树，手摘以奉老人。友芝上四五尺则坠，群以为笑。春笋怒苗，穿阶礓道，率诸弟妹，就苗密许，覆稻皮煨以熟，摘劈剥献甘还就林下分啖。先大母、先母履呵其顽，不悛。而所煨处，来岁笋仍盛。岁戊寅三月，先大母弃养，先君毕丧，将北征。辛巳三月，先三兄又逝，先君因改校职。道光三年冬，得遵义府教授，先母率友芝等随侍往。二十一年七月先君卒官。明年春，先母又卒，力不能归葬，遂并厝于遵义。友芝诸弟依墓侨居，两兄群侄守独山故园。先君居遵义凡十九年，友芝及六弟庭芝一岁间，岁必归视兄，数于此堂督课群子侄。先君既没，庭芝、瑶芝、生芝、祥芝诸弟，犹以学使者试再三，往生芝入学寻夭，友芝则唯？咸丰三年癸丑，伯兄之丧一至焉，于是堂空竹实，瑟瑟鲜生意。明年二月，丰宁下司斋匪杨元保起围独山城，其秋余党复乱芒场。遵义亦有杨凤之乱。明年上江斋匪，八寨苗匪相继窃发，都匀、独山岌岌。伯兄子大猷，三兄子远猷，整厉社团，扼州北路，贼来则大创去。八月，悉号召同恶骁健，毕力亟攻兔场，吾家先被焚，草堂烬焉，影山万竹斩掘无遗枿。大猷、远猷间道跟跄趋城入保，先四兄奔波病卒。逾一年，始得凶，问道不通，又将二年，友芝遂以截取走京师，留二年，谒选试春官，无所得。岁庚申七月出都，而毛贼石达开遂以是时陷独山城，远猷及其子秋闱巷战死，远猷之母池苦节抚之四十年，亦遇害。大猷奉其母陈避村落间，陈又焚死。友芝乃因循流转鄂皖间，庭芝砚食永宁，瑶芝枯守碧云侨屋，祥芝绊皖县，蹶未即振。同治元年冬，儿子彝孙避遵义乱，奔波来皖，乃得确悉家中存没，死之日月，生存所居业犹不能觏缕也，呜呼！一家之于一乡微矣，一堂之于一家又微矣，而吾生五十三年，上下四朝五世，所历聚散死生，乡里之兴废，纷不可纪，而此堂与之终始。今虽鞠为焦土，而先世以来，经术流衍，为良吏，为师儒，为干城，为国殇，下至妇人女子亦忠孝不辱，见危授命，溯其引袚造就，一皆出于此堂，友芝昔者久侨暂居必寓斯名，以存先泽郑子尹学博，曾图画为远行之赠，今又阅六年，□□栝始末记于左方。同治二年冬十月，郘亭眊叟莫友芝并书。

铃朱文方印"子偲"。

莫友芝在此文中叙述了影山草堂之由来，以及因战火而难免厄运的过程。描写了草堂曾经的优雅环境，莫氏大家族生活在其间的和谐快乐。以自然委婉的笔调，叙写着昔日家园昌盛时的景象，园中植物蔬、果、草、蔓、木各类，应有尽有，让人读后即生眼花缭乱、目不暇接之感。兄弟姐妹在园里读书、嬉戏，祖母的慈爱，父兄的教诲等无忧无虑的生活细节，都有亲切的铺叙。最后以沉痛的笔墨痛述家园草堂被焚毁，家族的种种不幸。这篇文章将人生之乐、个人经历、家族历史以及难料的世事变故都包含其中。幼时读书之乐，长辈的慈爱，弟兄的手足之情，战火导致的生离死别，故园成为灰烬，种种情感集合成为作者对以往岁月快乐与痛苦的追怀。这就不难理解为什么莫氏父子不断地请人为影山草堂题诗，让逝去的家园以另一种形式呈现。

卷中第一幅郑珍所绘《影山草堂图》(图8)。郑珍是卷中画作作者中唯一到过影山草堂的人，有莫友芝《郑子尹自京师归，留饮影山草堂》诗[1]为证。郑珍作此画于咸丰戊午年，即咸丰八年（1858），影山草堂于咸丰五年被焚毁，三年后郑珍创作了此画。

第二幅为雍昌所绘（图9），作者雍昌待考，此图绢本设色山水画，横41厘米、纵26厘米，无款，仅在画的左边下段铃朱文印"雍昌"。画中绘山石

---

[1] 莫友芝：《郘亭诗抄》卷一，张剑等点校：《莫友芝诗文集》，人民文学出版社，2009，133页。

图8 郑珍绘《影山草堂图》

图9 雍昌绘《影山草堂图》

图10　倪文蔚绘《影山草堂图》

间，竹林掩隐着河边的茅舍，茅舍外篱笆相围，篱边有通往竹林深处的蜿蜒小径，河面礁石成片，小桥相连可达对岸。此图以披麻皴表现山石土坡，以点叶法绘成片的竹林。以赭石染山石，以汁绿染竹林，以花青涂抹远山。全幅层次分明，设色淡雅。唯憾不知晓作者的情况，获悉到更多的信息。

　　第三幅为设色山水画（图10）。横33厘米、纵26厘米。作者倪文蔚（1823—1890），字茂甫，号豹岑，安徽望江人。咸丰二年（1852）进士，曾先后出任广西、广东、河南巡抚等职。张鸣珂曾赞其山水画："沈郁浓厚，苍秀萧疏，不拘一格，洵名笔也。"[1]郑午昌也在其著《中国画学全史》中称"有善山水者，望江倪文蔚……等四十余家，皆能追踪古人，自立门户，为一时名手。"[2]倪文蔚以行楷款题于画幅右上角："影山草堂图，为子偲年五丈作。倪文

---

[1]（清）张鸣珂:《寒松阁谈艺琐录》卷四，上海人民美术出版社，1988，101页。

[2] 郑午昌:《中国画学全史》，上海古籍出版社，2008，322页。

图 11　无名氏绘《影山草堂图》

蔚。"钤白文印"倪""□"。画上绘近处土坡竹林掩隐着篱门茅屋，有人窗边展读，竹林水边有栖息的白鹤。隔河相望，竹林间烟云缭绕，延伸至对岸的山脚，河面无波，画面呈现一幅静谧的景致。此图以披麻皴兼带擦笔来表现远山近坡，继而罩染赭石、花青。以有墨色浓淡变化的点叶法，一丝不苟地描绘画中唯一见到的植物——竹子，作者用缭绕的云烟把竹林表现得虚实相生，聚散有致，再以花青渲染。以有浓淡变化的花青来抹成更远的山峦。

　　第四幅为设色浅绛山水画（图11），横84厘米、纵32厘米，无款，不知作者何人。在画幅左边中间钤朱文印"邵亭长"，此为莫友芝字号印。比之前两幅，该幅画内容更为丰富。画右边下段，绘田畴及劳作的点景人物，小桥相连对岸，岸上土坡有茅屋、青松、杂树、竹林以及更远处耸立的山峰。茅屋中有人独坐，与前幅茅屋中展卷的人物一样，或许作者都是在表现当年在影山草堂中发奋勤读的莫友芝。此画尺幅不大，能将丰富的物象纳入协调有序的构图思考之中，使画面景致自然合理，毫无堵塞杂乱之感。从技法上论，运用短披麻皴、连皴带擦的画法，使山石浑然一体。树法点叶、钩叶兼用。全幅除以浅绛色染山石土坡以外，亦以花青、汁绿染树叶、竹林。作者技法精湛，无疑为训练有素的人所为。有论者以为职业画家所作，笔者亦认为不像逸笔草草之作，其风格颇类清初四王之一的王翚。此图仅钤有"邵亭长"一印，从所绘内容来看，自然是在表现影山草堂，这方印是莫友芝作为收藏人所钤？那画里为何没有作者的印章？一般而言画赠予人，都应该留下作者本人的款印，何况如是应莫友芝之请，为其故园写照，是比较正式的事情，不题款、钤印，不通常理，即便作者因某种原因没有题款钤印，莫氏父子按理需落墨说明，而仅见莫友芝印一方，难道为莫氏自己所为？是其精心之作，只是画成后，未及题款，成为遗作后，由子孙加盖了他的这方印？笔者未见到过有署名的莫氏画作，无法印证此画作者即是其本人。

第五幅为设色山水画（图12），横45厘米、纵30厘米。作者吴允徕（1850—1910），字仲远，浙江钱塘（今杭州）人，晚清画家，工山水。吴允徕以行书题款于画幅右上角："《影山草堂图》，吴允徕初稿。"钤白文印"钱塘吴允徕仲远氏书画印"。此画是一种小桥流水人家式的小景。绘坡岸上数间房屋，屋前河水由远处而来，临水而居，有人在河边信步，小桥连接着对岸。绕屋栽种的梧桐、青松、竹林、芭蕉、杂树，犹如莫友芝《影山草堂本末》所记故居品种繁多的植物。屋后远山连绵，伸至画外，营造出好一幅读书的优雅环境。

图12　吴允徕绘《影山草堂图》初稿

此图山石以披麻皴表现，染赭石。远山淡墨抹成，染花青。绘树、竹、蕉叶钩点之法交相使用，用花青、汁绿、朱磦罩染。款中已说明此图为作者绘影山草堂的初稿。

第六幅为墨笔山水画（图13），横103厘米、横30厘米。作者戴振年，生卒年不详，字公复，号白阳子或观妙道人，江西大余县人。曾任广东某地知县，后寓居扬州。工书善画，著有《白阳画稿》。作者以行书竖题款于画上边正中："子偲先生《影山草堂记》集绘成册，省教主人（莫绳孙号）继述先志，复徵图于道人，为仿王梦端法。庚戌冬日，妙观道人公复并志。"画幅右下钤白文印"戴"。款中已言明，莫绳孙秉承其父集绘影山草堂的遗愿，请戴振年创作了此图。此画亦如前幅，作者皆是训练有素的画家，一看便知是画技精湛。画中内容丰富，构图繁复有序。山石连绵、磊落，画面正中山石间茅屋数间。不同于前几幅的是，这幅画的作者虽是在描画影山草堂，但并没有将竹林作为构图的重点考虑因素，在屋居左右的山石上描画了若干的树木，而只在与屋居有相当距离的远处画了一片竹林。相比之下，他的创作不受莫氏对影山草堂环境的叙述所囿，主观地发挥更大一些。款中谈到的"为仿王梦端法"，即以明代画家王绂风格为之。但笔者以为比之王绂的画法，还是有所区别的，其实王绂画风多以披麻皴及折带皴兼用，而戴振年纯以披麻皴来表现山石。画树点叶、钩叶、枯枝皆有，无论树木山石，均以淡墨轻染，再以浓墨点苔点。有些点叶树亦以浓墨点叶，这些浓墨的点子，与中等浓度的墨色画出的山石对

图13　观妙道人绘《影山草堂图》

比，在画面上所形成的反差，使画幅显得很有精神。在山石上作者运用皴擦相加，淡墨相染的办法，使得笔触稍稍显得含混，更增添画面的一种浑厚感。这幅画给予观者的视觉感受是细腻、淡雅、净洁的。

第七幅为设色山水画（图14）。横40厘米、纵28厘米，作者吴允徕。这幅是其绘影山草堂的定稿。作者以行书于画右上先题画名："《影山草堂图》。"接着题诗两首，其一："礼器雕容镇讲堂，那堪奇变到沧桑。袁门死节超陈郡，巾贼滔天误郑乡。家学渊源谈白虎，田园寥落叹红羊。鲰生亦抱鸰原痛，回首西斋枉断肠。"其二："绕屋箕笃次第栽，先畴于此辟蒿莱。山留独秀精庐尽，水人清湘幕府开。江表元戎征国士，海滨大老轶天才。晴窗重展当年卷，旧主何曾看竹来。即希仲武观察两正，上章淹茂良月。吴允徕作。"钤白文印"吴允徕印"朱文印"仲远"。比照前后两图，构图几乎一致，细观之，只是在某些局部有所不同。另外，就是画面色彩区别大，此图山石、树、蕉叶、竹林以汁绿罩染，少数树木用朱磦点染，亦表现出树木的丰富多类。

第八幅由水墨绘成（图15）。横40厘米、纵28厘米。作者王居生平不详，

图14　吴允徕绘《影山草堂图》

图15　王居绘《影山草堂图》

从其题款中可知为江苏丹徒人。他以行书题款于画上端中段："独山莫氏影山草堂图，宣统辛亥长夏，仲武观察命作，丹徒王居。"钤朱文印"王居"。图正中孤峰独立，山下云烟缭绕，田畴边临河屋居后，有篱笆相围，杂树、竹林掩隐的草屋，即是影山草堂的写照。此图构图场景大，以披麻皴表现山石，并多用擦笔，绘树以浓淡墨点，层次丰富，整幅给人一种苍茫浑厚感。

　　上述影山草堂卷中诸幅画，在影山草堂这一共同的表现主题下，每位画家以不同的技巧、构图创思，展示了各自的风格面貌。这些画家，除郑珍以外，皆不是黔贵人物，都是莫氏父子在外游历为官时所结识，他们并未亲睹过影山草堂，在这些图画中，他们都遵循着莫氏父子的文字描述或口述，尽管每位画家的艺术呈现不同，但都把影山草堂的环境特征纳入到自己的创作中。临流而居的茅屋，掩隐在竹林中，作为影山草堂的基本状态，是卷中绝大多数画作的共同表现。这些想象中的臆造山水，寄托了莫氏家族对故园的缅怀，也是清代至民国期间遵循对象特征前提下的写意性贵州题材山水画。

抗战时期贵州画坛初探

刘恒 *

摘　要　抗战文化西迁，贵州作为西南一省而人文荟萃。一方面新的绘画形式和艺术思潮因此进入贵州，并促进贵州画坛的变革。另一方面传统书画的经典之作也在贵州流藏展示，让贵州书画家得到了难得的学习和提升机会。这样的氛围培育了一批能融汇古今，贯通中西的画家，他们很多在抗战结束后仍留居黔省，为贵州画坛注入了新的活力。

关键词　抗战　文化西迁　贵州画坛　留黔画家

变革是中国20世纪的主题，政治经济如是，文学艺术亦然。随着西方绘画艺术的冲击，中国的知识分子与艺术家们，在五四时期提出"美术革命"，直击中国传统绘画。此后，国画改革与实践的呼声此起彼伏。20年代中后期，随着徐悲鸿、林风眠、刘海粟等一批接受西方教育的艺术家留学归国，写实主义、印象派等各种艺术思潮在中国传播并实践。然而，同一时期的贵州画坛主流，仍沉浸在高山流水、温和雅致的缠绵梦乡之中。以孙竹孙、桂百铸等为代表的黔地书画家仍醉心传统，沉吟诗歌。他们或以画竹名世，或精工花鸟，或擅写意山水，但都讲求诗词文章、金石书画相通，对仅作为遣怀之物的绘画追求着传统文人含蓄空灵的意境之美。贵州画坛的新风与变化是在抗日战争时期文化西迁的背景下出现的。

---

* 刘恒，女,(1979-)，副研究馆员。研究方向：艺术史、地方史。

1937年，全民族抗战爆发，地处大后方西南腹地的贵州，从文化边缘之地，一跃成为中华民族的复兴希望之所在。国家不幸诗家幸。文化人与文化机构万里投荒转徙西南，短短八年，却铸就了贵州文化史上的一段传奇。大量的政府机关、学校、企业迁至贵州，贵州人口迅速增加。此外，因其地理原因，贵州成为政治中心重庆和文化中心昆明两个城市之间的交通枢纽。不少文人、学者、官员辗转，都在贵州留下足迹。他们在贵州暂居期间，进行了大量的文化交流活动。这一切无疑对贵州地区的文化艺术产生极大影响，促进了贵州绘画艺术的变革与发展。

一、新的绘画形式和艺术思潮的进入

抗战时期，由于各种原因而流寓贵州的书画家有融汇中西技法的岭南画派代表人物关山月、赵少昂等，也有专攻西画的先行者李宗津、董希文、倪贻德、冯法祀等，更不乏徐悲鸿、关良、林风眠等曾留学海外、有志于革新中国绘画的一代巨匠。纷沓而至的艺术家们举办画展，开设讲座，将不同的艺术形式与艺术思潮引入沉静的贵阳画坛。

1939年1月，由国立北平艺术专科学校同国立杭州艺术专科学校合并而成的国立艺术专科学校，由于战事紧张，由湖南再迁往云南，途经贵阳，在贵阳举行了一次《抗敌宣传画展》，主题是控诉日军的罪行，鼓舞中国人民的抗战意志。国立艺专的校务委员常书鸿，为配合展览，发表了《宣传画与中国新艺术的诞生》一文。文中他呼吁艺术家们都加入抗敌宣传画的创作中来，充分肯定了宣传画的艺术价值，并认为"艺术在坚强的抗战中，不声不响地建立了新艺术的基础"。[1]展览分三个陈列室，展出画作两百余幅，以木刻版画和油画居

---

[1] 常书鸿：《宣传画与中国新艺术的诞生》，载贵阳《中央日报》，1939年1月27日，藏于贵阳市档案馆。

多。这两种艺术形式第一次以展览的方式进入贵州。这个展览无论是形式还是内容都给贵阳山城带来了极大的震动。人们通过报纸进行了持续一个月的讨论和关注。将绘画与救亡图存联系起来，对传统的山涧水畔、潇洒离尘的传统绘画形式提出质疑。朱乃发表文章说："艺术绝不是有闲者的消遣品，同样的，是我们由黑暗时代转向光明时代最紧要关键中有力的武器。"[1]

1942年和1943年，全国木刻研究会在贵阳民众教育馆举办了两次木刻画展，第一次展出木刻画216幅，还陈设了木刻工具及使用制作说明。除贵阳外，这些展品还在遵义、惠水、普定等地展出。这一系列的展出对贵州的大众无疑是一次木刻画的知识普及。而且，在当时全民抗战的背景下，木刻画被当作一种动员大众、宣传抗战的精神武器，"用铁笔在坚硬的木板上刻画，靠黑与白的表现，描绘出热烈的情感，最能激起大众的热情"，"一般爱好艺术的青年对它的兴趣，可算非常浓厚，这是木刻在贵州一种光明前途的象征"。[2]

漫画这种新的艺术形式，也是在这一时期以展览的方式大量进入黔中大地。1942年10月，为筹募贵阳市救护基金，牛鼻子[3]在贵阳举办了漫画展。展览分两部分，一为《漫画贵阳》，一为《战争中的中国人》，展出作品两百余幅。这次展览为贵州画坛打开了一扇认识漫画的新窗户，画界人士颇为关注。《贵阳日报》、《民报晚刊》、《中央日报》（贵阳版）等几大报纸争相报道。

丰子恺也是当时享誉国内的漫画名家。1939年，丰氏在浙江大学任教，并随浙大迁往遵义。他在遵义一住就是三年，创作了上百幅漫画，并集结为《子恺近作漫画集》和《客窗漫画》出版。1943年10月，丰子恺在贵阳将自己的画作举行展览，引起不小的轰动。1947年10月，叶浅予在贵阳举行漫画展，展览分为"重庆小景"和"走出香港"两个部分，共54幅作品。

这些国内的漫画名家相继来到贵阳办个展，无论从绘画内容还是艺术形式

---

[1] 朱乃：《抗敌画展中的绘画作品》，载贵阳《中央日报》，1939年2月1日，藏于贵阳市档案馆。
[2] 燎炬：《抗战与艺术》，载贵阳《中央日报》，1939年7月14日，藏于贵阳市档案馆。
[3] 牛鼻子名黄尧，是当时驰名国内的漫画家，抗战爆发后，转徙西南，在多个城市举行个展。

上，都对贵阳的民众及画界影响深远。

关良曾留学于东京太平洋美术学校西画科，归国后担任过多所艺术学校的西画教授，他擅长油画，也致力于用西画来改良中国绘画。1942年，关良在贵阳办个人展览。这次展览展出的多是他的彩墨戏剧人物画。他将西方现代派的绘画理念引入中国传统的水墨画之中，创造了别具一格的戏剧人物画，在国内享有很高的声誉。当时他在贵阳展出的画作就有老舍、茅盾、郭沫若等人的题诗。关良这种对传统绘画的改良，在当时贵州画坛引起了激烈的讨论，有人评价："他（关良）从中国画出发，透过西洋各画派，而又摈弃中国画的技巧，尽量吸收中国画的神韵，对创造一种新的艺术……"[1]也有人说："现在关氏正从中国古代艺术中去发掘新的宝藏，所以他的绘画，虽则不求形似，但这正是中国绘画的精神。"[2]

抗战期间，徐悲鸿曾多次来到贵阳，并在贵阳举办画展，他的《田横五百士》《愚公移山》《巴人汲水》等名作都有展出。他应邀在贵阳师范学院开设讲座，讲外国人如何欣赏中国画。

与此同时，"葡萄美术社""西洋美术社""南阳美术社"等专门学习西方绘画的机构也在省城贵阳相继成立。抗战胜利后，贵州省立艺术馆还成立了"西画国画音乐研究室"，对外招收学员，教授西方美术基础知识。

不同绘画形式的展示、西画改良中国绘画的理念与实践、将艺术与抗战宣传结合起来，提倡艺术走向大众，这些新观念、新方式在抗战时期大量涌入贵州，对贵州的传统画坛产生着巨大的冲击。

---

[1] 许地山：《关良的画》，见贵阳市档案馆编：《抗战时期贵阳艺术活动》，贵州人民出版社，2006，251页。

[2] 张道藩：《由关良画展谈到关良的艺术问题》，见贵阳市档案馆编：《抗战时期贵阳艺术活动》，贵州人民出版社，2006，250页。

二、传统书画经典之作的流藏与展示

抗战时期，很多私人藏家也因各种原因来到西南，他们大多携宝而来。由于纸质文物轻巧便于携带且价值高，藏家们的随身收藏中以书画善本居多。此时期，贵州人文荟萃，藏家们自然愿意将藏品拿出来，或展示、或赏玩。再加上纸绢类文物需要展晒的特点，所以这些珍藏的书画善本经常能和世人见面。在这些交流切磋、诗酒唱和的雅集中，不乏本地文人、艺术家的身影。据贵州学人、书家陈恒安先生回忆，徐悲鸿就将他珍藏的《八十七神仙卷》带到贵阳，还随身携带东汉石刻人物画拓片，与贵阳友人互赏。陈恒安也曾经给徐悲鸿介绍贵州本地的收藏家，请他共鉴藏画。陈恒安说："以贵阳罗纯武（故工学院教授）家香草园，昆明高荫槐（故云南省政协委员，当时在贵阳）百担斋（指收藏百件担当和尚画）及我的部分藏品，最受称许。"[1]

也有些大收藏家来到西南后，利用藏品在西南办展，对社会公开。更有甚者，许多逃荒至此的人，由于生活所迫，将携带至此的金石古玩抵押变卖，以解窘困。甚至有人专门奔赴西南地区，收购战乱流失文物。这些流失文物里不乏中国历代名家精品书画作品。

这些民间的收藏、鉴定与赏析活动，促使文物在社会文化生活中发挥了应有的作用，这无疑对贵州书画学习者产生了积极的影响。

故宫文物内迁西南，在贵州辗转展出，更是对贵州书画坛影响甚深的一件大事。1933年2月，故宫博物院文物开始南运，5月运至上海，在上海经过两年多的清点后，陆续运达南京，原计划在南京长期保存。1937年7月，抗战全面爆发，故宫文物又开始西迁。分北中南三线路，南路80箱，至南京迁到长沙，因日军对湖南、湖北轮番轰炸，威胁长沙，文物又西迁贵阳，经过湖南公路局、广西公路局、贵州公路局的汽车轮流接运，1938年1月运抵贵阳，存放

---

[1] 详见陈恒安：《徐悲鸿先生在贵阳》，载《贵阳文史丛刊》，1995年第1期，8—15页。

在贵阳城六广门处。迫于日军轰炸贵阳，11月文物又转运安顺华严洞，并成立故宫博物院驻安顺办事处。1939年4月，南京古物保存所五箱文物也移藏华严洞。这批文物在安顺一待就是六年，直至1944年冬，日军进犯贵州，文物才又运往四川巴县。

贵州天气多雨潮湿，对于纸质文物的保管尤其不利，当时的故宫博物院院长马衡曾说："楮素之质，霉蠹堪虞。西南气候郁蒸，鼠蚁之患尤甚他处，管理偶不经心，即有损毁之虑。必须经常不断检视翻晒，清理整治，始能策其完整。"[1]因此，对南迁文物不断地检视翻晒、清理整治成为日常工作。这些文物的日常保养工作使得难得一见的珍品经常与世人见面。由于人手问题，故宫博物院也招用西南地区人员参与文物保管和运输，当中就有喜好书画艺术的职员。他们得以目睹和把弄在古代只有皇亲国戚才得以赏玩的书画真迹，眼界大开，为后来贵州地区书画艺术的发展打下了基础。其中，贵州学人、书法家陈恒安受故宫博物院院长马衡之聘，加入文物的保管工作，目睹了诸多历代书画真迹。这种优越的条件及自身的勤学苦练，为他日后成为贵州书坛领军人物打下了坚实的基础。

如果说故宫文物的保管只对个别书画家影响较大，1944年在贵州省立艺术馆展出的192件故宫书画，则轰动了整个贵州书画坛。当时展出的书法作品"起之晋之王右军，下逮唐宋元明"，有王羲之的"三帖"，李隆基、苏轼、米芾、蔡襄等历代书法大家的名作。绘画"起唐迄清：凡巨然之山水、徐黄之花鸟、北宋之营丘、河阳、龙眠、米芾，南渡之后李、刘、马、夏，元之欧波优俪，既后之黄、王、倪、吴，明之文、沈、仇唐，清之六大家，以及条代画院中人物均所网罗"。"书画作家，包括帝王，宗室，忠烈，遗逸，鸿儒，道释，闺秀，工匠，以及倡伎"。[2]具体有宋代李嵩、吴镇，明代沈周、唐寅、文徵

---

[1] 马衡：《抗战期间故宫文物之保管》，载《紫禁城》，2009年第3期，10—13页。
[2] 贵州省立艺术馆编印：《故宫书画展览目录》"例言"，1944年，藏于贵州省博物馆。

明，清代恽寿平、蓝瑛等名家真迹。展览分为两期，第一期是4月13日至20日，第二期是4月21日至29日，持续半个月。引得省内各地喜爱文物字画者纷纷前往观赏。一位观众写信让他在遵义的朋友来看展，说："你们要不来，你们就白活了。"然后形容自己是"跳进了艺术馆的大门"。[1]可见故宫精品文物展的盛况空前。也有人这样感叹故宫书画展"我也学得他（作者按：王羲之）的字是妙得只可意会不可言传了，我在他字前如此这般地迷失了一阵"。[2]

故宫文物的公开展出和私人文物的相互传递，使书画家们能直接面对古代名家真迹，临摹学习，既开拓眼界、增广见闻，也给贵州的书画艺术带来了宝贵的提升时机。

抗战时期，贵阳的书画展览种类多，内容丰富。古今中外的对比与呈现，让寂寥的贵州书画坛热闹起来。各类绘画形式汇集一堂、竞相争艳，不仅给黔地画坛吹来了新风，更是把中国画领域的新旧之争带入了这片沉寂的土地。

三、年轻画家的成长与留居

抗战时期，内迁西南的艺术院校有国立北平艺专、上海美专、杭州艺专等。各高校大师云集，各种艺术形式、艺术思潮交融荟萃，为有志于艺术学习的年轻人开阔了眼界，开拓了学习的道路。流寓于西南的年轻画家们在这样的氛围中得到了滋养与成长，再通过长期的探索与实践，形成自己独树一帜的风格。一部分得益于文化西迁的画家们如王渔父、孟光涛、方小石、宋吟可、刘知白、蒋梦谷等人在抗战结束后仍寓留黔省，继续书写着贵州画坛的繁荣与多姿。

---

[1] 佚名:《走马看奇花——故宫书画观后记》，载《贵州日报》，1944年4月13日，藏于贵阳市档案馆。
[2] 佚名:《走马看奇花——故宫书画观后记》，载《贵州日报》，1944年4月13日，藏于贵阳市档案馆。

宋吟可、王渔父、刘知白、蒋梦谷都是抗战时期流亡西南，然后定居贵州，为贵州美术事业做出巨大贡献的画家。

王渔父，河北涿县人。早年受教于姚华、王梦白等人，抗战爆发后辗转西南，以卖画为生。1944年来到贵州，受聘为贵州省立艺术馆美术部主任，抗战结束后，定居贵阳。在辗转西南期间，王渔父接触到各种不同风格的绘画形式，其中对岭南画派改良传统花鸟画法的做法特别欣赏，因而决定摆脱传统束缚，自创新路，将西洋技法融入敷彩用粉的绘画技巧之中，创造出独具一格的花鸟画新风。1949年后，王氏历任贵州省文化局艺术科科长、省文联美工室主任、贵州大学艺术系教授等职。

宋吟可，江苏南京人。抗战爆发后，他辗转流亡到桂林，1944年桂林失守后，他又带着家小到贵阳避难。他曾多次在贵阳、昆明、成都、重庆等西南几个大城市举办个人画展，抗战结束后，定居贵阳。宋吟可对中西画都有接触，画路很宽，人物、画鸟、山水都曾涉及。山水花鸟画一改传统文人画的凄清孤傲，画得颇有生活情趣。他的人物画更是将西方的解剖学理论融入传统画的笔墨色彩表现中，用现代人的审美眼光表现女性的形体之美，从而形成一套独有的表现女性美的技巧。宋吟可对人物的处理与描绘奠定了贵州现代人物画的基础。

孟光涛，贵州仁怀人，1940年考入中央大学艺术系。此时的中央大学已迁至重庆，大师云集。他投于著名山水画大师黄君壁门下，并受到徐悲鸿、张书旂、张大千、傅抱石等大师的影响。1943年，孟光涛在贵阳首开个人画展。时人评价"观孟君之画，览国画中略有西画意味，其布局极合透视学逻辑，明暗适度，远近相宜，此为旧国画中所不可得者，今日我国绘画之主流为新国画，孟君实已把握此趋势以力从矣"。[1]确实，孟光涛中西兼擅，更趋于新。在创作山水画时，将西画中对光色、块面、形体的理解与中国画的技法相融合，创造

---

[1] 墨子:《孟光涛之画》，载《贵州日报》，1943年9月3日，藏于贵阳市档案馆。

出新体的山水画。他的这种画风，在今天的贵州画坛上仍有较大影响。

方小石也是贵州人。抗战时期考入已迁至云南的国立艺术专科学校。当时吕凤子、潘天寿、林风眠、关良等画界名家都在此校任教。方小石博采众家，得到诸多名家的指点。他既得到严格的传统绘画训练，诗词书画皆通，以书入画，用笔用墨极为讲究。同时也学习过木刻画、油画、水彩画、宣传画、年画、漫画等多种艺术，故而在用色上能融入西画技法。以色彩写出图像的浓淡厚薄，极富质感。这种将古今中外一切为我所用的兼收并蓄的做法，也正是对中国画改良的贡献。1949年，中华人民共和国成立后，他参与组建了贵州美协。孟光涛和方小石虽然都是贵州人，但他们的青年时期正值抗战文化内迁之时，很是得益于这次文化的大融汇。

宋王孟方四人，更被并称为"黔中画坛四杰"，成为贵州现代画坛上浓墨重彩的一笔。这些省外留黔画家和本土画家在经过抗战文化的洗礼后，相互学习切磋，各展所长，让曾经进入贵州画坛的新元素继续融合发展下去。以至于现代贵州画坛出现了一批能融汇中西技法，有着巨大成就的绘画名家，同时他们也奠定了贵州现代美术教育的基础。

贵州作为抗战西迁的重要省份之一，外来的各种艺术思潮在此汇集。新的绘画形式和艺术思潮的进入，传统书画经典之作的流藏与展示，一批能融汇古今、贯通中西的画家的留黔，冲击、影响和改变着传统的贵州画坛，并奠定了今天贵州画坛的基本格局。

浅谈馆藏《北宋写大般若波罗蜜多经册》

李琬祎 *

摘　要　我国历代佛教写经众多，但传世者少，尤其是宋代写经更是难见。本文试从写经用纸和写经书法角度浅谈馆藏《北宋写大般若波罗蜜多经册》的珍贵性。

关键词　北宋　写经　金粟山　唐人　书法

以笔墨在纸上书写佛教经典，称之为"写经"。东汉以后，写经之风逐渐盛行。当时人们对写经的态度十分慎重，不仅端正地抄写某经的经名和全部经文，还要写上卷数、字数以及抄写人的姓名、抄写时间、用纸张数，乃至校对人、审阅人、监事人的姓名。为了保护纸张不致皱折、损毁，往往在最后一张纸的左端粘一圆木棍，称作"轴"，然后从左向右卷起，成为一卷。经书的这种装帧形式，被称为"卷轴式"。由于写经相当艰苦，费时费工，所以自六朝以后，一些大型寺院十分注意收藏写本经卷。可惜，由于战乱等原因，绝大部分抄写而成的藏经已遗失或毁坏。近代从敦煌藏经洞中发现的六朝及隋唐写经，虽然是残篇零帙，但也已堪称无价之宝了。在贵州省博物馆书画古籍库，也保存着一些佛经卷册。这些卷册传世稀少，《北宋写大般若波罗蜜多经册》就是其中之一。

该经册纵25.1厘米、横21.8厘米，（唐）玄奘译，北宋金粟山广惠禅院僧人

---

* 李琬祎，女，(1982—)，副研究馆员。研究方向：书画研究与鉴赏。

图1

抄。内容为"大般若波罗蜜多经卷第十三"，以墨笔书写于绘有朱丝栏的黄色麻皮纸上，无书写人款。经后有"阿毗达磨大毗婆沙论卷第八十七"二开。装裱成册，上、下有木板的封底和封面。板面洒金蜡笺题签为隶书体，题："滋蕙堂藏唐人写经"，下有行书小款"经潘氏滂喜斋叶氏丽楼鉴藏，戊子仲冬徐桢立题"。（图1）

依据封面题笺，该经册原定名为《唐人写大般若波罗蜜多经册》，是本馆珍贵的国家一级文物。2008年申报并收录于中国国家图书馆、中国国家古籍保护中心编的《第一批国家珍贵古籍名录图录》，经鉴定为"北宋写金粟山广惠禅院大藏经本"，故更正为现名。

金粟山在今天的浙江海盐县西南36里处，山下有一座建于三国东吴的金粟寺，宋大中祥符初（1008—1016）改称为"广惠禅院"。寺内收藏有大量的佛教经卷，多数是用写经纸手抄（或印刷）而成的。北宋熙宁元年（1068），该寺发起编写一部写本《金粟山大藏经》，皆用自制藏经纸书写，故称之为《北宋写金粟山大藏经》，又称《海盐金粟山广惠禅院大藏》。经为卷轴装，计六百函，万余卷，每纸三十行，行十七字，朱丝栏为界，以千字文编号。每张纸左右长约60厘米，上下宽约24厘米，不过由于收藏者用来装裱时，常常会切去其边角，因而纸张实际尺寸现已无从考证。每幅纸心皆钤有朱色"金粟山藏经纸"小长方印。卷端下小字题写"海盐金粟山广惠禅院大藏"。卷轴装中经重新改为经折装者也有，但甚少，本馆所藏《大般若波罗蜜多经》（存卷十三）、《阿毗达磨大毗婆沙论》（存卷八十七），即为经折装。（图2、图3）

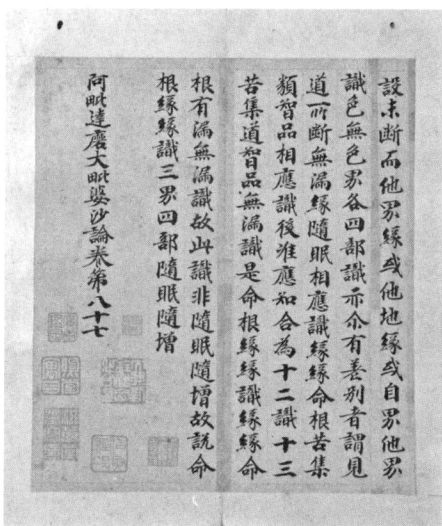

图2　　　　　　　　　　　图3

　　金粟山藏经纸约造于宋代治平年间（1064—1067）或更早，乃用桑皮、楮皮加工而成，专供寺院写经之用。纸上有朱色小印"金粟山藏经纸"，其内外涂以白蜡并砑光，坚挺平滑，又以药水濡染使之发黄，纸厚重，纹理粗，精细莹滑，金光宝鉴，久存不朽，书写效果绝佳。历经千年沧桑，纸面墨色如初，是一种极为特殊的顶级纸张。我国宋元两代寺庙名刹万千，藏经卷帙浩繁、汗牛充栋。仅以明代海盐县为例，寺庙祠院庵即达139所，但以一处寺院命名的藏经纸，历史上似仅有金粟寺一处。由于金粟山纸张的闻名遐迩，被历代文人骚客竞相求购，因而在明代就已经"日渐被人盗去，四十年而殆尽，今无矣"。

　　据明代胡震亨《海盐县图经》记载：金粟寺有藏经千轴，用硬黄茧纸，内外皆蜡摩光莹。以红丝栏界之，书法端楷而肥，卷卷如出一手。墨光黝泽如髹漆可鉴。后好事者剥取为装潢之用，称为"宋笺"，遍行宇内，所存无几。

　　清代张燕昌云："至国初，则查二瞻辈以零星条子装册，供善书者挥写，可知纸在彼时已不易得，宜今之绝迹于市肆，而仿造者且不佳也。"

明代重要书画家在创作时，就喜欢用藏经纸全幅。例如：上海博物馆藏明代中期狂草书法的经典之作"明祝允明书宋苏轼前后《赤壁赋》"，即用金粟山藏经纸书写；上海画家吴湖帆藏"明沈周作《西山纪游图》长卷"，就以金粟笺作画；海盐县博物馆藏"明文徵明《枯木幽兰图》"，画在金粟笺上；苏州市博物馆藏"文徵明书《和石田先生落花诗》"，也是用的金粟纸；北京故宫博物院藏"明董其昌行书《宋之问诗》"，纸上有"金粟山藏经纸"小印……清宫旧藏的《石渠宝笈》中，多篇乾隆皇帝的御题引首也是皆用此纸。

世人对金粟山藏经纸的喜爱，在清代乾隆皇帝时达到顶峰，乾隆帝认为"金粟笺超过澄心堂纸，为纸中冠名，绝贯古今"。还对偶尔进贡金粟山的臣子大加赏赐，乾隆朝也开始对金粟山藏经纸进行仿制，乾隆帝编著的《秘殿珠林》中多次收藏著录金粟山藏经，并奉之为天字甲等。

因金粟山藏经纸与唐代硬黄纸一脉相承，外形相似，制作方式也相似，曾一度被错认为唐纸。本馆所藏该册册前第二开内贴签，为吴大澂篆书"大般若波罗蜜多经卷十三"，下有楷书小款"唐经生书，滋蕙堂曾氏旧藏，今归滂喜斋潘氏 吴大澂题"，下钤白文"清□"方印（图4）。曾氏和吴大澂也认为所得藏经是唐藏真迹，但张燕昌《金

图4

粟笺说》认为曾氏的看法是受《乐郊私语》的错误影响，其刻入滋惠堂法帖的此经册并非唐人所书，只因宋代经卷中有避唐代皇帝之讳而缺笔所致，其应该是宋藏。因为经卷上明确注明了"海盐金粟山广惠禅院大藏经"，而绝非敦煌写经。

《金粟山大藏经》残存不多，目前仅有二十余卷传世，国内主要收藏在中国国家图书馆、上海图书馆、故宫博物院、南京图书馆、贵州省博物馆、安徽省博物馆、吉林省博物馆、辽宁省博物馆、天津艺术博物馆等国家大型文博单位，海外只有美国伯克莱加州大学东亚图书馆藏有一册存卷，弥足珍贵。

该经册字迹肥美庄重，起笔收笔有锋，顿挫明显，笔法遒劲。卷首写"海盐金粟山广惠禅院大藏地一十七纸"。册后则有赵之谦、叶德辉跋，内容如下："唐人写经，自具一种态度，书手非一意惜，不殊盖亦有师法在。同治十年十二月二十七日赵之谦记"，钤白文"赵之谦印"方印。（图5）

"宋米芾《海岳名言》云：'唐官告在世，为褚、陆、徐峤之体，有不俗者，开元以来，缘明皇字体肥俗，始有徐浩，以合时君之好，经生字亦自此肥。开元以前，古气无有矣。'此册字画甚肥，当是开元以后之作，不得季海真迹睹，此亦可见一时风气矣。册首有曾毓光印，末有滋惠堂印，今曾氏滋惠堂帖中正有此种，而行式字数多寡不同，据曾跋云，剪续成帖得四百八十七字，不及此册十分之二，今据曾帖二百余年，竟得完本庋藏，不可谓非清禄也。光绪壬寅中

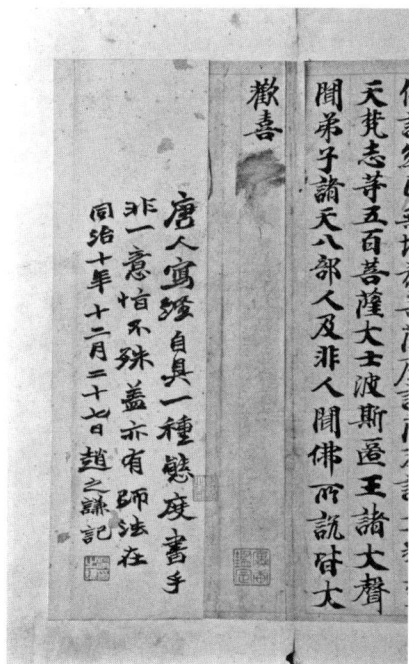

图5

秋，长沙叶德辉识。"钤白文"叶德辉印"、朱文"焕份"二印。（图6）

"宋赵彦卫云麓漫钞三云：释氏写经一行以十七字为准，故国朝试童行诵经，计其纸数以十七字为行，二十五行为一纸，今观此册与漫钞之说正合。可见释氏写经故式唐人，犹遵守之。宋之张樗寮，元之赵雪松，明之董香光皆书佛经传世，此自以法书擅长，非写经正道也。大抵唐之写经生、宋之画院待诏皆规行矩步，各有师传，不得以其无士气薄之。明李日华紫桃轩又缀云：唐经生所书经，宋画院待诏所作画，韵虽凡，而法度在，贵其可得古人影响，今日士大夫绝不留意，殊不知不可轻也。李氏此语，良然良然，世有学古之士，或有得唐人作书消息者乎。乙巳立秋后三日叶德辉再跋。"钤朱文"臣德辉"白文"吏部郎"印。（图7）

"唐人写经卷宜都杨守敬收藏最多，大抵近百年内，日本高丽人所书，非唐迹也。日本高丽楷书似唐碑行草似阁帖，故无中原赵董之习，其鱼目混珠者，在此然用笔轻佻，墨气昏黯，明眼人自能辨之。至近日敦煌石洞出世之卷，京师琉璃厂肆数番饼金可得一小卷，一二倍之可得一大卷，而亦无一精者。此卷笔力凝重，墨如漆光，其卷为金粟山故纸所书，迥非杨藏赝品及敦煌各卷之比，况其为滋蕙堂法帖之祖乎。迩来上海有书画会，有廉姓者收藏新卷甚多，奉为至宝，以余视之，直奴仆耳，后有得此卷者宜珍祕之。丙辰腊八德辉呵冻书。"钤白文"丽廔"方印。（图8）

此经册册前有"丽廔图书"朱文长方印、"八千卷释藏人家"朱文长方印、"庐江安氏"朱文方印、"郑盦"白文方印、"廙轩鉴定"朱文方印、"介石山房"白文方印、"曾毓光字伯谦之印章"朱文方印、"子重"朱文方印、"刘铨福印"白文方印，册后有"焕彬心赏"朱文方印、"大兴刘铨福家世守印"白文方印、"刘铨福印长寿年宜子孙"白文方印、"伯寅经眼"朱文方印、"廙轩鉴定"朱文方印、"煦堂寓目"白文方印、"滋蕙堂墨宝印"白文长方印，共16方印。

几段题跋内容皆对此经册赞赏有加，称其书法具有唐人写经的特点——"字迹肥厚，起笔收笔有锋"，值得珍藏学习。1960年7月，故宫博物院鉴定委

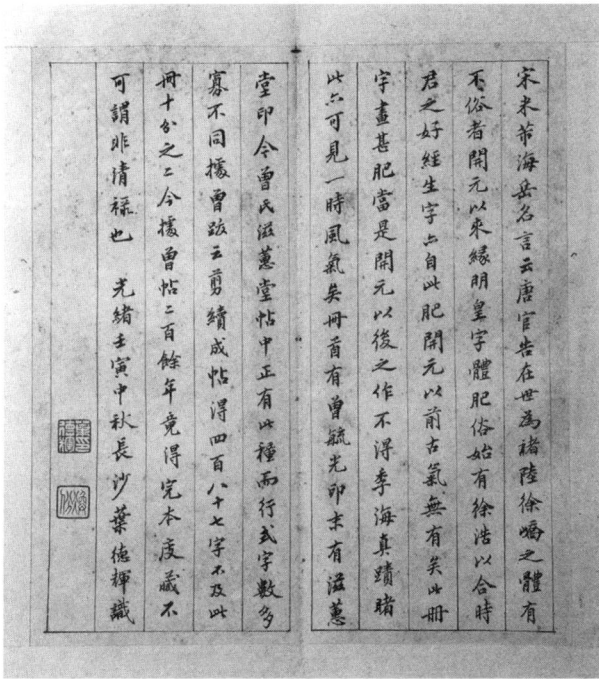

宋米芾海岳名言云唐官誥在世為楷隸徐嶠之體有
不俗者開元以來緣明皇字體肥俗始有徐浩以合時
君之好經生字□自此肥開元以前古氣無有矣此册
字畫甚肥當是開元以後之作不浮李海真蹟瑞
此□可見一時風氣矣册首有曾瓶光印末有溫惠
堂印今曹氏滋蕙堂帖中正有此種而行式字數多
寡不同撄曹跋五剪績成帖得四百八十七字不及此
册十分之二今撄曹帖二百餘年竟得完本庋藏不
可謂非清祿也
　光緒壬寅中秋長沙葉德輝識

图6

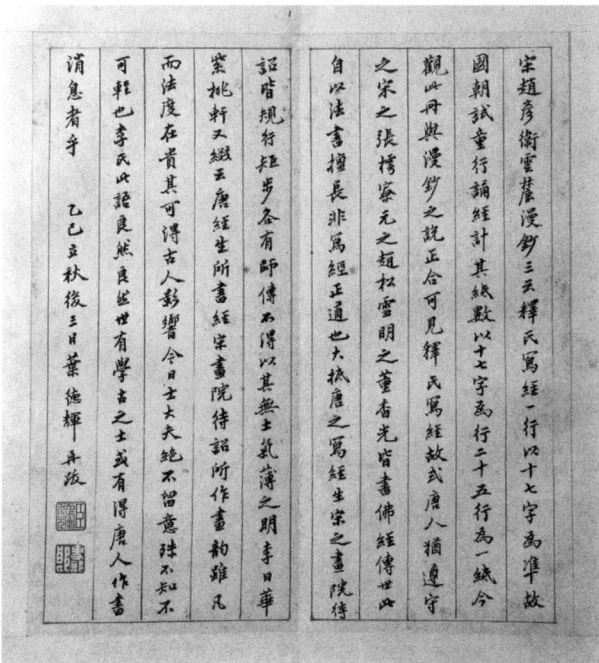

宋趙彥衛雲麓漫鈔云釋氏寫經一行以十七字為準故
國朝試童行誦經計其紙數以十七字為一行二十五行為一鋮今
觀此冊與漫鈔之說正合可見釋氏寫經故式唐人猶遵守
之宋之張樗寮元之趙松雪明之董香光皆書佛經傳世此
自以法書擅長非寫經正道也大抵唐之寫經生字之畫院待
詔皆規行矩步各有師傳不得以其無士氣薄之明季日華
墨挑斫又緻云唐經生所書經宋畫院待詔所作畫勁雖凡
而法度在貴其可得古人鈞響今日士大夫純不留意殊不知不
可輕也李氏此語良然世有學古之士或有得唐人作書
消息者乎
　乙巳立秋後三日葉德輝再識

图7

163

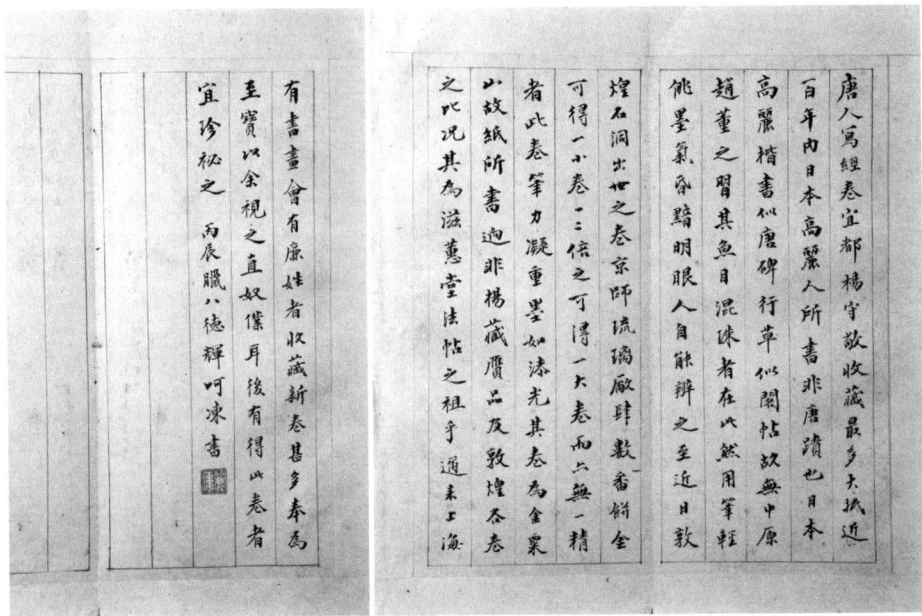

图8

员张珩一行到馆鉴定，评其："真，很好。"此经由此被评定为国家一级文物。

　　大约在两汉之际，佛教传入了中国，并逐渐发展和流行。佛教与中国的文化艺术也发生了紧密的关联，产生了广泛的影响，作为中国特有艺术形式的书法也概莫能外。陈垣指出："诗文杂学之外，释门所尚者，厥为书法。"

　　历代僧人中能书、善书者众多。最初，伴随着佛教的传入，广大民众对其信仰也日渐兴盛，佛经翻译和流布的需求开始不断扩大，在印刷术发明之前，抄写佛经便成为佛教传播的主要形式和首要任务。大规模的书写佛经，需要大量写手，对于书法的普及和提高必然会有很大的促进。佛教书法由此也得以形成并逐渐发展和演变，最终自成一体，发扬光大。

　　尤其在唐代，武则天极力推崇佛教，宫廷写经规模壮大，催生了官府写经生，此类经生大体是秘书省和门下省的"楷书手"（又称书手、群书手）。唐政府曾规定，"有性爱学书及有书性者，即入（弘文）馆内学书"，著名书家欧阳询、虞世南曾教习楷法。学成的善书者分各馆充当书手是顺理成章的事情。政府书手所抄录的经书，多是发给各州道用来供师法的样本，因此对写经的要求非常严格，形成了一套完整严密的制度。

当时一般僧侣和平民百姓写经亦十分普遍。僧人和官府经生、书手抄经远远不能满足社会的需要，人们信奉佛教，希望佛祖使人们合家欢乐、祛病避灾、保佑亲族、超度亡灵，在很多情况下都是要借助于念佛，大量的抄经就在此背景下出现了，民间经生是随佛教兴盛自发产生的抄经群体。对于他们的身份，胡适先生在《敦煌石室写经题记与敦煌杂录序》中说过："有些经是和尚写的。有些是学童（学仕郎）写字习作，有些是施主雇人写的。"除了和尚、学童之外，不少文人也有写经的经历，当然在他们这里，写经可能是一种修身养性的行为，有的在家境贫寒之时，也以抄经维生。

写经书法具有浓厚的特色，以至于被人称为"经生体"，但在师承渊源上我们却发现，经生们仍以社会流行的书法范本作为自己的楷范。

例如智永是隋代和尚、王羲之七世孙，书法深得王羲之意趣，故唐人习智永书法一时成为时尚。智永代表作是真草《千字文》。文献记载，智永写《千字文》八百本，分施浙东诸寺，一时间流布甚广，成为寺院和尚和民间经生临习的范本。

写经的要求是抄经者必须以严肃谨慎的心态，以工整的楷书一笔一划地抄写，体现一种严劲刻厉的风格。因此，经生书法倒是与初唐欧阳询、虞世南（亦学王书）风格近同。盛唐后经生书体"缘明皇字肥，始有徐浩，以合时君所好，经生字亦自此脂"。似乎是受颜体之影响，但其实是同一审美时代出现的书法风格的类似性。

北宋徽宗时，御府能收藏唐经生手写卷子，已表明对其书法水平的称许。而针对御府收藏品所作评论的《宣和书谱》亦能不以人论书，比较客观地评述写经书法的水平。如此书卷五记载道："杨庭，不知何许人也，为时经生。作字得楷法之妙，长寿间（692—694），一时为流辈称许……唐至经生辈自成一律，其间固有超绝者，便为名书，如庭书，是亦是可观者。"可见宋代写经受唐人书法影响很大。

因为南宋末年金粟寺遭受极大的毁坏，市面上流传的宋人写经极少，文人学者也很少论及宋人写经，导致金粟山大藏经湮没无痕，后人但凡看见写经，极易将其与唐人写经混淆。例如南宋书法家张即之，书法亦深受唐人影响，后转师米芾，参以晋唐经书汉隶，加上受禅宗哲学思想的影响，故形成一种独特的书法艺术风格，并能"独传家学"，自成一家体系。他博学多识，"性修洁，喜校书，经史皆手定善本"。传世作品有楷书：《佛遗教经》《金刚般若波罗蜜经》《太上洞玄灵宝无量度人上品妙经》。但僧人写经不具名，不仔细分辨，更易被误认为唐经生写经。

一般认为，自北宋初年刊雕《开宝藏》以来，佛教大藏经完成了从写本时代向刻本时代的转变。而《金粟山大藏经》抄写于北宋中期，说明此时在民间保留了写本与刊本并行的时期，为我们提供了刊本时代有关写本藏经重要的实物标本。根据文献的零星记载，仅在浙中海盐一带，除金粟寺有写藏外，其余如法喜寺、精严寺、隆平寺、崇明寺、普照寺、兴国寺等俱有写藏，其中法喜寺藏经，又称《法喜寺转轮大藏》，抄写风格与金粟山极相近，北京图书馆亦有收藏。

《北宋写大般若波罗蜜多经册》因年代久远，具有很高的文物价值。从内容上讲，其抄写的是大藏经中已收入的经典，可提供校勘之用；从时代上讲，其弥补了宋代写本大藏经资料的不足，又为我们提供了新的研究资料，价值更高。尤其是该经册所用纸张特殊，为传世稀少的金粟山藏经纸；书法字迹隽美，继承了唐代风格和晋朝技法，又体现了宋代尚意之风，更显得它珍贵！

[参考文献]

1. 李黔滨主编：《贵州省博物馆藏品集》，贵州人民出版社，2013。
2. 中国国家图书馆、中国国家古籍保护中心编：《第一批国家珍贵古籍名录图录》，国家图书馆出版社，2008，编号00849。

3. 刘仁庆：《论金粟山藏经纸——古纸研究之十二》，载《纸和造纸》，2011（09）。

4. 陈垣：《明季滇黔佛教考》，中华书局，1989。

5. 李林甫等撰：《唐六典》卷八，中华书局，1992。

6. 王元军：《唐代写经生及其书法》，载《中国书画》，2005（08）。

7. 米芾：《海岳名言》，中华书局，1985。

8. 孙昌武：《佛教写经、刻经与中国书法艺术》，载《文学与文化》，2010（1）。

9. 李际宁：《佛经版本》，南京凤凰出版社，2002。

贵州省博物馆红色装饰瓷器述评

唐艳[*]

摘　要　我国古代瓷器装饰包罗万象，其中以红色为表现形式的不在少数。该文通过梳理归纳古代瓷器上使用红色装饰的概况，并对贵州省博物馆所藏红色装饰瓷器的分类、工艺、历史、发展、特点等进行介绍及价值述评，阐述了这些瓷器不仅珍稀名贵，而且为学术研究提供了实物参考资料，具有较高的艺术和历史价值。

关键词　贵州省博物馆　瓷器　红色

红色代表着热烈、奔放、吉祥。瓷器上用红作装饰是中国传统文化的具象反映，是中国陶瓷艺术的特别表现形式。瓷器上的红是陶瓷装饰园林中一道独特的风景，经过千百年来的变迁，以不同的形态向世人呈现着各异的美，传达着自己独有的历史、文化信息，折射出古人非凡的智慧和陶瓷装饰技艺的精湛，具有很高的审美价值和艺术品位。

历史上最早在瓷器上使用高温铜红釉进行美化技艺，出现在唐代的长沙窑。宋代钧窑则将铜施于乳浊釉中，呈现出变化多端的海棠红、玫瑰紫等红色。元代景德镇陶瓷工匠首次实现了通体以铜红釉作装饰和以釉里红表现的形式，并开始大量生产。明代随着工艺技术的不断成熟和完善，红釉瓷器的呈色愈发鲜艳夺目，受人喜爱。清代在继承传统的同时，创造衍生出牛血一般的郎窑红、加有黄金的胭脂红、以铁呈色的珊瑚红等各类红色瓷器，可谓纷繁。

---

[*] 唐艳，女,(1978-)，副研究馆员。研究方向：古陶瓷研究。

这些红色大致可分为高温和低温两种。所谓高温红，即经过1250℃以上高温烧制而成，如鲜红、郎窑红、豇豆红、釉里红等。低温红则指烧成温度在700℃—1250℃之间的红色，如矾红、西洋红、珊瑚红等。高温红一般是在坯体上直接施釉或描绘后入窑一次烧成，具有稳定性好，坚硬牢固，无毒无害的特点。低温红一般需要在烧好的白瓷或涩胎上施釉（施彩），再次放入窑炉中焙烧形成，具有呈色均匀、平整光滑、富于变化的特点。

贵州省博物馆所藏瓷器中带红色的不在少数，时代集中在清代和民国。器形以盘、碗、瓶、尊居多，亦有少量的炉、杯、水盂等。品种丰富，既有古朴深沉的高温红，也有靓丽娇艳的低温红。本文仅列举典型的颜色釉瓷和青花釉里红及以单纯红彩进行美化的代表器物，而不涉及红绿彩、五彩、粉彩及青花加彩中的红彩装饰。

一、霁红

霁红属于高温铜红釉，因其釉色瑰丽深沉，从古至今受到推崇和喜爱。此品种在馆藏红釉瓷器中数量相对较多，以乾隆时期更为集中。1995年，经国家文物局专家鉴定，有20余件被定为国家珍贵上级文物，如清康熙霁红釉碗、清乾隆霁红釉盘。

康熙霁红釉碗，高9.2厘米，口径19.2厘米，足径7.8厘米，敞口，深弧腹。胎体致密白细，碗外施霁红釉，红釉浅淡稀薄，可见刷釉痕迹。碗口釉水垂流挥发，呈白灰色，即所谓的"灯草口"，碗内及底足施白釉，足内六字阴刻双行楷书款"大明宣德年制"，外阴刻双圈。这件瓷器的底款虽称是明代宣德时期，但综合它的造型、胎釉特征等来看应该属于清代制品。文物局专家给予的鉴定意见为"清康熙"。

从洪武到嘉靖，明代鲜红釉瓷器的烧造从未间断，当中以永乐、宣德时期烧造的制品受到的评价最高。成书于明万历十七年（1589）的王世懋《窥天外

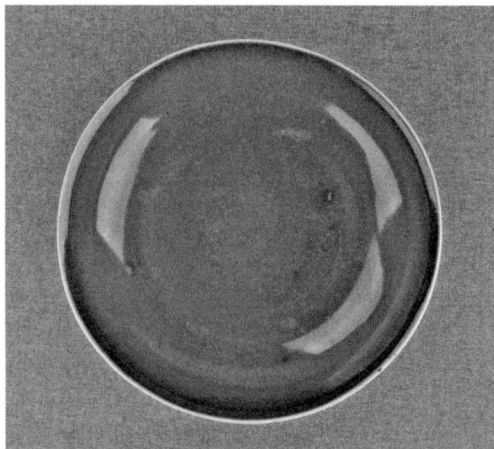
清乾隆霁红釉盘

乘》载："永乐、宣德间内府烧造，迄今为贵。其时以鬃眼甜白为常，以苏麻离青为饰，以鲜红为贵。"这里的鲜红即指高温铜红釉。其烧成难度极大，据说为了烧制出高质量的作品而不惜将红宝石、玛瑙等贵重物品配入釉中。经验丰富的老艺人，在一般情况下能够得到百分之十的合格率就算万幸了。经验稍差的人甚至一窑也挑不出一件合格品。物以稀为贵，正是因为永宣时期的这种红釉瓷器价值斐然，后世多有模仿，馆藏霁红釉碗即是实例。此碗仿古技术精湛，色调深红，似暴风雨后晴空中的红霞，釉面平滑无橘皮纹。它反映出康熙时期仿明代鲜红釉瓷而又自具的一些特点，展现了这一时期烧制霁红釉碗的成果，亦为我们提供了清代仿制宣德制品的实物例证。

另一件霁红釉盘高3.2厘米，口径15.5厘米，足径8厘米，坦口，浅弧腹，圈足。胎体致密白细，盘内外施霁红釉，釉色红中带黑，有橘皮纹，口沿"灯草口"整齐、规矩。足内施白釉，足边积釉处呈凝黑色。底书六字三行青花篆书款"大清乾隆年制"。

清代霁红釉器的大量生产是在雍正、乾隆两朝。此时霁红器釉色红中带黑，釉面有橘皮和棕眼，边釉整齐，红色无显著渗透状。清人龚鉽在《景德镇陶歌》中记述了霁红器的烧成之难："官古窑成重霁红，最难全美费良工。霜天晴昼精心合，一样抟烧百不同。"馆藏的这件霁红盘，胎体白细致密，釉面有橘皮纹并且红中带黑的呈色特点，给人以稳定深沉之感。盘口沿的白边规整醒目，与盘身一红一白，相互映衬，更显出红釉的艳丽华贵，堪称难得的精品。

这件霁红盘让我们从中品味到了遗韵悠长的色泽之美，更为古代陶瓷工匠非凡的技艺所折服。

二、豇豆红

豇豆红是一种呈色多变的高温红釉，是清康熙时期铜红釉中的名贵品种。因其釉色变化莫测，娇艳无比，被赋予"美人醉""桃花片""娃娃脸"等各种雅致的名称。

馆藏豇豆红瓷器数量不多，其中清康熙豇豆红釉团螭纹太白尊，是不可多得的代表器物。此器高8.8厘米，口径3.4厘米，底径12.8厘米，小口、短颈、溜肩、腹部呈半球形。在腹部刻有三个团螭纹样，隐于莹润的红釉之下仍清晰可辨，活灵活现。在红釉中不规则的散点着些许绿色苔点，如同豇豆皮的颜色，极富幽远恬静的美感。这种绿色苔点是在烧制过程中，铜因氧化作用而形成，本是烧造技术上的缺陷，但在浑然一体的红中掺杂点点绿斑，更显得别致淡雅，柔和悦目，引人遐思。底部青花楷书六字三行款"大清康熙年制"。

豇豆红釉是享誉世界的名贵品种，康熙以后曾经一度失传，直到光绪时期才又开始出现，其烧造技术难以掌握应是原因之一。釉料中铜的正常显色不仅与其含量和基础釉的成分有关，而且对窑内温度和气氛的变化十分敏感。要想烧制出颜色纯正的铜红釉瓷器，除制作、配方以外，火候也很重要。常常是以同一配方，以相同方法施釉却烧出不同的釉色。此外，施釉

清康熙豇豆红釉团螭纹太白尊

方法、窑内通风状况的优劣、窑工掌握火候的熟练程度等，都直接或间接地影响瓷器的釉色。错综复杂的铜胶体分布于釉料当中，受到氧化焰的影响，就会出现变化无穷的绿色，如太白尊上的绿点。

康熙豇豆红釉瓷器一般都为小件器物，常见的器形有莱菔尊、苹果尊、印泥盒、柳叶尊、菊瓣瓶等，馆藏的太白尊即是其中较多见的一种，又名"太白坛""渔父尊"，因模仿李太白的酒坛故名。在《饮流斋说瓷》中有"太白尊……腹有三团螭暗花，乃浅凹雕也。除康熙朝外，历朝甚罕仿制，故价值之昂等于拱璧"的描述。烧成技术难，呈色变化无穷，从创烧到停烧时间短，故流传下来的数量不多。我馆所藏的这件太白尊实属珍贵，让人领略到铜红釉中最为名贵品种的风采，感受到"绿如春水初生日，红似朝霞欲上时"之美。

三、青花釉里红

这里要谈的红与上面介绍的有所不同，虽同属高温铜红，却呈现于釉下。虽也是施于坯体上一次烧成，却需在铜红之上罩一层透明釉，工艺上有所区别。上述的铜红是作为一种釉料使用，青花釉里红则以彩绘的方式进行装饰，属瓷器釉下彩品种之一。

馆藏瓷器中没有单纯的釉里红器物，而都是与青花搭配的青花釉里红器。此品种是将以"钴"呈色的青花、以"铜"呈色的釉里红两种彩料同施于一件器物上的装饰方法，可形成红蓝搭配、相映成趣的艺术效果。因二者性质不同，烧成温度以及对窑室气氛的要求也有差异，技术要求极高。故烧成红、蓝两种彩料发色均匀、艳丽的器物非常不易，成品率很低。

馆藏此类文物皆为清代制品，最早的为清乾隆时期烧造。如青花釉里红福禄寿纹汤碗、青花釉里红云龙纹缸，是馆藏青花釉里红瓷器中的珍品，定为二级文物。福禄寿纹汤碗，高9.1厘米，口径21厘米，足径8.1厘米。外壁一周绘双鹿、双蝠、古松、灵芝、湖石、红日等，除双蝠单纯用釉里红表现外，其余纹饰均以青花表现或以青花勾勒框架后用釉里红填绘其中，整个纹饰寓意福寿吉祥。

另一件乾隆青花釉里红云龙纹缸，胎体较厚重，釉色均匀光亮，外壁上双龙主要躯干部分都以釉里红表现，龙头和四爪用青花描绘。双龙张目吐舌，龙身弯曲，龙爪有力，似在云中奔走，极富动感。部分火云纹亦用釉里红装饰，这样的结构更显现出图案的张力。

清乾隆青花釉里红云龙纹缸

青花釉里红这一品种创烧于元代的景德镇。明代永乐、宣德时期是青花釉里红发展的高峰时期，之后便渐趋衰退，极有少见。偶见于晚明时官、民窑中，但釉里红不再大面积使用，仅作为局部纹饰的点缀，呈色稍逊。清代康熙时期青花釉里红再一次发展起来，并且在雍正、乾隆时期都是极为昌盛、精彩的阶段，造型丰富，呈色鲜亮，达到了历史最高水平。嘉庆、道光以后青花釉里红开始衰败，较为少见。我馆所藏的清嘉庆青花釉里红松鹤花鸟纹瓶，可谓这个时期中的佼佼者。

四、胭脂红

胭脂红是康熙时期从国外引进的低温金红釉，又称西洋红、洋金红。它是在烧成的薄胎白瓷上，施以含金百分之一、二的釉料，于彩炉中经800℃—850℃烘烧而成。

馆藏胭脂红的器物仅有几件，器形有盘、瓶两种。盘系1959年由上海文

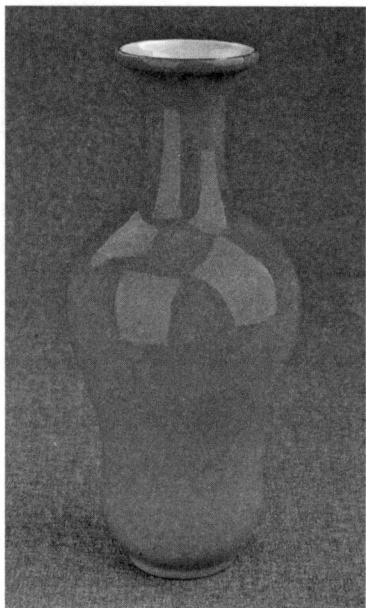
民国胭脂水葫芦瓶

管会拨交，时代为清乾隆。造型小巧，高2.6厘米、口径14.5厘米，足径9厘米。胎体轻薄，器内器外和足内通体施胭脂红釉，釉汁细腻莹美，光润匀净，有细小颗粒，色如浓艳的胭脂一般。胭脂红的器物大多为内白釉、外红釉的制作，极少数有内外均施金红釉的。成书于1906—1911年寂园叟撰《陶雅》曰："胭脂红碗碟，多系内层洁白，薄几如纸。其小碟有作两面脂红者……尤为难能可贵。"我馆所藏的这件胭脂红釉盘，内外和足内均施满胭脂红釉，盘口有描金装饰，可见是何其珍贵。

胭脂红在烧造过程中因金的含量多少等原因，其呈色有深浅差异。浅淡者称为"胭脂水"，比胭脂水更淡者称为"淡粉红"。馆藏中即有胭脂水的藏品，如民国时期的"胭脂水葫芦瓶"。

此瓶高20厘米，口径5.1厘米，底径4.3厘米。器形似变形葫芦，敞口直唇，口沿描金，细长颈，圆丰肩，腹敛至足处丰圆，小圈足。瓶内及外底足施白釉，表面施胭脂水釉，细橘皮纹。胎体洁白，迎光透视莹润无瑕。底足内蓝料彩楷书"雍正年制"四字方印款。胭脂水在雍正时期为红釉的名贵品种，《陶雅》在谈到胭脂水时曰："胭脂水为康熙以前所未有，釉薄于蛋膜者十分之一，匀净明艳，殆无伦比。紫晶逊其鲜妍，玫瑰无其娇丽……"正是因为雍正时期胭脂水的价值极高，晚清、民国时期多有仿制，这件馆藏三级文物即民国仿雍正胭脂水的上乘之作。

这种釉是用"吹釉"的方法制作的，即用一根长约7寸的竹筒，在一头蒙上纱布，将有纱布的一端浸入釉中蘸釉，对准器物后用口吹另一端，使釉料附着在器物上。为了达到一定厚度和均匀的效果，往往要反复吹上十几遍。这种施釉方法造就了独特的釉面效果，当然无疑也需要更好的技术和体力，使此品种更加受人珍视。胭脂水釉的器物，出窑数量不多，传世品更为稀少。这件馆藏胭脂水葫芦瓶可谓是具有历史艺术价值的佳品。

五、矾红

矾红是一种以氧化铁着色，在氧化气氛中烧制的低温红。它的色泽往往带有一种砖红色，没有铜红那样纯正鲜丽，但烧成比较容易，呈色稳定。

矾红在瓷器上既可作为釉装饰，也可作为彩装饰。宣德以后，以铜着色的鲜红釉瓷器极少烧造，成功作品更是罕见。主要原因是技术上难以达到，鲜红土也告断绝。到了明嘉靖时期，就用矾红来代替鲜红了。据文献记载："嘉靖窑回青盛作，鲜红土断绝，烧法亦不如以前，惟可烧矾红色。""嘉靖二年，令江西烧造瓷器，内鲜红改作深矾红。"遗憾的是，我馆未能收藏有明代的矾红釉瓷器，而清代以矾红施彩的器物，如釉上彩中的红绿彩、五彩、斗彩等，数量比较多。在此仅挑选出单纯以红彩作装饰的品种进行介绍，与本文的主题更贴切。

矾红彩的使用最早见于宋、金时期北方瓷窑，元代景德镇红绿彩瓷器亦以矾红施彩，而在瓷器上单独使用矾红彩作装饰则始于明洪武时期。至此，白地矾红彩作为传统品种一直烧造，并且成为宣德、弘

清道光冬青地矾红彩团凤纹碗

清道光红地留白缠枝莲纹碗

治、正德、嘉靖至晚明时期的突出品种。

清代的白地红彩从康熙至宣统都有烧造，数量较大。造型繁多，画工精湛，用料加工精细，与明代相较在制作技术上有了很大提高。有的品种自出现以后，各代都有烧造，为我们留下了不少珍贵的文物，如馆藏清光绪白地矾红彩龙纹杯、清道光红地留白缠枝莲纹碗。龙纹杯以红彩绘云龙、海水，纹饰清晰，线条灵活。缠枝莲纹碗绘画上采用了留白的技法，即在以红彩涂地时留出空白的地方，再进行描绘，形成特殊的艺术效果。这种技法对红彩瓷器有很大影响，传世品较多，均为宫廷使用。另外，还有一种以冬青釉为地的红彩瓷器，也是我馆藏瓷中能体现继承传统的品种。这种碗从雍正时期出现以后，各朝都有制作，碗外以红彩绘五组团凤纹，碗内心绘一组团凤纹，笔法简练，红彩在青釉上呈现的装饰效果更加别具一格。

瓷器上的红或浓烈或娇艳，或深沉或淡雅。它们是万千陶瓷世界中一抹燃烧的红霞，用自己独特的语言讲述着红在世人心中的魅力。这里有的红呈现出通体一色的美，有的红呈现出变化莫测的美，还有的红与青幽的蓝搭配相得益彰，更有的红在色地上描绘施彩或以红为地进行装饰。它们以不同的色阶和表达形式，再配以和谐的造型，体现了极高的艺术格调，让人爱不释手。

本文在此只是列举了我馆藏品中的些许代表之作，还有许多深藏于宝库中，有待进一步探索和展示。遗憾的是有些品种如釉里红、明代鲜红釉、明代矾红釉、雍正淡粉红釉等，目前我馆未有收藏。在今后的工作中有待进一步计划征集，丰富藏品，以便更全面、更深入地进行系统研究学习，从而更好地加以保护和利用。

［参考文献］

1. 耿宝昌：《明清瓷器鉴定》，紫禁城出版社，1993。

2. 冯先铭主编：《中国陶瓷》，上海古籍出版社，1994。

3. 冯先铭主编：《中国古陶瓷图典》，文物出版社，1998。

4. 李家治主编：《中国科学技术史·陶瓷卷》，科学出版社，1998。

5. 吕成龙：《中国古代颜色釉瓷器》，紫禁城出版社，2004。

6. 叶佩兰：《中国彩瓷》，上海古籍出版社，2005。

《百苗图》之"层叠累积说"引证

胡进[*]

摘　要　《百苗图》作为一种以图文形式反映贵州古代少数民族的地方志书，其内容究竟是如何形成的？学界对此长期纷争不一。用文献学的方法，把相关资料汇集起来进行排列、分析，即可得到充分证据。可以认为，《百苗图》并不是某一人在某一时所得的调查资料，而主要是在不同时代资料不断叠加的基础上编纂而成，于是本文提出了"层叠累积"的观点，就此用文献材料加以引证。

关键词　百苗图　历史文献　层叠累积

一

本文所讨论的是狭义《百苗图》，即源自清代乾隆至嘉庆时人陈浩所著《八十二种苗图并说》的一系列抄本，因为记录了很多生活在贵州的古代少数民族，故而称为《百苗图》。但是由于版本较为杂乱，所记内容也很庞杂，头绪纷繁，所以学术上对于其究竟反映的是什么时代的信息一直非常重视。到目前为止，关于《百苗图》的成书年代大致有4种观点[1]，即"雍正说""乾隆说""嘉庆说"及由笔者提出的"层叠累积说"。前3种观点都将其内容的成型

---

[*] 胡进，男，(1954－　)，研究馆员。研究方向：地方史。

[1] 马国君、张振兴：《近二十年来"百苗图"研究文献综述》，载《中央民族大学学报》(哲学社会科学版)，2011(4)。

定格在一个时间点，而笔者所说的层叠累积是指《百苗图》的内容不是某一时代民族状况的真实反映，也就是说其资料的主要来源并非某一个人在某一时期通过实地调查所得，而是陈浩利用若干历史文献资料编纂成册。更应注意的一点，陈浩所引用的文献也是在前人记述的基础上逐渐积累而来。这个观点笔者在2005年第4期《民族研究》发表的文章[1]中就已经提出，在学界引起了一定的关注。由于该篇主要是探讨《百苗图》源流，着重溯源《贵州通志》(康熙)等文献。这些年又做了一些工作，证实清代文献的许多材料是根承自明代文献，而明代的一些材料还可往前追溯，因此笔者认为很有必要把这些论据进行系统梳理，以使"层叠累积说"的依据更加充分，从而加深对《百苗图》历史价值的认识。另外在此要强调一点，有的论据在《"百苗图源流考略"——以〈黔苗图说〉为范本》一文中已有论述，本文为了保持其系统性，在此也一并引用，目的就是让这些材料的来龙去脉更加清楚，特此申明。

陈浩的《八十二种苗图并说》早已佚失，而《百苗图》绝大部分藏本都缺失背景信息，所以很难断定其比较确切的成书时代，虽然极少数有抄录时间，甚至有人名落款，但这些版本不是伪造就是时代较晚，不足为据。诸多因素，使我们对《百苗图》原貌的了解相当模糊。不过，从目前所能掌握的信息来看，只有李宗昉见过陈浩的《八十二种苗图并说》，也可断定《黔记·卷三》所记的82种"苗"主要抄录于陈浩的著述。而且将《百苗图》的各种本子与《黔记》对照，文字内容大体都对得上，因此李宗昉《黔记·卷三》是我们了解陈浩《八十二种苗图并说》原本的重要资料。以上分析就是要把这三者的关系理顺出来，使得我们的研究有一个范畴，讨论有一个中心。

《百苗图》版本众多，可谓纷然杂陈，要讨论《百苗图》就还需要一个能反映其全貌的标准工作本子。按理讲用李宗昉《黔记·卷三》是较为合适的，因其成书年代明确，时代距陈浩最为接近，并且与《八十二种苗图并说》关系

---

[1] 胡进:《"百苗图源流考略"——以〈黔苗图说〉为范本》，载《民族研究》，2005（4）。

最为密切。但是，该书又有一个较大缺陷，就是许多条目是简写，有的只有分布地点，有的记述极简，李宗昉还专门注释："凡山蕴书所已详者，俱具其名，语不具录。"[1] 现在用李宗昉的本子与《百苗图》对照，会发现它的内容没有《百苗图》完整，缺失较多。所以要讨论《百苗图》具体内容，此文献不是最佳选择。2004年，贵州人民出版社出版刘峰先生所著《百苗图疏证》一书，此书参考了10多个《百苗图》藏本，大致复原了作者认为最为接近《百苗图》的原本。共有82个族称，每个族称都列为一个条目介绍，其复原的内容基本上能够反映《百苗图》的全貌，所以本文将该书整理出来的条目作为讨论的工作底本，在引用原文时简称《疏证》。

二

为什么说《百苗图》所反映的内容是层叠累积呢？其实只要把贵州地方志中的相关材料综合起来作一点研究，就会发现《百苗图》中的大部分内容在乾隆以前的许多文献中就有记载，而且这些文献也并非第一手材料，基本都是参考前人的资料编纂而来。据笔者研究，《百苗图》的内容主要采自明清两代贵州地方志及其他有关贵州的历史文献。

贵州于明永乐十一年（1413）建省，之前属湖广、四川、云南及广西等省的交界边地，历史上是一个多民族聚居区。历史文献对这一地区的少数民族很早已有记述，只是材料极少且笼统。对贵州少数民族作较为系统的记载，应该是在贵州建省以后，由于地理环境、历史观念、民族理论、科学认识等方面的时代局限性，所以对这一地区少数民族的了解，也是经过长时间积累一步步逐渐丰富起来的。

明清时期与《百苗图》有关的主要历史文献可分官修志书和私人著述。官

---

[1] 李宗昉《黔记》，第302—303页。

修志书有明代的（弘治）《贵州图经新志》、（嘉靖）《贵州通志》、（万历）《贵州通志》和清代的（康熙）《贵州通志》与（乾隆）《贵州通志》，另外还有乾隆时期由内府编纂的《皇清职贡图》，等等。（弘治）《贵州图经新志》是目前所能见到的贵州最早方志，《皇清职贡图》则是清代中央文献；私人著述主要有明嘉靖田汝成的《炎徼纪闻》、万历贵州巡抚郭子章的《黔记》；清代是田雯的《黔书》以及李宗昉的《黔记》等。这些地方志较为全面地反映了贵州历史文化。

我们把这些文献综合起来核对发现，还是（乾隆）《贵州通志》与《百苗图》的内容最为接近，所以本文采用由近及远的倒追方式来梳理《百苗图》中许多基本材料的脉络关系。

（乾隆）《贵州通志》（以下简称"乾志"）修纂完成于清乾隆六年（1741），卷七《风俗·苗蛮》记录贵州少数民族。共分38个条目，有31个条目是一个条目记述一个族称，即宋家、蔡家、花苗、白苗、红苗、九股苗、东苗、西苗、克孟牯羊苗、夭苗、谷蔺苗、平伐苗、紫江苗、阳洞罗汉苗、打牙仡佬、锅圈仡佬、披袍仡佬、水仡佬、木佬、仡兜、佯㺜、八番、六额子、僰人、峒人、蛮人、杨保、土人、白倮㑩[1]、傜人、侬苗，绝大多数条目在《百苗图》中从族称到内容基本上都可以对应起来。另有7个条目是一个条目混合记录几个族称，如仲家，有补笼、卡尤、青仲；龙家有狗耳龙家、马镫龙家、大头龙家、曾竹龙家；紫江苗条中同时提到九名九姓苗；黑倮㑩条附带记有彝族女官；仡佬的记载较为杂乱，除了单记的打牙仡佬、锅圈仡佬、披袍仡佬和水仡佬外，在仡佬条目中又记有红仡佬、花仡佬、剪头仡佬和猪豕仡佬。《百苗图》把这些材料通通列成单独条目，占了其族称的50%以上。此外，"乾志"在记述中提及的一些名称，《百苗图》基本上也将他们列成条目。例如黑苗：

"乾志"原文是："黑苗在都匀之八寨、丹江，镇远之清江，黎平之古州，

---

[1] 贵州地方志记录彝族的族称所用文字有"倮㑩""㑩㑩"等，现代文章用简化字"罗罗"，都是汉语音译，本文引用文献尽量原文。

其山居者曰山苗，曰高坡苗，近河者曰洞苗，中有土司者为熟苗，无管者为生苗。衣服皆尚黑，故曰黑苗。妇人绾长簪，耳垂大环，银项圈，衣短，以色线缘袖。男女皆跣足，涉冈峦，躐荆榛，捷如猿猱，勤耕樵，女子更劳。日则出作，夜则纺绩，食唯糯稻，舂甚白，炊熟必成团冷食。佐食唯野蔬，无匙箸，皆以手掬。艰于盐，用蕨灰沥水。所得死犊羔豚鸡犬鸥鸦等类，连毛脏置之瓮中，层层按纳，俟其蝍蛆臭腐，始告缸成，名曰醋菜，珍为异味。寒无重衣，夜无卧具，贫富皆然。至婚姻丧祭，各有不同。八寨结婚亦有媒妁，遇节跳月笙歌。又邻寨共建空房，名曰马郎房，未婚嫁者遇晚聚歌，情稔即以牛酒行聘，归三日即回母家，或半年而一返。女家父母向婿家索头钱，不与，或另嫁。有婿女皆死，犹向女之子索者，名鬼头钱。人死亦有哭泣，椎牛敲铜鼓，名曰闹尸。葬以无底棺，纳土置尸于内。以腊月辰日为过年，每十三年畜牡牛祭天地祖先，名曰吃牯臟。丹江俗与八寨同，但无马郎房。清江婚嫁，姑之女定为舅媳，倘舅无子，必重献于舅，谓之外甥钱，否则终生不得嫁。或招少年往来，谓之阿妹。居丧与八寨同，葬则子女守坟一月，死者生前所私男女各插竹于坟前，系以色线。以十月为岁首。古州男女亦皆以苟合始，但寨分大小，下户不敢通上户，洞崽不敢通爷头，偶犯则女家必馨夺其产，甚或置之死地。人死，殓后停于寨旁，或至二十年，合寨共择一期，百数十棺同葬。每寨公建祖祠，名曰鬼堂，刻男像裸体，不令女人入见。遇病延鬼师于堂持咒。以上皆背礼违法之陋俗，至其性刚而憨，生苗尤为最悍，轻生嗜杀，睚眦之仇虽久必报，或椎埋伐冢，或捉白放黑，焚掳劫掠，无所忌惮。自经剿抚，编甲认赋，至雍正十三年永行豁免（苗谓上户曰爷头，下户有曰洞崽）。"[1]

很明显，这记录的是黑苗不同的生活区域及多种习俗，而在《百苗图》中衍生出八寨黑苗、黑山苗、高坡苗、黑生苗、洞苗、清江黑苗、爷头苗、洞崽苗等族称，大多内容也是参照"乾志"的记述（表一）。

---

[1] "乾志"卷七，第14—15页。

文献名称	内容：黑苗、八寨黑苗、黑生苗、爷头苗、洞崽苗
《百苗图》工作底本引文	八寨黑苗，在都匀府。性犷悍。女以色布镶衣袖，胸前绣锦绢一方护之，谓曰"遮肚"。各寨〔于旷野之处〕均造一房，名曰"马郎房"。晚来未婚之男女相聚其〔间〕。欢悦者，以牛酒致聘。出嫁三日，即回母家。或一年半载，外氏向婚者索头钱。倘婿无力借贷，或不与，则将女改嫁。有婿〔与〕女皆死，犹向〔女之〕子索者，谓之鬼头钱。(《疏证》第89页) 　　黑苗，在都匀、八〔寨〕、丹江、镇远、黎平、清江、古州。族类甚众，习俗各异。衣服皆尚黑，男女俱跣足，涉冈峦，履荆棘，其捷如猿猴。性悍好斗，头插白翎，出入必带镖枪、药弩、环刀。自雍正十三年剿后，凶性已改。孟春，各寨择地为笙场。跳月不拘老幼。以竹为笙，笙长尺（余），能吹歌者吹之，跳舞为欢。人死，则生前所私者以色锦系竹竿插于坟前，男女祭拜也。(《疏证》第72页) 　　黑生苗，在清江境内。(性情)凶恶。访(知)富户所居，则勾连恶党，执火持镖刀而劫(之)。自雍正十三年征服，今亦守法。(《疏证》第94页) 　　爷头苗，下游古州一带有之，与洞苗类相同，皆黑苗也。性喜斗，耕不用牛(以人力拖犁)。以冬月朔为大节。妇人编发为髻，近多圈以银丝扇样冠子，绾之以长簪，或双环耳坠，项圈数围，短衣，以五色锦(镶)边绣。姑之女必适舅之子，其聘礼不能措，则取偿于子孙，倘外(氏)无相当子弟，抑或舅无子，姑有女，必重献于舅，谓之"外甥钱"。故女方许另配，否则，姑之女终生不敢嫁也。(《疏证》第108—109页) 　　洞崽苗，在古州，以同群同类为二寨，居大寨者名"爷头"，居小寨者，名"洞崽"，每听"爷头"使唤。婚姻各分寨类，如小寨与大寨结婚，谓之"犯上"。而大寨知之，则聚党类掠夺其产，或致伤人。(苗类之)善舟楫(者，惟此种)。(《疏证》第113页)

　　再看另一例子，"乾志"中有"水、佯、伶、侗、傜、僮"这样一条，原文是"水佯伶侗傜僮六种，杂居荔波县，雍正十年自粤西辖于黔之都匀府。其俗衣服虽有各别，语言嗜好不甚相远。岁首致祭盘瓠，杂鱼肉酒饭，男女成列连袂而舞，相悦者负之而去，遂婚媾焉。皆编入版籍，略供赋役。"[1]《百苗图》分解为"水家苗""伶家苗""侗家苗"和"仡僮"等条目（表二）。

---

[1] "乾志"卷七，第24页。

表二

文献名称	内容：水家苗、伶家苗、侗家苗、伛僮
《百苗图》工作底本引文	水家苗，在荔波县，自雍正十年由粤西拨辖黔之都匀府。男子（喜）渔猎，妇人（善）纺织，故有水家布（之名）。穿桶裙短衣，四围俱以花布缀之。每岁首，男女成群连袂歌舞。相欢者负之去，遂婚媾。（《疏证》第236页） 　　伶家苗，在荔波县。于十月晦日祭鬼（以）为（大）节。男女均以蓝花帕蒙首，未婚者其帕稍长。每仲冬，未婚男女相聚歌舞。所欢者约而奔之。生子后方归母家，名曰"回亲"。始用媒而过聘焉。若未生子，终不归家。（《疏证》第147页） 　　侗家苗，在荔波县。衣（尚青），长不过膝。岁首，杂鱼肉酒饭以祭"盘瓠"。近水而居，（善）种棉花，女（工纺织）。男子虽通汉语，不识文字。凡遇事以刻木为信。（《疏证》第150页） 　　伛僮，在荔波县。男子善耕作，妇人工纺织。短衣短裙，仅以遮膝。亲死，不置棺，反以歌唱。用木板殓而停之。及葬，子女哭必出血。守坟三日而返。（《疏证》第241页）

　　再举一个更有意思的例子。

　　"乾志"在"伛佬"条中仅提到花伛佬的族称而没有具体记录，但是另有"伛兜"条："伛兜，镇远、施秉、黄平皆有之。好居高坡，不篱不垣。男子衣类土人，女子短衣偏髻，绣五彩于胸袖间，背负海钯蚕茧，累累如贯珠。人多嗜酒，四时佩刀弩，入山逐鹿罗雀。其药箭伤人，见血立死。无敢为盗。"[1]

　　《百苗图》没有单列"伛兜"条目，却列有"花伛佬"条："花伛佬，又名伛兜苗。在施秉、龙泉及平越、黄平等处。男子懒于耕作而好猎，以逐鹿罗雀为事。妇女两袖口绣五彩，通身银饰，（饰）以养蚕茧，累累如贯珠。（伛佬）古有五种，（此其一）。"[2]

　　两相对照，很明显，《百苗图》的"花伛佬"条是将"乾志"伛兜的内容

---

[1]　"乾志"卷七，第20页。
[2]　《疏证》，第42页。

略作改动，并且注明这两个族称为一个族群。

这样，《百苗图》就从"乾志"中或抄录、或套取了60多个族称，而且其内容多用"乾志"的记载加工而成。

三

可以查证，《百苗图》从族称到具体内容大部分都是依据"乾志"而来。或许有人还会提出这样的疑问，"乾志"编纂是有具体时间的，而陈浩著录时间则不明确，只是根据一些相关信息推断，有可能在乾隆时期，如果推断成立，可以说几乎是同一时代的著作，何以就要认定《百苗图》是抄录"乾志"而不是"乾志"抄录《百苗图》呢？理由如下：

第一，"乾志"的记载相对讲比较笼统，尤其是几个族称混合介绍的条目；而《百苗图》每个条目都较清晰，如果是"乾志"抄袭《百苗图》，不太可能将这些清晰的条目又来含混记录。

第二，"乾志"中许多首次出现的名称，显然并不是作为族称来记录的，比如黑苗，只是对其地理分布及生活习俗的记录，但在《百苗图》中却推衍为多种族称。

第三，《百苗图》只是简单地搬用"乾志"中的一些名称，比如"乾志"中已有峒人单独条目，是作为一种"苗"的族称记载的，而《百苗图》却根据其他记述又衍生出洞苗、侗家苗等，从族称讲显得重复。这例类子很多。另外，还可仔细体会《百苗图》中的一些叙述，也能够找到抄录"乾志"的重要证据。如"里民子"条："里民子在贵阳、黔西、大定、清镇等处，妇人穿细耳草鞋。勤俭耕作，爱养牲畜。暇时织羊毛布作衣。岁时与汉人同。以往诸苗，通志未载，皆近日相传，名色种类难分，采风者核续之十六种。"[1] 文中最后一句，大

---

[1]《疏证》，第314页。

意是《百苗图》所记录的还有一些苗,《通志》中并未记载，都是新近增加的，比较难以分辨，但采风者已经核实有16种。就此重点分析一下。

明清两代贵州数次修志，除（弘治)《贵州图经新志》外，其他都称《贵州通志》，因此可知上文所说《通志》应该是《贵州通志》，但究竟是指哪一部《通志》或者说以哪一部《通志》为主呢？查乾隆以前几部《通志》所载贵州少数民族，以《百苗图》所列的族称来讲都不超过40种，只有“乾志”记了60多种，计有62种在《百苗图》中出现。《百苗图》的标准条目是82种，多出20种，即里民子、黑仲家、清江仲家、白儿子、白龙家、白仲家、土仡佬、葫芦苗、西溪苗、车寨苗、黑脚苗、鸦雀苗、黑楼苗、短裙苗、尖顶苗、郎慈苗、罗汉苗、生苗、楼居黑苗、六洞夷人。其中白龙家、短裙苗、罗汉苗及生苗4种在其他方志中确有记载，例如：

白龙家在（嘉靖)《贵州通志·宣慰司·风俗》卷三中提道：“中曹司：龙家，其类有二，曰白龙家，绾髻，以白布束之，妇人亦绾髻。皆用白布为衣，亦用汉人文字，以七夕节祀祖，甚敬。”[1]

短裙苗在此志《独山州·合江陈蒙烂土司·短裙苗》中也有记载：“司治在丹行丹平之间，夷俗男女著花衣，穿短裙，绾髻插木簪。好争斗，与人不睦便斗杀。男女十五六私结为配，至生产方讲财礼。饮食不用器物匙筯，惟以竹筐盛之，男女围坐而食。死亦不殡，惟寘于山洞而已。”[2]另外,（康熙)《贵州通志》等方志都有记载，但内容与《百苗图》不同，田雯《黔书·苗俗》亦记：“短裙苗在思州葛商，以花布一幅横掩及骭。”[3]

罗汉苗这一族称首见于（乾隆)《皇清职贡图》，但其内容却是抄录“乾志”的阳洞罗汉苗,《百苗图》显然是借用了《皇清职贡图》的族称，却根据编纂者所理解的“罗汉”而与弥勒佛扯上关系。

---

[1]（嘉靖)《贵州通志·宣慰司·风俗》卷三，第2页。
[2]《独山州·合江陈蒙烂土司·短裙苗》，第7—8页。
[3]《黔书·苗俗》，第21页。

生苗这一名词在"乾志"等地方志中都有提到,但并非作一族称介绍,而是对当时贵州少数民族的行政管理状态所作的描述,如明嘉靖田汝成著《边徼纪闻》云:"……近省者为熟苗,输租服役稍同良家,十年,则官司籍其息耗,登于天府,不与是籍者谓之生苗。"[1]在"乾志""黑苗"条中也有叙述:"中有土司者为熟苗,无管者为生苗。"把生苗作为一个族称来介绍应该是《百苗图》首创,其内容也与前代文献不同,有望文生义之嫌。"生苗在台拱、凯里、黄平、施秉等处。多野性,所食皆生物,即鱼肉亦以微熟食为鲜,(故名生苗也)……"[2]

以上4种,从名称来说,乾隆以前的很多文献都有记述,不知什么原因,"乾志"未作记载,陈浩却将他们列为一个族称记录,内容则另外编写。大概是这个原因,亦将他们作为"通志未载"而又不属于"采风者核续之十六种"之列,而这16种,不管族称还是内容确实都是《百苗图》首次记载的。

由此可以断定《百苗图》中所说的《通志》是指(乾隆)《贵州通志》。既然陈浩说得如此明确,其前后的关系就无可置疑了。

四

"乾志"的记载也是在前代文献的基础上累积起来的。清代贵州两次修纂省志,除了乾隆初年的修志,再就是康熙三十六年成书的《贵州通志》,卷三十一《蛮僚》也是专述贵州少数民族。其修纂时间最早可追溯到康熙十二年(1673),经历了三任巡抚,成书时间则与田雯《黔书》几乎同时,两书所记贵州少数民族基本一样,究竟是谁抄谁在此不作讨论。而田雯《黔书》对后世修志者的影响较大,很多志书中引用时都提及田雯。比如李宗昉的《黔记》虽然

---

[1] 田汝成:《炎徼纪闻·蛮夷》卷四,第55页。
[2] 《疏证》,第103页。

主要是抄录陈浩的《八十二种苗图并说》，但也是用田雯《黔书》来作注解，因此本文亦以田雯《黔书》（下面简称"田书"）作参照。

"田书"《苗俗》篇中一个族称一个条目的有21个：花苗、克孟牯羊苗、青苗、白苗、谷蔺苗、平伐司苗、九股黑苗、紫姜苗、短裙苗、阳洞罗汉苗、八番、白倮㑩、木佬、仲家、宋家、蔡家、土人、㑩猄、杨保、僰人、峒人。而一个条目记了几个名称的有：东苗西苗、紫姜苗（九名九姓苗）、夭苗（黑苗）、生苗红苗、黑倮㑩（正妻耐德）、打牙仡佬（花仡佬、红仡佬）、剪头仡佬（猪豕仡佬）、狗耳龙家（曾竹龙家）、马镫龙家（大头龙家）、蛮人（冉家蛮），计有10个条目，包括了21个名称，括号中的名称作为族称的别名来记录，但"乾志"将他们大多都作为一个族称来记录了。此外《苗蛮种类部落》篇中提到仲家分为补笼仲家、卡尤仲家和青仲3种，"乾志"便取消了仲家这一条而分为补笼仲家、卡尤仲家、青仲3个条目。这样，"乾志"从"田书"的记载中就列出了40多个族称，其内容也基本参照"田书"记载而来。

再看"田书"所用的材料，仍然有处可查，经过核对，可以认为"田书"主要是抄自明代郭子章的《黔记》。

郭子章（1453—1618），江西泰和人，字相奎，号青螺，别号蠙衣生。万历二十六年（1598）因平息播州杨应龙叛乱出任右副都御使巡抚贵州，在贵州任职多年。万历三十一年（1603）前后完稿《黔记》（以下简称"郭记"）共60卷，以省志体例修纂，所收资料主要取自明代贵州多种地方志，但有若干新的补充及校正，被誉为明代私家修志最为宏富的一部省志，其卷59《诸夷》专门记述贵州少数民族，分有苗人、罗罗、仡佬、㑩猄、仲家、宋家、龙家、四龙家、土人、蛮人、峒人、杨保、僰人13条目。苗人记录的是一个族群，并按地域分布或习俗分别记述了东苗、西苗、八番子、克孟牯羊、卖爷苗、短裙苗、平伐司苗、西山阳洞苗、九名九姓苗、紫姜苗（紫江苗）、黑苗、夭苗等。罗罗条记有黑罗罗、白罗罗。仡佬条记了5种，即花仡佬、红仡佬、打牙仡佬、剪头仡佬、猪屎仡佬。宋家中包括了蔡家。龙家和四龙家2条目记述相互错杂，记了马镫龙家、大头龙家、狗耳龙家、小头龙家、曾竹龙家等。蛮人条中提到有冉家蛮。其他6个条目则是分别只记一个族称，合起来共记有30多个族称。经过田雯调整，"田书"选用了30个族称，并在此基础上增加了几种。

又查"郭记"，仍然有迹可循，将其所记与明代人田汝成所著《炎徼纪闻》相对照，便一目了然。田汝成，钱塘人，字叔禾，嘉靖五年（1526）进士，在贵州、云南、广西等边远地区任职十余年，官至广西布政使右参议，三十七年（1558）以其宦游经历著成《炎徼纪闻》（以下简称《炎徼》）四卷，其卷四中"诸夷"一篇主要记述贵州少数民族。首先用近千字对贵州苗人的风俗习惯作一综述，接着单独记有克孟牯羊二种、九名九姓苗、紫薑苗、卖爷苗、葛章葛商短裙苗、八番子、陈蒙烂土黑苗，又为夭苗、黑罗罗、白罗罗、花仡佬、红仡佬、打牙仡佬、剪头仡佬、猪屎仡佬、佯獞、仲家、宋家、蔡家、马镫龙家、狗耳龙家、大头龙家、小头龙家、冉家、僰人、峒人、傜人、僮人等近30种苗人。"郭记"的记载几乎就是照抄《炎徼》，只是略作增减。

再往前查，田汝城的记述又与（嘉靖）《贵州通志》（以下简称"嘉志"）大致相同。

五

《百苗图》资料来源大概就是这样一条脉络，从族称到内容，后人在前人的基础上不断改动、增加。往上梳理，在（弘治）《贵州图经新志》中都能查到线索。下面列举一个较为典型的例子——罗罗，从（弘治）《贵州图经新志》（以下简称《图经》）的记载，经过"嘉志"、《炎徼》、"郭记"、"田书"、"乾志"等文献的不断积累，一直到《百苗图》中"黑罗罗""白罗罗"及"耐德"等族称的定型，资料累积的形式可见一斑（表三）。

文献名称	内容：倮儸
（弘治）《贵州图经新志》	《图经》卷一 《贵州宣慰司·上·建置沿革》 ……宣慰安氏亲领夷罗民四十八部，谓部长曰头目。（第5页） 《贵州宣慰司·上·风俗》 　山谷间诸夷杂处。旧志：曰罗罗，即古乌蛮。亦有文字，类蒙古书。其人深目长身，黑而白齿，挽髻，短褐徒跣，戴笠荷毡珥，刷牙，金环纳臂，佩长刀箭箙，左肩佩一方皮，腰束韦索。性好洁，数人共饭，一盘中置一匕，复置杯水于旁，少长共匕而食。探匕于水，抄饭一哺许，抟之盘令圜净，始加之匕上，跃以入口，盖不欲污匕，妨他人食也。食已，必漱口刷齿，故齿常皓然。坐皆席地，器用如俎豆。犷黠，喜斗狠，然甚重信，人不敢示以妄。（第7页） 《图经》卷九 《永宁州·风俗》 　食生咂酒：募役长官司所部白罗罗，即古所谓白蛮也，乌蛮为大姓，白蛮为小姓，今募役者皆白罗罗，在水西者皆黑罗罗。性奸顽，短衣跣足，常佩刀弩，一言不合辄相戕害……（第3页） 《镇宁州·风俗》 　牛革裹尸：新志，州民居十二营者皆白罗罗，近水西者皆黑罗罗。凡死丧宰牛祭鬼，披甲执枪，乘骏马往来奔骤，状若鏖战，以迎神鬼，祭毕，用牛皮裹尸焚之。（第8页）
（嘉靖）《贵州通志》	（按语：仍然是作为风俗记录，但稍作归纳，形成条目） 卷三《风俗·贵州宣慰司》 　宣慰司　水西罗罗：罗罗者，即古乌蛮。亦有文字，类蒙古书。其人深目长身，黑面白齿，挽髻，短褐徒跣，戴笠荷毡珥，刷牙，金环约臂，佩长刀箭箙，左肩佩一方羊皮，腰束韦索。性好洁，数人共饭，一盘中置一匕，复置杯水于旁，少长共匕而食。探匕清水，抄饭一哺许，抟之盘令圜净，始加于匕上，跃以入口，盖不欲污匕，妨他人食也。食罢，必漱口潄齿，故齿常皓然。坐皆席地，器用如俎豆，犷黠，喜斗争，重信，故人不敢示以妄。图考云：古为罗甸鬼国，不晓汉语，有黑白二种，男椎髻去须，女披发短裙，乘马并足横坐。病以羊革裹之，汗出则愈。信男巫，尊为鬼师，杀牛祀神，名曰做鬼，以族人之子继立。善造利器，好杀。死则集人万计，披甲胄持枪弩，驰马若战斗状，以锦缎毡衣裹之，焚于野而掷散其骸骨。（第2页）

《炎徼纪闻·蛮夷》卷四	（按语：把罗罗作为单独一条记录） 　　罗罗，本卢鹿而讹为今称。有二种，居水西十二营、宁谷、马场、漕溪者为黑罗罗，亦曰乌蛮。居募役者为白罗罗，亦曰白蛮，风俗略同而黑者为大姓。罗俗尚鬼，故又曰罗鬼。蜀汉时，有济火者从丞相亮破孟获有功，封罗甸国王，即今宣慰使安氏远祖也。自罗甸东西若自杞、夜郎、牂牁则以国名，若特磨、白衣、九道则以道名，皆罗罗之种也。罗罗之俗，愚而恋主，即虐之赤族犹举其子姓若妻妾戴之，不以为仇，故自济火至今千有余年，世长其土，勒四十八部，部之长曰头目。其人深目长身，黑而白齿，椎结跣躈，荷毡戴笠而行，腰束韦索，左肩拖羊皮一方，佩长刀箭箙，富者以金钏约臂，悍而喜斗，修习攻击，雄尚气力。宽则以渔猎伐木为业，急则屠戮相寻，故其兵常为诸苗冠，谚云："水西罗鬼，断头掉尾"，言其相应若率然也。亦有文字，类蒙古书。坐无几席，与人食，饭一盘，水一盂，匕一枚，抄饭哺客，抟之若丸，以匕跃口，以匕跃口。食已，必涤嗽刷齿以为洁。作酒盎而不缩，以芦管啐饮之。男子则剃发而留髻，妇人束发，缠以青带，烝报旁通，觋而不恧也。父死，收其后母，弟兄死则妻其妻。新妇见舅姑不拜，裸而进盥，谓之奉堂。男女居室不同帷第，潜合如奔狼而多疑忌相贼也。白罗罗之俗略同而饮食恶草，盛无杯盘，爨以三足釜，灼毛齰血，无论鼠雀蚍蝣蝡动之物，攫而燔之，攒食若麐。不通文字，结绳刻木为信。女子以善淫者，则人争取之，以为美也。人死，以牛马革裹而焚之。居普定者为阿和，俗同白罗以贩茶为业。（第57—58页）
郭子章《黔记·诸夷·罗罗》卷五十九	（按语：几乎是照抄《炎徼纪闻》） 　　罗罗，本为卢鹿而讹为今称。有二种，居水西十二营、宁谷、马场、漕溪者为黑罗罗，亦曰乌蛮。居募役者为白罗罗，亦曰白蛮，风俗略同而黑者为大姓。罗俗尚鬼，故又曰罗鬼。蜀汉时，有火济者从丞相亮破孟获有功，封罗甸国王，即今宣慰使安氏远祖也。自罗甸东西若自杞、夜郎、牂牁则以国名，若特磨、白衣、九道则以道名，皆罗罗之种也。罗罗之俗，愚而恋主，即虐之赤族犹举其子姓若妻妾戴之，不以为仇，故自火济至今千有余年，世长其土，勒四十八部，部之长曰头目。其人深目长身，黑而白齿，椎髽跣躈，荷毡戴笠而行，腰束韦索，左肩拖羊皮一方，佩长刀箭箙，富者以金钏约臂，悍而喜斗，修习攻击，雄尚气力。宽则以渔猎山伐为业，急则屠戮相寻，故其兵常为诸苗冠，谚云："水西罗鬼，断头掉尾"，言其相应若率然也。亦有文字，类蒙古书者。坐无几席，与人食，饭一盘，水一盂，匕一枚，抄饭哺客，抟之若丸，以匕跃口。食已，必涤嗽刷齿以为洁。作酒盎而不缩，以芦管啐饮之。男子则剃发而留髻，妇人束发，缠以青带，烝报旁通，觋而不恧也。父死，收其后母，弟兄死则妻其妻。新妇见舅姑不拜，裸而进盥，谓之奉堂。男女居室不同帷第，潜合如奔狼而多疑忌相贼也。

郭子章《黔记·诸夷·罗罗》卷五十九	有疾不识医药，惟用男巫，男号大奚婆，以鸡骨占吉凶。酋长左右斯须不可阙，事无巨细皆决之。正妻曰耐德，非耐德所生不得继父位。酋长死，则集千人，被甲驰马若战，以锦缎毡衣裹死者尸，焚于野，招魂而葬之，名曰火葬。张盖其上，盗取邻境酋长之首以祭，如不得则不能祭。其期会交贷无书契，用木刻，重信约，尚盟誓。凡有反侧，刜牛抚谕，分领片肉，不敢复背约。善造坚甲利刃，有价值十数马者，标枪劲弩置毒矢末，霑血立死。自顺元、曲靖、乌蒙、乌撒、越嶲皆此类也。白罗罗之俗略同而饮食恶草，盛无杯盘，罍以三足釜，灼毛齰血，无论鼠雀蚍蜉蝡动之物，攫而燔之，攒食若鼍。不通文字，结绳刻木为信。女子以善淫名者，则人争取之，以为美也。人死，以牛马革裹而焚之。居普定者为阿和，俗同，白罗罗以贩茶为业。（第6—8页）
田雯《黔书·苗俗》	（按语：分为黑罗罗和白罗罗两条） 　　黑罗罗，罗罗本卢鹿，讹为今称。有黑白二种，居平远、大定、黔西、威宁者，为黑罗罗，亦曰"乌蛮"。黑大姓。俗尚鬼，故又曰"罗鬼"。蜀汉时有济火者从丞相亮破孟获有功，后封罗甸国王，即安氏远祖。自罗甸东西若自杞、夜郎、牂牁则以国名，若特磨、白衣、九道则以道名，皆罗罗之种也。罗罗之俗，愚而恋主，即虐之至死，犹举其子姓若妻妾，戴之不敢贰，故自济火以来，千有余年，世长其土，勒四十八部，部之长曰"头目"。其等有九，曰九扯，最贵者曰"更苴"，不名不拜锡，镂银鸠杖，僭拟师保，凡有大政取决焉。次则慕魁、勺魁、骂色以至黑乍，皆有职守。其人深目、长身，黑面、白齿，以青布帛为囊，笼发其中而束于额，若角状。行则荷毡戴笠，见其主，必左肩拖羊皮一方，悍而喜斗，习攻击，尚气力。谚云："水西罗鬼，断头掉尾"，言其多且强也。亦有文字，类蝌蚪书。坐无几席，与人食，饭一盘，水一盂，匕一枝，抄饭哺许，抟之若丸，以匕跃入口。食已，必涤噱刷齿以为洁。作酒盎而插以芦管，啐饮之。男子剃髭，妇人束发，缠以青带，烝报旁通，觌而不恶也。疾不延医，惟用巫，号曰大奚婆，事无巨细，皆决之正妻，曰"耐德"，非耐德所生，不得继立。其长死，则集千人，披甲胄，驰马若战，以锦缎毡衣披死者尸，焚于野，招魂而葬之，张盖其上，盗邻长首以祭，不得则不能祭。期会交质无书，契用木刻。重信约，尚盟誓。凡有反侧，刜牛以谕，领片肉即不敢复背。善造坚甲利刃，标枪劲弩，置毒矢末，霑血立死。（第22—23页） 　　白罗罗，永宁州募役司及水西皆有之，一曰"白蛮"，与黑罗罗同，而为下姓。饮食无盘盂，以三足釜灼毛齰血，无论鼠雀蚍蜉蠕动之物，攫而燔之，攒食若鼍。不通文字，结绳刻木为信。死以牛马革裹而焚之。居普定者为"阿和"，俗同白罗罗，以贩茶为业。（第23—24页）

（乾隆）《贵州通志·苗蛮》卷之七	罗罗，本为卢鹿而讹为今称。有黑白二种，在大定所属。黑者为大姓。其人皆深目长身，黑面白齿勾鼻，剃髭而留髻。又名乌蛮，其俗尚鬼，故又名罗鬼。蜀汉时，有济火者从武侯破孟获有功，封罗甸国王，即安氏远祖。自济火以来千有余年，世长其土，勒四十八部，部之长曰头目。其等有九，曰九扯，最贵者曰更苴，不名不拜，锡镂银鸠杖，凡有大事取决焉。次则慕魁、勾魁，以至黑乍，皆有职守。亦有文字，类蒙古书。男子以青布缠头，笼发其中而束于额，若角状。短衣大袖，系蓝裙。女人辫发，亦用青布缠首，多戴银，梅花贴额，耳戴大环垂至项，拖长裙三十余幅。烝报旁通，觋不恶也。正妻曰耐德，非耐德所生不得继立。惟不与下姓结婚，嗣子幼，不能主事，耐德即为女官。其长死，则集千人，披甲胄驰马若战，以锦缎毡衣被尸，焚于野，招魂而葬。其愚而恋主，即虐之至死不敢贰，世奉其子姓，改土归流犹奉之如故。重约信，尚盟誓。凡有反侧，刭牛以谕，领片肉即不敢背。善造坚甲、利刃、标枪，劲弩置毒矢末，霑血立死。平居畜善马，好驰骋，以射猎习击刺，故其兵常为诸蛮冠，谚云："水西罗鬼，断头掉尾"言相应若率也。（第22—23页） 白倮㑩，亦在大定之水西及安顺，永宁州皆有之，又名白蛮，与黑倮㑩同而为下姓，风俗亦略相似。饮食无盘盂，以三足釜，灼毛醋血，无论鼠雀蚯蚓蠕动之物，攫而燔之，攒食若麛。人死以牛马革裹而焚之。居普定者为阿和，其俗相同，多以贩茶为业。（第23—24页）
《百苗图疏证》	（按语：《百苗图》在前面文献的基础上列出"黑倮㑩""白倮㑩""女官"3个族称：） 黑倮㑩，本卢鹿而讹为今称。在大定府属，有黑、白二种，黑者为大姓。其人皆深目，长身，黑面钩鼻，留髻，其俗尚鬼，故又名"罗鬼"。蜀汉时，有济火者，滋武侯破孟获有功，封罗甸国王，即今安氏祖。世长其土，分四十八部，部之长曰"头目"。其等有九，最贵为"更苴"，不名不拜，赐镂银鸠杖，凡大事悉取决焉。次则"慕魁""勾魁"，以至"黑乍"，皆有职守。文字类蒙古书。男以青布笼发，束于额，若角状。短衣大袖。（女著）紫蓝（长）裙。其长死，集所属，披甲驰马（而往祭）。以锦缎毡衣裹尸，焚于野，招魂而葬。性态主，即酷虐之不敢贰。善造坚甲、利刃、标枪、劲弩，畜良马，好射猎，习击刺，故其劲为诸蛮魁，谚云："水西罗鬼，击头掉尾"，言相应之速也。（第276页） 白倮㑩，在大定及安顺有之。与黑倮签同，而为下姓。茹毛饮血，无论鼠、雀、蠕动植物，攫而燔之，饮食无盘盂，以三足釜攒食如。人死，以牛马皮革裹而焚之。居普定者名"阿和"，同此类。（第280页） 罗鬼女官，即倮签。正妻称曰"耐德"。编发为髻，用青布帕蒙之，多以银丝花贴额，耳垂大环。拖长裙三十六幅。其子非耐德所生，不得立嗣，如子幼，不能主事，即耐德为土官，代理土务。（第285页）

"弘志"对罗罗的记载是以地区的风俗分为条目列出，从"嘉志"开始对罗罗单独列为族称记载，主要内容是将"弘志"中有关罗罗的风俗综合起来，《炎徼》则在前人记载的基础上增加一些内容，将其历史追溯到东汉，明确分出黑罗罗和白罗罗两个族称，"郭记"添加了黑罗罗正妻"耐德"的内容，而且白罗罗的记载在此时定型，"田书"则将白罗罗单独列出，"乾志"指出黑罗罗正妻"耐德"的政治身份，也称"女官"，在李宗昉《黔记》中则以"罗鬼女官"单列一个条目记载，且成为"八十二种苗"中的一个族称。

　　从以上各种文献对罗罗记载能够看出层叠累积的印迹。《图经》成书在明弘治七年（1442），到李宗昉编纂《黔记》已隔300多年，这中间最突出的就是，这些资料是一点点叠加起来。

　　方志中《图经》对罗罗的记载最早，其也坦言也是从旧志中抄来，笔者确实也在宋元文献中找到一些线索。

　　宋末元初人马端临所著《文献通考·四裔五·充州》中记载：（自杞）"……诸蛮之至邕管卖马者，风声气习，大抵略同。其人多深目长身，黑面白牙，以锦缠椎髻，短褐徒跣，戴笠披毡，珥刷牙。金环约臂骈束麻索，以便乘马。取马于群，但持长绳走前，掷马首络之，一投必中。刀长三尺，甚利，出自大理者尤奇。性好洁，数人共饭一钵，中植一匕，置杯水其旁，少长共匕而食，探匕于水，钞饭一哺许，抪之桦令圆净，始加之匕上，跃以入口，盖不污匕妨他人。每饭极少，饮酒亦止一杯，数咽始能尽，盖腰腹束于绳故也。食盐、矾、胡椒，不食羵肉。食已必刷齿，故常洁然。甚恶秽气，野次有秽，必坎而复之。邕人每以此制其忿戾，投以秽物，辄跃马惊走。"[1]

　　元大德五年（1301）李京著《云南志略》载："罗罗，即乌蛮也。男子椎髻，摘去须鬓，或髡其发。左右佩双刀，喜斗好杀，父子昆弟之间，一言不相下，

────────────

[1]《文献通考》卷三百二十八《四裔五》，第2578页。

则兵刃相接，以轻死为勇。马贵折尾，鞍无鞯，剜木为蹬，状如鱼口，微容足指……男女无贵贱，皆披毡，跣足。"[1]

将这些记载如实列出，或能帮助我们进一步了解《百苗图》资料的脉络。

六

毋庸讳言，翻阅这些地方志会有这样的认识，就是后面的著述都会把前代资料作为重要参考，抄录情况非常普遍。以记载贵州少数民族的材料来看，不管是族称还是具体内容，大多都有一条较为清晰的轨迹——从少到多，由简略而详细。后面文献主要依照前面文献抄录，有的是以一个文献为主，有的是将几个文献的相关记载组合而成，只不过在此过程中或作适当改动，或增补一些所见所闻，《百苗图》的文字内容就是这样层叠累积到最后形成。

还要补充一点，《百苗图》中的画图主要是依据文字内容创作出来，因为看其构图，基本上都与文字相吻合，比如，白罗罗"多以贩茶为业"，其构图中都有茶篓。宋家"婚姻，男家遣人背迎，女家率亲戚箠楚以送，谓之夺亲"。其画面几乎都是一男背一女子在前，后面一群人举棒追赶。再如青仲家文字中有"工刺绣，尚棋局"，画图中就有女子下棋，诸多例子，不胜枚举。另外还有一些线索，《百苗图》中有一部分画图是从（康熙）《贵州通志》和（乾隆）《皇清职贡图》中的相同条目中抄袭而来，这些文献插图并非实地写生，也是根据文字内容来创作，这一问题笔者在另一篇文章中已有论述，在此不再重复。

总而言之，《百苗图》是记录古代贵州少数民族的重要文献，但所记述的材料多是层叠累积而产生，对其信息的来源以及历史脉络能有较为全面的了解，对于我们衡定它的历史价值或深入研究等工作是有所裨益的。

---

[1]《云南志略辑校》，第89页。

[参考文献]

1.（元）马端临:《文献通考》,北京:中华书局,1986。

2.（元）李京撰,王叔武校注:《云南志略辑校》,昆明:云南民族出版社。1986。

3.（明弘治）沈庠修,赵瓒纂:《贵州图经新志》。

4.（明嘉靖）《贵州通志》,1965年云南大学借云南省图书馆传抄天一阁藏明嘉靖三十四年（1555）刻本重抄。

5.（明嘉靖）田汝成:《炎徼纪闻》,摘自《丛书集成》初版,上海:商务印书馆,民国二十五年版。

6.（明万历）郭子章:《黔记》,贵州省图书馆1966年重抄。

7.（清康熙）田雯撰,罗书勤、贾肇华、翁仲康、杨汉辉点校:《贵州古籍集萃·黔书》,贵阳:贵州人民出版社,1992。

8.（清康熙）卫既齐修,薛载德等纂:《贵州通志》,1965年贵州省图书馆油印本影印。

9.（清乾隆）鄂尔泰等修,靖道谟、杜诠纂:《贵州通志》,乾隆六年刻,嘉庆修补本。

10.（清嘉庆）李宗昉,罗书勤、贾肇华、翁仲康、杨汉辉点校:《黔记》,贵阳:贵州人民出版社,1992。

11. 何仁仲总编:《贵州通史》第1卷,北京:当代中国出版社,2002。

12. 刘峰:《百苗图疏证》,北京:民族出版社,2004。

馆藏三尊藏传佛造像的考辨与正名

吴一方 *

摘　要　贵州省博物馆藏三尊藏传佛教铜造像，藏品定名分别是"欹身佛像""三首多臂铜佛像"和"铜密宗文殊坐像"。通过考辨，认为它们当是白度母、密集金刚和绿度母，当为其正名。

关键词　白度母　密集金刚　绿度母　考辨　正名

文物藏品的定名，是一项基础的文物入库建帐工作，要求信息必须准确，好比公民身份证，若出现信息错讹，必将会对研究、陈列和宣传等后续工作产生不良影响。贵州省博物馆藏数十尊造像，分别隶属于汉传佛教、南传佛教和藏传佛教三大流派，其中的三尊藏传造像，笔者认为其定名值得进一步考证。

欹身佛像

贵州省博物馆藏有清代神像一尊，定名为"欹身佛像"，像高12厘米，宽10厘米，1965年征集入藏。（图1）

神像为女性，束发，头戴五佛冠，上身裸露，挂饰璎珞，佩戴耳环、项链、手镯、臂钏及脚镯。宽胸圆乳，细腰送髋，腰姿左倾。头面与手足共生七

---

* 吴一方，女，(1967-)，研究馆员。研究方向：民族文化与民族文物研究。

图1 白度母

目，身体重心倾向左侧。结跏趺坐于莲花台上。她面目慈祥美丽，表情丰富，比例协调，身段秀美，手指姿态生动，颇具华丽与写实的造像特征。是一尊有较高文物价值的造像。

笔者认为，此"欹身佛像"定名未确，应当认定为藏传佛教神祇造像中的"白度母"。

佛像，是一门独特的艺术形式，其主旨是为佛教服务，反映佛教追求的理想，从而发挥宗教思想的传播功能。

藏传佛教，又称西藏佛教，是印度密教与西藏苯教融合而形成的佛教流派。公元7世纪开始在中国传播，经过一千多年的发展，现已播及西藏、青海、甘肃、宁夏、内蒙古、辽宁、北京、山西、四川、云南等广大地区，拥有藏、蒙古、锡伯、土、门巴、白、羌等十几个民族的信众。

藏传佛教的神祇系统非常庞大复杂，相应的神祇造像也很多。若要准确鉴定某一尊藏密神祇造像的确切身份，并不是一件容易的事情。

要准确鉴定一尊造像，不管它究竟是哪位神祇，首先要解决其神格，也就是该神祇的阶次问题。

藏传佛教中的神祇分为佛、菩萨等几个阶次，每个阶次的神祇造像，又都具备独特的标志性特征。比如，只要属于佛这个阶次的造像，其头上一定会有肉髻，有旋螺发（印度系佛发）或水波纹佛发（犍陀罗系佛发）。就诸佛的神格而言，不论是汉传还是藏传佛教，在佛这个阶次中，拥有如燃灯佛、释迦佛、弥勒佛、阿弥陀佛、药师佛等诸多佛名及相应造像，但却从无"欹身佛"这个佛名，按理也不该有其造像。

神像名称原定为"欹身佛"，未知何据。"欹"有"倾侧"义，"欹身"即倾侧身体。本尊造像的确体态倾侧，但如仅仅据此谓之"欹身佛"，并不是该佛像的确切名称。

根据此尊神像的造型特征，其束发戴冠、裸露上身，饰项链、手镯、璎珞、耳环、臂钏和脚镯等，并不具备的神格造像特征，并非"佛"这一阶次的造像，而应该是阶次低于佛的菩萨佛母相。其造型体态倾侧，凸显女性婀娜的身姿。

藏传佛教的"佛母"包含在菩萨相中。藏密佛像造型艺术都有一个统一的规定和模式，尤其是清代，例如造像要依据《造像度量经》的规定来铸造，尺寸上也要有一定的比例。佛母的形象在《造像度量经》中有专门的规定，"其像作十六岁童女相"，"发作半攒"，"面形如芝麻（或作卵形）"，"衣服庄严如菩萨像"。身体各部位也有一定的规定：头肩较宽，宽胸圆乳，细腰软腹，髋部横出，身姿呈S形。这些佛母造像的具体要求，恰好符合本馆该藏品的体貌特征。据此可知，馆藏这尊造像的神格不是佛，而当是佛母一类。

所谓佛母，即诸佛之母，作为诸佛的顶尊，象征诸佛的理体。但佛母的种类有很多，她究竟是哪一尊具体的佛母呢？

"度母"，是佛母之一种，是观世音菩萨的眼泪化现二十一度母。她们出生后说偈立誓，要辅助观音救度众生。所以佛母相当于观音菩萨的分身，属于菩萨的阶次。每尊度母的身色各不相同，其中的绿度母和白度母最受崇奉，常在藏传佛教寺庙里被供奉，在唐卡中被表现。

白度母为"长寿三尊"之一，与尊胜佛母、无量寿佛在寺院里三尊合供，无量寿佛居中，白度母居左，尊胜佛母居右，被认为是福寿吉祥的象征。白度母温柔善良，聪明伶俐，明察秋毫，人们总爱求助于她，救度一切灾难。在西藏传说中，尼泊尔的赤尊公主就是由白度母转世而来。她身色洁白，面目端庄祥和，双手和双足各生一眼，脸上有三眼，因而又称为七眼佛母。相传额上一目可观十方无量佛土，其余六眼观六道众生。

白度母的造像形象为：挽发髻，头戴花冠，双耳坠大环。耳珰、手钏、指环、臂圈、脚镯俱全。上身袒露，披挂珠宝璎珞。双脚结跏趺坐于莲花座上。右手施接引印，左手当胸以三宝印抚乌巴拉花，花茎至耳。右手掌心向上，表示愿助人解难。

白度母造像与其他菩萨像最重要的区别，是有与"七眼佛母"称号相吻合的特征，即其双手、双足的掌心各有一眼，面上双眼外，额上还有一眼，共有七只眼睛。在藏族唐卡中，她的身体和面部均为白色，这应当是其本色，亦即"白度母"得名所由。

本馆所藏此尊铜质佛像通体铜色，面部似曾敷粉，唯因时久褪去，现在仅见浅黄色。但全身七目尽备，正是白度母的典型特征。由此也可得知，该佛像坚持不变的造型特征主要在"七目"，而其体态、色泽容有少量变通。由此足以断定：该藏品符合藏传佛教造像中白度母的宗教文化背景以及各项主要体貌特征，应当更正原有的错误定性，废弃原"欹身佛像"的称呼，正式定名为"清代藏传佛教白度母铜坐像"。

三首多臂铜佛像

馆藏清代佛教文物"三首多臂铜佛像"像体基本完好，有锈蚀，像身稍向后倾斜。高11厘米，宽8.5厘米，黄铜质地。像体为赤裸男女双身拥抱合坐于莲花台座上，女身坐于男身大腿部，双腿盘绕于男身腰间，男女像对吻拥抱。造像共有六首十二臂，头戴花冠，手饰臂钏手镯，足饰钏镯。女身全裸，仅于腰部饰贴身衣纹。圆形台座一周饰仰覆莲瓣。（图2）

这尊造型奇特的造像经前辈刘锦先生鉴定"似为欢喜佛之一种"。那么，它究竟是什么呢？本文拟作进一步探讨。

佛教密宗，是相对于佛教显宗而言，又称密教或藏密，亦称"真言教"。藏传密教诸神的造像极富特色，以类型丰富、象征意义深邃而著称，尤其强调艺术造型，信徒皆以神像作为修法的本尊，通过口诵真言、手结印契、意作观想来达到与本尊合一的目的。其修习的最高本尊即为"秘密佛"。

图2　密集金刚

秘密佛大多是双身佛，俗称"欢喜佛"或"父母佛"，在藏传佛教寺庙里，欢喜佛总是因其神像造型独特而尤其引人注目，造像或因裸身，或因男女拥抱的独特形象，引起世人的疑惑。特别是汉传佛教占主流的地区，人们更多接受佛教信徒"不邪淫"的净界观，对男女赤裸双身拥抱的佛教造像更为不解，甚至完全误解了其宗教意义。据密宗教理，双身佛像并非指男女淫乐，教导修法者纵欲，而是指"悲智和合"的佛理。双身欢喜佛的男性称为"明王"。为摧破和降伏影响修道的一切精神和物质因素魔障，密教主张佛或菩萨呈现"教令轮身"，即佛或菩萨由大慈大悲转现为威猛恐怖之身，这种身份就称为"明王"。明王是欢喜佛的本尊，他怀抱的女性称为"明妃"，为欢喜佛本尊的配偶，象征诸佛的智慧。明王和明妃合在一起，就构成一尊欢喜佛。欢喜佛中的明妃菩萨，为调伏那些阻碍修法的魔障而化现成女性，她们与修法者拥抱，"义染而调伏"，然后将修法者引渡到佛智。所有佛或菩萨都可以是双身的，都有相应的配偶，从大日如来佛（即释迦佛的法身）到观音菩萨、文殊菩萨等都有双身的。

在众多的双身欢喜佛中，各类金刚占有相当大的比例，诸如金刚持、大威德金刚、不动金刚、时轮金刚、胜乐金刚、马头金刚、金刚萨埵、密集金刚等。

佛经以"金刚"喻坚韧之意。在藏密各金刚像中，像主人手中所持之物常常是金刚类武器，这种武器是金刚像的重要标志，其中金刚杵、金刚铃最为常见。金刚杵梵语称为"伐折罗"，原为印度的兵器，密宗假之以标坚利之智来断烦恼伏恶魔。

馆藏这尊"三首多臂铜佛像"，其男女双身拥抱像，确定了它属于欢喜佛之范畴。其主尊右手持金刚杵、左手持金刚铃，他怀抱的明妃手中持物也与主尊相同，显而易见，此造像当是欢喜佛之中的金刚类。它又是哪一尊金刚呢？密宗诸佛的造像都是必须严格按照《造像度量经》来进行的，"度量不准之像则正神不寓焉"。对于金刚类造像的身势、腿势、手势等亦有明确的规定。其中的密集金刚，是格鲁教派崇奉"无上瑜伽"的五大本尊之一。主尊为蓝色，三头三面颜色各异，蓝色居中，赭色居左，白色居右，表示慈悲和息灾降魔两种功德。头冠由五个花瓣组成，象征五佛或五菩萨。左手持金刚铃，右手持金刚杵，象征方法与智慧双成。主尊拥抱的明妃叫"金刚母"。主尊结跏趺坐于莲花台座上，明妃坐在明王大腿上，并且双腿盘绕于明王腰间。在五大金刚中，密集金刚造像较简单，又是唯一呈现坐势的金刚，从而也是最好辨识的一尊金刚。

综上所述，馆藏这尊"三首多臂铜佛像"应该是欢喜佛中的密集金刚，其藏品定名也当改为"清代藏传佛教欢喜佛密集金刚铜像"。

铜密宗文殊坐像

馆藏"铜密宗文殊坐像"，造型为裸露上身的女性结跏趺坐在莲花台座上，左手结印置于胸前，右手施予愿印置于右膝上，右脚踏一朵莲花垂至台下，左脚单盘于台座上。台座束腰，双层莲瓣，镂空靠背。像高13厘米，底座6.5厘米，通体泛绿色（图3）。

笔者认为，这尊造像定名未确，应当认定为藏传佛教神祇造像中的"绿度母"。

文殊菩萨，为我国佛教四大菩萨之一，与普贤菩萨为释迦牟尼佛之胁侍。在寺庙中表现供奉顺序为文殊侍右侧，驾狮，普贤侍右侧，乘白象。

在藏传佛教中，文殊菩萨地位极高，奉宗喀巴为文殊

图3　绿度母

化身。藏密文殊形象有寂静相，也有愤怒相。"驾狮"亦为文殊像特征之一。但最常见的是顶结五髻、手持利剑的形象。文殊的艺术造型多体现了他的智慧特征：他头戴五髻花冠，表示其具备如来五种智慧；左手持青莲花，花上有经卷，右手执利剑。其中，"顶结五髻""左经右剑"是智慧的文殊菩萨最具代表性的造像特征。其他种类的文殊像都是在此基础上变化的，如：有的唐卡艺术上的文殊像体态优美，右手持莲花，但是莲花的花蕊处却伸出一把利剑来。有的文殊像经卷放置于左肩上。不论哪个流派的文殊菩萨造像，"顶结五髻""左经右剑"和"驾狮"都是其造像之本。

馆藏"铜密宗文殊坐像"，全无"驾狮""顶结五髻""左经右剑"等文殊造像特征，却正好具备了藏密绿度母的特征。

藏密21尊度母，均由观世音菩萨的眼泪化现，身体有绿、白、黄、红、蓝、黑等不同的颜色。其中的绿度母是最早化现者，更是最美丽、慈悲的菩

萨。供奉她能解脱八种苦难，即狮难、象难、牢狱、火难、贼难、非人难，所以她又被称"救八难度母"。绿度母是二十一度母之首。绿度母之"绿"，代表着生命和希望，这是人类生生不息的生命力量，它将一切绝望和阴郁的色彩排斥在外。裸露的上身，象征脱离尘垢界。面部笑容，透出祥和、慈爱、善良等女性美德。

绿度母造像，固然要表现她慈悲与美丽的智德，大多体态优美，宽胸、圆乳，细腰，表情妩媚。身着天衣，全身绿色，春意盎然。上身裸露，佩璎珞珠宝，饰耳环、项链、手镯、臂钏及脚镯；头戴五佛花冠，束发。左手结印或持乌巴拉花置于胸前，右手施予愿印置于右膝上。左腿单盘，右腿向下舒展踩莲朵。结跏趺坐于莲花台上。

馆藏"铜密宗文殊坐像"，足备上述绿度母造像的各项特征，加之又有绿度母最具标志性的特征——"绿"。文殊菩萨的右手始终握着利剑，且全身并无绿色，只有绿度母的造像才会呈现通体的绿色。

据此，足以判定馆藏"铜密宗文殊坐像"其实并非文殊像，当废弃原来的错误定名，正式更名为"清代藏传佛教绿度母铜坐像"。

[参考文献]

1. 丁福保编：《佛学大词典》[M]，北京：中国书店，2011。

2. 黄春和：《佛像鉴赏》[M]，北京：华文出版社，1997。

3. 金申：《中国历代纪年佛像图典》[M]，北京：文物出版社，1995。

从一套捷克式家具的展陈说起

董佩佩*

摘　要　不同时期的文物不仅反映出当时的社会背景，也可以看作社会文化的一种载体。随着时代的发展，博物馆的使命、文物的征集与呈现方式、基础功能也在不停地发生变化。本文从一套捷克式家具的征集与展出为切入点，分析其在1980年代的流行情况，并通过捷克家具征集来体现博物馆文物征集及改革开放40周年的变化，以期为博物馆文物征集与展览工作带来新的启发和思考。

关键词　家具　博物馆　文物　传统文化

自世界上第一家现代公共博物馆诞生至今，博物馆经过不断的传承与蜕变，已经发展到一定高度，特别是当今新时代下其性能、功能、职能、效能等特征均发生了较大的变化。我们不难发现博物馆的发展与当时社会的生产发展、文化思潮、生活方式等是紧密关联、密不可分的。[1]回眸百年，人们越来越感觉到博物馆正在快速地走进人们的日常生活。

一、一个贴近百姓的展览策划

2018年，祖国迎来了改革开放40周年。贵州省博物馆在国庆到来之际推出"咱们的40年"展览，从百姓生活变迁的视角展现改革开放40年波澜壮阔

---

* 董佩佩，女，(1985-)，馆员。研究方向：历代书画研究。
[1] 安恕：《博物馆文物保护工作的思考》，载《科学导报》，2019年第38期。

的历程。展览面向社会征集热心市民收藏的老物件，以不同时期百姓生产生活的各类物件为展品，包括电视机、BP机、老式手机、粮票、钢笔以及家居场景、街景的复原，将凝结在老物件中的点点往事以展览的方式呈现在观众面前，以追忆尘封的记忆，映衬改革发展的历程，折射出贵州在政治、经济、文化等领域的变迁。

展览在形式设计上以三个时间为突出表现点：一为改革开放初期的1980年代，二为改革开放十多年后的90年代，三为当下。以三个时间点设计三个客厅，通过对比展示，展现出老百姓在这40年中生活的变化。

1980年代，人们对客厅的定位还没有太多需求，典型的特征是客餐不分，客厅在某种意义上几乎等同于餐厅。那时候的家具朴素，不讲求样式、色彩，只追求实用性和性价比。简单牢固的捷克式风格家具，清光的水泥地面，绿色的墙裙，昏暗的灯光，墙上挂着先进工作者奖状和黑白照片，用着搪瓷茶缸和塑料保温瓶。凤凰自行车、上海手表、蝴蝶缝纫机和红灯收音机是那个年代小康生活的标配，美其名曰"三转一响"。

1990年代，装修已经深入人心，家家户户都开始研究装修，但都是一味地相互模仿。客厅组成元素更加丰富多彩，功能划分更加丰富。这一变化改变了进门就见床的尴尬格局，厨房、书房、卧室成为独立生活空间，洗衣机、冰箱、组合沙发和组合衣柜开始畅销；电视机从黑白变为彩色，尺寸从14寸换成30寸，组合音响更是让整个客厅更具娱乐性，墙上挂的不再是奖状和照片，多了港台明星的大幅海报，满街的港台流行音乐此起彼伏。

进入21世纪以后，伴随人们生活水平的提高，简单的功能性空间已经满足不了人们的精神需求，家居风格呈现多样化发展趋势，现代中式、现代欧式、欧式古典、美式等风格比比皆是，通过完美的设计手法，将所要表达的设计理念呈现在空间内，家具、智能电器一应俱全。今天看来，无论选择什么风格，改变的不仅仅是家居布置，其实是人们追求一种个性化生活的态度。

二、捷克式家具的征集与展出

根据展览内容，策展人拟定了展品征集方案，展览物品包括改革开放至今能反映老百姓生活的一切物品，其中以日常生活用品为主。其中，80年代的客厅，需要征集一套代表80年代风格的家具作为展品，于是策展人选择了捷克式家具。

20世纪50年代，中国照搬照抄苏联模式，改革开放40年间，从手工制作到商城选购，再到设计定制，家家户户的"装备"日新月异，家具风格和购买方式的更新换代，标志着人们生活质量的巨大提升。20世纪80年代，有好手艺的木匠，是个"香饽饽"。"1988年，请我们去做工的家庭，对家具要求都比较简单，无非是写字台、大衣柜、高低柜，风格以捷克式家具为主。"木匠安云奎说。两侧外板的前面，在中间偏上处向前凸起，形成一个折弧，很有动感，有一种变化的美，显得与众不同。家具做好后，请人刷底漆、打腊克，家具漆面十分光亮，有如镜子一般，而且很有硬度。年轻人如果置办一套捷克式家具，也是很添彩的一件事。谢姓男子回忆：1979年他结婚时，为了撑起门面，想办法做了很多家具，沙发、立柜、书柜、桌凳……足足凑了"七十二条腿"。其中有一套捷克式家具，用装饰板贴面，在当时很前卫，亲友见了都啧啧称赞。后来，常有人到他家参观，以他家的家具为模板。因此，捷克式家具在当时是非常流行的。

"咱们的40年"展览中80年代的那套捷克式家具是董先生和胡女士结婚时用的。2017年，贵州省博物馆刚搬迁不久，董先生在看到博物馆的征集公告后，决定将这套捷克式家具捐赠给博物馆。按照博物馆的要求，入藏都要填写"贵州省博物馆藏品原始记录表"，特别是其中的"藏品流传经过"。捷克式家具的流传经过上有这样的记载：

董先生和胡女士都是1950年代出生的人，都当过知青，他们的结合可谓殊途同归。董先生出生在晴隆县，他是一个"知识改变命运"的典型，知青过

1980年代捷克式家具家居场景复原

后，正值恢复招生考试，他以优异的成绩考进了兴义地区水电学校，毕业后被分配到望谟县水电局，端上了令人羡慕的"铁饭碗"。胡女士的父母都是国家干部，胡女士自然是城镇居民，她高中未毕业就上山下乡，当时，只要是居民户口又是知青，就可以直接分配，因此，她先于董先生分配到望谟县水电局。他们就这样在单位相识、相知、相爱，再到谈婚论嫁。

这套家具就是董先生的父母为他结婚而准备的。那个年代，望谟县一带多数人家都还流行做方形柜，大小木柜各一双。大儿子结婚本是大事，又是干部职工，董先生父母破费几百元，买了当地上好的杉木，请了浙江的木工师傅按照城市里流行的捷克式风格上门打制，用漆也十分考究，用了乐元区一个国营企业生产的紫胶漆。胡女士的父母也毫不示弱，为胡女士添置了青年男女梦寐以求的"三转一响"——自行车、手表、缝纫机和收音机。

到了1987年，董先生就调动到离贵阳不远的修文县水电局，胡女士调动到修文县委，这套家具也从300公里开外的望谟搬到修文县水电局宿舍。当时路况很差，一般的货车从望谟到修文需要十几个小时，他们担心家具在运输途中被损坏，像运送鸡蛋一般小心翼翼地进行了特殊包装。

1994年，他们搬进县委宿舍。2002年，修文县也流行商品房了，他们又举家搬进修文县体育馆附近的千禧家园，这套家具也先后被"整体搬迁"。2015

年元月，贵州省博物馆开馆试运行，基本陈列布展的准备工作开始了。北京路老馆由于场馆面积小，局限于保存条件，藏品少，难以满足新馆的陈列需要。陈列部的同事们都投入到紧张的文物征集工作之中，同时，还呼吁社会各界捐赠藏品。于是董先生在2017年贵州省博物馆基本陈列布展之际，将这套尘封三十几年却完好如初的家具捐赠给博物馆。

在家居变迁的40年中，有些记忆是镌刻在大脑中的，那就是关于家的记忆：一个木箱、一张板凳、一张床及老钟表等，过去家中的一些老物件承载的不仅是个人回忆，亦浓缩了变迁的时代记忆。四十年的家居变迁史，逐渐改变中国人的生活方式和人们对美好生活的向往。

三、博物馆征集和展览工作的日趋大众化

文物征集工作是保障博物馆事业可持续发展的基础性工作。通过文物的征集，博物馆能够确保提供丰富的文物给游客欣赏。更重要的是，文物是各地域、各民族、各国家的历史文化的载体，是人类社会历史发展的见证物，是陈列展览、宣传教育和科学研究的物质基础，它承载着时代的信息，具有深刻的内涵和独特的教育意义[1]。文物征集工作是博物馆的一项重要工作，是博物馆发展的关键。按照时间顺序，博物馆藏品可以分为历史文物和近现代文物两大类。

当我们来到博物馆，面对着一件件收藏的历史文物，我们感到现实与这些历史的文物开始建立起联系，文物从此成了我们的文化偶像，给予我们精神上、情感上的敬畏。[2]在历史的长河中，博物馆通过征集等形式也为我们留下了无数珍贵的文物，这些文物不但具有非常高的价值，也为我们重现了那一幅

---

[1] 丁纯怡：《国家博物馆〈复兴之路〉大型主题展览文物征集》，载《博物馆研究》，2012年第1期，61—64页。
[2] 陈冬：《浅析博物馆近现代文物收藏的新特点》，载《中国博物馆通讯》，2018年3月。

幅历史画面。比如被誉为"古都明珠，华夏宝库"的陕西历史博物馆是中国第一座大型现代化博物馆，在这座"华夏宝库"里，馆藏文物1717950件（组）。上起远古人类初始阶段使用的简单石器，下至1840年前社会生活中的各类器物，时间跨度长达一百多万年。文物不仅数量多、种类全，而且品位广，其中商周青铜器精美绝伦，历代陶俑千姿百态，汉唐金银器独步全国。比如在国家博物馆展出的"伟大的变革——庆祝改革开放40周年大型展览"中，有不少"四川印记"，从国企改革、经济合作、基础设施建设、"汶川地震"、生态保护到百姓日常生活、就业以及台湾四川籍老兵团返乡等，勾勒出40年来祖国大地上发生的翻天覆地的变化。但值得一提的是，近年来全国各地博物馆正在不断增加推出新展的频率，将中华优秀传统文化通过展览、教育活动等表达方式融入当今生活。"咱们的40年"是2018年贵州省博物馆国庆期间推出的展览，重心是展现百姓生活从贫穷到富足的变化过程。自古以来，衣食住行就被列为人类的四大基本需求，是人民生存和发展的基本要素，40年改革开放进程对百姓生活影响最大的莫过于吃穿、住房、出行、通讯、购物等，物质生活丰裕，人民精神生活才会更加饱满。因此，本文首先将研究范围缩小到80年代客厅的一套捷克式家具，介绍这套展品主人董先生和胡女士"四次搬家"的故事，即"藏品流传经过"。通过董先生和胡女士"四次搬家"及其生活经历，反映出我国高考制度恢复、商品房兴起、电视机走入寻常百姓家等重大生产生活变革，这是一个时代的记忆，而这也体现出博物馆征集展品越来越大众化、生活化的特点。

在我国的文物存留观念中，历来较为重视的是古代文物的征集，对当下的物品却不够重视，随着博物馆使命与理念的变化，博物馆越来越重视对当下物品的征集，对当下文化的保存与记录。

博物馆是保护和传承人类文明的重要殿堂，是连接过去、现在、未来的桥梁[1]。自1997年国际博物馆日设立以来，每年国际博物馆协会都会在5月18日这一天举办庆祝活动，旨在提醒公众认识到，"博物馆是促进文化交流，丰富文化生活，增进人们之间相互理解、合作，实现和平的重要机构"。庆祝活动可持续一周。笔者梳理了近10年来国际博物馆日的主题及所要传递的理念，具体如下：

2009年主题是"博物馆与旅游"。随着人们生活水平的不断提高，对精神文化的需求也越来越明显，博物馆和旅游关系越来越密切；2011年主题是"博物馆与记忆"，强调博物馆作为人类文明记忆、传承、创新的重要基地，承担着记录过去、反映现代和未来发展的重要职责；2013年主题是"博物馆（记忆+创造力）＝社会变革"，博物馆坚信，它们的存在和行动将使社会产生建设性的变革；2015年主题是"博物馆致力于社会的可持续发展"，反映出人类社会越来越重视环境保护和社会可持续发展；2018年主题是"超级连接的博物馆：新方法、新公众"。随着科技和互联网技术的高速发展，博物馆也在不断创新，比如藏品数字化；2019年主题是"作为文化中枢的博物馆，反映出人类社会对高质量的文化供给的渴望"[2]。

国际博物馆日的主题及所要传递的理念都不一样，或关注旅游、或关注环境保护、或关注文化供给等，这些都与当时社会的生产发展、文化思潮、生活方式等是紧密关联、密不可分的。现阶段，我国人民生活水平不断提高，祖国变化日新月异，社会产品不断丰富和完善。特别是改革开放以来，我国社会生产发生了翻天覆地的变化。一些见证时代变迁与重要历史节点的照片、实物也成为博物馆征集与展览的对象。

随着时代的发展与变迁，博物馆展览在展出物品、展览形式、展示空间等方面也发生了巨大的变化。过去，展出物品集中在文物精品、传统文化、文物

[1] 罗海涛：《论博物馆本土题材藏品征集和展览的意义及途径》，载《商业文化》，2012年第1期。
[2] 王静惠：《发挥近现代历史博物馆对青少年教育的重要作用——以胶东革命纪念馆为例》，载《文物鉴定与鉴赏》，2018年第19期。

考古、书画鉴赏、艺术品鉴的延续与传承上，而如今博物馆展览内容更多关注的是市民生活的点点滴滴。2018年贵州省博物馆推出纪念改革开放40周年之"咱们的40年"专题展览，"咱们"泛指普通百姓。我们想以普通人的视角感受，真实反映改革开放40年间，百姓生活环境发生的巨大变化。通过40年家具的新旧对比展示，将观众拉回曾经熟悉的生活、工作和学习环境之中，激起强烈的情感共鸣，从而感恩党和国家的好政策，在各自的领域发光发热，憧憬更加幸福美好的生活。

总而言之，文物是历史的"活化石"，是传承文化最好的物质载体，生动体现着祖先创造的优秀传统文化，同时文物也是特殊经济条件下的历史产物，博物馆文物的征集与展览反映了当时社会文化的变迁，见证了人民生活水平的变化，承载着浓浓的时代记忆。

依法依规保持村镇博物馆的历史风貌

巴娄 *

摘　要　贵州利用中国历史文化名镇、中国历史文化名村、中国传统村落、中国特色小镇，建立社区性质的村镇博物馆。这些别具一格的民族民俗博物馆，在旅游开发中不断涌现新气象，出现新问题，令人欢欣鼓舞的同时也忧心忡忡。建议有关部门联合考察，提出整改意见，依法依规保持村镇博物馆的历史风貌。

关键词　村镇博物馆　变化　保持　历史风貌

笔者在贵州从事了一辈子历史文化遗产保护工作，已经退休20多年。由于工作关系，结识许多农民朋友，多次被保留"以十月为岁首"、时兴农历十月"过苗年"传统的苗族村民邀请下乡"过苗年"。最近又一次受邀到拥有"中国历史文化名镇""中国历史文化名村""中国民间艺术之乡""中国传统村落""中国景观村落"等多重身份的黔东南苗族侗族自治州雷山县郎德镇郎德上寨"过苗年"。前后12天，苗寨沉浸在欢乐气氛中：铜鼓声、芦笙声、酒歌声，声声入耳，回荡山谷（图1）；外村人、外省人、外国人，摩肩接踵，川流不息；小轿车、越野车、大轿车，一部接一部，挤满停车场。该村100多栋吊脚楼民居和山寨门、铜鼓坪、芦笙场、风雨桥、山泉水井、水车水碾等乡土建筑，早被国务院以"郎德上寨古建筑群"为名公布为全国重点文物保护单位。1987年，以"上郎德苗族村寨博物馆"的名义对外开放，并被中国博物馆学会1995年组

---

* 巴娄，男，（1938－　），研究馆员。研究方向：民族文化及民族文物保护研究。

图1　在铜鼓坪上唱歌，呼唤先祖回家过年

织编著的《中国博物馆志》收录入"志"。20世纪90年代，时任国家文物局副局长郑欣淼亲临郎德上寨考察，写了一篇《郎德识苗》游记，内中有言：作为全国第一座体现苗族风情村寨博物馆的郎德上寨，是明代洪武初年建立的，距今已有600多年历史。80年代初，贵州省文物工作者就产生将一批典型的村寨立体保护起来的设想，郎德上寨以其特有的优势而首获膺选。郎德实际上是一个自然村寨博物馆，展厅就是整个村寨，展品既有民居建筑，又有生活习俗、歌舞、服饰等。

　　1998年8月，贵州省文化厅主办的《郎德开放成就展》在省博物馆展出。国家文物局博物馆司致函祝贺："苗寨郎德，是在改革开放中，积极探索利用和保护民族村寨，大力发掘民俗资源，弘扬民族优秀文化传统的成功实例。为更好地总结郎德经验，进一步研究郎德现象，贯彻'保护为主，抢救第一'的方针和'有效保护，合理利用，加强管理'的指导思想，举办《郎德开放成就展》是很有意义的。我们衷心希望贵州省全体文博工作者，发扬光大郎德经验，为弘扬中华民族优秀文化传统，促进社会主义物质文明和精神文明建设而不断努力，并取得更加卓越的成就。"9月5日，时任文化部部长孙家正闻讯赶来参观，观后举行座谈。他在座谈会上讲："通过文物保护开展文化扶贫很有贵州特点。随着社会的发展，民族服饰、生活用具、生活习惯逐步现代化，在此过程中，原地保护民族文物，并做到保护恢复与协调发展相统一，很不容易。郎德的经验在于抢救保护了民族文物并使之更加优美和完善，这种经验值得很好推广。"

以"苗族村寨博物馆"的名义对外开放30多年的郎德上寨，如今举目可见"农家乐""苗家乐""芦笙手之家""非遗传承人"的招牌悬于吊脚楼上，招徕观众游人，招牌上留有联系方式，可以网上预约。与村民交谈得知，即便不是过苗年，每天也有若干旅游团队前来观光考察。至于散客，尤其是自驾游者，一住就是两三天。四川、重庆、湖南等地的退休老人，联袂而来，住上十天半个月是常有的事，许多还是回头客，犹如回乡走亲戚。

各路客人纷至沓来，接待条件相应改善，设在吊脚楼上的客房，开辟了卫生间，装上了空调。客人在长桌边吃苗家饭时，除了免费喝酒，主妇还偕女儿或儿媳手持酒海（一种有柄有流的盛酒陶器）、酒碗，高唱《酒歌》敬客，宾主乐不可支。客人离开村寨，还要在寨子门口喝牛角酒，挂红鸡蛋，气氛异常热烈，令人终生难忘（图2）。

村民看到，接待观众游客食宿很能赚钱，比仅仅依赖民俗活动表演强得多。于是，凡有条件的人家，陆续在吊脚楼上开办农家乐、苗家乐。曾担任多年村党支部书记、门外板壁钉有"远程教育'一户一技能'党员示范户""雷山县农村'一户一技能'示

图2　离寨回家前畅饮牛角酒

范户""'美丽乡村·学在农家'示范户""'金种子'带富示范户""星级文明户""刺绣参观点"等标牌的一户农家，别出心裁开办"老支书苗家乐"，效益比哪家都好。曾参与省文化厅巡回举办《贵州民族节日文化展》，在西安、北京、深圳等地表演民族节日歌舞的一位芦笙手，开设"芦笙手之家"，室内悬挂其在各地表演的大幅彩色照片，并不时为客人表演芦笙舞，收入也很可观。

作为村镇博物馆对外开放的传统村落，在旅游开发中不断涌现新气象，令人欢欣鼓舞，但随之出现的新问题，也让人忧心忡忡，亟待有关部门联合调查，依法依规保持村镇博物馆的历史风貌。

笔者一直参与郎德上寨的保护利用工作。在笔者看来，以下问题有待解决：

一、用玻璃窗将吊脚楼上的美人靠封闭起来，掩盖了苗族建筑特点

在贵州苗岭山区旅行，只要看到吊脚楼上安装有宽敞明亮的美人靠，那一定是苗族人家无疑。美人靠，又称"吴王靠""飞来椅""鹅颈椅"，是建筑学上的一个术语。乍一听这名词，很容易让人想到江南一带的园林建筑和皖南民居。是的，江南园林、皖南民居举目皆是美人靠。美人靠是皖南民居楼上在天井四周设置的靠椅的雅称。皖南民居二楼是女子的日常活动场所。古代闺中女子不能轻易下楼外出，百无聊赖之时，只能凭栏倚靠在天井四周的椅子上遥望外面的世界，窥视楼下迎来送往的应酬，故称此类椅子为"美人靠"。又有传说称，美人靠是春秋时代吴王夫差专为西施设置的，因名"吴王靠"。殊不知，苗岭山区也有美人靠，村民称为"豆安息"，意为"供人休息的木椅子"。其实，就是安装在建筑物上当靠背用的弯曲形栏杆。因向外探出的靠背弯曲似鹅颈，有些汉族地区又把此物称为"鹅颈椅"。"飞来椅"，大概是取其安装在楼上，形同"天上飞来"的椅子之意吧。

在风景秀丽的苗岭山区，由于村民皆在依山傍水的山间河谷地带安家落

图3　在宽敞明亮的美人靠上做针线

图4　在美人靠上做针线活

户，其住房背山面水而立，故在美人靠上凭栏远眺，总能尽情欣赏青山绿水苍翠欲滴、云卷云舒变幻无穷的山区景色。美人靠多半安装在吊脚楼二楼堂屋外廊上，其下是通道，每当行人过此，不论认识与否，楼上楼下总要打个招呼，遇到生人还格外热情，这是苗家的规矩。如因地势所限，房子坐向不当道，遂将美人靠安装在当道一侧，以便交流。美人靠的两端柱子上，挂有镜子，堪称苗族妇女的开放式梳妆台。姑娘们常爱坐在宽敞明亮的美人靠上做针线（图3）。三三两两，梳着古代发型，头戴耀眼饰物的苗族村姑，哼着小调，坐在美人靠上绣花，是苗岭山区的特有景致（图4）。凡到苗寨观光考察的中外客人，都会情不自禁地背依美人靠，留影作纪念（图5）。

图5　在美人靠上留影纪念

图6　在美人靠前织布　　　　　　　　　　图7　皖南民居走马转角楼上美人靠外侧

　　苗族村民在吊脚楼上安装美人靠，用意多重，其社会功能、文化内涵也十分丰富。主要用途是方便姑娘们在此梳妆打扮，纺纱织布（图6），飞针走线，刺绣挑花，制作服饰，准备嫁妆。从某种意义上说，苗寨美人靠是苗族姑娘的开放式闺房。当然，也是家庭主妇尤其是小媳妇们为自己、为家人特别是为婴幼儿缝制衣服的家庭作坊。苗族姑娘擅长女红，苗族服饰丰富多彩，有美人靠的一份功劳。换言之，苗寨美人靠，既是苗族姑娘的开放式闺房，又是苗族服装的家庭式作坊。

　　反观江南一带的汉族传统民居，虽然也有美人靠，但却安装在天井内的走马转角楼上，且靠背全封闭（图7），外来人员从下往上看，只能看见窗户而看不见人面。居住在闺楼上的姑娘想要观察楼下动静，必须借助密密麻麻的窗户雕刻。那采光不佳的窗户雕刻，其作用相当于今日的毛玻璃、太阳膜，是用来遮盖闺女脸面的。古代汉族闺女"大门不出，二门不迈"，成天蜗居在闺阁内，来者想要看见她们的面庞很不容易，即便相亲，也不例外。

　　苗族姑娘则不然，她们不仅要出门，而且还要多与外界交往，才能解决人生大事。苗族是个开放的民族，社会文化不封闭，民居建筑也不封闭。反映在装修上，便是美人靠一定要安装在醒目处，以便与外界交流。可是，近来受到城里人用玻璃窗封阳台的影响，有些苗族村民修建新房，用铝合金玻璃窗将吊脚楼上的美人靠严严实实封闭起来（图8）；甚至有人不惜花钱进城购买铝合金玻璃窗，请来师傅将老房子上的美人靠封闭起来，以为时髦。岂知如此不仅有碍观瞻，掩盖了苗族建筑特点，不经意间还"侵犯"了苗族姑娘的"开放权"。

图8　用玻璃窗封闭美人靠的吊脚楼民居

二、在吊脚楼旁修建砖混结构建筑，改变了传统苗寨的建筑结构

苗岭山区苗族村镇苗族民居，一般是四榀三间、上下三层的木结构吊脚楼，间或也有六榀五间者。前者有的建有耳房，作厨房用。如今，有的农户扩建耳房，楼下当厨房，楼上当客房。但采用砖混结构，只是屋面覆盖小青瓦，改变了传统苗寨的建筑结构（图9）。村民这样做，不仅为了增加收入，也有防火考虑。在全木结构的房子内，忙不迭地为来自五湖四海的客人炒菜做饭，曾经出现火情，差点酿成火灾。砖混结构建筑，用的是水泥砖墙，钢筋混凝土楼板，防火性能比木房子好。如何做到两全其美？是个有待解决的问题。

图9　在木结构吊脚楼旁新建砖混结构的厨房和客房

三、在吊脚楼的屋面上开设老虎窗，改变了传统苗寨的建筑造型

为满足不断增加的来此作休闲游的客人的需要，并提高开办农家乐、苗家乐的收入，有的农户在本不住人、楼层较矮、光线较差的三楼上装修客房，开老虎窗，改变了传统苗寨的建筑造型，虽然实用，但不美观（图10）。如何按照《历史文化名城名镇名村保护条例》规定："保持和延续其传统格局和历史风貌，维护历史文化遗产的真实性和完整性，继承和弘扬中华民族优秀传统文化，正确处理经济社会发展和历史文化遗产保护的关系"，是又一个有待解决的问题。

图10　开老虎窗的吊脚楼屋顶

四、新建体量大、尺度高的吊脚楼，改变了传统苗寨的形象

图11　给砖混结构的新旅馆"穿衣戴帽"

通过不同渠道富起来了的苗族村民，尤其是老人留在农村务农、本人外出打工或者参加工作的成功人士，已在城市定居就业，看到家乡文化旅游红红火火，纷纷回乡投资建房，目的很明确：不是自己住，而是开商店办旅馆；甚至出租给外地人开设商店办旅

馆。因此，这类吊脚楼普遍体量大、尺度高，外表虽然也像木结构吊脚楼，但实际是砖混结构，只是把外表包装成木房子，即所谓"穿衣戴帽"是也（图11）。

五、用白色瓷砖"包装"苗寨老井，破坏了传统村落的朴实风格

随着现代化的迅速发展，想在城市中看到农村常见的木结构建筑物，不是一件容易的事。因此，住在高楼大厦的城里人羡慕起田园生活来，他们将下乡观光旅游称为"返璞归真"。一批文物保存特别丰富的历史文化村寨，受到人们的青睐，变成了极有魅力的民族风情旅游点。沉睡多年的郎德上寨，在旅游业蓬勃发展的今天，"打开山门迎远客，走出山门闯世界"，引起世人的极大关注。引人关注，竞相扶持，有喜有忧。比如，卫生部门出于好心，把几眼山泉老井"包装"了一番：将原先村民用鹅卵石垒砌的井壁和用青石板铺墁的井坪，蒙上白生生的瓷砖，看上去着实分外干净，可也格外刺眼。虽说几口山泉老井实现了"现代化"，但与周围环境显得很不协调，破坏了传统村落的朴实风格。

图12　用白色瓷砖"包装"苗寨老井

六、有关部门提出整改意见，依法依规保持村镇博物馆的历史风貌

《国务院关于进一步加强文物工作的指导意见》提倡："发挥文物资源在促进地区经济社会发展、壮大旅游业中的重要作用，打造文物旅游品牌，培育以

文物保护单位、博物馆为支撑的体验旅游、研学旅行和传统村落休闲旅游线路。"中共中央办公厅、国务院办公厅《关于加强文物保护利用改革的若干意见》，鼓励"在确保文物安全的前提下，支持在文物保护区域因地制宜适度发展服务业和休闲农业"。《历史文化名城名镇名村保护条例》规定："在历史文化名城、名镇、名村保护范围内从事建设活动，应当符合保护规划的要求，不得损害历史文化遗产的真实性和完整性，不得对其传统格局和历史风貌构成破坏性影响。"

在服务业和休闲农业开展得比较早、比较好的村镇博物馆（有的又称生态博物馆、露天博物馆），对于上述问题，应该如何解决？建议有关部门联合考察，提出整改意见，依法依规保持村镇博物馆的历史风貌。

搞好传统村落保护　力促乡村振兴
——走访黔东南黎平"八寨一山"后的思考及建议

简小娅 *

摘　要　本文通过对黔东南"八寨一山"及堂安的深度调研，提出存在问题及建议。

关键词　传统村落　保护　乡村振兴

一、"八寨一山"基本情况

贵州是一个多民族共居的省份，全省共有民族成分56个，其中世居少数民族17个，主要分布在黔南、黔西南以及黔东南等民族自治区域。作为少数民族聚居的黔东南，历史悠久，民族文化厚重，其少数民族文化极具地域性与特色性。黔东南除了有中国最大的苗寨——西江千户苗寨等苗族传统村外，还有着古朴而又具有原生态的侗族"八寨一山"。"一山"指的是侗族宗教神山——萨岁山，是全世界侗族人精神世界的寄托。"八寨"指的是以萨岁山为中心，环绕在萨岁山周围方圆几十公里的己伦村、纪堂村、登江村、上地坪村、厦格上村、厦格村、堂安村、肇兴侗寨等八个侗族村寨。其中，肇兴侗寨是中国最大的侗寨。这些深藏在大山里的侗寨，大部分依然保存着上百年的传统建筑，

* 简小娅，女，(1961-　)，副研究馆员。研究方向：馆藏书画研究。

侗族民居

保持着原生的生产生活方式，是侗族文化的凝聚地，蕴藏着深厚的侗族文化内涵。

"八寨一山"素有"歌的海洋和舞的世界"之称。每逢节日，这里的人们身着重彩密锈的花衣，披戴各式各样的银饰，唱山歌、飞歌、情歌、大歌，跳芦笙舞、铜鼓舞、木鼓舞、板凳舞，吹芦笙、弹牛腿琴等，叫人眼花缭乱。再加上拦路酒、拦寨酒、拦门酒等别具风格的接待礼仪和古朴典雅的苗家吊脚楼、侗寨鼓楼、风雨桥，堪称"一部活的民族艺术博物馆"。

从旅游开发来看，围绕着萨岁山的这八个侗寨可以串成一条线，徒步走完，既有侗族信仰的起源地，还有侗族的丰富村落文化，形成一条穿越时空的贵州黔东南侗族文化体验之旅。既有自然景观，也有田园风光，更有侗族信仰文化的源头，是一条弥足珍贵的完整的人文之旅。

首先，萨岁山是理解侗族文化特质以及西南山地族群人文特点的重要切入点。侗族作为西南地区一个重要的山地族群，构建在信仰基础上的价值观和世界观主要体现在其对原始至上神——萨岁及萨岁山的崇拜上。每年农历正月初八至初十，周边二十多个村寨（八甲寨子）的村民云集于萨堂，虔诚祭祀侗家人的祖母神"萨岁"，其祭祀之隆重，场面之宏大，为整个侗族地区少有。通过有关萨岁山的神话，或许可以还原侗族的历史，以及寻求在一种纷繁复杂的关系格局中构筑自己生活世界的意义。另外，萨岁山也有着丰富的旅游资源。萨岁山周围山大林密，沟壑纵横，溪流潺潺，瑞霭祥云，逶迤嵯峨，形成了三龙抢宝、五神女崖、马尾瀑布、浮萍满塘、瑶台仙境等自然景观。萨岁山的自然景观、人文景观和显圣景观为世人了解侗族生活世界起着重要的意义。

其次，作为"八寨一山"中最负盛名的肇兴侗寨，也已举世闻名。肇兴是黔东南侗族地区最大的侗族村寨，也是侗族的民俗文化中心。2005年被《中国国家地理》评选为"中国最美的六大乡村古镇"之一，2007年被《时尚旅游》和美国《国家地理》共同评选为"全球最具诱惑力的33个旅游目的地"之一。肇兴是著名的鼓楼之乡，国内规模最大的侗寨鼓楼建筑群落坐落于该地，其鼓楼在全国侗寨中绝无仅有，被载入吉尼斯世界纪录，被誉为"鼓楼文化艺术之乡"。相比其他开发程度较高的旅游景点，肇兴侗寨的村民依然还保留了古朴的生活方式。

再次，"八寨一山"中的其他村寨格局特色亮点纷呈。八寨的另一个著名的村寨就是堂安村。堂安建寨已有700多年，至今仍保持着原汁原味、古朴浓郁的侗族风情，成为"浓缩的侗乡"，被世界著名的挪威生态博物馆学家约翰·杰斯特龙称为"人类返璞归真"的范例。1999年12月9日，中国与挪威合作建设与保护的中国唯一一座侗族生态博物馆在贵州黎平县肇兴乡堂安寨落户。

其他六个村寨也都建立在半山腰上，四面环山，峰峦叠嶂，梯田层叠，民居依山就势，悬空吊脚，井然有序。这里的鼓楼、戏台、吊脚楼、石板路、古瓢井以及侗族服饰等保持着原始风味。这是一条人文气息很浓的线路，加上民族村寨活动和浓郁的节日氛围，无不让人心动。侗族丰富多彩的民族原生的文化种类繁多，精彩纷呈，令人自豪和骄傲。如纪堂村侗族的男同胞们大都善吹芦笙，就可打造为芦笙基地。

从现实开发的可能性来说，以上八个村寨有乡间小路相互串联，侗族同胞千百年来就是在这些乡间小道上走村串寨，这里的山，这里的水，这里的梯田水稻养育了世代繁衍、生生不息的侗族人民。这些乡间小道留下了侗族人民世世代代生活的足迹。而今，由于公路的修建和现代交通的便利，这些集自然风光与原生态特色的山间小路越来越荒废，几乎是鲜有行人，而且还形成了一个国际闻名、国内无名的现状。国内游客，甚至贵州本省的居民都很少知道"八寨一山"的徒步线路，了解"八寨一山"这样一个完整的侗族宗教、文化的地域内涵。尤其是由于长年荒废，有些地段如从上地坪村至堂安村的山间村道已经完全不能行走了，这从人文保护、旅游开发的角度来说都是重大的损失。从堂安到肇兴，虽然已开辟了徒步路线，沿途也有歇脚之处，但无人经营、管理，沿途游人稀少，遇上紧急情况无人救援。

2019年8月，国务院办公厅印发《关于进一步激发文化和旅游消费潜力的意见》中指出，要以习近平新时代中国特色社会主义思想为指导，顺应文化和旅游消费提质转型升级新趋势，深化文化和旅游领域供给侧结构性改革，提升文化和旅游消费质量水平，不断激发文化和旅游消费潜力，以高质量文化和旅游供给增强人民群众的获得感、幸福感。

连接侗寨的现代公路与古老的连接八寨的乡村道路意义是不同的，黔东南由于历史及地域原因，长期以来处于相对封闭状态，这些古朴的原生民族人文生态系统得以完整地保存下来。我们有责任把这些珍贵的人文生态系统保护好，传承好，传播好！

黔东南黎平"八寨一山"的深度调研对发掘其成体系的侗族人文旅游线路有着深远的意义，希望改变国外闻名、国内无名的现状，成为贵州东线体验民族风情规模最大的旅游胜地。

二、重要调查点——以堂安侗寨为例

（一）基本情况

堂安侗寨位于贵州省黎平县肇兴乡，距肇兴乡人民政府驻地8公里，距黎平县城75公里。堂安侗寨居住着侗族村民160余户，800多人，住户散居在"班柏""几定"两支山脉和"贵近"冲。房屋大多数取南北向，全寨人以嬴、陆两姓为主，还有潘、蓝、吴、杨、石等姓，七种姓氏和睦相处。按传统风俗，寨中陆姓与潘姓又有大陆、小陆、大潘、小潘之分。

堂安侗寨水源充足，三面环山，一面是空旷的梯田，视野广阔。层峦叠嶂，阡陌纵横，梯田层叠，空气清新。山腰间的民居依山就势，悬空吊脚，井然有序。整个侗寨都呈现出原生态的美，是养生休闲的好地方。

堂安侗寨中的鼓楼与戏楼、歌坪形成三位一体，显示出侗族村寨的特征。寨中四通八达，小径曲曲，信道均用青石板墁地，九条出寨子的路口都建有寨门。寨子中的附属设施还有禾晾、谷仓、水碾、石碓、榨油房、鱼塘、井亭、纺车、祭萨塘等，都具有它们的文化个性。寨子中间的古墓葬群有坟十余座，

堂安全景图

堂安梯田

多为清代所建，雕龙刻凤，镂刻卷草花纹，工艺精美，是堂安侗族文化遗产的另一种体现。

侗寨中央的鼓楼上坎有一眼四季长流的清泉，泉水流入用青石打制成的2尺（约67厘米）见方而带把的石斗中，石斗下用多边形石礅支撑，清冽的泉水在斗中聚满，又从左右凹槽流出。侗家人把这种带把的斗井称为"瓢井"，因为它的形状如同木瓢。清泉冬暖夏凉，村民常在夏季用此泉水浸泡西瓜，西瓜冰凉可口且不会像冰箱那样冻坏西瓜，冬天的泉水又很温暖。

这些实物都有着深厚的历史科学研究价值，侗族文化以及侗族风情研究价值，侗族旅游资源开发价值和人类生态保护价值。此外，堂安侗寨丰富多彩的节庆民俗，芦笙琵琶，侗歌侗戏，农事活动及纺纱、织布、染布、刺绣、缝衣等家常手艺也是一种侗族的文化盛宴。

（二）堂安侗寨旅游开发存在的问题

1.交通问题

交通设施不完善，自从江通往堂安的道路弯道大且路面坑洼不平。此外，厦蓉高速路口到肇兴的202省道以及经过肇兴景区内的868县道只准许车牌为贵H的车辆通行，而不允许省外车牌的车通过，导致省外车辆只能从高速公路绕路。这种景区将省道阻断、禁止驾驶外地车游客通行的行为会引起游客的不满，也会很大程度上缩减外地客源。很多路过景区的外地自驾游游客可能一开始不知道景区的存在，但被景区吸引而想要参观。第一次来景区却因为车牌的问题被拒之门外，这不仅会打击游客的积极性，也会对肇兴景区留下非常糟糕的负面印象，更甚者，还会口口相传或是将此事发布在网络上，给肇兴景区带来不利的影响。另一方面，从肇兴直达堂安的路被截断，意味着很多游客如果不经过肇兴而直接来堂安的话，就得绕很远的路且还要经过一段颠簸的山路才能抵达堂安。据当地村民反映，就算是持有通行证，也规定了通行时间为上午10：00至11：00，交通上就很不方便。

2.客源不足

堂安只有少量客栈，且很少有游客知道，游客几乎都是通过网上预约的方式订客栈，且客源稀少。很多游客知道著名的肇兴景区，却不知道堂安的存在。此外，很多村民的房子保存完好，本可以改造成具有侗族特色的民宿，即利用村民空闲房屋，为游客提供配套乡野休闲、养生的新型酒店模式。但因为侗家人的一些民俗而导致民宿的改造难以完成，侗家人可以接受客栈同时入住男女游客，却难以接受男女游客同时入住民宿，以免做出一些侗族人认为有伤风化的事来。客源不足与当地村民的一些思想观念也有一定的联系。另，由于受旅游业巨大利润的影响，当地村民在无任何保护及规划的前提下乱搭乱建，造成道路狭窄，给旅游者带来了观感体验差等不良印象。

3.肇兴发展带动性不强

肇兴的旅游业带动了肇兴的发展，改善了肇兴当地居民的就业情况，也许也在一定程度上带动了肇兴临近几个寨子的客栈发展。但堂安的客栈很少，且依靠客栈获得的经济收入也十分微薄。就算在旅游旺季，也只是堂安那几户开了客栈的村民受益。寨子里的其他村民却一直只能依靠种田等方式自给自足，没有其他经济来源，导致村民经济收入普遍处于低水平状态。肇兴景区的发展只是带动堂安几户村民经营的客栈发展，而与大多数村民的经济利益不挂钩。哪怕有游客入住堂安的客栈，或是到堂安游玩，都不能真正使村民受益。没有旅游带来经济利益，会导致村民缺乏开拓旅游市场、服务游客的激情和活力，不能适应旅游市场的发展需要，也难以满足旅游者多样化、个性化的服务需求。

4.旅游消费开发潜力巨大但缺乏相关政策支撑

堂安侗寨有得天独厚的自然环境和历史悠久的侗族文化。但随着时代的发展，人们的观念也在不断改变，宁愿出门打工也不愿意在家坐吃山空。虽然有良田，有好水，但侗寨的村民们却只能依靠原始的农耕方式实现自给自足，而没有想到充分利用已有的环境与文化资源实现脱贫。且随着时代的发展，人们

连搭建筑

观念的转变，越来越多的村民外出务工，回村后将传统原始的侗族木房建筑改造成木房与砖房相结合的居民楼，更有甚者，直接拆除侗族建筑，在侗族建筑群中建起了全是钢筋混凝土结构的现代化砖房。有当地村民反映，木房其实比砖房牢固，有的木房经历上百年的风吹雨打依旧保存完好。但由于木房易受到火灾的威胁，且村民也没有足够的资金去保护好那些古老的传统建筑，只能任由那些原生态的建筑慢慢被现代化建筑取代。

如果政府给予堂安侗寨改造开发政策上的支持，提供发展资金上的保障，为村民指引一条通过发展旅游业加快脱贫攻坚步伐的发展之路，在充分发掘当地特色资源与丰富多彩的侗族文化的同时，可以极大地整合、利用堂安侗寨现有资源改善当地旅游住宿条件，实现旅游产业发展、侗族传统文化保护村落改造和村民致富的三赢局面。

5.接待能力差

堂安有得天独厚的生态自然环境，美丽的田园风光，丰富的旅游资源，但大部分堂安的青年人都外出务工了，寨子里多是留守儿童和常年居住在寨子里的老人。堂安侗寨中只有为数不多的村民能懂一些普通话，而老人和孩子几乎都不会说，也听不懂普通话，这导致游客与当地村民在沟通上存在交流障碍。语言不通是限制堂安侗寨旅游开发的因素之一。

6.旅游公共服务设施以及实体项目建设滞后

堂安侗寨一直保持着较为原始的生活状态，村寨中缺乏很多旅游必备的公共服务设施。堂安其实有很多丰富多彩的侗族文化，却因为各种原因没有得到充分发掘，导致堂安蕴藏的侗族文化只是一种被"埋没"的文化。没有经过打造和通过载体表现出来的文化也很难被游客知晓。如村寨中的古墓群已被杂草覆盖，如果当地人不介绍，游客完全看不出长满杂草的半坡上原来还有清朝时期留下的古墓群。同理，由于旅游公共服务设施和需优先发展的各类旅游项目很难落地，导致游客满意度提升缓慢。没有好的旅游项目，就很难带来有效的旅游消费。没有属于自己的特色项目和吸引游客的项目，就很难让游客切身感受到侗族文化的魅力，只是简单地来堂安走一趟，单一的民族文化元素也无法刺激旅游消费。

7.博物馆建设不完善

当地博物馆陈列物品种类少，具有代表性的展物很少。只是简单的图文介绍，对侗族文化的介绍力度也不够。

（三）"八寨一山"及堂安侗寨旅游开发的一些建议

1.正确处理好继承传统与开拓创新的关系

没有继承，再发展就没有根基；没有创新，再发展就缺乏动力。"八寨一山"的侗族文化保护得非常好，无论是建筑、民俗节日、生态环境都保存得很完好。比如对侗族文化的传播，堂安侗寨可以不止局限于村寨内部间的代代流传，而是可以以村寨为载体，民族特色文化资源为依托，在保护和利用传统民族文化（包含物质文化和非物质文化）的基础上，以传承和创新侗族文化、弘

座谈会现场

扬和传播先进侗族文化为切入点，通过加大文化旅游基础设施投入、丰富和打造文化活动（如各种侗族特色节日活动）、充分利用侗族传统手工艺，制作精美而蕴含侗族文化内涵的纪念品等，为游客提供心灵之旅和精神盛宴，促进堂安侗寨经济发展，带动贫困人口脱贫致富。

2.重点景区肇兴侗寨带动堂安侗寨的发展

肇兴侗寨的旅游业在各方面都发展得很成熟了，通过肇兴景区的建设，可以辐射带动堂安侗寨改善基础设施，推动产业发展，促进堂安村民更好就业创业，为脱贫攻坚注入强大动力，实现肇兴景区与周边区域（"八寨一山"中的其他七个寨子）的互促互进、协同发展。堂安侗寨环境优美，水土肥沃，耕地面积广，地理条件良好，可以发展原生态种植业，有针对性地根据肇兴侗寨的消费者需求种植绿色健康的果蔬，为肇兴侗寨提供物资的同时也促进了堂安的发展。还可以扩大堂安养鱼的规模。按照"山下做吸引力、山上做生产力、乡村做支撑力"的发展思路，同时促进肇兴与堂安的旅游产业发展，增强旅游扶贫力度。

此外，堂安侗寨除了提供原生态的食物外，还可以将田园风光与养生结合起来，加上侗医侗药等当地特色，设计村落徒步路线，生养结合，发展休闲养生的旅游业。

3.进一步转变旅游发展方式，提高旅游发展质量

以"八寨一山"的堂安侗寨为例，应通过充分利用堂安侗寨的当地特色农产品资源、自然风光资源和侗族文化资源，发展绿色农业、生态观光、健康养生相结合的旅游产业，把堂安梯田打造成景区，通过农产品，扶持带动当地贫困户发展农家乐、销售农家特色产品。鼓励符合条件的传统侗族民居与旅游接待和住宿活动关联，通过发展旅游业促进堂安侗寨传统建筑和原生态风貌保护。此外，堂安侗寨可整合各类资源，发展农家乐、民族工艺品加工销售、餐饮住宿服务、休闲娱乐、民族服饰出租、房屋出租、照相等十多种产业。

4.加大旅游宣传力度

目前,"八寨一山"的对外知名度较弱,要加大对这些村寨的宣传,让更多游客知道"八寨一山"的存在。通过宣传这些侗寨独具魅力的旅游亮点,以吸引更多的游客。

保护大自然,以原生态去吸引游客,以当地新鲜土特产去满足游客的需求。原始、原生态才是发展乡村旅游的关键。

[参考文献]

1.《侗族简史》编写组,《侗族简史》修订本编写组编:《侗族简史》,北京民族出版社,2008。

2.《国务院办公厅关于进一步激发文化和旅游消费潜力的意见》,见中国政府网http://www.gov.cn/zhengce/content/2019-08/23/content_5423809.htm。

3.《国务院印发指导意见促进乡村产业振兴,文化和旅游部负责这些工作》,载《中国旅游报》,2019年6月28日。

纸质文物的损害原因与保护修复方法探讨

——以贵州省博物馆藏品为例

全锐 *

摘　要　贵州省博物馆馆藏纸质文物种类繁多，数量丰富，纸质文物的保护与修复是博物馆的重要工作之一。其关键在于重视对纸质文物的预防性保护，进一步加强新技术的研究和探索，对前人的经验、技术利用现代手段加以总结，使传统技艺不断发扬和提高。纸质文物的保护要与其收藏、利用相适应，如此才能保证纸质文物价值得以流传下去。

关键词　纸质　文物　损害　保护　技术

纸质文物作为历史文物传承与保护中的重要组成部分，在现有文物保护工作中占据着重要地位。纸质文物的损坏既有其内在的因素，又有外界环境的原因。如何安全妥善地保护好馆藏纸质文物，是博物馆义不容辞的职责。因此，对待纸质文物的损坏和保护环境应给予足够的重视。在加强传统技术的继承与改良的基础上，采取积极、科学、谨慎的态度，正确吸收和利用现代科学技术手段，使纸质文物的保护修复技术不断发展和提高。

贵州省博物馆馆藏纸质文物种类繁多，且多有或重或轻的病害。本文以贵州省博物馆为例，对纸质文物的损害与修复方法进行了分析。

---

* 全锐，女,（1981- ），馆员。研究方向：文物保护与技术研究。

一、纸质文物损害的成因

1.造纸原料与纤维素的结构特性

纸张文物的主要成分是植物纤维，制作的原料大概可以分为：木质纤维、种毛纤维、茎秆纤维、韧皮纤维。其主要包括藤、桑、稻草、棉、麻、麦秆、芦苇、竹类等。植物纤维主要由纤维素、半纤维素、木质素组成，其核心是纤维素。这些物质都可能因氧化、水解等作用而被破坏。纸张的纤维分子长，其强度就会较大，纤维的耐久性也好些。

2.纸张生产制作工艺的区别

纸张可分为手工纸和机制纸两种。在我国19世纪以前生产的纸，称为手工纸。手工法造纸加工缓慢，生产过程细致，残留在纸中的有害物质很少，纤维就不易受到损害，因此纸就坚固耐磨。这些纸保存成百上千年仍然完好如初。机制纸使用机械法制造，木质素无法去除，纤维就较粗短，又含有较多非纤维素，所以制造的纸张疏松而发脆，容易氧化变黄。采用机械法造纸，都会在纸浆中残留大量的酸性物质，使纤维素遭到破坏，从而降低纸张寿命。

3.温度异常

温度作为文物热能的量度参数，反映出热能在促进有机质文物变质的一种能量程度，高温将加速纸张变质，低温可延缓纸张的寿命。然而温度忽高忽低，对纸质文物的保护也是相当不利的。温度忽高，蒸发到空气中的水汽量就增加，空气就过于潮湿；反之，温度忽低，蒸发到空气中的水汽就突然减少，空气就过于干燥。温度忽高忽低，就会造成纸张中的纤维忽胀、忽缩，影响纸张纤维的抗张强度。

4.湿度不均衡

湿度是表示空气中水汽含量或干湿的程度。潮湿的环境不仅会使纸张变潮而发生水解，而且会使耐水性差的字迹褪色，变得模糊不清。长期处于潮湿环境的纸张文物，还会利于微生物的生长繁殖，使纸张霉烂、虫蛀、变质。还会加速其他有害物质，如大气中的二氧化碳、二氧化氮、二氧化硫等对纸质文物的损害。极易被潮湿的纸张中的水分所吸收形成腐蚀性更强的无机酸，也会加速纸张损坏。

5.光照因素

光主要是指紫外线对纸质文物的危害。一般认为是由光的热作用与光化学作用造成的。波长越短、频率越高，能量越大，辐射热就越强，因此光照强度过大会引起纸质文物变色和变脆。馆藏文物的库房、陈列室应该做到避光，合理储藏、陈列的照度标准。

6.有害气体的污染

空气污染问题主要随着工业生产发展、城市扩大以及人口增加而产生，同时影响着珍贵纸质文物的长期保存。排放的废气污染物，对纸质文物的危害日趋严重。空气污染物的来源主要分为：酸性气体包括二氧化硫、二氧化碳、硫化氢等，氧化性气体包括一氧化二氮、氯气、臭氧等。有害气体的污染会严重影响纸质文物的酸化和降低拉伸张力。

7.虫害

危害纸张的害虫种类繁多，导致纸张千疮百孔、污迹斑驳、残缺不全等，对纸张危害最为严重的害虫有书蠹、竹蠹、药材甲、书虱、蠹鱼、白蚁、烟草甲等。通过贵州省博物馆现有保护工作开展发现，虫害的出现大约在每年的6—8月份，由于该段时间内的温湿度和光照强度适合虫卵孵化，因而为虫害的出现创造了时机。贵州省博物馆库房及文物科技保护中心地处建筑负一层和负二层，由于室内湿度较大更容易滋生虫害。

8.霉菌问题

霉菌问题的出现与环境的改变具有重要关联，在纸质文物保护工作开展中，由于霉菌问题的存在，使得保护工作实施出现了一定的难度。霉菌问题的出现，会影响到纸质文物的保存和观赏。以贵州省博物馆为例，在现有保护中，较为常见的霉菌问题主要是曲菌、青霉菌等。霉菌在适宜的条件下滋生，附着在纸质表面，引起纸质表面出现霉斑，影响了纸质文物的观赏和保存。

9.人为因素

纸质文物在保管、流通、展览、查阅等过程中出现的管理不当、污染损坏修复不当等人为的负面现象。书画纸质文物在每一次展开、卷起的过程中，会出现不同程度的折痕。古籍如果翻阅次数较多，将会出现书口破损、中缝开裂、断线、缺角等情况。另外在修复、装裱过程中，也有使用不合适材料或手艺技术不精造成不可挽回的损失等现象。

二、博物馆如何有效地保护纸质文物

1.摸清家底

随着科学技术的不断发展，纸质文物保护的诸多问题也日益显现。只有摸清家底，查清纸质文物的残损情况，逐一登记，记录在案，才能做到心中有数。弄清状况后，再按级别价值、损坏程度和使用频率等将待修复的纸张文物进行分级，区别对待。级别越高、残损程度严重的应予以优先考虑。特别是需要抢救性修复的，一定要及时处理，建立完善、系统的修复方案，以免造成不可挽回的损失。除此之外，修复人员也定期对纸质文物进行病害普查工作，并将历次结果记录在案，随时掌握馆藏纸质文物的保存状况。

纸质文物种类十分丰富，包括碑帖、拓片、纸币、诰命、单据、契约、信札、书画、宣传单、证书、公帖、手卷、奖状、布告、报告、执照、手稿、条例、通知书、结业书、纪念册、手册、日记课本、口号、登记表、坦白书、简报、总结、应战书、悼词等。

2.培养专业技术人才

培养修复技术的专业人员队伍是做好该项工作的关键。纸质文物保护修复工作是项寂寞辛苦、枯燥乏味的工作，首先要具有高度的责任感和事业心。目前社会普遍对修复工作的重视程度不够，导致修复人员的工作条件和环境较差，造成人才流失、队伍逐步萎缩。要改变现状，首先要树立良好观念，正确认识此项工作的价值。其次是建立人才培养的机制。重视修复人员的培养和引进，努力创造良好的工作条件和环境。该专业技术人员的年龄及知识结构要合理，队伍搞好梯队建设。纸质文物修复是一门强调专业性、技术性和经验性的学问，应积极提供各种学习和交流的机会，以不断提高传统技艺与现代科技相结合的保护修复水平。

贵州省博物馆文物科技保护中心现有专业技术人员9人，中高级以上职称4人，涵盖历史、考古、美术、书法、化学等学科。分析检测1人、书画保护修复1人、金属保护修复1人、古籍和近现代文物保护修复2人、石质和瓷器保护修复人员2人、书画复制1人、内勤1人。每年馆里都会派出相关人员参加由国家文物局主办的各类文物保护与修复、新型技术在文物遗产保护中的应用、数字化保护等研修班及培训班，专业范围也包含文物保护、考古、材料学、计算机、环境科学、物理学、地质学等；关于纸质类的培训也包括馆藏书画文物的保护修复培训班、古籍保护修复培训班、碑帖鉴定与保护修复培训班、书画鉴定培训班。

3.重视纸张的预防性保护

预防性保护是指在不改变文物的物理特征和载体形式基础上的保护。改善保存条件，创造适合纸质文物存放的环境，延缓纸张的变质过程。其建筑应当根据纸张文物的特点进行设计和施工，要充分考虑到楼层采光、恒温恒湿、设备安装等诸多因素。在实施过程中遵循"以防为主，防治结合"的原则，掌握防火防潮、防强光直射、防尘防污染、防霉防虫等技术。

目前贵州省博物馆已经开展的预防性保护工作主要包括环境监测、微环境调控以及珍贵文物保存柜架囊匣。环境在线实时监测系统已经覆盖基本陈列厅以及临时展厅的部分重要展柜，监测数据稳定，为后期实施环境调控提供了基础依据。对于文物库房而言，受多种因素的限制，目前采取离线式监测，定期查看监测数据及结果。经过申请资金，2018年，库房的文物保存环境监测系统已覆盖；而对于微环境调控而言，目前微环境调控系统主要覆盖的区域包括第六临展厅及基本陈列的部分重要展柜。2018年12月，贵州省博物馆可移动文物预防性保护（二期）保存环境调控方案已经通过评审，并获得国家文物局专项补助经费426万。下一步将对展厅、库房展开微环境调控工作。

除此以外，科保中心有定期监测制度，定期对展厅、展柜以及文物库房的温湿度进行校核，对污染性气体（甲醛、有机挥发性气体、酸性气体）、黑白光照度等进行定期监测，做到及时发现、及时治理，为文物的保存和展示提供安全的环境。

4.继承传统技术的运用

文物保护技术的形成和发展，经历了相当漫长的过程。古人孜孜不倦地对保护和修复进行探索，不断开拓与创新，才让如此多的纸张文物保存下来。也足以说明，我国古代传统技术是非常丰富的，保护纸张文物需要借鉴古人长期积累的宝贵经验，另外也要充分利用现有的科学成果，采用新工艺和新方法。

纸张文物的传统保护技术主要包括：传统书画装潢与古籍装帧。举世公认的装裱技术为保存、修复大量的珍贵文献及书画艺术作品做出了不可磨灭的贡献，应该系统总结和发扬光大。古人在长期收藏的实践中，积累大量行之有效的保护经验。如古籍、书画防虫蛀蚀的措施"图书保护十法"。汉魏时期，采用黄蘖汁染纸避蠹的方法，古人还会在书橱放置麝香、樟脑、雄黄和云香草等用以驱虫。古文献记载有驱虫作用的草药多达十几种，效果显著。

在加强传统技术的继承与改良的基础之上，采取积极、科学的态度，正确吸收和利用现代科学技术手段，使保护修复技术不断发展和提高。

5.重视新技术的运用

（1）真空充氮杀虫灭菌消毒

真空充氮杀虫灭菌消毒机的选择，首先应根据馆藏纸质文物的特点来选定。危害纸质文物的主要因素是嗜吃的害虫和霉菌等。通过全面技术调研的比较来确定。采用真空充氮消毒纸质文物选择原则是:（1）能100%杀灭纸质文物中的害虫，100%杀灭害虫的虫卵、虫孢子。（2）能抑制和破坏霉菌的生长繁殖。（3）消毒的同时对纸质文物没有丝毫的影响。（4）消毒过程及消毒以后对人体、对环境没有丝毫影响。

因此消毒有利于纸质文物的长期管理和保存。消毒质量的好坏直接影响纸质文物保存寿命的长短，事实证明，采用不适宜的消毒方法，对纸张，对环境，对人体都会产生严重后果。

（2）纸质文物脱酸处理

测定纸质文物的酸碱度。纸张的酸性有的是由于年代久远变质所致，有的是在制造过程中遗留的，比如机制纸。纸张里的酸是引起纸张腐蚀、朽坏的重要原因。选取三张纸的三个点用酸碱度测试机对纸质文物的酸碱度进行检测，监测结果算一个平均值，一般而言pH值低于5.6就需要用特制的脱酸液进行脱酸，这样修复之后才更利于文物的保存。脱酸之前要对纸张进行晕染试验，跑墨则不能用浸泡的方式脱酸。贵州省博物馆馆藏纸质文物的脱酸液采用的是南京博物院按照1∶6的比例配成的纳米氢氧化镁溶液。把纸张依次用聚酯纤维膜隔开放入脱酸液，20分钟后捞起，再用蒸馏水清洗两遍捞起放在吸水纸上晾干即可。

（3）脱氧法文物保护技术

脱氧保护法的原理是去除密闭空间内的氧气，形成一个无氧的微环境（只剩氮气＝惰性气体），并能够长期保持，从而达到以下效果：防止害虫滋生；有虫害的，则可杀死其成虫、虫蛹、幼虫、虫卵；防霉；抑止霉菌繁殖；防止保存物氧化、锈蚀、老化和变色；防潮。

在无氧（绝氧）的环境中，害虫和霉菌无法生存或繁育。脱氧保护的目的是为文物提供一个稳定洁净的"微环境"，减缓文物的继续劣化和老化，为文物构建一个"时间静止、状态静止"的保护空间，以长期保存。

脱氧保护法采用RP保护材料（高阻隔性保护袋＋专用脱氧剂＋氧气指示剂）有如下几大特点：（1）实施简便：保护随时可做。无需复杂设备或特殊场地，不费太多人力；无需专业技能，一个课时即可掌握；随时随地都可进行保护作业。（2）无需大笔预算。钱多就多做，钱少则少做，不必等到获取一大笔专项资金。可先从易受馆藏环境影响的珍贵文物或保存状态较差的文物做起。该保护方法，尤其适合中小博物馆的文物保护。（3）效果实在，安心省心。可迅速解决几个基本问题：防虫、防霉、防潮、防变色、防有害气体侵蚀。在馆藏环境稳定的情况下，保护后的文物可做到在数年内"高枕无忧"。

（4）丝网加固技术

丝网加固技术是南京博物院荣获的文化部科技进步一等奖修复技术，现如今已经在全国各博物馆、档案馆、图书馆推广应用。该技术改善了脆弱托裱的加固问题，解决了双面带有文字和图片的纸张文物的修复问题。采用单根蚕丝织成的网状膜，并在丝网上喷涂热熔胶，加固纸张文物的时候只需要将耐热垫放下面，然后放上纸张文物，在纸张文物上放丝网，丝网上面放聚四氟乙烯薄膜，最后用电熨斗均匀地熨烫，让纸张和丝网粘连即可。加固后的纸张文物，文字和图片信息清晰可见，不影响视读和拍照。例如，贵州省博物馆馆藏纸质文物保护修复项目中的两件《新华日报》，以及大量抗战和解放战争中的革命文物都可以采用该技术。丝网加固技术具有操作简便、材料耐老化、性能优越等特点，不改变纸张本身的理化特性，可逆性好，不仅可用于纸张文物的保护加固，还可以加固馆藏比较脆弱的古代纺织品等文物。

（5）数码影像技术的运用

将先进的计算机数码影像系统引入纸质文物保护修复工作中，采用数码照相机对所要修复的古旧纸质文物进行拍照，详细记录原始病害情况，对损害严重部位进行细部拍照。对纸质文物的正反面也要进行拍照，方便纸质文物保护修复后前后的对比，记录保护修复的全过程。

采用二维及平面三维数字采集及复制系统技术的运用，使纸张文献达到存储、检索、传递、再生等目的，减少对文物的损害。2018年，贵州省博物馆采购一台CRUSE扫描机用于文物的信息采集和保护。特点如下：（1）CRUSE扫描仪采用的是平台真空吸阻方式，可以随时调节吸阻大小强度，从而达到可以与扫描品的实际情况匹配的最佳方式。（2）各种灯光组合扫描出想得到的扫描效果，还可以随意调节灯光的开闭组合、灯光的角度组合、灯光的远近。（3）真实再现物体表面材质，通过可变质地的特殊功能，随意调整被扫描物体表面材质凸凹的阴影强弱以得到不同的立体效果。（4）专利的CCD偏移技术可扫描出原稿中类似金色、银色等反光物质。（5）因使用专用红外及紫外线过滤装置或专用LED光源，可达到真正的无损扫描。（6）与时俱进，全套系统可以同时或局部环节升级，以不断更新国际最新科技技术成果。

综上所述，保护、修复纸质文物的关键，在于重视对纸质文物的预防性保护，进一步加强新技术的研究和探索。要对前人的经验、技术利用现代手段加以总结，使传统技艺不断发扬和提高。纸质文物的保护要与其收藏、利用相适应，才能保证纸质文物价值得以流传下去，这是博物馆义不容辞的职责，要充分认识其重要性和紧迫性。

纸质文物保护未来的发展方向，就是科学的保护与合理的利用，其宗旨也是为了充分挖掘自身价值的需要，确保纸质文物资料永久性地保护和利用。为了使这些珍贵的文物遗产能够得到安全妥善的保护，就必须加强管理、深化研究，针对工作中出现的新问题，继续探索和改进，不断提高修复人员的专业技术水平，进而采取正确有效的保护方法。唯有如此，才能继续在社会发展和文化继承中发挥其重要的作用。

[参考文献]

1. 王卓杰：《数字技术在图书馆文献保护工作中的应用》，载《图书情报工作》，1999（5）。

2. 潘吉星：《中国造纸技术史稿》，文物出版社，1979。

3. 南京博物院编：《纸质文物保护技术数据汇编》，1985。

4. 宋迪生等编：《文物与化学》，四川教育出版社，1991。

5. 故宫博物院修复厂裱画组:《书画的装裱与修复》，文物出版社，1981.

6. 奚三彩:《文物保护技术与材料》，台湾台南艺术学院，1999。

7. 王成兴、尹慧道主编:《文物保护技术》，安徽大学出版社，2005。

8. 南京博物院编:《中国书画文物修复导则》，译林出版社，2017。

下　篇

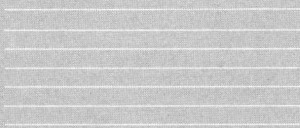

贵州省第一次可移动文物普查综述
及文物信息资源的利用

云海[*]

摘 要 2013年至2019年，在国务院统一部署下，贵州省完成了第一次可移动文物普查（以下简称"一普"）相关工作，各文博单位正将普查成果运用于文物工作各个方面。本次普查一方面摸清了文物家底、文物资源分布情况和保存现状，发现并弥补了文物工作过去存在的漏洞和不足；另一方面为科学、充分、合理的文物数字化保护利用，和在大数据时代建设良好的现代化文物信息生态环境奠定了基础，打开了局面，揭示了远景蓝图。本文对贵州省一普工作相关情况进行综述，对普查数据及发现的问题进行评论，对普查成果的利用进行了分析和建议，旨在与文博同仁共同探讨文物工作未来发展方向，更好地为社会提供高品质的文物资源共享服务。

关键词 第一次可移动文物普查 文物资源 文物信息利用

2013年到2017年，应《国务院关于开展第一次全国可移动文物普查的通知》（国发〔2012〕54号）文件要求，在国家文物局统一安排部署下，贵州省开展了为期四年的第一次可移动文物普查工作，得到了全省各相关部门和单位的大力支持，受到了社会各界的广泛关注。第一次全国可移动文物普查是新中国成立后，首次针对可移动文物开展的普查，是继第三次全国不可移动文物普查后文化遗产领域又一次重大国情国力调查，是确保国家文化安全、保障人民

──────────

* 云海，男，（1980- ），助理馆员。研究方向：文物信息数字化研究。

群众基本文化权益的重要措施，是健全国家文物保护体系的重要基础工作，将有利于掌握和科学评价我国文物资源情况和价值，加大文物保护力度，进一步促进文物资源整合利用，丰富公共文化服务内容，有效发挥文物在社会经济发展中的积极作用。

贵州可移动文物数量众多、种类丰富、特色鲜明、价值突出，红色革命文物、少数民族文物、古生物及古人类化石等，都是贵州历史文化和民族精神的实物见证及文化遗产资源的重要组成部分。本次普查的目的，是要了解我省国有文物资源分布情况，建立文物信息登录制度，健全文物保护体系，全面掌握文物保存状况和保护需求，实现文物资源动态管理，推进信息资源社会共享。在省人民政府的领导及全社会的支持下，全省文物工作者、各有关部门和单位共同努力，本次普查中共调查省内国有单位36076家，反馈有文物的国有单位654家，经认定确定收藏有文物的国有单位307家，共申报文物藏品146918件（套），新发现、新认定文物50643件（套），协助292家收藏单位新建或重建了藏品账目及档案，为87897件（套）文物新建了藏品账目及档案。所有藏品均完成了国家普查平台的登录及省级审核工作，全面完成了各项普查工作任务，基本摸清了贵州省国有文物家底，取得了丰硕的成果。

普查过程中，我们也发现贵州文物工作基础薄弱，专业人才不足，硬件条件落后，社会对文物保护工作的理解和认识不够，文物资源向社会提供服务的程度较低等问题。我们要以普查为契机，提高对文物保护工作的重视程度，加大对文物基础工作的投入力度，培养更多文物专业人才，积极向社会宣传文物保护的概念和社会意义，促进文化产品的开发，进一步向社会提供更丰富、更优质的公关文化服务。

"让文物活起来"是中共中央总书记习近平对全国文物工作者提出的要求。可移动文物普查，对于提高我省文物保护管理水平，培养、锻炼文物保护队伍，增强全社会文化遗产保护意识，发挥文物资源在社会精神文明建设中的作用，丰富人民群众的精神文化生活具有重要意义。在实现贵州中国梦的征程中，特别需要构筑"精神高地"，特别需要有文化作为和文化贡献。做好可移动文物普查，有利于进一步推动我省多民族文化大发展大繁荣，对贵州建设文化强省，提升贵州中国梦的向心力和凝聚力具有十分重要的意义。

一、贵州省普查数据

（一）收藏有可移动文物的国有单位情况

经第一次全国可移动文物普查，贵州省共有国有可移动文物收藏单位307家，收藏国有文物146918件（套），保管人员510人，库房面积37131.88平方米。按隶属关系：中央属单位0家、省属单位13家、地市属收藏单位38家、区县属收藏单位229家、乡镇街道属收藏单位23家、其他4家。比例分别为：0%、4%、13%、74%、8%、1%。（图1）

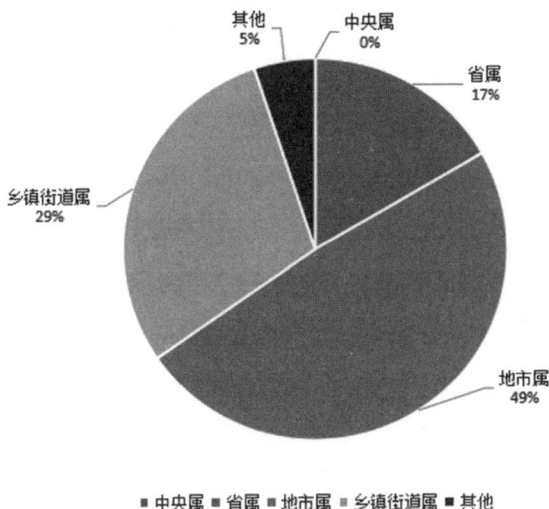

图1 贵州省国有收藏单位隶属关系分析图

贵州省国有收藏单位隶属关系分析图按单位性质：国家机关50家，事业单位256家，国有企业、国有控股企业4家，其他3家。比例分别为：16%、

82%、1%、1%。（图2）

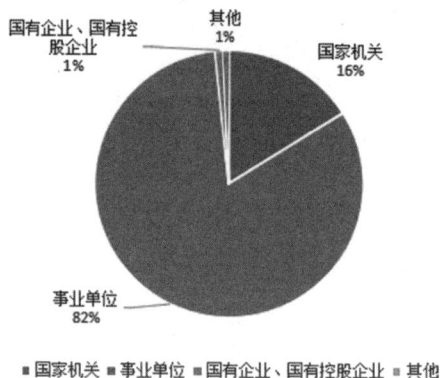

图2 贵州省国有收藏单位性质分析图

按单位类型：博物馆、纪念馆77家，图书馆29家，美术馆0家，档案馆29家，其他178家。比例分别为：25%、9%、0%、9%、57%。（图3）

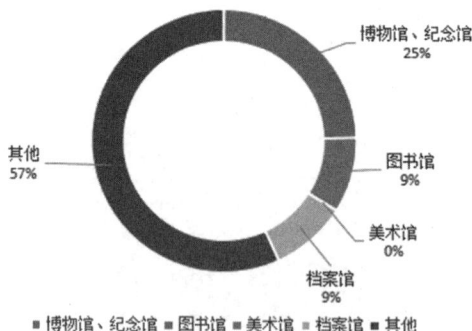

图3 贵州省国有收藏单位类型分析图

按行业分布：农、林、牧、渔业1家，占国有收藏单位总数的0.3%；采矿业0家，占国有收藏单位总数的0%；制造业1家，占国有收藏单位总数的0.3%；电力、热力、燃气及水生产和供应业0家，占国有收藏单位总数的0%；建筑业1家，占国有收藏单位总数的0.3%；批发和零售业0家，占国有收藏单位总数的 0%；交通运输、仓储和邮政业 2 家，占国有收藏单位总数的 0.7%；住宿和餐饮业 1 家，占国有收藏单位总数的 0.3%；信息传输、软件和信息技术服务业 0 家，占国有收藏单位总数的 0%；批发和零售业 0 家，占国有收藏单位总数的 0%；住宿和餐饮业 1 家，占国有收藏单位总数的 0.3%；金融业 0 家，占国有收藏单位总数的 0%；房地产业 0 家，占国有收藏单位总数的 0%；租赁和商务服务业 0 家，占国有收藏单位总数的 0%；科学研究和技术服务业 2 家，占国有收藏单位总数的 0.7%；水利、环境和公共设施管理业 0 家，占国有收藏单位总数的 0%；居民服务、修理和其他服务业 1 家，占国有收藏单位总数的 0.3%；教育 39 家，占国有收藏单位总数的 12%；卫生和社会工作 0 家，占国有收藏单位总数的 0%；文化、体育和娱乐业 196 家，占国有收藏单位总数的 64%；公共管理、社会保障和社会组织 69 家，占国有收藏单位总数的 22%；国际组织 0 家，占国有收藏单位总数的 0%。（图 4 ）

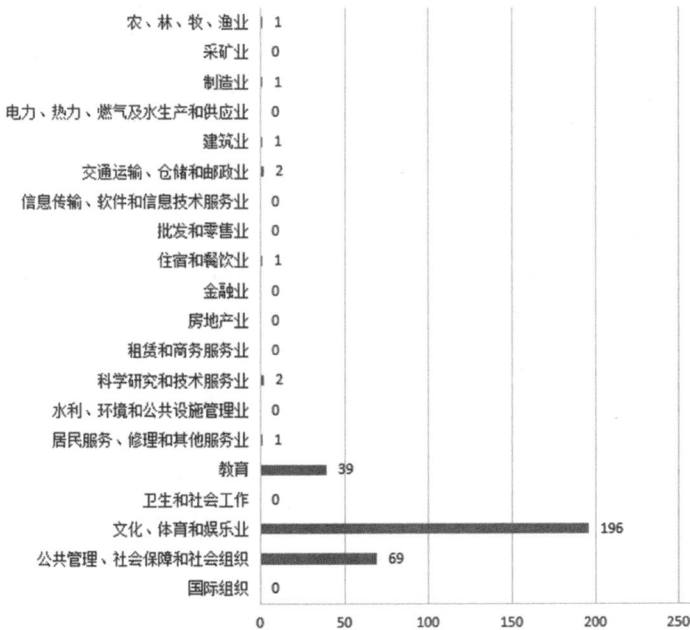

图 4 贵州省国有收藏单位行业分析图

（二）国有可移动文物数量及分布

经第一次全国可移动文物普查，贵州省国有可移动文物收藏量为146918件（套）。

按单位隶属关系：中央属收藏单位收藏可移动文物0件（套），省属收藏单位收藏可移动文物36972件（套），地市属收藏单位收藏可移动文物111127件（套），区县属收藏单位收藏可移动文物38634件（套），乡镇街道属收藏单位收藏可移动文物562件（套），其他收藏可移动文物206件（套）。（图5）

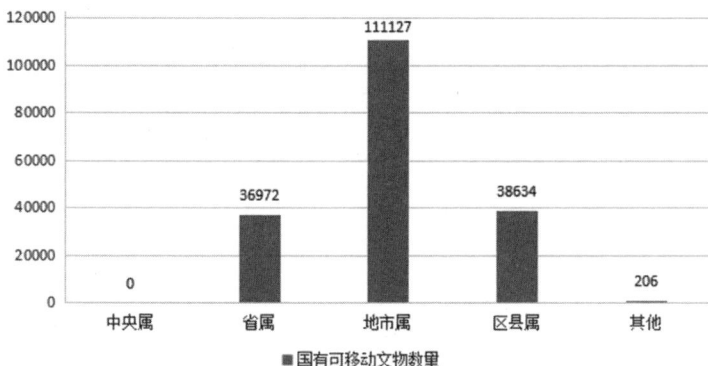

图5　贵州省国有可移动文物按收藏单位隶属关系分析图

按单位性质：国家机关收藏可移动文物1769件（套），占全省可移动文物总量的0.95%；事业单位收藏可移动文物147862件（套），占全省可移动文物总量的80.3%；国有企业、国有控股企业收藏可移动文物34404件（套），占全省可移动文物总量的18.69%；其他单位收藏可移动文物61件（套），占全省可移动文物总量的0.06%。（图6）

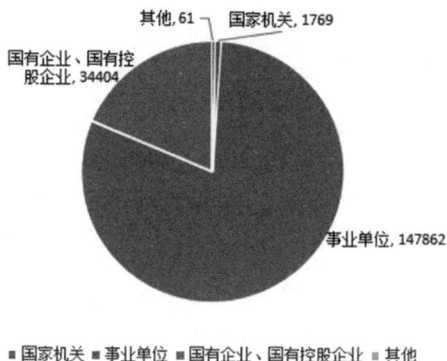

图6　贵州省国有可移动文物按收藏单位性质分析图

　　按单位类型：博物馆、纪念馆收藏可移动文物106646件（套），占全省可移动文物总量的57.94%；图书馆收藏可移动文物11832件（套），占全省可移动文物总量的6.42%；美术馆收藏可移动文物0件（套），占全省可移动文物总量的0%；档案馆收藏可移动文物4462件（套），占全省可移动文物总量的2.42%；其他单位收藏可移动文物61129件（套），占全省可移动文物总量的29.22%。（图7）

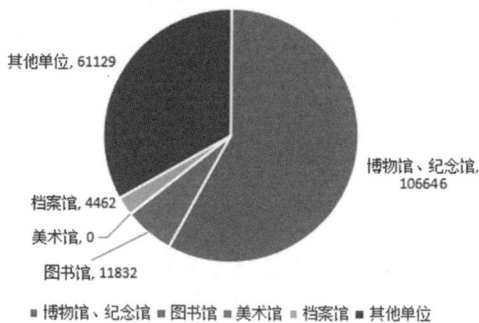

图7　贵州省国有可移动文物按收藏单位类型分析图

　　按单位行业：农、林、牧、渔业收藏国有可移动文物1件（套）；采矿业收藏国有可移动文物0件（套），制造业收藏国有可移动文物40件（套），电力、热力、燃气及水生产和供应业收藏国有可移动文物0件（套），建筑业收藏国有可移动文物6件（套），批发和零售业收藏国有可移动文物0件（套），交通运输、仓储和邮政业收藏国有可移动文物15件（套），住宿和餐饮业收藏国有可移动文物9件（套），信息传输、软件和信息技术服务业收藏国有可移动文物0件（套），金融业收藏国有可移动文物0件（套），房地产业收藏国有可移动文物0件（套），租赁和商务服务业收藏国有可移动文物0件（套），科学研究和技术服务业收藏国有可移动文物50件（套），水利、环境和公共设施管理业收藏国有可移动文物0件（套），居民服务、修理和其他服务业收藏国有可移动文物3件（套），教育行业收藏国有可移动文物1397件（套），卫生和社会工作行业收藏国有可移动文物0件（套），文化、体育和娱乐业收藏国有可移动文物179400件（套），公共管理、社会保障和社会组织行业收藏国有可移动文物3148件（套），国际组织收藏国有可移动文物0件（套）。（图8）

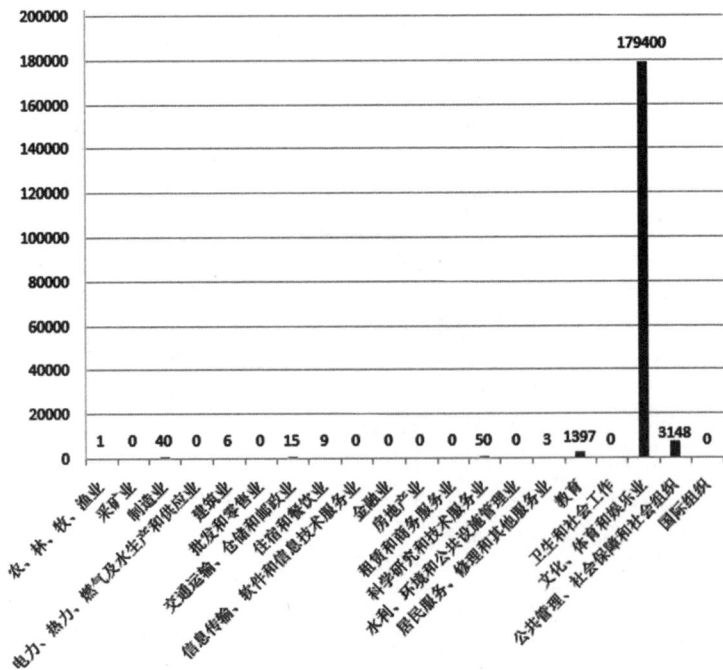

图8　贵州省国有可移动文物按收藏单位行业分析图

按藏品来源：征集购买91834件（套），占全省可移动文物总量的49.89%；接受捐赠20917件（套），占全省可移动文物总量的11.36%；依法交换46件（套），占全省可移动文物总量的0.05%；拨交7625件（套），占全省可移动文物总量的4.14%；移交21932件（套），占全省可移动文物总量的11.91%；旧藏21365件（套），占全省可移动文物总量的11.6%；发掘15966件（套），占全省可移动文物总量的8.67%；采集2514件（套），占全省可移动文物总量的1.36%；拣选506件（套），占全省可移动文物总量的0.27%；其他1391件（套），占全省可移动文物总量的0.75%。（图9）

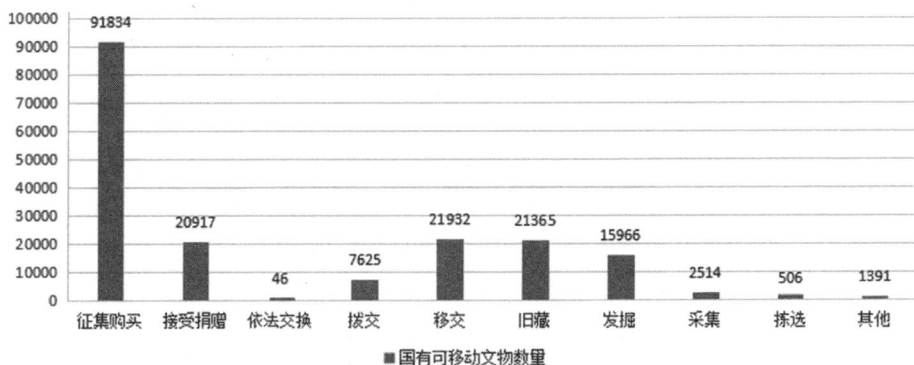

图9　贵州省国有可移动文物按收藏品来源分析图

　　按藏品类别：玉石器、宝石类11362件（套），陶器类文物3812件（套），瓷器类18314件（套），铜器类4066件（套），金银器类7908件（套），铁器、其他金属器类3114件（套），漆器类172件（套），雕塑、造像类692件（套），石器、石刻、砖瓦类6764件（套），书法、绘画类9749件（套），文具类598件（套），甲骨类9件（套），玺印符牌类902件（套），钱币类26975件（套），牙骨角器类931件（套），竹木雕类4006件（套），家具类1085件（套），珐琅器类9件（套），织绣类24511件（套），古籍图书类21932件（套），碑帖拓本类3207件（套），武器类1323件（套），邮品类189件（套），文件、宣传品类

13119件（套），档案文书类6620件（套），名人遗物类328件（套），玻璃器类172件（套），乐器、法器类1456件（套），皮革类189件（套），音像制品类105件（套），票据类1425件（套），交通、运输工具类33件（套），度量衡器类164件（套），标本、化石类2814件（套），其他类6041件（套）。（图10）

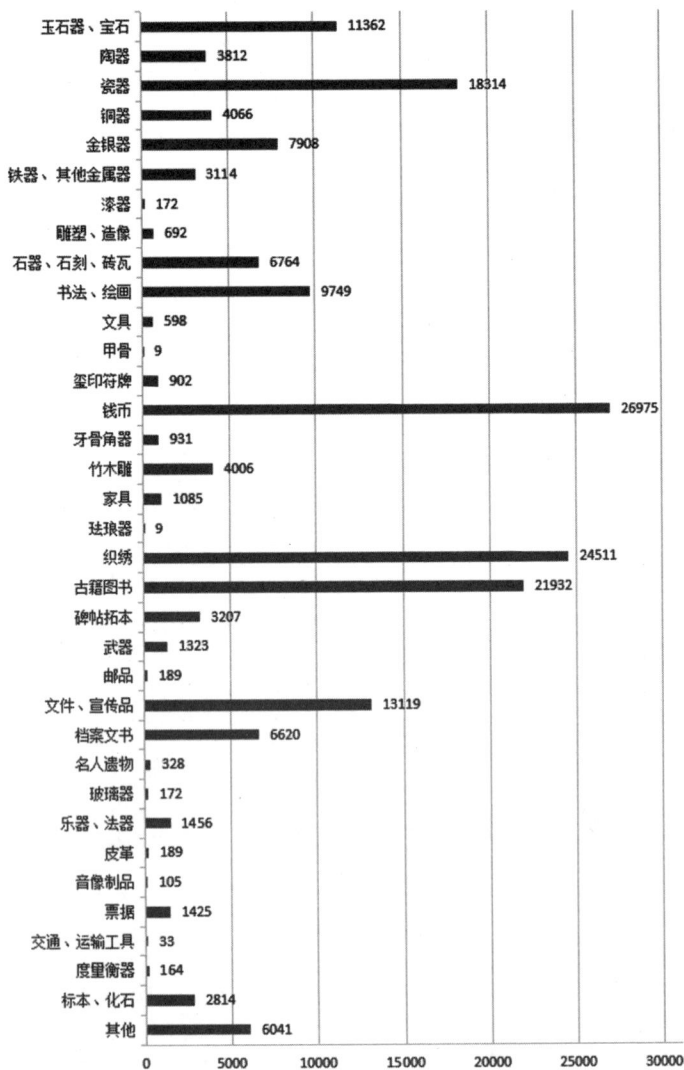

图10　贵州省国有可移动文物按藏品类别分析图

按藏品级别：一级文物874件（套），占全省可移动文物总量的0.47%；二级文物2106件（套），占全省可移动文物总量的1.15%；三级文物7971件（套），占全省可移动文物总量的4.33%；一般文物33045件（套），占全省可移动文物总量的17.95%；未定级文物140100件（套），占全省可移动文物总量的76.1%。（图11）

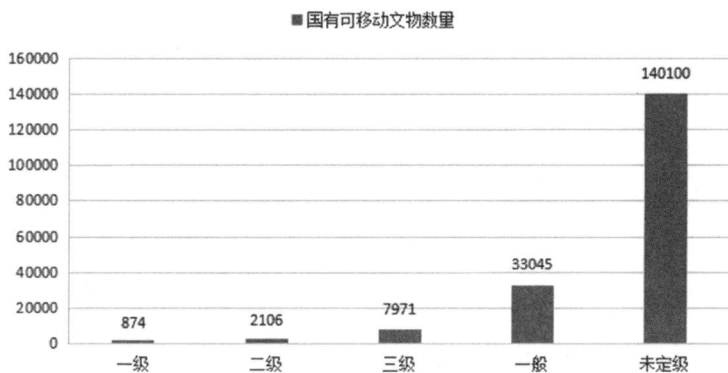

图11 贵州省国有可移动文物按藏品级别分析图

按藏品完残程度：完整71739件（套），占全省可移动文物总量的38.97%；基本完整90015件（套），占全省可移动文物总量的48.9%；残缺17694件（套），占全省可移动文物总量的9.61%；严重残缺（包括缺失部件）4648件（套），占全省可移动文物总量的2.52%。（图12）

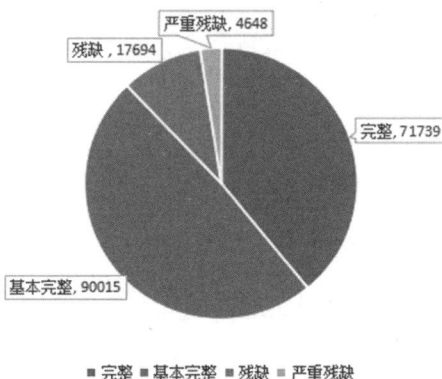

图12 贵州省国有可移动文物按藏品完残程度分析图

按藏品入藏时间：1949年10月1日前收藏国有可移动文物1041件（套），占全省可移动文物总量的0.57%；1949年10月1日—1965年收藏国有可移动文物24510件（套），占全省可移动文物总量的13.31%；1966—1976年收藏国有可移动文物7187件（套），占全省可移动文物总量的3.9%；1977—2000年收藏国有可移动文物71650件（套），占全省可移动文物总量的38.92%；2001年至今收藏国有可移动文物79708件（套），占全省可移动文物总量的43.3%。（图13）

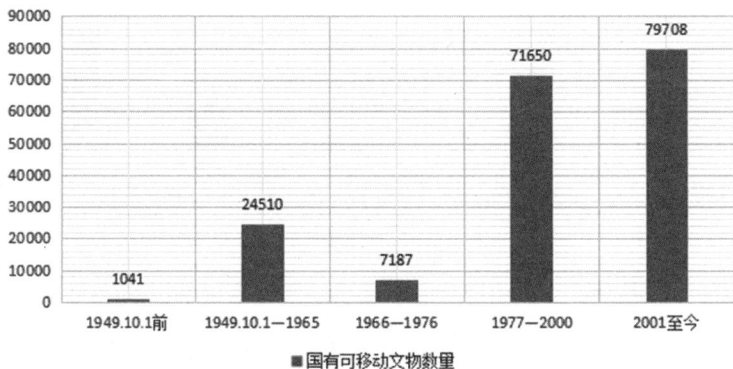

图13　贵州省国有可移动文物按藏品入藏时间分析图

二、贵州省普查工作实施情况

（一）普查组织机构的建立

1.普查机构的建立

根据《国务院关于开展第一次全国可移动文物普查的通知》（国发〔2012〕54号）文件要求，贵州省文物局从2012年底开始准备普查相关工作。2013年6月6日，贵州省人民政府印发了《省人民政府关于开展第一次可移动文物普查的通知》（黔府发〔2013〕13号），建立了由分管副省长负责的贵州省第一次可移动文物普查工作机制，统筹协调解决普查工作涉及的重大问题。省文物局负责具体工作的组织和协调，随即组建了贵州省第一次可移动文物普查办公室，确定了由省政府办公厅、省文化厅、省委宣传部等20个部门共同参与的贵州省第一次可移动文物普查联席会议制度。我省10个市、州（含贵安新区）均建立了市州级普查办，区县级普查办建立了92个（含88个区县和4个特区），标志着我省普查工作正式启动。

本次普查范围包括贵州省行政区域内各级国家机关、事业单位、国有企业和国有控股企业等各类国有单位收藏保管的国有可移动文物。为有效推动普查工作，省文物局分别和省文化厅、省教育厅、省民政厅、省国资委、省档案局联合转发了国家文物局和文化部、教育部、民政部、国务院国资委、国家档案局关于积极做好各部门普查工作的通知，并根据贵州实际情况，分别与省民委、省宗教局、省委党史研究室联合印发了关于积极做好民族、宗教、党史部门普查工作的通知，并与省财政厅联合转发了关于普查经费保障与管理的通知。文物部门与这9个行业系统的联系协调机制，明确了普查的任务和责任，提供了普查技术支持，为积极争取各行业系统的理解和配合打下了基础。另外，根据我省文物专家和技术人才力量主要集中在各大型专业文博收藏单位的实际情况，省普查办要求并指导省博物馆、省民族博物馆、省考古研究所、省图书馆等4家省级重点收藏单位建立了由分管领导负责的普查工作组，以单位自身专家及技术人才为主力，自行开展并协助省普查办推进普查工作。并和贵州大学、贵州画院、贵州茅台酒厂（集团）公司等9家省属国有收藏单位建立了普查联系机制，加入省级专家和技术人员力量协助其开展各项普查具体工作。

2.普查实施方案

2013年7月17日，贵州省政府召开了贵州省第一次可移动文物普查电视电话会议，贯彻落实国务院第一次全国可移动文物普查电视电话会议精神，安排部署全省第一次可移动文物普查工作。分管文化的副省长何力出席会议并作重要讲话。省文化厅、省文物局领导介绍了贵州省第一次可移动文物普查前期工作情况，并就全省普查工作安排以及具体问题作了说明。省财政厅领导代表有关部门作了发言。7月25日，省普查办印发了《贵州省第一次可移动文物普查工作方案》（黔文物普查发〔2013〕1号），明确了普查的意义、目标、范围和内容，根据属地管理、分级负责的原则，按照属地调查与行业调查相结合、单位自查申报与集中调查相结合、传统调查方法和新技术应用相结合的原则，确定可移动文物普查技术路线。本次普查将统一标准，规范登记，统一平台，联网直报，以县域为单位，各国有单位按照属地原则，在所在区（县）普查机构完成普查登记。确立了各级普查组织机构的职责。确立了普查的重要时间节点和分三个阶段进行的工作部署：第一阶段，建立机构、编制方案、组建队伍、开展培训和试点工作，以县（市、区）域为基础，开展国有单位收藏文物情况调查及普查登记；第二阶段，开展文物认定，文物信息采集、数据审核、整理等，全面完成信息数据登录；第三阶段进行普查资料的整理、汇总和公布普查成果。全省10个市州、92个区县随后陆续印发普查通知及工作方案，贵州省普查工作全面展开。

3.普查经费保障

2013年8月8日，省财政厅、省文化厅、省文物局三家单位联合转发了《财政部 国家文物局关于加强第一次全国可移动文物普查经费保障与管理的通知》（黔财教〔2013〕121号），明确要求此次普查经费由同级财政负责，各市（州）、区（县）要认真按照省政府要求，切实将可移动文物普查所需经费列入统计财政预算，专款专用。对普查经费落实得好，保障有力的市（州）、区（县），省级财政、文物部门在分配中央及省级文物专项经费时予以倾斜。要求各地财政文物部门要合理安排预算，建章立制、加强管理，规范资金支出渠道和开支范围，把资金管好用好，确保每一分钱都用在刀刃上。在普查工作中，应充分利用现有成果和条件，在已有文物数据中心的统一平台上完成各项技术工作。要按照中央八项规定和厉行节约、反对浪费的要求，在确保普查任务完成的同时，避免重复建设、资源浪费。同时，各地财政部门要切实加强文物普查资金使用情况的监管，加强普查中的国有资产管理，防止国有资产流失，提高资金使用的安全性和有效性。2014年6月12日，省财政厅、省文物局联合下发《关于开展第一次全国可移动文物普查经费保障专项督查工作的通知》(黔财教〔2014〕68号)，肯定了积极落实普查经费、推进普查工作、取得的阶段性成果。针对一些地方仍然存在普查经费不落实，影响普查工作顺利开展的问题，对各地普查经费保障情况进行专项督查。要求各市、州财政部门和文化文物部门成立联合督查组，全面开展自查并对本行政区域进行督查，汇总本级及所辖各区县普查经费落实情况，6月30日前将自查(督查)报告和《第一次全国可移动文物普查经费落实情况表》分别报送省财政厅和省文物局。省财政厅、省文物局将根据情况进行实地重点督查，督查结果向财政部和国家文物局作专题报告。这次自查与督查工作同步展开，及时发现了普查经费预算安排和实际落实过程中存在的问题，督促各地落实普查经费列入年度财政预算，专项安排，及时足额拨付到位，为一些经费落实不到位、影响普查工作进展的地区争取了财政支持。

四年来，全省共计落实普查经费约2467.89万元，其中省级经费542万元，市州级经费640.71万元，区县级经费1285.18万元；2013年落实经费561.01万元，2014年落实经费780.17万元，2015年落实经费637.51万元，2016年落实经费489.2万元，为普查工作的推进提供了必要的财力支持。普查期间，省级和各市(州)都得到足额的经费保障，但由于贵州整体经济情况较为落后，财政困难的贫困地区还有很多，部分区、县普查经费落实情况不理想，个别地区存在没有专项经费，只能从文物工作经费中分拨，到位率很低的情况。贵州省文博工作者充分发挥了有条件要上，没有条件也要上的责任态度和工作热情，没有拍摄条件就自己爬梯子搭架子，没有相机就自己借或找影楼朋友帮忙，没有多余的人手就一个人从拍摄、测量、登记到平台登录报送全包，克服各种困难和不利条件，只为保证普查工作不受影响。省普查办了解相关情况后，从省级可移动文物普查经费中，多次向重点收藏单位，各市（州）、区（县）拨付普查专项经费共计300余万元，督促各级普查办切实了解基层实际需求，提供各类硬件设备支持，在做好普查工作的同时也要做好可移动文物保护的基础性工作。

4.普查队伍建设

根据普查工作方案要求，全省各级普查办均建立了普查队伍，普查员实行统一登记，持证上岗，分级管理，全员培训。全省共1419人申领了普查员证，参与普查工作的人员共3108人，其中省级普查工作人员193人，市州级417人，区县级2498人；各级普查办936人，收藏单位801人，普查专家219人，参与普查的志愿者有1152人。根据我省实际情况，区县级普查办难以组织专家力量进行认定或审核，市州级普查办主动承担了大部分技术支援工作。形成了以省普查办为核心，各市、州普查办具体操作、具体负责，省级专家组实地督查指导，上下联动的工作机制。普查期间，经调查，除了贵安新区没有国有单位收藏有文物外，省普查办工作组和省级专家组走遍贵州九个市州、几十个重点区县普查办及各大收藏单位，解决了大量基层遇到的实际问题和困难，督促改进工作方法和工作思路，为有效推进我省普查工作进度提供了人员保障。贵州省的普查志愿者主要来自各大高校，以历史、考古等相关专业的在校大学生为主，主要负责协助各大收藏单位的文物信息采集和录入工作。专业对口的志愿者一方面发挥了自身专业的特长能更快地熟悉工作，另一方面也从大量文物实践工作中增长了见识，积累了宝贵的经验，为贵州省文博系统培养、锻炼了后备人才力量。

（二）普查工作的实施

1.单位调查

2013年8月23日，贵州省普查办印发了《关于认真做好贵州省第一次可移动文物普查工作的通知》（黔文物普查发〔2013〕2号），进一步对普查工作中应提高认识，建立机构，开展单位调查，规范标准和宣传动员等工作进行强调和要求。9月到10月，省普查办工作组对部门市级、区县级普查办及重要收藏单位开展了实地调研。10月25日印发了《关于我省第一次可移动文物普查第一阶段工作中若干问题的通报》（黔文物普查发〔2013〕7号），就普查启动以来各地的工作进度及出现的问题进行了通报，针对个别单位或市、州普查办落实工作不到位，单位调查进度滞后，调查数据存在疑问等情况，进行了严肃批评并限期改正。由于行动迅速，措施得力，贵州省国有单位收藏文物情况调查工作进展顺利，2014年1月初及时向国家普查办上报了贵州省国有单位汇总表和反馈有文物的国有单位汇总表，之后又抓紧开展了复查工作，对反馈有文物的单位名单再次核实确认，为开展专家认定工作打下了基础。

根据本次普查要做到全面覆盖所有国有单位，摸清国有文物家底的工作要求，贵州省依照属地管理原则，各级普查办从当地编办、统计、工商等部门获取国有单位名单，相互对照填补删重，形成基础名单。然后通过电话或实地查访，将已合并、撤销、改制和正在组建中的单位删除，最终形成以区县级为单位的行政区域内国有单位名录。全省共计国有单位36076家，其中国家机关8149家，事业单位24223家，国有企业及国有控股企业3197家，其他类别国有单位507家。共发放《国有单位文物收藏情况调查登记表》36076份，覆盖率达到100%，各级普查办分工协作，层层落实，力求做到普查登记不遗漏、不错发、不交叉。全体普查员任劳任怨，主动投入，认真负责，把普查登记和普查宣传结合起来，对调查单位耐心解答，争取绝大多数单位的理解与配合。

第一阶段贵州省反馈有疑似文物的国有单位有653家，占登记国有单位总数的1.81%。博物馆、纪念馆和陈列馆等专业文物收藏单位74家，图书馆34家，档案馆8家，其他国有单位537家，非文物收藏单位占反馈有文物的单位为82.2%。653家国有单位分布于19类行业、系统，所占比例较大的集中在文化文物、体育和娱乐业（299家，所占比例为45.7%）、公共管理和社会组织（214家，所占比例为32.7%）、教育（86家，所占比例为13.2%）等三类；其他16类行业、系统共计54家，所占比例为8.2%。经过反复核实，并组织专家组进行认定筛选后，最终确定收藏有文物的国有单位共307家，含省属单位13家，地市属单位38家，区县属单位256家，全部在国家普查平台上进行了账号注册并已维护单位信息。

2.文物认定

2014年3月6日，省普查办下发《关于认真做好我省第一次可移动文物普查第二阶段准备工作的通知》（黔文物普查发〔2014〕1号），要求各级普查办继续做好第一阶段国有单位文物收藏情况调查的复查工作，并统计所有文博单位及非文博单位保管藏品的属别、数量和大致分类，为开展专家组文物认定工作提供基础数据。经过复查和统计，贵州省国有非文博单位共计446家，待认定文物数量71872件（套）。在非文博单位中，中央属及省属单位32家，待认定文物32230件（套），地市属单位29家，待认定文物9654件（套），县区属及街道和其他单位17家，待认定文物59件（套）。待认定文物主要类型有书籍、印章、革命文物、民族文物、金银器、石器、陶器、化石等，各地根据文物资源分布情况和类别侧重，组建专家组准备开始认定工作。

2014年7月，省普查办组织召开了普查工作会议并举办了全省可移动文物信息采集及登录平台骨干培训班，特邀国家普查办相关老师进行了国家文物信息登录平台相关操作的培训，省内专家也就文物认定，信息采集和拍摄等实际操作工作方法和标准进行了授课，贵州省普查第二阶段工作全面展开。截至8月，安顺市、铜仁市、黔西南州等市州已经成立了专家认定组，奔赴各区（县）指导开展文物认定工作。贵安新区针对工作重点和难点，到反馈有文物的万华禅寺、白马寺等宗教单位进行了实地调研，最终确认辖区内反馈疑似有文物的几家单位的藏品都属于私人所有，不属于本次普查范围。六盘水市赴辖区内各区（县）开展专项督查，对发现的问题提出了针对性解决方案。在文物认定工作开展过程中，也遇到了新的困难和问题，主要表现在：（1）各级普查办普遍缺乏专职工作人员、文物拍摄和电脑操作技术人员；（2）县级普查办基本上无可移动文物专家，无法独立完成文物认定工作；（3）个别区（县）由于领导重视不够，普查经费仍然没有落实，特别是对普查工作必要的硬件设备投入认识不足，以致文物信息采集和数据录入等工作不能开展；（4）部分市（州）普查办对工作中存在的问题缺少有效解决方法。省普查办根据各地工作进展，加强调研，及时总结推广普查工作中各地的有益方法和经验，及时发现并解决问题，扎实推进全省可移动普查工作。2014年10月，省普查办印发了《关于加快推进我省可移动文物普查文物认定和数据采集报送等工作的通知》（黔文物普查发〔2014〕5号），对文物认定工作的进度和计划提出了具体的时间要求，要求各地倒排工期，逐月制定完成计划并汇报进展程度，省普查办定期全省通报各地完成情况，并对进度不理想的市、州予以指导督促。至2014年底，我省各级专家组对反馈有文物的收藏单位全部完成了认定工作，共认定文物50643件（套），协助292家收藏单位新建或重建了藏品账目及档案，为87897件（套）文物新建了藏品账目及档案。

3. 数据登录

贵州省从2014年7月全面开始普查文物数据平台登录工作。省级和市州级人才力量较强的各大专业文博单位独力开展文物信息采集和平台登录工作，各级普查办主动承担起不具备专业知识和缺乏专业人员的非文博国有收藏单位的文物信息采集和平台登录工作。受重视程度不够、技术力量有限、基础资料薄弱、对"统一平台，联网直报"工作模式不熟练等因素影响，贵州省至2014年底共登录藏品数量17435件（套），含珍贵藏品1018件（套），只完成了总申报量15%左右的登录工作，九个市、州中，有四个没有达到省普查办要求完成的20%的登录量，其中两家不到10%，进度不够理想。

2015年，贵州省调整工作思路，加强培训和监督。5月25日全省普查工作会议及骨干培训班之后，省普查办实地督查指导工作，要求各市、州普查办根据实际工作量，合理制定下半年月度工作计划。省普查办每月月初公布进度排名，根据各地报送的进度计划严格核查，一次不达标点名督促，两次不达标全省通报，责令整改。至6月15日，全省平台登录藏品总量达41140件（套）。其中六盘水市表现最为突出，20天内新增登录文物藏品信息近5000件（套），登录总量超过11000件（套），全市藏品登录进度已完成80%，居各市、州首位。黔东南州登录总量超过8200件（套），居全省第二位。省级文物收藏单位中，贵州省民族博物馆已登录文物4200余件（套），起到了良好的示范带头作用。至2015年12月，全省共完成平台信息登录117793件（套），所有市、州均完成了藏品申报量的平台登录工作，省属收藏单位中，除省博物馆外，其余均完成了普查平台登录工作。2016年，我们一方面加强对尚未完成登录工作的省博物馆进行督导，另一方面对已登录信息进行质量管理，并完成了古籍收藏单位由古籍登录平台至文物普查登录平台的数据转换工作。至2016年8月底，我省共计登录藏品信息146918件（套），完成率100%，按计划达到了普查登录工作目标。

4. 数据审核

2015年5月，省普查办举办全省第一次可移动文物普查数据审核骨干培训班，就普查进度管理与质量控制、普查数据安全与数据管理、普查数据审核工作流程及要求等问题，做了专项培训。6月下发《关于做好我省第一次可移动文物普查信息登录及审核工作的通知》（黔文物普查发〔2015〕2号），要求各级普查办充分认识到数据审核是普查质量控制的关键，确保文物登录信息真实、完整、准确的重要性。省普查办从收藏单位及市州级普查办中抽选精兵强将，组成省级普查专家组，统一协调，分片包干，责任到人，具体指导省属单位和各市、州的普查技术问题，并承担起文物认定及信息审核等大量业务工作，成为确保普查进度和质量管理的关键。2016年初登录工作基本完成后，省级终审和各市、州自审工作同步展开。省级专家组按市、州和文物类别分配审核任务，责任到人，和市、州普查办负责人一对一互动，及时反馈审核修改意见，一条条文物信息，一个个指标项的审核，付出了艰苦繁重的劳动，修改完善了大量错漏信息，大幅提高贵州省普查数据质量。为了加快审核进度，省普查办又向国家普查办申请，赴北京拷回全省所有离线数据，极大地提高了专家组审核修改的效率。至2016年8月底，贵州省146918件（套）藏品信息，全部完成了省级审核并交付国家文物信息中心，等待导入普查平台。

（三）宣传动员

根据普查工作方案，为了给普查工作营造良好的社会氛围和舆论氛围，贵州省各级普查机构组织了形式多样的普查宣传活动。四年来，贵州省各级共组织普查电视宣传884次，互联网可搜索到的贵州普查相关报道263次，报刊227次，印发海报或宣传册页20余万份，出版或计划出版书籍4000本以上，利用5·18国际博物馆日、文化遗产日等重要节日，组织志愿者进行广泛宣传，通过张贴海报、发宣折页、挂横幅、播放LED屏、知识问答、文艺表演等方式，向市民宣传有关文物普查及文物保护的概念、目标、成果等。其中，以2016年国际博物馆日宣传活动声势最为浩大。此次宣传活动由省文物局主办，贵阳市文物局承办，省、市联动，组织相关区县普查办、志愿者、民办博物馆在筑城广场、市级行政中心进行宣传，主要以宣传展板、发放册页、省博专家现场解说等方式向参观群众展示全省普查成果，之后又到周边各区（县）进行了为期一个月的巡展。广播、电视、网络等多家媒体争相报道了本次活动，省级官方媒体《贵州都市报》头版及两个专版进行了详细报道，取得良好的社会效益，提高了可移动文物普查在民众中的认知度，普及了文物保护的意识。

（四）质量控制

1.普查培训

自2013年9月全省第一次普查骨干培训班起，贵州省各级四年来共组织开展培训381次，培训了11521人次，其中省普查办召开的全省培训共9次，培训人次973人；市州级培训61次，培训人次1680人；区县级培训311次，培训人次8868人。根据不同工作环节的具体要求，就普查概念、单位调查、文物认定、平台登录、审核报送等内容陆续开展培训：2013年，主要就第一次可移动文物普查方案、普查工作流程、普查信息登录平台等内容，包括可移动文物普查组织实施方法、单位调查步骤，并对《普查工作手册》进行解读，共培训人员7557人次，为普查工作的启动和国有单位文物收藏情况调查阶段的工作打下了基础；2014年，主要就文物认定、信息采集及填表流程，文物影像拍摄及信息登录，文物信息登录平台相关操作，普查办信息发布系统相关操作等内容开展了培训，还特别邀请了国家普查办相关老师进行授课，为全面进行文物认定和平台登录工作明确了方法；2015年5月，省普查办举办了全省普查数据审核骨干培训班，主要培训了普查进度管理与质量控制，普查数据安全与数据管理，普查数据审核工作流程和要求等内容，强调了数据审核工作的重要性，以及确保登录文物信息完整性、规范性、准确性的责任；2016年，再次针对可移动文物普查数据审核，及普查总结报告编制工作多次开展培训，就审核实际工作中出现的问题，如离线数据审核操作方法、普查验收表格填写与验收报告的编制、普查工作报告的编制等方面，进行了系统全面的指导。普查培训为普查工作方法和技术操作的推广奠定坚实基础，也为原本文物业务人才较为匮乏的贵州省文博系统，培养了一批业务熟练，吃苦耐劳，真抓实干的技术及管理人才。

2.工作督查

为确保贵州省第一次可移动文物普查工作的顺利推进，省普查办在普查各个工作阶段都对各级普查办和各收藏单位的工作进展情况进行了督查。2013年10月，针对国有单位调查阶段的工作进度，省普查办赴贵阳市、安顺市、遵义市等地的普查机构展开了调研工作，发现单位调查中存在漏报、错报、瞒报等数据不准确的情况，部分区县级普查办在负责填写单位登记卡的过程中存在代填虚报，甚至空表虚报的情况。省普查办责令相关普查机构立即整改，严肃强调工作责任和追责到底的决心，并把相关情况向全省公报，及时防微杜渐，确保了调查工作的进度和质量。2015年，为了确保信息登录和数据审核工作顺利完成，从6月开始，省普查办针对各地普查工作推进过程中出现的问题，对全省普查工作进行了全面督查，并实地抽查了贵阳市、遵义市、毕节市、黔南州、大方县等地的普查办，和贵州省博物馆、贵州省民族博物馆、遵义会议纪念馆、毕节市博物馆、奢香博物馆等重要收藏单位。在实地督查中，省普查办听取相关部门及单位的工作汇报，查看信息采集和登录现场，了解工作中的困难和个别单位进度迟缓的原因，及时解答技术疑难问题，充分肯定普查工作已取得的成绩，同时也指出普查工作中存在的问题，对下阶段工作目标提出了建议和要求。本次督查解决了基层部门及单位普查工作中出现的不少问题，进一步明确了工作方法和工作目标，增强了各级普查办和重要收藏单位的信心，为优质、高效、按时完成普查工作任务夯实了基础。2016年，为了按照国家文物局要求，8月底完成全部数据登录及审核报送工作，省普查办再次在全省范围展开实地督查。省文物局副局长亲自带队，赴铜仁市、黔南州、黔东南州、安顺市、黔西南州、六盘水市等地进行了工作督查和技术指导。一方面对各地开展普查工作三年多以来的成绩予以肯定，要求再接再厉做好收官工作；另一方面，专家组实地检查数据审核情况，及时发现存在的问题，进一步提高了普查数据质量。

（五）普查工作总结

1.普查档案留存情况

按照普查工作方案的相关要求，省普查办要求各级普查办做好普查各个工作环节的档案管理工作，每项重要工作和关键工作节点都必须建档备案，妥善留存。省普查办每次赴各级普查办调研督查中都对工作档案管理情况进行了解，贵州省各级普查办基本做到了边工作、边留档、边整理，普查档案涵盖了成立机构、组建队伍、建立机制、制定预算、宣传动员、人员培训等各个环节的行文资料，《国有可移动文物调查登记表》等调查资料保存完整，包括表格、文件、简报、照片、数字信息等多种形式。同时，普查档案实行专人管理，要求实行备份贮存，避免数据丢失和损坏，确保信息安全。

2.普查的总结

2016年9月，我省已经按照国家文物局相关要求，编制了贵州省可移动文物收藏单位名录。我省共307家国有收藏单位，共申报藏品量146918件（套），已全部完成普查登录、审核及平台报送。省普查办连续下发《关于做好第一次可移动文物普查验收工作的通知》（黔文物普查发〔2016〕6号）和《关于做好第一次可移动文物普查工作报告编制的通知》（黔文物普查发〔2016〕7号），要求各级普查办做好验收工作，填写验收表格，编制验收报告及普查工作报告。至10月底，我省各级普查办均已完成本级验收工作，并编制了普查工作报告。下一步，我们还将根据国家文物局工作安排，在全省推广使用普查二期平台中综合管理子系统和社会服务子系统，充分利用普查成果，做好国有可移动文物藏品资源管理，并更好地向社会提供文化服务。

3.普查的表扬

2017年4月7日，贵州省普查办组织全省各级普查机构，参与了第一次全国可移动文物普查总结电视电话会议，国务院副总理刘延东同志出席会议并讲话。会上公布了普查成果，表彰了全国普查先进集体和先进个人，我省共两个集体和两名个人获此荣誉。根据国家普查办做好普查表彰工作的要求，经过省普查办的积极申报，6月5日，省政府办公厅下发《省人民政府办公厅关于对贵州省第一次可移动文物普查工作先进集体和个人给予通报表扬的通知》（黔府办函〔2017〕87号），对我省普查工作中涌现的36家先进集体和53名先进个人予以通报表扬。

三、普查成果及思考

（一）贵州省可移动文物资源情况及价值

1.数量及分布

从贵州省普查数据情况来看，我省国有收藏单位主要分布在区县属，占比

74%，其次为地市属，占比13%，省属收藏单位数量占4%，基础较为薄弱、收藏条件较差的区县级单位比重最大。国家机关收藏的文物占全省可移动文物总量约1%，事业单位藏品数量占比80.3%，国有企业藏品数量占比18.69%，绝大多数藏品收藏于各类专业博物馆、纪念馆、图书馆，占比超过三分之二，非文博收藏单位中，教育系统占比较大。贵州省是多民族省份，少数民族众多，留下了丰富的生产生活物质遗存和民族工艺品，陶器、竹木雕、织绣类藏品数量众多。地域上主要集中分布在贵阳地区，黔东南州、黔西南州、黔南州和六盘水市的藏品量也超过一万件（套）。

2. 保存状况

贵州省行政区域内国有可移动文物收藏单位307家，保管人员510人，库房（总）面积37131.88平方米。307家收藏单位平均保管人员不到两人，保管人员严重不足。文博系统大多没有专职保管人员，基本都是身兼数职，非文博单位中文物保护状况更不乐观。保管库房有的设置在阴暗潮湿的地下室，保存柜普遍为普通木质橱柜，库房内无任何必要的安全防范和报警设施设备，以及恒温、恒湿、文物储存设施。贵州省文物局十分重视文物安全，针对贵州实际情况，努力改善文物保存条件，提高馆藏文物保存环境"稳定、清洁"的微环境调控和风险预控管理能力，最大限度地防止或减缓环境因素对文物的破坏。同时，加大了残损文物保护修复力度。第一次全国可移动文物普查开展以来，在国家文物局的支持下，省文物局组织省博物馆、遵义会议纪念馆、遵义市博物馆等省内重点博物馆、纪念馆编制可移动文物预防性保护方案和文物本体保护修复方案70多个，获批专项资金3800余万元。项目实施情况良好，一大批馆藏珍贵文物得到有效保护利用，馆藏文物保存环境及条件有了较大改善和提升。

3. 使用管理情况

各省级、市州级博物馆、纪念馆都举办各类型文物展览面向社会公众开放，图书馆实现公开借阅和查询，部分非国有收藏单位还将藏品用于公开展示，其余收藏单位由于保管展示条件有限，加之对文物藏品的研究也跟不上，尚未进行有效利用。通过全省第一次可移动文物普查工作的开展，全面掌握贵州省可移动文物的数量、种类、文物的基本信息以及文物管理保存状况等，为科学制定全省可移动文物保护规划，促进我省文化大发展大繁荣提供了科学依据。通过文物普查，各级文物保管人员的专业素养、保护意识、业务能力和精神面貌普遍得到全面加强。通过普查，全省文物保护管理机构职能更加清晰，工作目标更加明确，管理效能更加有效提升。普查也是对我省文物管理队伍的大练兵和保护管理能力的全面"摸底调查"。

（二）健全文物保护体系

1.完善文物档案

在开展文物普查工作期间，我省要求各文物收藏单位要加强文物藏品档案的建立和完善。针对原有的文物档案，通过此次普查工作，及时补充相关文物信息，对原有档案按照国家文物局《文物藏品档案规范》建立规范的文物账目并加以完善。同时，对于新发现国有单位收藏文物，积极指导边开展普查边及时收集相关文物资料信息，并要求建立规范的文物档案，并做到一文物一档案。各市州文物收藏单位均建立了文物登记总帐，彻底改变了底数不清、账目不明的情况。通过此次可移动文物普查，不仅摸清了全省可移动文物收藏单位和藏品数量，还完善了所有申报文物藏品的详细信息，建立可移动文物藏品编号，配套相应唯一的普查编号，形成每件藏品有独立的"身份证"。做到了制度健全、账目清楚、认定确切、编目详明、保管妥善、查用方便，初步实现了国有可移动文物资源信息标准化，管理电子化、动态化，进一步夯实了文物保护管理基础性工作。

2.完善制度规范

文物主要为出土文物和征集文物，有部分采集品。文物的来源、年代等信息较为明确，文物调查和认定工作由省内专家组织完成。通过普查，进一步完善了文物的调查、认定、登记、管理工作机制，完善了文物日常保管、库房管理、档案管理等各项制度。通过第一次全国可移动文物普查工作的开展，一是进一步带动了全省各级文物管理部门和收藏单位对于藏品管理的规范化建设，各地积极结合普查工作开展推进自身藏品管理规范化。如省市州博物馆通过此项普查，对馆藏藏品再次进行了一次全面清查，补拍藏品各角度照片、账目清单重新梳理、开展文物定性工作、按照藏品编号入库管理，编目信息规范齐全。二是建立全省各市州馆藏文物建档保护机制。结合普查离线采集系统，每个收藏单位建立了独立的可移动文物信息管理系统，实现了线上帐号登录管理、线下独立系统查询，线上线下数据一致，改变底数不清、账目不明，实现同步管理保护的局面。通过文物普查工作的开展，全省各市州文物收藏单位认识到制度建设的重要性，相继出台了出入库文物安全应急预案，文物库房管理办法，藏品管理办法，文物接收、登记、入库工作流程等，以加强对文物安全、科学、规范的管理。

3.明确保护需求

尽管我们在国家可移动文物保护和利用方面做了大量工作，也取得了一些成绩，但随着时代的发展、科技的进步，国家可移动文物保护工作无论在软件还是硬件方面都凸显出明显的不足，呈现出许多问题。一是缺乏现代化的文物库房。博物馆馆藏文物除部分展出外，剩余大部分文物藏品都存放在一间面积不大的库房里，所有馆藏文物存放的间距、温度、湿度、光和度等均不符合国家文物局文件规定的要求。文物库房内没有通风设备和温湿度监控设施，保持自然温度环境，相对湿度偏高，夏季有霉变的味道。二是日常维护经费投入不足。由于没有申请用于国家可移动文物保护和管理的专项经费，致使许多珍贵的文物得不到有效的保护。三是文物科技保护人员匮乏，基层文物保护人员专业技能不足。多年来，馆藏文物缺乏专业人员进行管理，缺乏系统性、专业性，致使馆藏文物管理及保护工作存在很大的局限性。

馆藏文物保管的几点需求：一是加大经费投入。积极争取经费，把馆藏文物保护工作经费纳入文物保护项目预算内，每年从预算中划出资金专门用于馆藏文物的日常维护和保养。建议修建现代化的文物库房，按照文物管理标准将所有馆藏文物分类、分室存放，确保馆藏文物的安全。二是加强文物管理专业人才培训。建议对从事文物管理工作人员进行岗位技能培训，在全面熟悉掌握本单位所有文物状况后，参加文物保管、信息技术等相关专业方面的培训，提高文管人员的专业水平。三是文物保管信息化。随着当今信息网络化的快速发展，馆藏文物管理工作也应转变观念、改进方法。充分利用先进的计算机技术手段保护、管理、利用馆藏文物，将文物本体信息、文物影像资料等各种资源通过计算机信息技术进行整合，建立文物信息数据库，结合多媒体、网络等数字化手段使文物保护、利用、管理等专业工作逐步实现信息化。四是配备安全防范设施。建议在文物库房以及博物馆内尽快安装监控设备，同时配备安全可靠的防盗、防火、防腐、防损坏设施，建立健全管理制度，确保馆藏文物的安全。

4.扩大保护范围

过去对于文物保护的概念，主要集中在专业博物馆、纪念馆。通过本次普查，在非文博单位中发现了大量可移动文物资源，部分已鉴定为珍贵文物。非文博单位大都缺乏专业保管知识和保管条件。今后要将非文博单位文物藏品的保护纳入到全省的文物保护体系中来。

（三）普查成果利用

1.激发了社会办馆的积极性

由于贵州经济相对落后，政府文化资金投入不足，全省公共博物馆较少，文化遗产的利用及满足人民群众精神文化需求的程度较低。通过本次普查，不少非文博收藏单位认识到了文物藏品的历史价值及社会作用，利用好本单位文物藏品资源，对宣传及提升本单位文化影响力和社会美誉度具有重要意义，提高了收藏单位对文物价值概念的认识和文物保护意识。普查期间，贵州财经大学建立了票据博物馆，贵州中医药大学已在筹建贵州苗医药博物馆，贵州茅台酒厂（集团）公司利用所收藏的文物，建立了茅台酒文化博物馆，这是我省大型国有企业中建立的首家博物馆，在国有企业中是一次难得的文物知识普及宣传，对丰富我省文物藏品范围，督促国有企业提高对文物保护的重视程度，将其视为企业文化和提升企业社会形象的组成部分，发挥了积极的作用。与此同时，一批非国有博物馆应运而生。这些博物馆的设立，对我省构建公共文化服务体系，起着十分重要的作用。

2.普查数据得以广泛运用

各收藏单位通过普查，健全了国有文物收藏管理制度，建立了标准统一、信息齐备、管理规范的文物电子信息数据库，共同构建起国有可移动文物动态监管体系。该成果正广泛运用于各项文物工作。以贵州省博物馆为例，截至2019年8月，省博物馆54000余件套完备的账上文物普查数据库，已为学术研究、成果出版、藏品交流、改陈布展、囊匣制作、账目核查等各类文物工作，提供查询上百人次，按规范流程拷贝并后续跟踪文物信息使用数千件次，极大地方便了文物工作者开展相关工作，极大地提高了文物信息使用效率，最大限度减少了文物实体的使用率和意外损害率，也促使文物保护修复收藏展示交流等工作向更加智能化、现代化、多维度方向探索与发展。

四、结语：关于文物工作的几点思考

（一）由于贵州各级博物馆、纪念馆文物保存环境及条件普遍较差，文物残损状况严重，应加大对贵州的重点博物馆、纪念馆可移动文物预防性保护和文物本体保护修复项目的支持力度。各收藏单位应增强对文物价值的认识，争取鉴定、提升一批文物等级，提高收藏保护的规格和条件。

（二）完善文物管理机构，加强人才队伍建设。要建立健全可移动文物保护机构，特别是要健全县级文物行政管理机构，巩固发展乡镇、社区可移动文物保护网络，充分发挥基层文物管理部门的积极作用。要加大人才培养和队伍建设，吸引高素质专业人才充实到文物管理队伍，同时，要加强对在职人员的再教育和业务培训，着力提高从业人员的综合素质和业务技能，努力形成一支结构合理、适应时代要求的文物保护人才队伍。

（三）充分发挥贵州省博物馆等大型专业文物收藏单位硬件基础较好、专家力量强、管理经验丰富等优势，适应"大数据时代"下信息传播、覆盖和类型转变的新形势要求，探索"互联网+"文物信息服务平台的新模式，面向更广泛、更年轻、要求更高的受众群体，不断提高文物信息利用效率和安全性，以达到更好的社会效益，并带动信息有偿授权使用、文创商品的开发等，推动文物工作向更多元、更立体的方向综合发展。

[参考资料]

1. 云海:《贵州省第一次可移动文物普查分省报告》,内部资料,2016。
2. 全锐:《普查成果与文物保护》,内部资料,2016。

浅谈藏品数据库为文物保护、收藏、研究和展示带来的便利

——以贵州省博物馆为例

张小英 *

摘 要 在全球进入信息化时代和大数据时代的背景下，信息技术也迅速发展。博物馆顺应信息化的历史趋势和国家文物普查的要求，加强藏品数字化管理建设，建立了藏品数据库。藏品数据库能够保证藏品管理的质量，同时缩减管理成本，提高管理效率。文章以藏品数据库的新优势为主要研究对象，探讨藏品数据库在藏品管理上带来的具体优势、需待完善的不足之处和外延应用。加强博物馆的信息化建设，完善藏品数字化管理系统，为藏品管理和应用提供新优势，助力博物馆事业未来发展的新方向。

关键词 博物馆 藏品管理 藏品数据库 新优势

伴随着全球信息时代和大数据时代的到来，信息化和数据化成为未来博物馆发展的大趋势，博物馆也迎来了发展的新机遇。博物馆是人类社会和文化遗产的重要宝库，而信息是博物馆的核心。在国家文物普查形势下，建设藏品信息数据库势在必行。在藏品数字化的基础上建立藏品数据库系统，是博物馆信息建设的基础。以藏品数字化的方式实现文物信息资源的存储，进而将数字信息资源馆藏化，实现资源共享，提升文化价值。

文物藏品是博物馆事业存在和发展的基础，传统的藏品管理采用手工的方

---

* 张小英，女,（1989- ），助理馆员。研究方向：文物信息数字化研究。

式来填写纸质总帐、编目卡、藏品档案，管理过程中难免信息出错，给文物的管理和使用带来了困难。加之博物馆藏品数量和种类繁多，出入库手续繁杂，重复性的工作量巨大，在藏品的管理和应用上付出大量的人力和物力。贵州省博物馆是省级综合性博物馆，文物数量和种类丰富，新馆的搬迁和全面建设，为贵州省博物馆的事业发展奠定了新基础。在国家文物普查的政策推动下，构建了贵州省博物馆藏品信息数据库，实现了数据库从无到有的转变，改变了文物管理和应用的传统方式。藏品信息数据库的建设是博物馆事业发展的有利基础，而更好地实现文物保护和运用才是博物馆发展的方向。立足于数据库信息资源，在数据分析的基础上，为馆藏文物的保护、收藏、研究和展示方面带来新的优势和便利。完善藏品数据的内核功能，发挥信息数据库系统的新优势，助力博物馆事业的外延发展和未来设想，实现信息资源的共享和利用，使博物馆的发展更上新的台阶。

一、藏品数据库在藏品保护工作上的新优势

藏品是博物馆生存和发展的基础，确保文物藏品安全是博物馆各项工作开展的前提。建立藏品数据库，实现文物信息数字化，为文物保护工作带来新的优势和便利，主要体现在减少文物接触性带来的损伤、为文物征集工作指引方向和文物修复工作三方面。

1.减少接触性损伤，确保文物安全

传统的博物馆藏品安全管理工作中，通常将藏品存放在库房和展厅。为每一件藏品建档立卡，同时做好防盗、防尘、防潮等保护措施。由于文物自身的稀缺性和不可再生性决定了必须尽量减少对文物本体的使用频率，以最大程度地保持文物的原始面貌，完整展现文物所记载的相应信息，减少接触性损坏的频率。但是随着时代的发展、科技的进步和人们对历史文化和自然遗产知识的渴望越来越强烈，希望了解博物馆和文物藏品的心情越来越迫切。同时伴随着

观念的改变和博物馆业务的拓展，馆藏文物展览、临时展览、联合外展、研究和文物知识讲座等日益频繁，馆藏文物的移动和出入库成为常态，文物遭受接触性损坏的几率大大增加，不利于对文物的保护。

新形势下，为了更好地做好文物保护工作，建立了藏品数据库，藏品数据库在文物保护方面也体现了新的优势和便利。贵州省博物馆在新馆搬迁和文物排架工作完成后，基本陈列展览、临展和研究等工作也提上日程。挑选具有代表性的展陈文物对于展览至关重要，但是按照以往的方式，通过查卡片和文物分类帐无法确定文物展品的实际情况，还需进库再次翻查和甄选适合的展品文物，从而增加了接触文物的频率。建立藏品数据库后，馆藏展览和临展类展览可以通过查询数据库的文本资料和图像资料，包括文物名称、年代、数量、质地、尺寸、完残程度、来源地和各角度的文物照片等，来挑选展览需要的文物；研究方面也可通过查阅数据库文本信息和图片信息，结合纸质卡片信息的方式，了解馆藏文物的实际情况，为研究提供文字资料和图片资料，减少进入库房查看文物的次数和翻看文物本体的频率，可以最大程度地保护文物不受损伤，确保文物安全。

2.为文物征集工作指引新方向

文物征集是博物馆的重要职能，也是保护文物的重要途径。通过文物征集，既可丰富博物馆稀缺的文物种类，同时使文物免受自然或人为的损害，达到文物保护的目的。由于传统的文物登记和管理的特点，加上馆藏文物的种类和数量繁杂，通过人工的方式统计和分析所需征集的文物情况，需耗费巨大的人力和物力，还容易出现大量重复性工作，难以在短时间内完成，不利于文物征集工作的开展。建立数据库后，通过对数据系统的检索和查阅，可以在短时间内分析得出馆藏文物的数量和种类。还可查询文物的来源地、来源方式、质地、完残程度等文本信息，也可通过查看文物图片的方式了解文物的保存现状和变化情况。生成电子表格进行数据分析和统计，为文物征集提供所需文物种类、数量、地域来源、质地、工艺特点等信息。通过信息化的手段来提高藏品征集的工作效率，帮助博物馆有目的征集、调用与购买藏品，填补馆藏中的空白，明确馆藏物品扩充的方向。藏品数据库带来的优势和便利为文物征集工作指引方向，更好地保护文物的安全。

3.为文物修复工作提供原始信息资料

文物修复是文物保护的重要途径，是确保文物安全的重要保障。文物修复工作主要是对馆藏文物的完残程度和保存环境进行评估，了解文物的实际完残情况，为文物修复工作提供原始的文物信息资料和图片信息。由于受限于传统的文物登记和管理方式，加上馆藏文物的种类和数量繁杂，通过人工统计和分析需要或者急需修复的文物信息，需耗费巨大的人力和物力，还容易出现大量重复性工作。建立藏品数据库后，在文物修复工作方面，可以及时了解现存文物的保存状况、完残程度、急需修复和需要修复以及已经修复的文物具体数据和文物种类，同时通过比对修复前后的图片资料，可了解经修复的文物的变化状况和环境影响，为后期文物的修复工作提供可靠的数据资料。藏品数据库为文物修复工作带来了极大的便利和优势，为文物的及时修复和保护工作提供信息支撑，以便于更好地确保文物安全。

二、藏品数据库在收藏上实现了藏品信息数字化和数字资源馆藏化

博物馆的传统收藏方式是针对文物实体的收藏，在征集、登记、消毒等工作后，将文物实体存放于具有文物收藏标准的库房进行保存。受保存时间和存放环境的影响，文物的材质和自身的完残程度也会使文物的永久性保存和收藏受到限制，不利于博物馆事业的发展。例如我馆的纺织品、竹木器和纸质文物占比较大，更容易受到存放环境的影响，一旦发生粉锈、霉变、氧化反应，会对文物产生不可逆转的损坏，并且部分损伤还具有传染性，会给同类文物带来灭顶之灾。随着信息科学技术的发展，建立藏品数据库，藏品的永久性保存因此成为可能。因为藏品信息比藏品本身更容易保存、传播、交流，不仅可以实

现藏品实体信息的数字化，还能实现藏品管理过程中的信息资料数字化，二者共同构成博物馆的数字信息资源，使得收藏的方式和内容得以丰富。数字化的藏品信息经过专业信息系统的存储和备份，使得数字信息资源馆藏化，为文物信息的永久性保存创造了条件，给博物馆的发展带来可持续性的资源。

数字化资源包括藏品的本体属性信息和藏品管理工作中形成的工作信息，两种信息归总就是所谓的藏品档案。藏品的实体信息记载了藏品的核心资料，具有极高的研究价值，藏品的管理信息记载了藏品在收藏入库后的动态情况，又是各项工作成果的反映，也是藏品本身运动的依据。二者息息相关，互为依存，互相促进。藏品数据库实现两种信息资源的结合，既体现藏品收藏中的静态信息，又能记录藏品管理中的动态状况。博物馆数字化数据库主要由馆藏资料数据库、图像数据库和三维实体数据库构成。馆藏资料数据库主要记载藏品的档案信息；图像数据库主要记录与藏品相关的图像数据，是对藏品原貌信息的保存；三维实体库主要储存着博物馆藏品的三维造型信息，为藏品损坏重建和复制提供三维数据信息，同时可以应用在虚拟现实部件库中。新的信息技术使数据库能通过文物信息、图像信息和三维立体信息实现藏品的本体属性信息资料和藏品动态管理过程中的信息资料的记载，减少了传统纸质档案查询中的弊端，能够随时了解藏品状况，及时掌握管理工作动态，并为其他工作提供较为可靠的依据，提高工作效率，保证工作质量，同时将文本信息和图片及三维立体信息结合起来，最大限度地储存藏品的原貌信息，丰富藏品的收藏内容和形式，永久保存藏品的数字信息，最终转化为博物馆的数字资源，实现数字信息资源馆藏化。

三、藏品数据库为藏品研究提供手段和速度上的便利

研究是博物馆的重要职能之一，是对馆藏藏品资源的充分挖掘和藏品价值的深入探讨。通过数字化的方式对藏品进行采集、存储、处理和展示，形成可

共享、可再生的数字资源形态并以新的视角加以解读，以新的方式加以研究，以新的需求加以开发利用。为研究提供了手段和速度上的便利，保证研究质量，提高管理工作效率，使研究尽快出成果。

1.藏品数据库为藏品研究提供手段上的便利

藏品数据库记录了藏品的本体属性资料，如文字、图片、音频、视频、三维立体资料，还记载了文物动态的管理档案信息，如出入库、参展情况、修复和各阶段的变化状况。静态文物信息是研究的核心和基础，动态的管理资料是科学管理、展出利用和研究的依据，又是各项工作成果的反映，也是藏品本身运动的依据和重要的历史记录，为研究者提供多角度和多方式的文物研究素材。同时藏品数据库能为使用者和科研人员提供准确、便捷、高效的查询、复制、数据统计与报表制作等多项输出功能性服务。藏品数据库为研究方式和手段的改变提供了条件，更利于对文物开展更深层次的研究和探讨，充分挖掘文物内在的文化价值。

2.藏品数据库为藏品研究提供速度上的优势

相较以往的人工手动翻阅账目卡片信息和入库查看文物实际情况，再进行统计和归类，不仅耗费了大量的时间和人力，工作效率和质量还难以得到保证。而充分利用数字化管理系统，采用现代化的信息管理技术推进藏品科研开发，在效率上有着巨大的优势，过去经年累月的工作量，借用藏品数字化管理系统进行准确、便捷、高效的查询、复制、数据统计与报表制作等多项输出功能性服务功能，可在数秒完成，这为科研人员进行藏品学术研究在速度上提供了极大的便利条件。使博物馆在藏品科研方面更快出成果，多出成果，为文物研究和利用探索提炼出更多具有指导意义的规律和知识。

四、藏品数据库开启了现代化多维展示方式

藏品是博物馆陈列展示的核心，藏品数据库的构建使陈列展示向着现代化方向发展，开启一场陈列艺术的演变。传统的陈列展示中，采用静态的展品来

呈现，配套说明牌上的内容又无法承载更多的历史和文化信息，可以公开的价值与信息资源十分有限。这种仅采用视觉方式的陈列无法全面而深刻地表达和传递展品以及相关的事件和人物等历史背景信息。构建藏品数据库后，以数字信息技术为依托，使陈列展示艺术发生了革命性的变化。数据库系统能够提供海量的文物本体文本信息、二维图片、三维动画、音频和视频，同时将这些信息资源和人工智能技术、交互技术等结合起来使用。最终实现博物馆藏品陈列展示的场景化、动感化和交互化，达到更好的藏品陈列展示与文化信息传递效果，多角度反映藏品的特点和特性，促进博物馆更好的建设与发展，满足公众对藏品多方面的需求。

贵州省博物馆新馆建成和升级后，基于数字信息技术的运用，展厅的展示方式迎来新的变革。在展览前期设计阶段，可以根据文物的文本信息，如文字、图片和尺寸来设计展线和展品的摆放顺序、色彩搭配、场景空间感，以多角度、多侧面来展示展品，以协调的色彩来烘托展品。展览中静态的文物展品和说明牌展示，配合展品动态的音、视频播放资料，以语音解说的方式介绍展品背后的历史事件、人物故事和文化信息，使得展览内容和形式更丰富，观众能更深层次地了解展品的内在价值。利用文物的二维图片和文本信息，结合虚拟和现实的软件技术开放运用，实现立体的三维展示，给观众以身临其境的感受。展厅设置互动式设备，可以自主搭配展品图片信息。服装结合色彩搭配，观众还能对展品图片进行影像整合并拍照留念。场景化展示中将文物实体与语音导览结合起来，三维立体旋转和文字信息说明，能使观众置身其中，切身体会展品的历史背景和文化魅力。

五、藏品数据库的内核完善和外延运用设想

贵州省博物馆的藏品数据库经历从无到有的构建，逐渐形成一套完善、规范的运用程序和使用流程。数字化的文物信息资源有着准确、便捷和高效的特

点，在文物保护、收藏、研究和展示方面发挥着不可替代的新优势，保证了工作质量，又提高了工作效率。但贵州省博物馆的藏品数据库还有需完善和改进的地方，如藏品数据库系统的内在功能有待升级、未采集和储存藏品的三维立体信息和音频视频资料、藏品数据库信息资源还未充分地应用到博物馆的各项业务中。已建立藏品的基本信息存储系统，却还未建立藏品管理系统，二者未结合运用形成综合性的藏品数字化管理系统等。

藏品数据库建设是博物馆信息化建设的核心和重要一环，要形成完备的博物馆信息化系统，构建藏品数据库是基础和依托，还需建立藏品的数字化管理系统。因为数字化资源包括藏品的本体属性信息和藏品管理工作中形成的动态工作信息，二者结合起来，形成综合性藏品数字化信息系统，这是藏品信息管理系统内核上还需完善的地方。同时应建立藏品信息开放平台，对公众逐步开放共享文物信息。博物馆藏品数据库的建设，还有利于促进虚拟博物馆和智慧博物馆的建设与发展。随着计算机技术在博物馆中的引进应用，以数字化信息资源为核心和基础，在观赏上和呈现方式上提供一种全新的视觉盛宴。观众不用亲自到博物馆展品前，而是通过博物馆构建的互联网上的虚拟博物馆进行藏品观赏与价值信息获取等。

信息技术引领着我们这个时代的发展方向，推动着博物馆面向数字化和信息化的发展。而博物馆信息化中，藏品数据库技术的应用将深刻地改变博物馆的藏品管理模式和应用方式，不仅能提升文物保护、管理和研究等职能工作，更能发挥博物馆陈列展示、教育、服务大众的社会职能，还有利于促进博物馆在信息化建设与发展环境下的虚拟博物馆建设与发展，具有非常重要的促进作用。因此，加强文物数据库管理系统的建设，完善和升级内核系统功能，增加外延数字化管理功能，充分发挥数据库的优势和便利，全面促进博物馆信息化建设，实现数字化资源的信息共享，是博物馆发展的必经之路。

[**参考文献**]

1. 刘子铭:《博物馆藏品的数字化管理探讨》[J],载《中文科技期刊数据库》,2017（47）。

2. 袁菊芳:《藏品数据库建设在博物馆中的重要性探讨》[J],载《丝路艺术·人文历史》,2018（4）。

3. 管东华:《浅议藏品数据库技术在现代化博物馆中的应用》[J],载《博物馆研究》,2014（4）。

4. 汪曦曦:《数字化博物馆的数据库运用及发展》[J],载《研究视窗》,2012（32）。

5. 王裕昌:《文物信息资源开发利用中若干问题的探讨》[J],载《甘肃科技》,2007（7）。

藏品管理的基础工作与运用

黄琳 *

摘　要　本文主要介绍博物馆文物藏品的基础工作概况，阐述文物藏品管理工作在预防性保护、藏品征集、学术研究、展览策划和社会教育方面的重要作用。

关键词　基础工作　预防性保护　学术研究　社会教育　展览策划

文物是人类在社会活动中遗留下来的具有历史、艺术、科学价值的遗物和遗迹，是不可再生的国家资源，文物有可移动文物和不可移动文物之分。博物馆是可移动文物的主要收藏单位，博物馆最基本、最重要的职能就是保护好文物藏品。随着时代的进步，人民群众对知识的需求越来越多元化，博物馆不仅要将藏品保护好，还应该与时俱进，采用各种方式将藏品进行展出、研究，实现社会教育的作用。因此，安全有效、合理地将藏品进行保管、展览、研究、教育，是现代博物馆需要全面做好的工作。

文物藏品是博物馆进行学术研究、社会教育等工作的基础，然而由于受到展厅等客观因素的影响，大部分博物馆都不可能将文物全部进行陈列展览，因而很多文物藏品大部分时间都存放在专门的库房，所以博物馆的库房承担着文物藏品的收藏、管理、研究等工作，是保护国家文化遗产的重要职能部门。

---

* 黄琳，女，(1983-)，馆员。研究方向：馆藏玉石器研究。

一、藏品管理基础工作概况

将文物藏品进行妥善管理，是进行研究、教育等社会工作的重要前提，也是库房管理的基础工作，它主要有以下几个方面组成：

1.仔细登记

一件文物藏品通过田野发掘、社会征集等方式进入博物馆，由总帐及时记录入册，并分配进入相应的分管库房，分管库房的工作人员及时将文物藏品的正确名称、详细数量、尺寸、具体来源、完残程度等信息进行仔细认真的记录，做到编目清晰详细。这些信息对后期查询文物基本资料及相关学术研究有重要的作用。

2.科学排架

根据具体的文物藏品分类情况进行排架入库。不同材质的文物对温度、湿度甚至光照都会有不同的要求，所以在排架的时候必须充分考虑这些因素。从生物因素的影响来看，可以分为无机质文物和有机质文物两大类。无机质文物主要有石质文物、陶瓷器、青铜器、铁器、金银器等器物，有机质文物主要有纺织品、纸质文物、骨器、牙器、木质文物等。

部分材质对温湿度等因素的具体要求数据如下表：

文物分类	文物种类	温度（℃）	相对湿度（%）	光照度（Lux）	大气环境	生物因素
无机质文物	石质文物、陶器	14-24	40-50	300	无酸性气体、防尘	
	青铜器	14-24	30-45	150	防尘、无氯、无酸性气体	
	铁质文物	14-24	40-55	150	无酸性气体、防尘	
	金银器	14-24	40-55	150	防尘、无硫化物、无酸性气体、	
有机质文物	纺织品	14-20	50-60	50（防紫外线）	防尘、空气清洁	防虫、防霉
	纸质文物	14-20	50-55	50（防紫外线）	防尘、空气清洁	防虫、防霉
	骨、牙器	14-20	50-55	50（防紫外线）	防尘、空气清洁	防虫、防霉
	木质文物	14-20	50-60	50（防紫外线）	防尘、空气清洁	防虫、防霉

每个博物馆的库房分类都有自己的标准，以贵州省博物馆为例，考古发掘的文物都属于出土文物库房，这也导致了库房文物种类的多样化，涉及陶器、瓷器、石器、银器、铁器、青铜器、纺织品等10多个类别。但是有一些种类只有几百件，数量不多，不可能每个类别都拥有自己独立的库房，相信这也是很多非大型博物馆会面对的情况。在文物藏品库房有限的情况下，只能选择将无机质的文物和有机质的文物分开存放，例如金属类文物和陶瓷器可以放在一个库房，纺织品和骨器、牙器等放在另一个库房，或者将有机质文物单独放置在特别定制的文物柜中，调控好温湿度，避免光照，最大限度防虫防霉，形成独立的保存空间。

3. 规范管理

安装防盗、防雷设备，常备防火器材。博物馆需安装防盗报警设施，并实行24小时监控制度，特别是文物藏品库房。消防设施如灭火器、消防栓等应常年保持有效的工作状态。馆内安防人员要定期进行消防演练，提高对使用器材的熟练操作。库房及周围严禁烟火，禁止存放易燃、易爆物品。定期检查库房线路、电闸、开关，以防短路造成火灾。

严格实行藏品库房保管员岗位职责，严格执行藏品出、入库制度，严格执行藏品提用、借用制度，严格执行藏品库房钥匙管理制度等。只有从日常的工作抓起，把每一项规章制度的每一个细节，都落实在库房管理工作中，从源头抓起，才能杜绝各种文物安全隐患。

严格遵守藏品管理操作规程。藏品管理操作规程都是细节问题。比如藏品排架规则、柜架摆放规则、文物放置规则、文物移动规则、打开文物规范、库房杀菌灭虫制度等。可以说库房管理员的每个动作、动作的轻重缓急、顺序的先后，都会对文物造成或益或弊的影响。因此库管员进库必须保持清醒的头脑，注意每一个细节，轻拿轻放，细致耐心，才能有效保证文物的安全。

4. 全面推行数字化管理

将文物的具体信息进行数据化管理，不仅能够提高工作效率，在最短的时间内查询到文物的尺寸、重量、保存情况，还能通过照片进行直观的研究，同时也能减少文物的使用情况，减少每一次移动文物会带来的损耗和隐患。

二、文物藏品的管理与预防性保护

据国家文物局调查统计：全国有55.6%的馆藏文物遭到不同程度的破坏，藏品出现严重损伤、伤缺、焦脆、褪色、霉变、虫蛀、生锈、脱浆脱线、褶皱等状况，其中既有环境因素也有人为因素。环境因素主要是空气温度、空气湿度、辐射光线、空气污染、昆虫危害和微生物繁殖等。人为因素则包括操作方式不当导致的文物损坏、管理不善导致文物被盗，甚至火灾等。因此加强藏品的预防性保护，最大限度地减少受自然损坏及人为因素损坏的现象，是库房管理工作的基本要求。在文物藏品的拿取、移动等行为中，务必认真仔细，谨慎小心，确保文物藏品的安全。同时库房管理部门可以与文物保护部门合作，开展文物预防性保护的检测工作，以及时发现环境因素中对文物藏品的不良影响，进行调整和改善。目前贵州省博物馆的文物保护部门已在各个库房安装温湿度检测设备，用专门的软件可以即时查看每一间文物库房的温湿度情况，能够及时发现异常，防止温湿度的大幅度变化对文物藏品造成损害，同时还会定期进入库房进行有害气体（如甲醛、二氧化碳、二氧化硫、二氧化氮以及总挥发性有机化合物）的检测。

其次，定期对破损藏品进行修复。目前许多博物馆因资金等原因，严重制约文物的修复工作，出土文物一经移交就万事大吉。破损文物不仅影响库房的整体保存环境，还使文物资源得不到充分利用，甚至会越来越残破，最终失去它的价值。库房管理人员不一定要有自己动手修复的能力，但是对自己所管理文物的相关修复知识要有一定的了解。

以陶瓷器为例（陶器和瓷器修复方式比较接近），现代关于陶瓷器修复的类型主要有：考古修复、博物馆展览修复、商业修复。考古修复和博物馆展览修复都要求在修复过程中无损伤修复，还原陶瓷本来的面目，达到修旧如旧的标准。考古研究修复可以说是三种修复类型中最容易的，也是最常使用的，大部分考古发掘的陶瓷器在现场就可以进行简单修复，只需要把古陶瓷破碎的部分拼接粘牢，将缺少的部分用石膏补上，现在也开始采用一些高分子化学材料进行修补，之后打磨修型，恢复原样即可。而展览修复则需要更精细的工序，主要是清洗、粘合、补缺、打底、上色、做釉等工作。新出土的文物，往往会有很多附着物在器物身上，有的还粘连在器物断裂的剖面上，将这些附着物清理干净才能使陶瓷器粘接牢固。补缺，是指器物在拼接后仍有部分残缺，或原本就已残缺的那部分用修复材料进行配补的一项工艺。补缺一般有三种情况：第一种，器物的口沿或者腹、底有部分残缺，需要配补。这是最常见的器物破损情况，也是比较容易配补的一种。可在原有保存区块用打样膏翻模取样即可将残缺部分复原。第二种，残缺的部分在原器物上没处翻模，只能参照同类器物的造型特征，先做出模子，再翻模复原。第三种，大部分不复存在的残器的配补。如没有同时期样本，这种残器的修复工作只能作罢。接下来的工序是上色，分为做底色、做釉下彩、仿釉、做釉上彩（瓷器）等，最后就是做旧。

作为库房管理人员，要清楚文物的形态变化，及时提出修护或保护的建议，请相关技术部门进行处理，这是一个漫长而艰巨的工作，花费的资金和时间会比较多，但从长远来说，复原后的藏品能够重现原貌，彰显文物的价值，实现教育和科研意义，也是我们文物工作者应尽的责任。

三、文物藏品管理与征集

对博物馆而言，不断丰富文物藏品的数量和种类，是博物馆持续发展的重要方式，文物藏品更加多元化，有利于更好地发挥博物馆的社会教育职能。根据2015年国务院颁布、实施的《博物馆条例》，博物馆可以通过依法征集、购买、交换、接受捐赠和调拨等方式取得藏品。

在文物藏品的管理工作中，最基本、最重要的要求就是熟悉文物藏品，清楚了解文物藏品的种类和数量，在征集的时候能够进行清晰、有目的的选择，明确征集文物藏品的标准。

文物藏品的征集主要有两个目的，一是丰富展览，二是增加藏品多样性。为展览而进行征集工作，具有较强的目的性和清晰的时效性，对于一些新馆或者新的展览，原本的文物藏品不一定能满足展览的需要，及时征集是展览陈列必需的。很多博物馆建立的时间较早，展厅规模和相关配套设施已经不能满足现代化展览的需求，需要建立新的展馆、准备更加丰富的展览内容。以贵州省博物馆为例，贵州省博物馆建馆于1958年，是两层楼高的苏式建筑，二楼作为基本陈列展厅，一楼作为临时展厅，狭小的空间已经无法满足人民群众的需求。2017年新馆正式开放，新的展厅面积增加，内容更加丰富，需要更多的文物藏品进行支撑，于是在开馆筹备期间，根据展览陈列大纲的需求，主要围绕展览工作进行文物藏品的征集。

另一种征集的目的则是为了增加文物藏品的多样性，这是一项长期的工作，所选择的文物藏品不一定具备马上进行展览的客观需求，但是对于一个博物馆而言，只需这件文物藏品来源合法，具备研究价值，有一定历史意义、艺术性和审美情趣，能够体现社会发展水平，具有明显地域特征，补充历史发展脉络，能够填补本馆文物藏品空白或者丰富同类型数量。在进行文物藏品征集的时候，要把握好以上的标准，熟悉已有的文物藏品情况，根据具体的情况，选择合适的文物藏品进行征集，避免征集无收藏意义、无展示意义的藏品。

四、文物藏品管理与研究

了解文物藏品，才能更好地进行管理。作为库房管理人员，能够第一手接触文物，这有利于对文物进行基础认识和深入研究。与文物的亲密接触，不仅可以深入了解它的特质，还能够充分发掘它背后的故事。

在管理工作中，可以研究藏品的很多相关信息，如历史渊源、分布情况、艺术特点、相似文物的异同等，这些都能够为更好地研究藏品、研究历史和文化提供具体的支持。

单独研究某一件文物藏品，可以通过它的诞生、用途，了解它所处时期的基本社会形态和人民基本生活状态。研究这件文物的造型和纹饰，不仅可以看出当时的生产技术发展水平，还可以感受到当时的社会文化信仰、审美情趣等信息。研究文物藏品的整体分布情况，可以全面了解同一时期、同一范围的生产技术发展情况和文化特点，例如研究贵州地区出土的汉朝时期的大量文物藏品，可以发现有部分文物藏品极具滇文化或巴蜀文化的风格，从中可以得知当时的贵州地区与其他地区已经有不少文化交流。

这些研究不仅可以验证历史文献的一些记录，甚至可以填补一些史料的空白，补充和丰富我们对历史发展的认识，让我们从更完善、更科学的角度去看待一段历史、了解一个地区的发展历程，从而能够深刻认识到文物藏品的意义和价值，帮助管理人员进行更科学更全面的管理，单纯的管理略显苍白，脱离藏品的研究有些空洞，唯有将两者有机结合，才能真正做好文物管理工作，管理与研究相辅相成，缺一不可。

五、文物藏品管理与展览策划

文物藏品作为历史的见证，不仅是研究的重要资料，也承担着社会教育和文化传承的重任，文物不能永远沉睡在库房里。如何做出合适的展览策划，让文物有更多、更好的机会展现在观众面前，也是现在库房管理员需要思考的问题。

作为最接近文物藏品的工作人员，库房管理员应最清楚文物藏品的情况。文物藏品的现状是否适合展览，性状完整的文物藏品适合什么样主题的展览，这些情况都要清楚明了。在展陈部门需要提取合适的文物藏品进行展览的时候，管理人员要能够及时提供意见，协助展陈工作的有序开展。不仅如此，管理人员还要能够自己策划完成一个展览。以贵州省博物馆为例，一些馆藏书画、瓷器、钱币等展览，均是由库房管理人员策划完成，如瓷器库房的库管员完成的《盈盈花盛处——贵州省博物馆藏瓷器精品展》、书画库房的库管员完成的《徐悲鸿精品书画展》、笔者完成的《筑藏泉宝，汇通天下——贵州省博物馆馆藏钱币展》等，工作内容包括展览大纲的撰写、展览文物的挑选、展览形式的设想、展览布展的工作、与展览搭配进行的社会活动，甚至包括了展览相关的出版物。管理人员最大的优势在于了解文物藏品，哪件文物藏品适合展示给观众，它的哪个角度最能体现它的特点，这些都得以在展览中体现。

社会教育不仅是某个部门的工作，也应该是所有文博人的工作。管理人员也应该积极地参与到社会教育活动中去，以学术研讨、文化进校园等方式参与其中，配合相关部门，积极提供文物藏品的具体资料，更好地完成博物馆的社会教育职能。

文物藏品的管理是一件做起来很简单，要做好却很难的工作。现在的管理工作，不仅仅要求保管好库房钥匙就可以了，还要有与时俱进的科学管理模式，以及深入开展研究，积极参与社会教育的业务精神，这才是新时代对文物藏品管理工作的要求。

［参考文献］

1. 王宏钧：《中国博物馆学基础》，上海古籍出版社，1990。

2. 曹兵武、李文昌：《博物馆观察》，学苑出版社，2005。

3. 国家文物局博物馆与社会文物司编：《新形势下博物馆工作实践与思考》，文物出版社，2010。

从可移动文物普查浅谈古生物藏品管理

王颖灿 *

摘　要　可移动文物普查是对可移动文物基本信息进行调查、登记的过程，是掌握可移动文物状况、规范可移动文物藏品管理的重要途径。贵州省博物馆搬迁至新馆的过程中，古生物藏品经历了搬迁、上架、可移动文物普查等一系列工作，这一系列工作既是对之前藏品管理工作的经验总结，也是对未来藏品管理开展、提升方向的探索。除了重视电子总帐在藏品管理中的地位，不断完善藏品信息之外，对古生物藏品的具体管理和保护更是需要不断努力、不断提升、不断探索。

关键词　可移动文物普查　古生物化石　藏品管理

一、普查意义与基本情况

1.可移动文物普查意义

文物是一个地区变迁发展的见证和物质载体，具有重要的历史、文化、艺术、科研价值。根据文物的存在形态和目前的文物保护管理体系，将文物分为可移动文物及不可移动文物两大类。

可移动文物包括各时代珍贵的工艺品、重要文献图书资料、反映各时代社会情况的实物、具有科研价值的古生物及古人类化石标本等。它们具有数量大、种类多、收藏方式多元化等特点，是非常重要的文化财富，也为进行相关

---

* 王颖灿，女，(1989-)，助理馆员。研究方向：古生物研究。

研究、开展相关知识普及以及传播优秀传统文化提供不可替代、不可或缺的宝贵材料。因此，调查清楚可移动文物的基本信息、保存状况，并进一步建立可移动文物档案，有助于确定可移动文物管理制度体系，为加强可移动文物管理、保护工作提供基本保证和支持。由于各方面条件限制，可移动文物存在总体资源信息不清、保管标准不一、保存状态不明等一系列问题。

可移动文物普查通过现代技术手段，调查可移动文物的基本信息、保存状况并进行登记。通过可移动文物普查，不仅可以全面掌握、评估可移动文物的情况及价值，还能为可移动文物藏品的规范化管理和科学保护提供依据，更好发挥可移动文物的价值和作用。对库房藏品管理员（以下简称"库管员"）而言，可移动文物普查是一项必须进行、必须重视的工作，这一过程除了使库管员对藏品情况进行"摸底"和深入了解之外，还能及时发现藏品管理所存在的问题，为后续藏品管理和保护工作提供参考。

国务院决定于2012年10月开始，开展全国范围内（除港澳台地区）所有国有单位收藏文物的全面普查和登录工作，即第一次全国可移动文物普查。

2.贵州省博物馆古生物藏品基本情况

截至2019年3月，贵州省博物馆已录入库房藏品总帐（即有总登记号及入馆登记号）并已入库上架的古生物藏品包含脊椎动物化石、无脊椎动物化石、植物化石、其他类型自然标本（如地质标本等）（表一）。标本所属地质年代涵盖埃迪卡拉纪、古生代（寒武纪、奥陶纪、志留纪、泥盆纪、石炭纪、二叠纪）、中生代（三叠纪、侏罗纪、白垩纪）以及新生代（古近纪、新近纪、第四纪），其中具有代表性的地质年代为寒武纪（牛蹄塘生物群、杷榔生物群、凯里生物群）、奥陶纪、三叠纪（盘县生物群、兴义生物群、关岭生物群）、侏罗纪（原蜥脚类恐龙Prosauropoda）。

表一：古生物藏品类型

藏品类别		生物类型	标本示例
动物化石	无脊椎动物化石	多孔动物	海绵 Sponge
		刺胞动物	泡沫珊瑚 *Cystiphyllum*
		腕足动物	腕足类 Brachiopod
		软体动物	菊石 Ammonite 角石 *Armenoceras*
		节肢动物	三叶虫 Trilobite 糠虾 *Mysis*
		棘皮动物	许氏创孔海百合 *Traumatocrinrs hsui*
	脊椎动物化石	鱼类	空棘鱼 Coelacanth
		爬行类	胡氏贵州龙 *Keichousaurus hui* 萨斯特鱼龙 *Shastasaurus*
		哺乳类	三趾马头骨 大唇犀头骨
植物化石			湖南革新娜藻 *Gesinella hunanensis* 鳞木 *Lepidodendron* 大羽羊齿 *Gigantopteris*
遗迹化石			足状拟藻迹

从已入帐、入库的古生物藏品中选出部分保存状态较好、标本外观较为清晰的藏品参与第一次全国可移动文物普查，其中包括10件已上级的标本（含9件一级标本、1件二级标本）。

二、古生物藏品参与可移动文物普查

1.前期工作

2016年，贵州省博物馆搬迁至新馆。因此在全面启动可移动文物普查工作之前，必须进行藏品打包搬迁、拆包上架等一系列工作，而这些工作的完成情况直接关系到后续工作的效率。

（1）打包搬迁工作步骤：

提前整理保存在标本盒内的较小型藏品（部分无脊椎动物化石、部分植物化石等），用自封袋将标本封入，并制作标签记录标本的入馆登记号、名称。如一个标本盒中所保存的标本件数较多，则以多个自封袋按编号顺序分装，在标签上详细注明对应标本的入馆登记号、件数。

根据贵州省博物馆新馆基本陈列需求，单独整理待展的展品标本。其中在标本盒保存的标本用自封袋包装，并封入写有入馆登记号、件数的标签。将自封袋装入塑料托盘并以填充物填满，在塑料托盘上张贴标签，详细记录化石类型及件数；其余较大型的化石标本则单独装箱，详细记录各箱内标本名称和件数，并在箱外特别注明为展品。

非上展的藏品打包工作在展品打包结束后开展。根据藏品存放位置（从地面到柜架）、有无编号（从有总登记号的藏品到无号藏品）顺序依次打包装箱，记录各箱所存放的藏品入馆登记号、名称、件数、纸箱序号对应的纸箱个数、藏品原存放地点和备注，按序为纸箱编号（展品箱号和藏品箱号分开排序）。每日完成装箱工作后，记录日期、装箱单总页数、当日打包装箱藏品总件数和总箱数。

（2）拆包上架工作步骤：

与打包装箱时不同，拆包上架顺序主要参照库房电子总帐的总登记号顺序。根据总登记号对应藏品名称，在装箱单上查找对应箱号。拆包前认真核对纸箱外标记的藏品入馆总登记号、名称（或类型）、件数和电子总帐是否一致。

拆包后，将原存放于标本盒内的标本按入馆登记号顺序放回对应的标本盒内，认真核对藏品上的编号、件数、名称、状态是否与电子总帐、装箱单所记录的信息一致。

根据标本大小、类型、产地等信息决定它在库房所存放的柜架位置并完成上架摆放，认真记录上架标本入馆登记号和存放位置。在库房柜架上张贴标签纸注明存放标本的类型、编号。若藏品正在展出，则在标本盒或柜架上用标签纸注明"（入馆登记号）＋在展"；对于总帐中注明状态为缺失的标本，则标本盒外也要单独以标签注明"（入馆登记号）＋缺"。每拆包上架一箱藏品，及时在电子总帐中修改藏品存放位置（上展的藏品位置记录为"展厅展出"）。

此外对一批新征集的化石标本进行编号、入库，步骤如下：

根据库房古生物藏品电子总帐及待入帐标本数量，确定新征集标本的总登记号范围，并在电子帐中预留位置；

根据标本来源确定入馆登记号；

依次对标本进行测量、称重、编号、拍照，记录标本入馆登记号、名称、存放位置、尺寸、重量、标本来源及入藏日期；

将以上信息录入电子总帐，并制作藏品卡。

2.古生物藏品普查信息采集

古生物藏品的普查具有种类多、类型杂的特点，为了普查工作的顺利进行，除了准备必需的器材、工具，搭建合适的摄影棚外，库管员自身也要做好预备工作，根据古生物藏品库房电子总帐制定工作计划。在普查正式开展前，库管员会根据电子帐制作普查专用的纸质清单，按总登记号顺序将待普查的藏品及其入馆登记号、名称、存放位置、完残情况、尺寸大小、重量、地质时代列出，用于普查过程中进行核对。

根据古生物藏品实际情况，普查大致分为脊椎动物标本、无脊椎动物及其他（植物、矿石等）标本、古生物展品、查缺补漏（大件化石、补充采集的标本）四个阶段，藏品清单按照四个阶段的标本类型分别装订成册。

古生物藏品信息采集工作大致流程如下：

库管员准备待采集藏品，制作标签纸（每张标签纸上清晰、准确地书写藏品入馆登记号），核对藏品名称、编号、尺寸、重量是否与清单上一致。由于测量方式、工具精度有差异，因此仅对数据差别较大的尺寸、重量进行修改；

　　库管员将待采集藏品及其标签纸平稳摆放于摄影台上（不易稳定放置的小型藏品用软粘土固定于摄影台上），并告知摄影师拍摄角度和方式。一般单面藏品拍摄正面全景、局部，立体藏品拍摄正视、侧视、俯视，重点突出标本形态。如遇"一号多件"藏品，则不仅要拍摄整套藏品图像，还要分别拍摄此号对应的每一件藏品图像；

　　拍摄完毕的藏品由库管员回收并归还至存放位置。每日拍摄工作结束后，拷贝当日拍摄的藏品照片，存入移动硬盘并按日期分类。根据入馆登记号对照片进行编号、整理，与藏品信息一同交数据库进行普查藏品信息登录；

　　库管员记录当日采集藏品编号，并统计当日所采集藏品总件数，在清单上标记采集情况；

　　库管员根据清单提前预备次日待采集藏品、标签。如有已采集藏品信息发生变更，还需及时在电子帐中将相关信息修改完善。

三、古生物藏品管理心得

1.库房电子总帐的意义

　　在古生物藏品管理工作中，库房总帐是占据核心地位的重要工具，它的完善程度是库房藏品管理相关工作能否顺利进行的重要保证。

　　古生物库房总帐包含总登记号、入馆登记号、入藏时间、标本名称、标本情况、标本级别、标本类型、地质年代、标本产地、采集人及采集时间、尺寸、重量、存放位置、完残情况及备注等信息。

　　库房总帐电子化易保存、修改、整理，还能够选择不同颜色标注文字以区分不同情况的藏品信息，便于库管员了解、统计藏品情况。所有和藏品相关的工作都必须准备好最新版本的总帐，并根据工作过程中补充、修改过的藏品信息，对总帐进行及时更新。

电子总帐提高了可移动文物普查等一系列工作的效率。在可移动文物普查工作中，根据工作需要将待参与普查的标本及重要信息单独罗列制作成藏品清单，普查工作则根据清单顺序、藏品信息有序开展。古生物藏品采集工作对库管员而言也是一次对电子帐进行整理和完善的良机，不仅补充了部分标本的信息，还利用普查的机会为藏品拍摄了清晰、多角度的藏品照片，为藏品进一步管理和研究提供重要支持。

电子总帐的性质决定了它拥有易修改、区分的优势，但同时也对库管员管理库房总帐提出更谨慎细致的要求。在每一次对电子帐进行较大修改、更新后，将电子帐以另存为的方式存盘为最新版本，并在最新版的电子帐文件名称后面注明修改日期，这样不仅能在查找最新藏品信息时确保使用的是最新版本电子帐，还能保留修改前的电子帐旧版本，以供在必要时进行核对。此外，库管员要定期利用移动硬盘备份电子帐、藏品照片，并妥善保管库房藏品相关数据资料，做到不外传、不丢失。

2.关于藏品采集工作的心得

古生物藏品根据标本大小、保存状态不同，采集按照"脊椎动物标本—无脊椎动物、植物标本—在展标本—大件化石及补充拍照标本"顺序进行。

脊椎动物标本中鱼类、胡氏贵州龙标本多以单面形式存在，测量尺寸时以动物身体方向确定长、宽测量方向，根据动物体长方向测量整件标本长度，利用游标卡尺测量标本厚（高）度。对于立体形态的动物标本，则参照不规则形体藏品测量方法，根据其陈列状态测量最大长、宽、高。

无脊椎动物、植物、小型矿石标本类藏品具有体积较小、形状不规则等特点，多数在标本盒内保存。因此，在标本采集工作前必须认真核对标本盒中的藏品数量、入馆登记号是否与盒外粘贴的标签一致。核对无误后，将盒内藏品按入馆登记号顺序摆放并放置对应标签纸，采集过程中也必须留意标本的入馆登记号是否与对应标签纸一致。"一号多件"藏品需仔细清点标本数量是否正确。若有部分藏品在展厅展出，则需在清单中注明在展藏品数量。

在展标本的采集利用博物馆的闭馆日（即周一）在展厅内进行。为了提高采集效率，库管员会提前制作藏品标签纸，并根据展览区域将标签纸分类。拍摄过程依照展览区域进行，对于需要从展柜取出拍摄的标本，在取出后、归位前都必须仔细将编号、名称与清单、说明牌进行核对。

最后阶段除了拍摄大件标本之外，还补充拍摄新入库藏品以及保存状态较好且已入帐的海百合。这一阶段的重点注意事项为大件化石的搬运、摆放，严格遵守操作规范，确保藏品安全。有部分大型标本分为几个可拼接为整体的分散部位，拍摄前由库管员参照标本结构拼为整体。海百合化石采集完毕后一并完成上架工作，库管员在清单、电子帐中对已参与普查和未参与普查的海百合进行区分并统计。

3.古生物藏品管理展望

古生物藏品以化石标本为主，化石类标本具有种类繁多、大小不一等特点，因此必须重视藏品管理各个环节的完成质量，为后续工作的顺利开展提供有效支持。在贵州省博物馆新馆搬迁、藏品拆包上架、可移动文物普查等一系列工作顺利完成后，古生物藏品的管理、保护是必须认真对待的长期工作。除了遵守库房工作制度、增强安全意识外，还要针对古生物藏品特点不断总结相关经验，思考藏品管理过程中尚存的问题，明确未来需继续努力改善的方向。

首先，古生物藏品形状、体积差别较大，导致很多标本只能以平放方式置于库房柜架上，无法叠放的方式会浪费柜架宝贵的放置空间，不利于未来新征集藏品的入库上架。因此，为藏品"量身订做"的囊匣不仅能有效利用柜架空间，还能对藏品进行保护，便于搬运和整理。对于已放置于标本盒内的小型标本，在藏品柜中尽量按照标本盒编号顺序、产地来源进行摆放；对于已上级的藏品，应单独制作清单，详细记录藏品信息及存放位置。

此外，库房管理工作离不开电子总帐积极作用的有效发挥，尤其必须确保能利用库房总帐准确快速查明某一件藏品的存放位置。经过此次可移动文物普查，可以看出古生物藏品信息的完善性对于采集工作的推进是否顺利起到关键作用。所以新征集的标本在确定入库后，必须尽量获取完成各项信息后（大件标本需拍摄标本照片，可拼接全景图）再进行上架，这样可尽量减少今后搬运标本的次数。除了电子总帐外，藏品卡也是藏品数字化管理的一环。藏品卡能以比总帐更加直观的方式呈现藏品信息和状态，通过藏品卡制作过程还能发现总帐是否存在需进一步完善的藏品信息。

最后，博物馆的功能决定了藏品不仅要规范化管理，还要进一步挖掘它们在展览、知识普及、科学研究等不同方面的价值。而如何使藏品的意义和价值得到进一步体现，不仅是可移动文物普查的意义，也是藏品管理不断努力、深入探索的最终方向。

[参考文献]

1. 国家文物局第一次全国可移动文物普查工作办公室编:《第一次全国可移动文物普查工作手册》（修订版）[M]，北京：文物出版社，2014。

2. 国家文物局第一次全国可移动文物普查工作办公室编:《普查藏品登录操作手册》[M]，北京：文物出版社，2014。

博物馆图书资料室建设发展思考

——以贵州省博物馆为例

杨曼琳 *

摘　要　博物馆图书资料室对于提高馆员专业水平、开展学术研究、促进全馆各项业务发展十分重要。目前资料室存在多方问题，导致效能不高，作用没有得到发挥。应当从资源建设、人员、设备、制度等方面进行加强，突出差异化、特色化、专业化建设思路，打造与博物馆自身业务和需求高度融合的小型文博专题图书馆。

关键词　博物馆　资料室　建设发展

博物馆图书资料室是馆内专门进行图书资料等保存、管理和服务的机构，其主要职责是对图书资料进行收集、保存、整理和研究，为博物馆的专业人员以及其他研究人员提供图书资料借阅及参考咨询等专业的文献信息服务。与普通公共图书馆相比，除了机构规模、服务范围、资源特色等区别外，总体上具有很高的相似性，基本上可以说是专为博物馆研究服务的小型专业化图书馆。发挥好博物馆的图书资料室的功能，对于提高馆员专业水平、开展学术研究、促进全馆各项业务发展可以起到十分重要的作用。

许多博物馆在建馆之初就设置了图书资料室，除了采购的专业图书、期刊等，还收藏古籍、档案等珍贵文献资料，供馆员及专家学者进行查阅和研究，在服务本馆业务工作、推动博物馆事业发展方面做了许多贡献。然而，随

---

* 杨曼琳，女，(1976－)，副研究馆员。研究方向：图书资料。

着时间推移，业务需求的不断变化，现代科技特别是网络信息化技术的不断进步，许多资料室已渐渐跟不上时代的要求，专业人员对图书资料室的利用和依赖越来越少，资料室的存在地位越来越被忽视。如何切实做出改进，努力满足新时代新形势新要求，让资料室重新发挥其应有的功能和作用，值得我们认真思考。

一、博物馆图书资料室的特点

博物馆的图书资料室首先是为博物馆的业务工作服务的，这是其基本功能定位，也是博物馆图书资料室区别于其他信息服务机构的一些基本特点。国家颁布的《省、市、自治区博物馆工作条例》明确规定：博物馆是文物和标本的主要收藏机构、宣传教育机构和科学研究机构。博物馆图书资料室的工作应当紧紧围绕这三个方面进行。

从服务对象来看，博物馆的图书资料室主要针对馆内的专业人员，也包含一些相关单位的研究人员。因此，突出专业性要求就成为其最主要的特点，这也是对博物馆资料室建设思路的根本要求。

要提供给专业人员以相当层次的专业信息和资料参考，这就要求资料室收藏的图书资料必须具有较高的专业性或者是可研究性，具有稀有甚至是独有性，不能是其他图书馆甚至是网络上随处可得的基础资料、普及资料。这些馆藏资源可能是作为研究参考的专门文献，或者是供查考佐证的相关史料，也可能是本身作为研究对象的古籍。这些与博物馆业务密切相关的文史专业资料，应当具有较高的专业深度、权威的学术价值。特别是应当重点组织与本馆藏品及业务相关的，与各项业务内容紧密契合的、较为完整和系统的文献汇集。

从服务内容和形式看，由于服务对象以及馆藏资源的专业化特点，图书资料室应当适应新形势新要求，不仅停留于图书保存以及借还，还应当提供全面高层次的文献服务，比如参考咨询、专项研究、二次文献开发、定题信息服务等。因此，图书资料室本身就应当具有相当的研究能力，研究工作应当成为资料室的重要工作职责之一。

从人员组织看，图书资料室的管理服务人员应当配备一些专业的较高层次人员，比如除了图书情报专业人员外，还应配备文博专业人员，以及一些熟悉博物馆专业基础知识、本馆各项业务、馆藏内容及特点的专业人员，可以对资料室所藏文献与博物馆业务的关联有较为清晰、系统和深入的了解，确保资料室不仅仅是简单的图书存放和借还机构，而是一个高层次的研究和咨询机构。

总体来说，基于博物馆资料室的功能定位，需要重点突出较高专业层次的特点，在馆藏资源组织、服务内容创新、管理人员配备和培养提升等方面都应当力求较高的专业水准和要求。这是其区别于其他信息服务机构的基本特点，也是其存在必要性的根本体现。

二、贵州省博物馆图书资料室现状

1.贵州省博物馆的图书资料室是1953年筹建之时设立的。当时接收了以下渠道的资料：省文教厅文化科文物室移交的全部图书，这些图书主要为地方文献；柴晓连先生捐赠的珍贵图书600余册、陈恒安先生捐赠的部分图书；1963年贵阳正谊中学撤销后，价让的部分图书；何知方、许庄书、罗必鼎私人收藏价让的部分古籍线装图书，还有的书是在"文化大革命"中从造纸厂清理所得；以及委派专人赴外地古旧书店选购的。

馆藏普通图书按《中国图书馆图书分类法》共有16大类，期刊77种，报纸10种。根据博物馆业务人员研究方向和陈列展览需要，收藏重点侧重以历史、地理、民族、艺术（书画类）、考古类等图书为主，不少文献年代较早。通过比较查询，一些文献在省内公共图书馆没有收藏，为贵州省博物馆独有，具有较高的参考和研究价值。

2.图书更新方面并不固定，而是根据需要零星采购。因此，目前的馆藏图书也存在专业性、系统性、完整性、时效性、针对性等方面不够突出、难以跟上需求的问题。

3.技术手段及设施设备方面，普通图书和期刊均无电子账目，一直以来都是采用卡片查书，图书编目、借还手续都是手工登记操作，可以说已经非常落后和不便，应当及早淘汰。一些具有较高参考研究价值的文献，由于受到检索困难、揭示困难等条件的限制，长期处于"藏于深闺无人知"的尴尬境地，不能得到有效利用，十分遗憾。

4.使用效能方面，由于馆藏资源建设不足、服务手段落后不便等因素，使得资料室的服务能力存在很大局限，参考利用价值大打折扣。特别是随着近年来我国公共图书馆事业不断发展以及网络信息科技的不断进步，研究人员已经可以通过各种完全开放的途径，尤其是信息网络渠道方便快捷地获取所需的信息。博物馆资料室现有条件与这些开放的资源渠道相比，无论是内容组织还是服务模式都显得毫无优势。许多研究人员不知道还有什么信息或者资料是博物馆资料室独有而其他途径无法获取的。从便捷、效率等方面考虑，他们完全找不到理由耗费时间到资料室去，从而逐渐失去了关注资料室的兴趣，利用率亦自然日渐减少，效能发挥不断降低。

5.博物馆图书资料室工作被边缘化，图书管理员身兼数职。许多人认为资料室工作就是简单的借借还还，没有什么技术含量，不予重视。工作人员难以得到专业培训和提升的机会。人员配备不足，特别是缺少熟悉博物馆业务的专业人员。资料室工作人员对自身工作岗位、工作职责的认同度也不高，认为资料室不是中心工作，无关大局，可有可无，缺乏主动思考、创新和工作热情。

三、博物馆图书资料室建设思路

博物馆的图书资料室是围绕博物馆业务发展服务的，其业务功能主要有几个方面：

一是收藏功能，包括收集、整理、保存等。收集对象包括当代的图书、期刊、论文等文献，特别是行业前沿的各种专业文献，也包括各类古籍、历史文献等，特别是与本馆馆藏及业务相关的各种历史文献。通过科学整理，归类存放，便于快速查询检索以及提取使用。

二是读者服务功能，包含基本的查询、阅览、借还等，以及高层次的参考咨询等服务。

三是研究功能，依托馆藏资源开展相关专业领域的深层次挖掘和研究。

由此可见，从基本业务功能上来讲，博物馆的图书资料室与一般公共图书馆大致是相同的，没有本质上的区别，可以说是"麻雀虽小，五脏俱全"，所以大体上也可以参照公共图书馆的模式来进行建设和管理。只是在此基础上，要更加重视其专业性的特点和定位，针对文博行业科研人员的需求，重点服务文博行业科研工作。走专业化图书馆发展道路，全面按照现代专业图书馆服务管理模式进行规范化、专业化建设和管理，打造具有文博专业特色的、有影响力的专门行业图书馆、专门学术图书馆。

1.加强资源建设力度，规范资源采访和配置，使得资料室的图书文献资源能够充分突出博物馆的专业化优势特色。特别要注重各相关专业领域或专题的完整性、系统性资源建设，打造各类精深、全面的专题资源，根本区别于普通公共图书馆以及互联网络等其他信息渠道。

对于一个图书馆来讲，馆藏资源的质量是决定图书馆使用价值和使用效率的重要因素。特别是当今时代，网络科技应用高度发达，获取各种信息和资源的渠道十分丰富，如果图书量少，陈旧过时，更新没有保证，时效性差，馆藏资源的参考、利用价值有限，就会缺乏读者吸引力，缺乏基本竞争力。

图书资料室也一样，需确保充足的经费保障，图书文献能够定期及时的更新，确保最新最前沿的专业资料和文献入藏，珍贵的古籍、历史文献能够广泛征集，研究人员能在资料室找到所需要的专业参考文献，图书资料室的利用价值就可以得到提升。

事实上，许多专业人员都会发现，随着研究的不断深入，对资料需求越加专深，就越难以找到可供参考或佐证的资料。这是一般公共图书馆以及普通网络渠道查找信息的最大缺陷。那些以传播、普及知识为主要目标的信息渠道一般都无法满足足够深入和专业的信息需求。要寻找具体与特定博物馆馆藏相关的、具有针对性的研究资料更是十分困难。而博物馆的图书资料室则应该专注于在这些方面补足，使得那些大众使用频率可能不高，但对于博物馆行业研究人员来讲却极具研究和参考价值的文献资料成为主要馆藏资源，才可能使博物馆图书资料室在研究工作者心目中具有较高的权威性，成为他们研究工作中不可或缺和无可替代的得力工具。

2.充分利用信息化技术手段，配备专业的图书文献信息管理服务系统、自助借还系统、信息化图书编目数据等，提高服务便捷度和效率，增强服务能力。从根本上改变服务条件、技术手段严重滞后，操作十分不便，效率低下，服务能力不足的困境。

与一般图书馆一样，图书资料室收藏文献的最终目标，是服务于研究工作和研究人员，要让这些文献能够得到最大限度的利用和广泛的传播，最大限度发挥其应有的价值。无论收藏的图书文献资料有多全面、多权威，如果不能为人所知，不能为人所用，那就毫无意义。所以，提升服务的科技化水平、便捷化水平、人性化水平，不仅让研究人员能方便快捷地找到所需文献，也让读者找到需要它的馆藏文献，是图书资料室需要提升与改进的重要方面。

3.跟上时代的步伐，配置数字化资源，使读者能够通过信息化、网络化手段便捷、高效地获取所需信息，不受时间空间条件限制，实现全天候无障碍信息服务，全面拓展图书资料室的服务覆盖能力。

4.加强人才配备。博物馆的资料室目标是成为小型文博专业图书馆，功能不仅仅定位于图书借还角色，而应该深入开展文献资料的研究、分析、挖掘，为馆员、研究者提供专业的信息参考咨询服务。要从数量和质量上大幅提高人员配备，除了图书馆学、情报学等方面的图书管理专业人员，还应配备文物博物历史等方面的专业人员，使图书资料室具备研究能力。同时，加强对资料室工作人员的培训和交流，不断提升他们的业务水平，打造高层次、各相关专业知识结构完备的队伍。

总的来说，博物馆的图书资料室建设应当要跟上新时代的需求，强化专业特色和优势，跟上学科前沿，改进服务手段，提升服务能力和影响力，努力建成一个小型化、特色化，特别是与博物馆自身特色与需求高度契合的文博专业图书馆，为提高博物馆的学术研究水平乃至整个博物馆事业的发展提供强大的助力。

[参考文献]

1. 日本博物馆重视资料室建设［J］.中国博物馆通讯，1986（11）：4.

2. 陈萍，王莉.以用户需求为导向 加强专业图书馆供给侧建设——以中国地质图书馆为例［J］.科技创新导报，2016（17）：127-129.

3. 何江.浅谈博物馆图书资料室的改革［J］.云南图书馆，2012（2）：55-57.

4. 郎妍妍.供给侧改革背景下公共图书馆服务机制创新研究［J］.图书馆学刊，2017（1）：1-4.

5. 李鸿恩.文博图书馆的专业性及其数字化建设思路［J］.图书馆论坛，2006（4）：12-15.

6. 李萍.当代中国文博系统图书馆社会化服务模式与方略探索［J］.艺术百家，2012（8）：451-453.

7. 王晓侠.资料室如何适应博物馆的现代化进程——以首都博物馆为例［J］.北京文博，2009（3）：33-35.

8. 魏正宜.博物馆资料室如何在新形势下发挥服务功能［J］.速读（中旬），2018（8）：14.

9. 张秋红.浅谈文博专业图书馆的资料搜集［J］.吉林省教育学院学报，2012（4）：138-139.

10. 张毅.文博系统专业图书馆的数字化建设与文物研究［J］.上海文博论丛，2009（4）：52-55.

11. 赵东.试论专业图书馆核心竞争力的构建［J］.图书情报工作，2008（3）：28-31.

12. 赵东.试论如何打造专业图书馆的核心竞争力［J］.医学信息学杂志，2009（9）：5-9.

贵州省博物馆古籍数字化建设的几点思考

安琪 *

摘　要　数字化建设是古籍再生保护的重要手段，本文针对贵州省博物馆古籍数字化建设存在的问题，提出在相关政策背景和技术要求下，贵州省博物馆该如何实现古籍数字化建设这一问题。

关键词　博物馆　古籍数字化　建设

古籍在当今经济建设和文化建设中起着重要的作用，有不可替代的文献价值和文物价值。根据2012年国家图书馆公布的普查数据显示，我国3000余家公藏单位收藏古籍超过5000万册，《全国古籍总目》中统计为20万种，40万个版本。我省在最新版《贵州省古籍联合目录》中，著录了贵州省8家收藏单位所藏共40万余册古籍，这些浩如烟海的古籍文献，记录了中华文明上下五千年沧桑变迁，如何保存和整理古籍，开发和利用古籍资源，古籍数字化建设就显得十分必要和迫切。

一、传统古籍保护面临的问题和数字化建设的必要性

1.传统古籍保护面临的问题

从文字产生开始，中国书籍已经有3000多年的历史，从龟甲兽骨、壁石、

---

* 安琪，女，（1986-　），馆员。研究方向：贵州古籍整理与研究。

钟鼎、竹简、尺牍、缣帛到纸张，由于材质的特殊性，这些珍贵的文明载体在保存与保护上尤为不易。要切实有效保护古籍不受自然环境和人为因素的破坏，首先，必须拥有适合古籍"居住"的存藏环境，除敦煌石窟、天一阁等藏书单位是顺应自然气候地理条件、营造适合书籍保存的书库环境外，现在各大图书馆、博物馆等都选择使用现代科技设备来营造书库内部环境。在古籍装具选取上，也逐步淘汰人造板、复合实木、奥松板等对古籍纸张伤害较大的装具，而改用樟木、楠木，部分图书馆还选择使用特殊的烤漆金属柜作为存藏工具。其次，传统古籍保护最重要的就是古籍修复，从修复设备的购置、修复人员的培养，到具体操作过程中修复纸张、修复用水的选取，再到对古籍本身进行补、托、裱、排、镶、衬、揭、接、装（杜伟生《中国古籍修复与装裱技术图解》）等修复技术的应用，我国已形成了较为成熟的古籍修复体系。古籍是我国珍贵的文化资源，存藏和修复能有效保留古籍的原生性，保留文化的原生性，这些传统的技术和方法在古籍保护工作中是不可缺失和替代的。但同时，传统古籍保护也面临一些难以克服的问题：

第一，古籍存藏的质量和寿命易受外部环境影响。虽然国内部分收藏单位现已具备科学完善的储藏条件，将古籍密封保存，但不能说完全不受外部环境的影响。温度、湿度、空气质量和光照条件都是影响古籍寿命的重要因素，如南方较为潮湿，容易滋生霉菌，而北方干燥，纸张会发生变硬、发脆、易折断现象。酸化是在古籍内部发生的一种自然变化，如果人们在翻阅古籍过程中在纸张上留下酸性物质或修复用纸中含酸，随着时间的推移，即使不再使用这些古籍，它的纸张本身也会逐渐变脆劣化，而酸极强的侵蚀性和传染性会使这种破坏蔓延到装具和其他古籍上。这些自然和人为的不可抗力，是致使古籍逐渐老化、损毁乃至消亡的重要原因。

第二，传统修复技术难以实现古籍永久保存。古籍修复是保护和抢救古籍的一个关键性环节，是延长古籍寿命的重要手段。据国家图书馆公布普查数据显示，目前国内病损待修古籍已达到1500万册以上，而一个较为熟练的专业古籍修复师一年最多修书100册，据此计算，要完成全部修复工作仍需数百年时间。可即使是世界上最优秀的修复师和最先进的修复技术，也无法阻止在时间长河中古籍的破损老化，实现古籍本身的永久保存。

第三，古籍的藏用矛盾突出。古籍作为特殊文献，是国家的珍贵文化遗产，古籍保护实际上是为了挖掘其文化价值，但由于古籍实体的不可再生性，收藏单位必须承担古籍文献载体的保护责任，从而一定程度上限制了读者对古籍内容的需求。

因此，在做好传统古籍保护工作的同时，应积极探索古籍再生性保护的新途径、新方法。

2.古籍数字化建设的必要性

首先，古籍数字化使古籍保护更持久、更安全。

随着计算机储存手段的不断进步，网络数据库技术已成熟应用到古籍数字化领域，古籍形态和内容将作为计算机数据被永久保存下来，经过网络加密、云平台等技术，数据的安全性和持久性也能得到保障。

其次，古籍数字化能有效解决古籍的藏用矛盾。

古籍数字化使得古籍文献价值和版本价值能够剥离开，收藏单位只需共享古籍数字化版本，让读者和研究人员不必接触古籍，就能阅读内容、查询信息、进行古籍整理和版本研究等工作。

再次，古籍数字化使文献内容传播利用更便捷。

古籍数字化具有信息容量大、检索快捷方便的特点。数字化普及后，能让读者便捷快速地查询到想要了解的内容，甚至足不出户，就可享受浏览阅读、远程传送、下载打印等方面的服务。还有利于开发古籍文献中蕴藏的特有的信息资源，对于学术研究起着重要作用。

二、贵州省博物馆古籍保护利用的成效及古籍数字化过程中存在的问题

1.古籍保护利用取得的成效

贵州省博物馆自建馆之时，就建立了图书资料室，通过调拨、捐赠、价让、购求等方式，最终形成馆藏的善本古籍和普通古籍。多年来，除重要善本外，这些古籍图书资料一直开放给馆内外人员查阅，为研究人员提供了重要的研究参考资料。在古籍保护利用方面，贵州省博物馆也取得一些具体成效：

2008年至今，在国务院批准颁布的五批《国家珍贵古籍名录》中，贵州省博物馆有15部古籍入选。

2009年，被列为全省古籍普查试点单位。2015年，按要求完成本馆古籍普查登记和数据审校工作。

2016年，整理出版了《贵州省博物馆馆藏珍稀古籍汇刊》，精选了郑珍、莫友芝、黎庶昌等贵州名人手稿本和著作30余种。近年，还为《遵义丛书》《民国贵州文献大系》《贵州文库》等大型丛书的编纂出版提供古籍底本扫描。

积极培养古籍保护人才，定期输送相关人员到省内外权威机构举办的培训班学习，每年指派至少一人到省古籍保护中心跟班学习。

2.古籍数字化建设存在的问题

20世纪80年代，我国开始开展古籍数字化工作，经过几十年的探索与开发，取得了显著成果，也已形成较为成熟的古籍数字化技术和标准，但在实施过程中仍然存在缺乏统一规划、缺乏人才和资金、录入数据格式难统一、重复建设等问题。

在数字化建设上，贵州省博物馆仅于2015年在全国古籍普查平台上登记数据1185条，整个数字化建设还处于起步阶段。多年来，贵州省博物馆工作重心一直放在文物和展览上，由于种种原因，人员配备不足，数据缺乏统一管理，部门间缺乏沟通合作，为了完成工作任务，出现重复收录、重复整理、重复登记等现象，又由于经费缺乏，无法购置开展数字化工作的设备和软件，更

加无法培养专门复合型人才。

三、贵州省博物馆古籍数字化建设的几点建议

1.古籍数字化建设的政策和技术背景

古籍数字化建设的政策背景。古籍再生保护是国家文化安全最关键的部分。2007年，国务院办公厅颁布《国务院办公厅关于进一步加强古籍保护工作的意见》（国办发〔2007〕6号），对全国古籍保护工作进行部署，正式实施"中华古籍保护计划"，强调加强古籍数字化和整理出版工作，提出制订古籍数字化标准、规范古籍数字化工作、建立古籍数字资源库。"中华古籍保护计划"实施以来，国家古籍保护中心通过"中华古籍资源库"在线发布资源总量已超过2.5万部。"十三五"时期要求发布古籍数字资源7万部，前期已实现资源发布5.5万部。我省古籍数字化工作启动相对较晚，2010年12月，在贵州省人民政府办公厅印发《关于进一步加强我省古籍保护工作的意见》（黔府办发〔2010〕6号）中，提出全面开展我省古籍普查工作，建立《贵州省珍贵古籍名录》和古籍综合信息数据库。目前，我省古籍普查工作已全部完成。

古籍数字化建设的技术要求。古籍数字化就是使用计算机技术，以保护古籍和利用古籍为主要目的，以计算机可以识别的文字符号替代古籍使用的文字、语言、图形，最终建立古籍文献数据库和古籍全文数据库。数字化古籍是纸本古籍的高级形态，其过程高度依赖计算机技术，当中包含数字化输入技术、OCR光学识别技术、网络与数据库技术和智能化处理技术。首先通过数字照相或多媒体全文扫描技术，提取古籍内容，生成JPEG、TIFF等格式的可储存图片，而后应用OCR光学识别技术，进行版面分析和汉字识别，将图片转化为可进行编辑的文字，再辅以人工校对后输出。最后利用网络与数据库技术，设计出结构合理的数据库，构建古籍存储与利用平台，实现全文阅读、全文检索和远程传输等功能。而用智能化处理技术能突破文献的物理形态，对文

献内容进行分合和重组，向读者和研究人员提供针对性更强、内容更丰富的服务。

2.古籍数字化建设的几点建议

综上所述，古籍数字化工作是保护与传承珍贵古籍的重要手段，是每家收藏单位必须正视和重视的问题，要实现贵州省博物馆古籍数字化，笔者认为要合理规划，找到正确的方法和途径，由此提出以下建议：

第一步，成立古籍数字化建设小组，做好前期文献整理工作。

联合馆内相关部门和专业技术人员，成立古籍数字化建设小组，建立规范化体系。从前期文献整理到书影拍摄、书叶扫描，再到数据处理、质检、储存和发布，都需有一套完整的书面细则。特别在前期文献整理工作中，必须要求工作人员逐一检查每一册古籍的完残程度，理清页码顺序，对需要修复的进行整体修复，以降低数字化过程中对古籍的损伤程度。

第二步，在统一标准下进行数字化建设。

认真贯彻国家标准和行业标准，在统一标准下进行古籍的前期整理和数字化录入。目前我国多家权威机构已研发完成古籍数字化标准规范，至2016年，我国古籍数字化标准包括国家标准8条、地方标准7条、文化行业标准3条、档案行业标准2条和新闻出版行业标准1条，如《古籍著录规则》《古籍描述元数据著录规则》《古籍描述元数据规范》等。目前，国家古籍保护中心已组织编制了《古籍数字化工作手册》，对古籍数字化工作进行规范性指导，贵州省博物馆可参照该标准对馆藏古籍进行数字化加工准备、元数据著录、图像数字化、数据命名、提交、验收以及发布利用。

第三步，加快人才队伍建设，做好技术培训工作。

古籍数字化对技术的高度依赖决定了要培养一支专业化、高素质的人才队伍，他们必须兼具古典文献学、古籍版本鉴定与校勘等专业知识和文献数字化流程、数字化标准规范、数据库关键技术应用等计算机现代化技术。除了尽可能让相关工作人员参加各大权威机构组织的专业技能培训外，针对贵州省博物馆人手严重缺乏的情况，还应将古籍保管人员、修复人员与计算机专业技术人员整合起来，大家通力合作，建立"古籍数字化"培训长效机制，促进人才成长，造就一批熟悉和掌握古籍数字化业务的骨干。另外，还可面向社会招募古籍保护工作志愿者，让有一定知识储备和经验的社会人士参与到古籍数字化工作中。

第四步，走合作共建、资源共享之路。

贵州省博物馆可依托省古籍保护中心、国家古籍保护中心，与其共同发布数据。也可与省内外其他收藏单位，联合目录建置和文献资源共享共建开发，合作馆藏维护，以项目形式申请专项经费，建立专题数据库，成为项目研发联合体，共享人员和设备，从而提升效率，降低成本，走资源与收益共享之路。这样既可避免重复建设，资金、技术瓶颈问题也可得到部分解决。

第五步，做好服务工作，让大众能及时享受到数字化成果。

传播优秀传统文化，是博物馆的重要职能之一，能让古书上的内容得到有效而广泛的传播，数字化资源最终必将与社会大众共享。除了提供方便的检索服务，提高书籍的查全率和查准率外，拓展服务空间，通过互联网、手机、数字电视等无障碍服务平台，提供便捷、个性化、多样化和全媒体的数字化资源服务，使读者查阅更加方便，实现古籍数字化建设服务公众的初衷。

古籍数字化是古籍再生保护的重要手段，有效推动古籍数字资源的开发利用，解决古籍数字化中存在的问题，提高古籍数字化工作的技术能力，是每个从业人员和收藏单位必须思考的问题。只有让古籍化为千百人类的精神家园，才能让优秀的中华文明传承下去、传播出去。

[参考文献]

1. 黄卫华:《古籍保护面临的问题及对策探讨》[J]，载《中国新技术新产品》，2015（5）。

2. 纪晓平、李杨琳:《中华古籍善本"再生"问题的思考》[J]，载《图书馆学研究》，2006（5）。

3. 梁爱民、陈荔京:《古籍数字化与共享共建》[J]，载《数字图书馆推广工程》，2012（5）。

4. 罗丽丽、陈琳:《成长中的贵州省古籍保护中心》[J],载《贵图学刊》,2009 (1)。

5. 毛建军:《古籍数字化的概念与内涵》[J],载《图书馆理论与实践》,2007 (4)。

6. 毛建军:《中文古籍数字化合作馆藏维护问题研究》[J],载《图书馆理论与实践》,2011 (8)。

7. 王雁行:《以"中华古籍保护计划"为依托,建设国家古籍资源数据库》[J],载《国家图书馆学刊》,2016 (3)。

8. 谢宛余:《公共图书馆古籍数字化管理研究》[J],载《品牌研究》,2019 (1)。

9. 许瑾:《古籍文献数字化建设初探》[J],载《贵图学刊》,2014 (4)。

10. 杨曼琳:《加强贵州省古籍保护工作的思考——以贵州省博物馆为例》[J],载《遵义师范学院学报》,2017 (8)。

11. 于天指:《古籍数字化发展与分析》[J],载《科技经济导刊》,2018 (15)。

12. 章杰鑫、潘悟云:《古籍数字化技术的新思路》[J],载《贵图学刊》,2014 (4)。

13. 张文亮、尚奋宇:《我国古籍数字化标准体系现状调查及优化策略》[J],载《国家图书馆学刊》,2015 (6)。

14. 朱锁玲、包平:《我国古籍数字化进展与研究述评》[J],载《图书馆理论与实践》,2009 (9)。

省级博物馆展览策略思考

——从《帝国记忆 夏宫往事——俄罗斯彼得霍夫国家博物馆藏文物特展》说起

宋云 *

摘 要 展览是博物馆实现历史传承、知识传播、公众教育和公共服务的主要手段及职能。《帝国记忆 夏宫往事——俄罗斯彼得霍夫国家博物馆藏文物特展》是贵州省博物馆新馆正式开馆的第一个引进外展，本文从总结该展览出现的问题，引发对我国省级博物馆展览现状的观察，分析其普遍存在的问题，最后结合博物馆展览的原则，提出针对性的博物馆展览改进策略，对新时期省级博物馆的展览与文化传播进行了积极探索。

关键词 博物馆 展览策略 文化内涵 文化阐释

博物馆展览是指基于对文物藏品学术研究成果，在博物馆内规划好特定空间，设定一定的展览主题、结构、内容和艺术形式，并借助辅助展品、展示设备等手段，实现向社会公众进行知识普及和文化传播，服务公众教育的目的。《帝国记忆 夏宫往事——俄罗斯彼得霍夫国家博物馆藏文物特展》（以下简称夏宫展），是贵州省博物馆新馆正式开馆的第一个引进外展，从筹备开始到撤展点交接完毕送走外方人员，个中颇费周折。虽然最终该展览如期正常举行，且也获得了不少的参观量，但其存在的问题仍需反思，以供后者参考。窥斑见

---

* 宋云，女，(1981-)，副研究馆员。研究方向：美术史、博物馆展览策划。

豹，我国目前有30多座省级博物馆，这些博物馆既承担了对省内文物标本进行收集、整理、保管、研究的内部职能，也承担了向以省内民众为主的社会公众进行展览、传播及教育的职能。复旦大学陆建松提出，一个优秀的展览要对观众有吸引力，要能激发并保持观众持续参观的欲望，要对观众有教育意义，对观众产生观念和行为上的影响。

一、夏宫展存在的问题

1. 展览概况

2017年9月底，为增进中俄文化交流，贵州省博物馆在新馆正式开馆之际，引进了俄罗斯彼得霍夫国家博物馆的243件藏品，以期通过展示这藏品，让观者走近俄罗斯历史。展览由中国文物交流中心、贵州省博物馆、俄罗斯彼得霍夫国家博物馆、意大利MondoMostre有限责任公司几家单位联合主办，展出时间从2017年9月30日至2017年12月7日，近三个月。展览分为两个单元：第一单元"夏宫的主人"，包含"罗曼诺夫王朝""沙俄大帝"两个子版块；第二单元"夏宫的日常"，包含"理政办公""皇权与教权""艺术收藏""皇室宴

图1　夏宫展前言现场实景

图2　夏宫展展厅现场实景

饮""室内休闲""户外游乐"几个版块。

夏宫展的引进恰逢贵州省博物馆新老场馆的变更以及馆领导的变更，导致对接工作也几易其手，最终博物馆完成新馆搬迁后才落定下来进入实施阶段。

2.展览存在的问题

展线规划及展厅布局不合理。展厅被分割，展线走了"回头路"。因该展览开展与新馆开馆两件事的时间节点重合，再加上展览期间与另一个展览《迎接党的十九大特展》有部分场馆的冲突，所以在空间布局上整个展览被分成两个厅展出，即六号展厅的一部分和七号展厅。导致展览第一单元"夏宫的主人"包含的展品被放置在六号展厅，观众需参观完这个单元再折返进入下一个展厅进行参观。展线走了"回头路"，犯了展览路线规划的大忌。

展览统一协调性不好，整体氛围营造不够。展览被分在两个展厅布置，两个展厅的空间层高、格局、照明、展墙、展柜摆放及可改造的状况等均不一样，导致展览根据展陈内容来作形式设计时，拟进行部分展柜隔断及营造较大的空间氛围比较困难。该展览在第一站成都博物馆展出时，文物就布置在一个相对完整的展厅空间，整个展线迂回连贯，空间分割恰到好处。而展览第三站

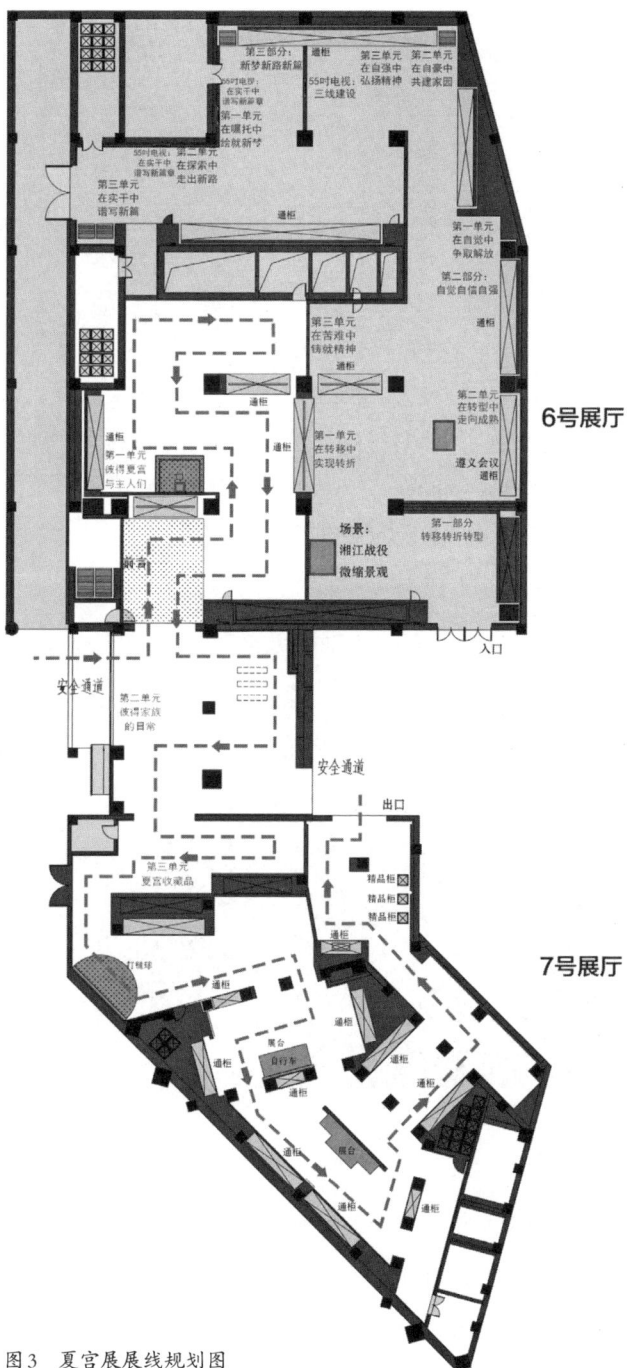

图3　夏宫展展线规划图

图4　夏宫展六号展厅人物肖像画现场实景

图5　夏宫展七号展厅油画现场实景

河北博物院的情况和贵州省博物馆比较相似，也分两个展厅，但其两个展厅的空间规模和格局都较相似，且相对方正，所以策展者根据展厅情况对展览内容大纲进行了调整，让展品合理分布在两个空间中，再用形式设计把两个展厅中间过渡的走廊进行了处理，所以整个展览空间虽被隔断，内容形式却连贯统一，连而不断。

展览内容深入不够，讲故事不精彩。因场馆布局客观所限，夏宫展在实施阶段只能根据场地来调整内容大纲，排布文物，内容更多地妥协于展览空间及形式，只能力保完整展示，不能深入挖掘。该展览有油画70余幅，在原有场地下若按原大纲分散布置，整个空间需求跨度会很大，让观展者很难去根据展览内容切换视线、厘清展览线索，后面进行了展览内容服从于空间的处理，依盘子配菜，根据已有的空间布局来进行大纲内容调整：第一单元就把数量较多的人物肖像画容纳了，并集中放置在展厅第一部分空间；接下来是"夏宫的日常"单元，因展厅里三个展柜没法放大幅油画，所以把本单元"理政办公"版块的文物调整入柜，而"艺术收藏"版块的油画文物则顺势上墙陈列，并经六、七号展厅中间的通道分隔，延续到七号展厅展墙上展出。

展览形式设计单一，制作仓促粗糙。夏宫展由于设计施工被外包，策展团队稍不注意就被承包公司牵着鼻子走，如裸展油画的说明牌文字，在电脑上排版时初看还行，实际展览时拉了警戒线后就显得太小，很多观众需要俯身探望才能看清楚说明牌上的内容。再者俄罗斯彼得霍夫国家博物馆本应提前提供的高清图片迟迟不到位，巧妇难为无米之炊，待资料到位后时间紧迫，展板设计没法精雕细琢，制作也就草草了事了。

展览团队人员配备不足，进度推进缓慢。因新馆开馆筹备、基本陈列布展等多项工作同时进行，馆内业务人员调配困难，导致夏宫展翻译、校对、点交等环节都是临时协调人员或请外援，无形中增加了沟通成本和策展复杂程度。再加之展览需多头对接相关单位，使得展览推进缓慢，具体工作落实效率差。

展览宣传不到位，持续效应差。夏宫展开展没有任何宣传活动预案，因恰逢新馆开馆契机，搭了新馆开馆宣传的顺风车，蹭了不少人气。展览期间，没有实时挖掘亮点内容、线上线下普及拓展相关知识，导致展览持续效应不强，近三个月展期只组织了一个"朗诵普希金"活动，没有充分发挥展览的社会教

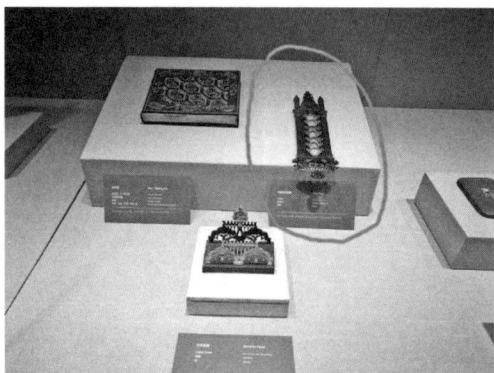
图6　夏宫展展品位移照

育功能。

展览现场管控问题频发，造成文物安全隐患。布撤展现场安全管理不严格。馆内工作人员是凭证出入布撤展现场，但因馆内安保是外包服务，安保从业人员自身的业务素质不强，布展期间出现了个别无关安保人员随意进出警戒区的现象。后经安全责任强化沟通后，撤展期间随意出入情况被杜绝，但又发生了安保人员在未收到任何授权，就擅自提前开启展厅现场大门的情况。

展览期间展厅管理出现盲区。夏宫展撤展时展柜未开启却发现个别文物有轻微移位的情况，经调查和现场勘察后最终得知：展览期间为调控展柜温湿度，监测人员对展柜附属设备进行操作时用力过猛，导致在斜托上的小件文物因震动产生轻度位移，而这一情况直到撤展时才发现。

展览无文创开发。夏宫展从最早接的引进接洽到最后的落地开展，历时近一年，整个过程均没有涉及文创环节，展览仅带给了观众参观游览的短暂体验，并没有通过开发文创产品这个载体更好地去传达其文化内涵，实为整个展览的缺憾。

二、当前国内省级博物馆展览存在的普遍问题

成功的博物馆展览需要在具备科学性和真实性的基础上，拥有一定的思想性和知识性，并兼顾观赏性和趣味性，符合当代人的审美情趣。目前国内的省级博物馆基本都属于财政全额拨款单位，受限于经费、人才团队、科研能力等

的不足，在博物馆展览中普遍存在一些问题。主要包括以下几点：

第一，对展品的文化内涵阐释较为浅显，特别是中西部地区的省级博物馆，对展品的信息阐释往往停留在"器物"层面，除了必要的介绍藏品器物本身的材质、尺寸、颜色、图案和形制以外，在文化内涵方面乏善可陈，往往只是列举展品名称、所属大致时代、主要功能，来满足观众窥视历史的好奇心。所造成的缺陷是，展览形式非常单一，只能通过藏品的简单陈列来展示历史，观众无法认识到文物背后的历史文化现象，无法持续产生兴趣。

第二，省级博物馆对与展览相关的历史文化的研究往往缺乏足够的深度，例如对本地区历史文化发展脉络、关键时间节点、影响因素的研究不够到位，使得在展览内容设计环节，无法用清晰的逻辑和脉络讲出本地域历史文化的故事。

第三，很多博物馆把保洁、保安等后勤工作都社会化了，甚至包括陈列展览设计、布展、运输、数字化、文物保护技术等方面都进行了外包，博物馆业务人员沦为了监工。确实外包出去很省事，但同时博物馆人自身的能力与业务素质也在退化。

第四，部分省级博物馆展览的观赏性和趣味性欠佳，也不够重视文创产品等衍生品的作用。由于经费限制，中西部地区的大部分展览采用的是简单的展品陈列的方式，不注重展览的形式设计与精工制作，较少运用各种辅助艺术品、新媒体和科技装置来传递与展览相关的知识和信息，使得展览的观赏性和趣味性欠佳，同时展览所力图表达出来的主题和知识难以被较为年轻的观众理解，传播的效率较低。除此之外，大部分省级博物馆对文创产品的开发依然处于较为初级的阶段，大多是本馆藏品的廉价缩微版，对本馆藏品和客户需求都缺乏深度认识，文创产品不能融入观众的日常生活，难以实现让观众"把展览带回家"的目的。

第五，展览缺乏合理的宣传推广且不注重与观众的互动。参观展览的观众除了学者以外，以游客、家庭和学生为主。后者由于知识背景的欠缺，对展品缺乏直观认识，加上展览不注重宣传社教活动，导致观众隔着玻璃走马观花、缺乏互动，不能很好地起到知识普及和文化教育的作用。

三、省级博物馆的展览改进策略

评价博物馆展览有三项基本原则，"知识性和教育性"是博物馆展览的目的，"科学性和真实性"是博物馆展览的前提，"观赏性和趣味性"是博物馆展览的手段，并且趣味性和观赏性必须以知识性和科学性为前提。只有符合这三项原则的展览，才是一个好的博物馆展览。

打铁还需自身硬。基于展览的基本原则及当前省级博物馆存在的问题，不妨用营销的思路来策展，用管理学的角度来运作展览。把观众变为博物馆的用户，博物馆的展览工作从服务用户，增强用户体验的角度来操作实施。具体如下：

1.多方面确定展览传播目标，提前研究展览内容

凡事预则立。每次展览之前，博物馆需要根据本次展览的展品和主题，来确定战略的传播目标。传播目标应包括三个方面，首先是知识目标，使观众学

图7 《逝去的风韵——西夏与播州文物展》现场

图8 "对话：西夏与播州"活动现场

习展览所传递出来的知识，从展品中窥视古今中外的文化；其次是情感目标，使观众与展览主题产生共鸣；最后是体验目标，增进观众与展览之间的互动。

以贵州省博物馆与宁夏回族自治区博物馆合作开展的《逝去的风韵——西夏与播州文物展》为例，因西北的西夏王国和西南杨氏统领的播州这两个处于中原文化圈的边缘地带，在文化特征和时代等方面具有一定的相似性，贵州省博物馆将两地的代表性出土文物进行对比展览，配合展览还进行了专家对话、博物馆课堂和历史舞台剧编演，增进了观众与展览之间的互动。让观众既能看到中华传统文化的共性，又能领略地域文化的多姿多彩。一北一南，两种文化形态既有差异，又有共性，这些灿烂辉煌的历史文化遗产，既是对民族传统文化的绵长追忆，又是对中华大家庭文化底蕴的有力诠释。

展览策划应该建立在对展览项目可行性充分研究的基础上，展览议题应提前讨论预判，规划展览性质的形式档期排布等，而不是仅仅只为了凑数或者是贪图免费展览省事。研究包括很多方面，对展览的内容和形式的研究十分重要，对展览空间场地的规划及目标观众的研究也不容忽视。博物馆是拥有大量珍贵文物的藏品库，以及具有相关权威性的知识库。如何将这些具有遗产价值的内容既全面准确又深入浅出地传达给观众，是博物馆策展工作中的重中之重。一个好的展览应是放置在沉浸式空间中，符合观众背景、时代感与现实关怀的。有国外博物馆的馆长曾说，博物馆不是彼此间竞争，而是和电影院、游乐场之间的竞争，要把他们的观众争取过来。某些时候办展者对展览的自我感觉良好，但观众可能并不这么认为，他们觉得没意思、看不懂。所以，博物馆人应该了解观众真正的需求，从前一年的观展数据来分析预判下一年观众的观展期望与诉求。当拟上展的文物及其文化属性，与观众的知识背景与观展期望之间产生偏差，甚至发生矛盾时，如何因人而异、因地制宜地讨论、理解与阐释展览则十分必要。博物馆策展人需要通过展览建立起文化阐释和公众体验的关联性。

2.注重展览的学术性，定期开展叙事性主题型展览

博物馆展览可分为以审美为诉求的文物艺术品展览和叙事性主题型展览。前者强调文物本身艺术及美学价值的展示；后者则往往具备一个清晰的主题，来讲述一个故事、一段历史、一个人物。此前各省级博物馆日常开展的展览以前者为主，而目前欧美各国的顶级博物馆往往采用主题型展览。相比之下，后者的故事性和趣味性更强，更受观众欢迎。展览强调文物本身固有的美感、强调文化收藏或重现历史的追求、强调将艺术植入宏大历史场面的文字叙述、强调让器物本身的材质、尺寸、颜色、图案和形制娓娓道来，为观众创造一份窥视历史的好奇心和离开博物馆空间之后仍兴致盎然地求知皆不是大势所趋。无论是传达文物本身之美，还是强调迎合观众的兴趣，都不可能仅仅通过绚丽的设计、优美的文字和相关视觉传达来实现，深入研究文物内涵之后提炼出"文物背后的故事"，才是关键。

每个博物馆甚至各个地方的文物都有着"我有人无"的特点，其背后的故事当然也是新颖而唯一的。各省级博物馆有必要对展品背后的历史文化进行更深刻的研究。除了展览中全部文物所呈现出的主题以外，观众往往关注历史悠

久、造型别致的文物背后的相关历史文化背景。这正是历史学家黄仁宇所提倡的"大历史观"——重视某段时期文物背后的历史背景、历史事件，以及背后诸多政治、经济、文化方面的联系和因果关系。省级博物馆应重视对参与展览藏品的"大历史"研究，精选有代表性和故事性的文物，充分挖掘其背后的历史文化、故事，以学术研究成果为基础，设计更加吸引观众的主题，并打造清晰的故事线和结构层次来发展主题。有了这般不断探索、深入人心、具有时代关联的文化阐释，才能让展览无论时间长短都具有温度。

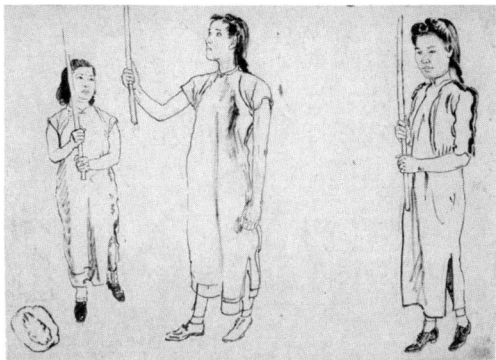

图9 "国殇"画稿部分图片

图10 "国殇"画稿部分图片

以陕西历史博物馆在《国家宝藏》第四期中展出的文物之———葡萄花鸟纹银香囊为例，这款香囊造型别致精美，其独特的结构设计可使香囊内部的香料不会倾洒出来。观众在欣赏这款文物时，既能从"器物美"中体会古代能工巧匠的高超技艺，又能感慨杨贵妃与玄宗凄美的爱情故事，体会个中的悲欢离合。

再如贵州省博物馆馆藏的徐悲鸿"国殇"系列画稿，初看都是些未完成的稿子，相比作者的其他作品来说并不起眼，但置入"大历史""讲故事"的角度，深入研究这些画稿，鲜活的人物形象、浓烈的爱国情怀跃然纸上，不觉让人惊呼画稿的不平凡。如若把这些精彩故事深挖、呈现出来，哪怕几件甚至是一件展品，都可以成全一个丰富绝伦的展览。

3.展览须仔细打磨精工制作，充分发挥效应

展览制作既要精致，又要节俭，可以简，但绝不能陋；既要有新奇感、能吸引人，又要意味深长，耐人咀嚼。在确立好展览主题、规划概念设计、提出设计思路，根据策展大纲起草展览文字，并将其与完整的展品清单及详细的学术性展品文化信息提供给展览设计制作方后，策展人、内容设计者、形式设计者应精诚配合一起深入讨论展览的细节，共同完成所有图文的创作、编辑、排版，确定最终版，最后还要检查校对所有需送出去印刷的平面设计，包括展览叙述文字、译文、展品详细说明、单元版图片文字、多媒体语言文字等。整个过程如琢如磨，从一而终，直至布展结束。

展览制作各环节若闭门造车，容易导致展览内容、形式脱节。除了要研究展览内容，还要进行展厅空间研究，怎么能够更好地把上展文物置放在展厅空间里非常重要。某些时候可能是内容为形式让步，某些时候又可能是形式为内容服务，总之内容和形式是相互表达、和谐一体的。例如：说明牌上的文字需要根据内容的"层级"而使用不同的字体、字号和颜色；展览说明可以根据不同的观众参观节奏和知识诉求提供不同"层级"的文字表述；等等。这些都是很能体现一个展览细节和精髓的地方。

定制与展览相关的辅助艺术品、新媒体及科技装置。辅助艺术品包括灯箱、地图、模型、沙盘、场景、壁画、雕塑、蜡像等。辅助艺术品是通过展品的学术研究，专门设计出来对展品历史背景的再现、还原和重构，是传递知识的更直观手段。新媒体主要是多媒体、幻影成像、影片、动画等手段，科技装置主要是VR（虚拟现实）、AR（增强现实）等手段。通过打造新媒体及科技装置，对具体场景实现精确的再现、还原和重构，使观众能够看到历史场景的仿真复原。例如浙江省博物馆的《西溪人家》展览，展区借助AR技术作为主要的数字虚拟手段，通过精细的场景化细节，向观众展示西溪的自然风光和人

图11　各地巡展组照

居环境，以及西溪人家的生产和生活状态。

　　展览尤其是临展虽机动灵活、规模可大可小，能因地制宜地安排展品，但其制作绝不能草率，要避免为了配合节庆日或赶任务，仓促上马。临展要有文化意蕴，不能以为展完即毁，可以马马虎虎。策展人应深入思考临展的后续效应及研究，不仅是配合展览出版图册，还可以开发网上展览或是把临展转变为流动展览，从而产生更广泛、持久的影响。例如贵州省博物馆主办的《牢记嘱托 不忘初心 走好新的长征路——迎接党的十九大特展》，在三个月的馆内固定展期结束后，就转变为流动展览在省内各地进行为期数月的巡回展出，引起了各地观众的强烈反响。

　　4.加强对文创产品等衍生品的重视

　　展览的运营不止参观游览一种形式，文创产品就是一个能很好地传承其历史和内涵的载体。近年来，文创产品逐渐成为博物馆领域关注的重点话题。文创不仅仅是展览的最后一个展厅，更是透出一个展的气象和关怀。以往那种简单粗暴的根据展览内容，开发缩小版或仿制版文创产品的时代已经过去。在消费升级的背景下，普通人对精致的创意性产品有着不可估量的需求。文创产品不仅可以实现让观众"把展览带回家"的浅层目的，更能将文物的历史文化要素融入到日常生活中，打造出具有文化美感的生活用品。甚至还可以推出网上文创，如推出展览相关的图片下载作为手机屏保等。这就犹如一个酒楼，有主打的招牌菜——基本陈列展览相关的文创，又有不定时推出的时令菜——临时展览的文创，形式丰富，线上线下同时推出，博物馆的展览就立体饱满起来了。例如故宫博物院以皇帝、皇宫文化为核心，以庞大的文物图文数据库作为创意源泉，通过深入研究观众需求，打造出康熙朱批"朕知道了"、古代名画等文物内容做成的胶带纸、行李牌、玩偶公仔、冰箱贴等小物件，将历史珍品打造成普通人可以频繁使用的艺术衍生品，并通过电商平台等方式进行销售，使观众足不出户便可购买或收藏故宫的"艺术珍品"，并将其融入自己的生活中，获得良好的使用体验，而且这种体验通过微博、朋友圈等手段进行传播，还能进一步提升文创产品的影响力。

5.注重媒体宣传，加强观众与展览之间的互动

"盼观众来、盼观众留下、盼观众再来"是基于对每个博物馆展览运营的考量，也是对观众产生的期望与实际需要，媒体宣传在其中所起的作用不容小视。通过各种媒体对展览进行报道，使展览未展先热，营造强烈的氛围，在观众中形成心理期待，展览期间再配以深度的报道，从而使展览的影响更加深远。

与观众建立联系，是一个博物馆履行其社会使命的基本要求。展览的研究、设计、宣教、市场、媒体等环节的相互配合，从最早的"内容研究"确定一个一以贯之的展览主旨，到实施过程中的每一个细节，都能自觉地去考虑观众的认知水平和理解能力，如此在博物馆知识生产过程中就形成了研究、展示和教育的良性循环。

博物馆可以采用包括提供仿制品给观众进行触摸体验、设计有历史背景的情景剧供观众欣赏，甚至让观众穿上古装上场表演、自拍，使观众获得更加立体的展览体验。在加强互动方面，香港艺术馆的拓展就做得比较深入，该馆一反过去的"吸引四方来客"的策略，提出"艺术馆出动！"的推动策略，打造出一辆专门的展览车，主动走进各区社群，以艺术馆四大类藏品：中国文物、中国书画、香港艺术及历史绘画为主线，利用车上特别设计的互动游戏及仿制艺术品，配合艺术馆导览员的讲解，让观众体验艺术欣赏的乐趣。这种主动与观众互动的思路值得各省级博物馆借鉴。

展览即是策展人与观众展开的一场以文物展品为桥梁的知识对话，博物馆与观众的关系不是纯粹的需求与供给。省级博物馆应做到以下几点，以最终实现升级博物馆展览的传播及教育目的：一是多方面确定展览传播目标，提前研究展览内容；二是注重展览的学术性，定期开展叙事性主题型展览；三是须仔细打磨，精工制作，充分发挥展览效应；四是加强对文创产品等衍生品的重视；五是注重媒体宣传，加强观众与展览之间的互动。

［参考文献］

1. 侯明纯.现代博物馆展览陈列改进路径研究［J］.神州，2017（23）.

2. 雷杰麟.地方博物馆展览中存在的问题及改进策略［J］.文化创新比较研究，2017，1（33）：87-88.

3. 沈辰，何鉴菲."释展"和"释展人"——博物馆展览的文化阐释和公众体验［J］.博物院，2017，3（3）：6-17.

4. 郑烨.以"物"为中心的设计策略——以德国科隆罗马日耳曼博物馆展览设计为例［J］.中国博物馆，2017（03）：104-109.

《咱们的 40 年》策展手记

胡永祥 *

摘　要　展览策划是博物馆一项重要的日常业务工作，策展人在该项工作中起到至关重要的作用。本文以《咱们的40年》展览为案例，对展览策划人需具备的素质进行探讨。在整个策划过程中，策划负责人必须着眼全局，凝聚团队力量，处理好项目申报、确定选题、选取文物、内容设计、项目招标、包装运输、设计深化、展厅施工、宣教活动、项目验收决算等环节之间的关系，并找到解决策划过程中难点问题的方法，使得展览工作顺利推进，最终以更加完美的形态呈现给广大观众。

关键词　改革开放　40年　展览策划　征集

贵州省博物馆自2017年推行策展人制度以来，引进、交流和自办各类展览达数十个，内容涉及青铜器、瓷器、石刻、服饰、书画等元素。《咱们的40年》是2018年国庆期间推出的临时展览，也是唯一一个在零展品条件下策划的展览，从构思到展览开幕，历经半年之久，在展览实施过程中遇到的各种困难，也曾让大家一筹莫展，通过策划团队的群策群力，不断调整思路，总算得以一一解决，以至于在展览结束后，我们对《咱们的40年》展览策划有了更多感性的认识及理性的思考，并非完全成熟，希望通过"回头看"的方式，找出策划过程中存在的不足，为博物馆今后办展积累些许经验。

---

* 胡永祥，男，(1981-)，馆员。研究方向：地方史研究及展陈策划。

一、展览的缘起

说到展览的缘起，必须要先交代一下《咱们的40年》展览背景，2018年是十九大的开局之年，习近平总书记向全国各族人民发表新年贺词，他强调，2018年，我们将迎来改革开放40周年。改革开放是当代中国发展进步的必由之路，是实现中国梦的必由之路。我们要以庆祝改革开放40周年为契机，逢山开路，遇水架桥，将改革进行到底。在这一年里，各行各业开展形式多样的主题活动，以此来庆祝改革开放取得的丰硕成果，博物馆作为全省文化地标之一，又是公共文化服务窗口和爱国主义教育基地，发挥自身教育展示功能责无旁贷；另一个重要原因，时政性展览一直是博物馆短板，在以往的展览中很少会涉及此种类型，通过筹办庆祝改革开放专题展，可进一步填补博物馆展览题材类型上的空白。正是缘于以上两点，我们决定策划此次展览。

二、选题的策划

关于策划这次展览，一开始大家心里是没底的，因此在选题上是较为小心谨慎的，想了又改，改了又想，至今翻看档案资料，发现大纲版本多达五六稿。关于选题一事，在"中国梦·变迁"到"改革·变迁·发展"主题讨论过程中，总是发现诸如标题空洞、主题不鲜明、很难落地、题材敏感等问题，从质疑到否定，让策划团队真正感受到万事开头难。即便如此，我们围绕上述问题，多次召开论证会，听取党史专家意见，最终将展览名称确定为"咱们的40年"。一是显得亲切，容易拉近观者与展览的距离，让展览更接地气；二是通俗易理解，不像其他类型展览，需要较强的专业知识作为支撑，只有少数观众才能看得懂其中的"门道"。本次展览的初衷是希望观者通过展览都能找到曾经生活的点滴，"咱们"则包含了广大的你我他，这里泛指普通百姓，我们想以普通人的视角感受，真实反映改革开放40年间，百姓生活环境发生的巨大变化。

题目确定了，展览的基本思路也就有了，接下来是考虑如何体现百姓生活从贫穷到富足的变化过程。自古以来，衣食住行就是人类生活的基本需求，是人民生存和发展的基本要素，40年改革开放进程对百姓生活影响最大的莫过于吃穿、住房、出行、通讯、购物等，只有物质生活丰裕了，精神生活才会更加饱满。另一方面，城乡面貌的日新月异，也是改革开放带来的重大变化，这个变化过程是百姓看在眼里，记在心里的。展览立足以上两点进行诠释，通过40年新旧对比展示，将观众拉回到曾经熟悉的生活、工作和学习环境之中，激起强烈的情感共鸣，从而感恩党和国家的好政策，在各自的工作领域发光发热，憧憬更加幸福美好的生活。

对于展览策划来说，理清思路、找准切入点为内容设计指明了方向，是本次展览策划工作迈出的第一步。

三、内容设计的核心元素

展览内容设计好比电影剧本创作一样，题材和主角有了，如何让主角形象丰满起来，讲好"故事"是关键，展陈大纲同样也需要精彩的"故事"将展览推向高潮。而这个"故事"就是展览核心元素，在大纲内容的撰写过程中，我们以十一届三中全会召开为时间起点，将展览内容划分为三个单元，以"春天的故事""在希望的田野上"和"咱们的新时代"作为单元标题，分别对应1978年—1992年、1992年—2012年、2012至今三个改革历程，展示各时期百姓生活的变化，整个展览重点表达以下几个核心元素：

1.客厅

客厅作为一个家庭使用频率最高的场所，是其经济和文化门面的担当，是家居环境的核心所在。在组织内容架构时，大家首先想到了客厅变化，其功能和布局的改变，背后其实是生活的变革和国家的发展，每个时代的客厅应具备鲜明的特点。

80年代客厅布置以实用为主，不太注重功能分区，客厅既是卧室也是书房。简单牢固的捷克式风格家具，清光的水泥地面，绿色的墙裙，昏暗的灯光，墙上挂满先进工作者奖状和黑白照片，用的是搪瓷茶缸和塑料保温瓶。凤凰自行车、上海手表、蝴蝶缝纫机和红灯收音机是那个年代小康生活的标配，美名其曰"三转一响"。在那个特殊的计划经济年代里，一切凭票供应，一台14寸的黑白电视机在普通人眼里都是奢侈品。但即便物质生活如此匮乏，人们的生活总是充满着激情。

90年代，随着改革开放步伐的加快，商品经济市场渐渐活跃起来，百姓生活水平有了明显的提高，客厅组成元素更加丰富多彩，功能划分更加合理。其布局上改变了进门就是床的尴尬场面，厨房、书房、卧室成为独立生活空间，洗衣机、冰箱、组合沙发和组合衣柜开始畅销，电视机从黑白变为彩色，尺寸从14寸换成30寸，组合音响的出现让整个客厅更具娱乐性，墙上挂的不再是先进工作者奖状和生活照片，多了港台明星的大幅海报，满大街的港台流行音乐此起彼伏。

进入21世纪后，家居风格呈现多元化发展趋势，传统中式、欧美田园、地中海、现代简约等风格比比皆是，家具、智能电器一应俱全，客厅功能也发生着微妙变化，在今天来看，无论选择什么风格，改变的不仅仅是家居布置，变化背后其实是人民追求个性化生活的态度。

2.城乡记忆

相较客厅的变化，城市面貌变迁显得更为宏观，客厅是生活的内部空间，城市则是从事文化活动的外部空间。如何挖掘城乡变迁过程中的典型元素？策展团队查阅大量关于贵州城乡发展的图册，搜集不同人群关于城乡的记忆，从中提炼出以下几个方面的展览内容：一是80年代城市街景照片，包含地标建筑、供销社、国营照相馆、酒坊、补鞋机、爆米花、小人书摊；二是90年代城市街景照片，包含贵阳老肠旺面馆、带有可口可乐广告牌的报刊亭、邮筒、少数民族服装店、"云雀牌"轿车、90年代电影院；三是反映水城苗族同胞饮水和照明条件改善提升的照片，作为农村生活环境越来越好的典型代表。

3.通讯设备

改革开放以前，发电报和写信是人们常用的通信手段，一封信辗转到收信人手上往往要数十天甚至更长的时间。到了80年代，拨打座机电话是最快捷的通信方式。90年代，手机的出现实现了移动通信。21世纪，进入资讯大爆发时代，人手一台的智能手机为我们生活、学习、工作带来数不胜数的便利，大到出行购物，小到天气查询，智能手机正悄悄改变传统的生活方式。时至今日，那些见证通讯行业兴衰的转盘拨号电话机、BP机、大哥大、2G手机、3G手机早已退出通讯的舞台，曾经风靡一时的摩托罗拉、诺基亚等知名品牌也被乔布斯缔造的苹果帝国取而代之，近几年异军突起的华为在5G领域的研发又一次向世界证明了自己。这些变化都是与百姓生活息息相关的。

4.出行工具

出行工具的改变，是百姓出行方式从体力到便捷的巨大变化。80年代，物质条件还极度匮乏，人们的生活水平也普遍较低，出行基本要依靠步行和自行车。90年代，摩托车作为一种时髦的代步工具，进入寻常百姓家，由于它的方便、高效、省力等优点风靡全国，至今仍是农村地区不可缺少的交通工具。2000年以后，私家车慢慢进入人们的视野。发展至今，流行共享经济和新能源开发利用，共享单车和新能源汽车穿梭在大街小巷，解决了人们常说的"最后一公里"问题。除此之外，高铁、动车缩短了城市之间的距离，国际航班的开通则让中国走向了世界。

5.购物方式

购物方式变化是百姓消费体验感受不断升级的体现。在计划经济时代，可谓"万物皆凭票"，有钱无票也买不到心仪的商品。90年代的百货商店，货物不多，顾客却争先恐后排队购买。进入21世纪，随着经济和科技的发展，电子商务也在世人好奇的目光中一步步走来，网购的推广和普及，让交易变得更为便捷。大到汽车、家电，小到衣服、零食，一个小小的手机就能搞定，百姓真正体验到"足不出户，购满天下"的便捷。40年间，从凭票购物到电子商务的兴起，购物方式的转变令人目不暇接，折射出百姓生活的多姿多彩。

80年代的亢奋，90年代的躁动，新世纪放飞自我追求个性，形成的鲜明对比，正好是社会变革的缩影。

四、展品征集工作

展品征集是难度最大的一个环节，由于此类藏品的严重缺乏，可以说几乎没有，意味着展览是"无米之炊"，好在团队采取"两条腿走路"的办法：一边撰写大纲，一边征集展品。由于缺乏征集线索，征集小组常常无功而返，经常会出现内容设计所需展品找不到，征集到的不在大纲所列清单之内。解决的办法是结合征集情况及时调整大纲内容，采取替换展品的方式将文本和展品一一对应起来。即便如此，还是会出现捡了西瓜丢芝麻的现象，顾此失彼，致使大纲撰写工作进度缓慢。

总算功夫不负有心人，通过策划团队不懈努力，广发征集令，多渠道打听，全馆动员，利用周末休息时间访遍贵阳旧货市场、旧厂房家属区，淘到一批生活老物件。从民间收藏爱好者手里征集到许多的"贵州制造"——"云雀牌"汽车、"华日牌"电视机、"乌江牌"收音机、"华云牌"录音机。同时借助新型网络平台信息，成功征集到20世纪90年代的电子娱乐产品，最让人欣慰的是得到了馆内职工的大力支持，无偿捐赠一批老家具用于充实场景内容。经过近半年的努力，共征集到展品200余件。

五、形式设计的突破点

　　一个成熟的展览大纲是开展形式设计工作的必要前提，而设计师对内容熟悉并理解展览意图是关键，好的想法和创意往往是在碰撞交流中产生的，套用武侠剧里常用的一句话，我们把这个过程戏称为策展团队与设计师之间的"相爱相杀"。

　　为了突破以往的展览模式，我们要求形式设计必须牢牢抓住家居生活改善和城市街景变化两条主线，准确把握住光线由昏暗到明亮、色彩从黑白到鲜艳的渐变原则，在展品数量有限的情况下，通过等比例复原80年代、90年代和现代客厅场景，利用大幅照片喷绘营造不同时代街景等方式弥补展品的不足，将通讯设备、出行工具、购物方式、街头人文元素有机融合到场景中，采取"场景+街景"关联组合，使1200平方米的展厅融合为一个完整的场景。值得一提的是，此次展览首次尝试开放体验式展出，展品全部走出展柜融入场景，场景不再受警戒线的束缚，真正实现观众与展览零距离接触，通过与"蝴蝶牌"缝纫机、"凤凰牌"自行车、小人书摊、爆米花机、小霸王游戏机的亲密"接触"，让每一位走进展厅的观众都能找到曾经生活的点滴。

　　按照政府采购相关法规完成《咱们的40年》展览设计制作招投标手续后，设计公司委派一位20岁出头的年轻女孩负责形式设计，这让大家心里多少有些忐忑，担心形式设计难以体现展览的主题，无法呈现团队想要的设计风格。但接触后发现其思维敏捷、领悟力强、设计理念新颖，虽然在街景复原遇到转角出现视觉折射，是否会导致不适观感的问题上发生分歧，小姑娘最终通过3D动画演示说服了策划团队。在序厅设计手法上，团队放弃了设计师以大红为背景色的处理方式，建议调整为"米黄+浅蓝"的色调组合，将展览中使用的照片拼接组合成一条长长的电影胶带，寓意改革开放走过的40年历程；尾厅则按设计师想法以红色为背景主色调，将改革关键词置于其中，突出显示"将改革进行到底！"几个大字，以此来相应政策号召。为了让形式设计尽可能呈现团队的想法，大到图版样式调整，小到上墙文字使用的字体字号，都经过反复推敲，在严格按照图纸施工布展后，最终呈现出一幅"咱们的40年"写实画卷。

六、策展机制下的思考

《咱们的40年》展出期间，广受社会各界关注，短短三个月时间里，观众量达10万人次。作为策展团队中的一员，在体会到展览开幕的小小喜悦后，更多的是冷静思考。

1.馆藏社建文物藏品的缺乏，是阻碍此次展览顺利实施的重要因素，尤其是改革开放以来反映人民生产生活的物件，见证了当代社会发展。因受到文物传统概念的影响和制约，文博界关于社建文物的概念尚未完全成熟，其重要性没有被大多数人所认识，在博物馆日常的征集工作中，往往对社建物品熟视无睹，无动于衷，从而导致大量社建文物不断流失和消亡。时代在改变，当代博物馆人也应该转变思想观念，提高认识，加强社建文物征集工作，为今后展现中华人民共和国发展历程积累丰富的元素。

2.在推行策展人制度后，做过展览策划的同事几乎有同样的经历——熬夜修改大纲，反复校对设计版面，加班加点布展。究其原因，笔者认为是展览时间安排上存在一定的不合理。回顾以往的临展，从形式设计到施工布展完成，长则十数天，短则一星期，这段时间要解决设计优化、施工制作、布展、开幕式等工作中的细枝末节，时间都显仓促，如能加强设计队伍力量，提升设计人员水平，把形式设计和内容设计两块工作同步进行，为后期施工布展争取更多时间，打磨出的展览会更加精致。

3.对展览项目工作流程缺乏认识，在展览开幕式活动结束后，没有及时开展后续收尾工作，忽略了展览工程验收及开展审计的环节。有些展览项目工作甚至在撤展后也没有组织展览验收，从而导致项目经费无法正常支付，展览档案资料难以闭合。建立健全策展人监督机制是保证展览项目按时完结的有力保障。

4.在布、撤展过程中，展厅设备管理混乱，主要是点播机、功放机、电脑、投影仪、电视机等多媒体设备，常常发现上一个展览使用的多媒体设备随意摆放在展厅角落。其次，大量展托展具不能二次使用，又无妥善处置措施，在展厅储物间越积越多，存在一定消防安全隐患。加强展览辅助设备管理，提高设备资源利用率是节省展览资源的必要措施。

在接触展览工作以前，笔者理解的博物馆展览陈列工作是将文物分类组织起来，赋予其特定的主题文化背景，以最佳的形态展现给观众。现在看来，这种认知是极为片面的、肤浅的。处理好文物展品与展示的关系仅仅是对每个策划团队提出的根本要求，在经费报批、确定选题、选取文物、展览内容反复斟酌、项目招标、包装运输、与设计师碰撞交流、宣教活动开展、展览工程验收决算等环节中，都需要策划负责人贯穿始末。而上述工作并非相互独立，往往是千头万绪、错综复杂、相互关联，在博物馆大力推行策展人制度的背景下，协调好各块工作的人际关系，有效调动策展团队的参与积极性，监督落实施工布展的每个环节，拓展做好每一场宣教活动，直至项目竣工验收，对展览策划负责人来说无疑是一次极大的挑战。

展览策划是一项系统的、复杂的统筹协调工作，并非三言两语就能说清楚的，但可以肯定的是，凭借个人能力是做不成展览的，好展览应该是团队在有限时间里通力合作的成果体现。贵州省博物馆策展人机制探索刚刚起步，我们还有很长的路要走，要做的功课也很多，乐享成功的喜悦，无畏纠结过程的完美，这就是笔者的策展感悟。

以《王的盛宴》展览为个例分析贵州省博物馆
临时展览的形式设计

敖天海 *

摘　要　作为西南博物馆联盟联合举办的西南地区商周秦汉时期青铜文化展览，其第二站《王的盛宴——见证〈史记〉中的大西南》展览在贵州省博物馆举办。笔者作为《王的盛宴》形式设计参与人员，通过剖析形式设计、施工及布展过程中遇到的问题及解决方案，探寻博物馆临时展览形式设计的问题和解决方案。通过论述，得出如下结论，通过《王的盛宴》，贵州省博物馆对展览形式设计人员在临时展览参与过程中的把关作用有了进一步的认识，从而进一步加大对展览施工的经费、形式设计、人员等方面的了解，要求形式设计人员切实对展览形式设计乃至施工负责。

关键词　《王的盛宴》展览　贵州省博物馆　临时展览　形式设计

一、新馆开馆以来贵州省博物馆展览的形式设计方式

2013年，贵州省博物馆新馆基本陈列开始设计，文本方案为《多彩贵州》，内容包含古生物王国、历史贵州、民族贵州三大部分。其展览设计制度延续了之前的项目负责制。由分管业务的副馆长主持古生物王国和历史贵州部分陈列的内容设计，下属人员包含自然部和陈列部中负责历史考古、书画的工作人员；由陈列部主任主持民族贵州部分的内容设计，下属人员包含陈列部中负责

---

* 敖天海，男，(1981-)，馆员。研究方向：博物馆学研究及陈列设计。

民族民俗内容的工作人员；而新馆基本陈列的形式设计，则由展陈办负责，聘请国内文博界知名形式设计专家做顾问，由馆内已退休的形式设计专家和在编形式设计人员共同组成团队，负责对接中标单位所提出的形式设计方案。

2016—2017年，贵州省博物馆经历了一系列调整后，新馆拟定于2017年9月30日正式开馆，其中基本陈列部分的布展依旧沿用了项目负责制，但两个临时展览《帝国记忆 夏宫往事——俄罗斯彼得霍夫国家博物馆馆藏文物特展》《牢记嘱托 不忘初心 走好新的长征路——迎接党的十九大特展》则初步尝试策展人制度，由新任馆领导指派了两位陈列部的工作人员分别担任策展。但作为贵州省博物馆新馆正式开馆的配套展览，贵州省文化厅、文物局对这两个临展都较为重视，此时馆内形式设计人员的业务能力较为有限，馆内形式设计人员更多的是参与展馆指示标牌设计、宣传手册设计乃至参与布展。

2018年，贵州省博物馆的形式设计人员有所扩充，通过招考聘用了三位形式设计专业毕业人员。2017年下半年，馆内先公布2018年展览计划，其展览形式设计有馆内人员设计，也有外包，而展览施工则全部为外包。2018年馆内举办临时展览共计7个，相关资料见下表。

表一：2018年度贵州省博物馆馆内举办临时展览统计表

展览名称	时光凝固的美丽：波兰琥珀艺术展	不朽之旅——古埃及人的生命观	海丝遗珍——清代广东外销艺术品展	逝去的风韵——西夏与播州文物展	黼黻文章——贵州民族服饰技艺展	咱们的40年	扬州八怪书画展
展览时间	1月至3月	2月至5月	4月至6月	5月至7月	7月至10月	10月至12月	10月至2019年1月
展览形式	波兰私人藏品，贵州省博物馆整体策展	意大利佛罗伦萨博物馆藏品，上海宽创公司整体代理	东莞市博物馆外展	宁夏回族自治区博物馆基本陈列，贵州省博物馆增加相近时代土司文物	贵州省博物馆藏品，贵州省博物馆整体策展	贵州省博物馆藏品，贵州省博物馆整体策展	扬州市博物馆外展，贵州省博物馆增加同类型文物

展览属性	精品类	精品类	精品类	历史类	民俗类	成就类	精品类
形式设计者	笔者	外包	笔者	外包	外包	外包	外包
展厅面积（平方米）	700	1200	700	1200	700	1200	700
施工	外包	外包	外包	外包	外包	外包	外包

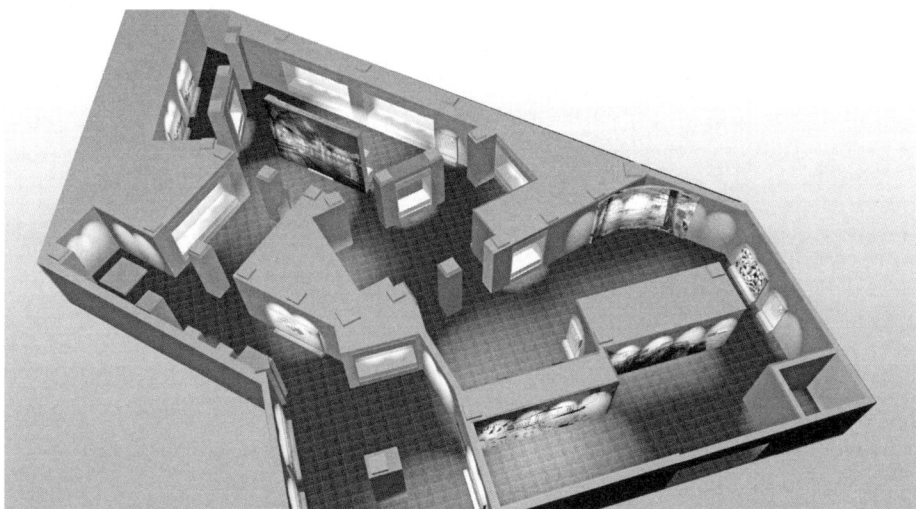

图1 《波兰琥珀艺术展》鸟瞰效果

图2 《波兰琥珀艺术展》序厅

图3 《波兰琥珀艺术展》展厅

通过归纳总结可以看到，在2018年，贵州省博物馆馆内举办的7个临时展览中，由陈列部做形式设计的展览有2个，外包形式设计的展览有5个。其中陈列部做形式设计的展览，均在展陈面积只有700余平方米的小临时展厅，而外包形式设计的展览，则包含了展陈面积1200平方米的大临时展厅。而在施工方面，7个展览则全部外包。在此需要指出的是，在2008年以前，贵州省博物馆的展览施工，囿于经费、所处时代环境，基本上是馆内形式设计人员与馆内工勤人员共同完成的。但新世纪以来，随着政策的变化，馆内工勤人员逐步减少且分散到各个部门，形式设计制作由传统的手工发展到电脑设计制作，以及经费的逐步充裕，贵州省博物馆的展览施工已经全部外包，且自身已不再具有展览施工的能力。这种趋势，不单是贵州省博物馆一家，当前全国各个博物馆基本已不再具备展览施工能力。随着展览施工的外包，好处是施工的专业化、规范化增强，但不好之处在于博物馆施工中一些专有技能缺乏传承。如展托制作与固定文物，传统上包括贵州省博物馆在内的各个博物馆都有专门的技工来从事此项工作，但在施工外包的情况下，大部分博物馆的此项技能传承中断。如要在展托制作与固定文物上取得较好的效果，需要临时聘请中国国家博物馆、首都博物馆等相关技术人员。

在展览策划机制与形式设计沟通方面，由策展人负责统筹展览大纲文本、展览形式设计方案，并报请馆领导会议通过。展览形式设计、展厅施工、展览布撤展也均为策展人统筹并与形式设计人员对接，对其中一些重要事项，报请

图4 《海丝遗珍》展序厅效果

图5 《海丝遗珍》展场景效果

馆领导同意。由此可见，2018年贵州省博物馆临时展览中，形式设计人员的主要职责是完成策展人的策展构思，除《时光凝固的美丽——波兰琥珀艺术展》《海丝遗珍——清代广东外销艺术品展》外，形式设计人员较缺乏个人对展览的主观形式设计创造。

二、《王的盛宴》展陈形式设计与施工

作为西南博物馆联盟共同筹划的大型联合历史考古类展览，本展览在重庆中国三峡博物馆筹划第一站展览时就备受重视。2017年底，重庆中国三峡博物馆组织我馆、广西壮族自治区博物馆、四川博物院、云南省博物馆、成都金沙遗址博物馆和四川广汉三星堆博物馆以及各兄弟博物馆共同筹划，并于2018年9月至2019年1月在重庆中国三峡博物馆举办《盛筵——见证〈史记〉中的大西南》展览，此展在2019年5月18日荣获2018年度"全国博物馆十大陈列展览精品"。

在重庆中国三峡博物馆筹划《盛筵——见证〈史记〉中的大西南》的同时，贵州省博物馆拟定于2019年1月至5月举办本展览，为此展的第二站，定名为《王的盛宴——见证〈史记〉中的大西南》，其中形式设计的把关由笔者负责。

《王的盛宴》展在落实借展文物与运输的同时，开展了形式设计与施工工作。在前期经费申报方面，按以往1200平方米规格，向贵州省财政厅申报60万展厅形式设计与施工经费。在展览大纲基本修改完成后，开始了形式设计与施工招投标工作，因为施工期临近2019年春节，比较大的几家展陈公司：如石家庄金大陆公司、北京清尚公司、杭州世贸公司、昆明文骏公司没有来投标，最终由上海宽创公司中标。上海宽创公司作为上市公司，规模很大，但以往业绩主要集中在展会设计施工方面，2018年1月给贵州省博物馆制作的埃及展是其在博物馆展览施工领域的试水作，而《王的盛宴》展则是上海宽创公司与贵州省博物馆的第二次合作。

在展览设计合作过程中，贵州省博物馆与上海宽创公司对设计方案进行了密切且激烈的磋商，经过一系列沟通，展览形式设计、施工得以进一步推进。在展览形式设计过程中，考虑到宽创公司在博物馆展览设计方面经验的缺乏，贵州省博物馆建议其参考重庆中国三峡博物馆的形式设计，尤其可利用重庆中国三峡博物馆在其官网上为本展览制作的网上虚拟展厅。在最终成型的终稿上，宽创公司发挥其展会设计的优势领域，展厅主题背景墙设计大气，在长9.1米、宽4.65米的背景墙上，主体色调为黑灰色，以成都博物馆"狩猎纹铜壶"图案为背景元素，以渐变的形式将其虚化在背景中，中间以"王的盛宴"四字的手写体为主题，下列副标题，让观众步入展厅就被展览标题吸引。展厅分为7个单元，中间各单元设计中规中矩，结尾单元完全复制重庆中国三峡博物馆第一站的结尾单元。整体空间辅助墙面基本保留上一个临时展览的，且展

图6 《王的盛宴》展序厅

图7 《王的盛宴》展展厅

图8 《王的盛宴》展编钟场景

图9 《王的盛宴》展船棺场景

线走向、展柜疏密受建筑设计的框定，故也造成了第一单元（夜郎文化）、第四单元（巴文化）文物陈列空间过密，第二单元（三星堆、金沙文化）、第六单元（越文化）文物过于疏松的情况，这对临时展览来说也是难以避免的现象。该展览的内容大纲属于历史考古类展览，但从非历史考古专业的视角来看，很难对该展览的内容大纲产生很深的理解，这也就意味着，对于超过95%的非历史考古专业参观者而言，该展览属于一个单纯的青铜器精品文物展，故笔者与上海宽创公司沟通，展厅整体背景环境应选用能突出青铜器铜绿色与金器黄色的灰色，将展厅立面墙面整体刷灰，视觉感官上形成强烈的对比，取得了较好的视觉效果，从而避免将枯燥的展览大纲直接变为所谓的"挂在墙上的教科书"的情况。

2019年1月5日，《王的盛宴》展进入全面施工阶段。在施工阶段，主要问题是临近春节，宽创公司难以就近找到优秀的施工团队，故在施工过程中，展厅立面油画布的粘裱存在严重问题；展厅柜内图版的材质也不行，在一两个月后即出现大量起泡现象。展陈制作工厂在重庆，对施工中发现的一些文字排版需要修改的地方，鉴于春节的影响，更改的说明牌、立体字、特殊样式展托在节后才送至贵州省博物馆更换。其中最严重的问题是，原本柜内图版采用挂钩形式挂载，这样有利于对展柜的背板进行保护，而且便于调整，但馆方和施工方对挂钩的提供没有做出明确的约定，在临近布展时才发现均未准备挂钩，为了不拖延开展时间，只能用钉枪固定柜内图版。由此又造成在布展时，图版不便于调整，柜内图版和文物不能做到一一对应等问题，文博界专家对此提出了明确的批评。

在展览场景设计制作方面，巴文化单元展出了一套重庆小田溪墓地出土编钟的复制品，为此，根据汉画像石上汉室屋阙的形制，为此编钟复制品制作了一个扁平化的汉代房屋模型，将其放入模型下裸展。因房屋模型具有汉代建筑神韵，故此场景效果不错，突出了文物复制品，但裸展同样产生了不小的安防压力。此外，重庆中国三峡博物馆制作了一个4米×3米×3米大小的滇文化扣饰房屋模型，我馆在咨询文物运输公司的报价后，因顾及本馆展厅物料运输通道的实际尺寸，及这件模型对本展览和贵州省博物馆今后展览的意义后放弃运输该模型。而云南省博物馆则花费1万多元，利用物流公司将此模型运走并用于展览的第三站。

在多媒体方面，本站展览使用的都是第一站重庆三峡馆自创及各馆所提供的视频。一是可以直接拿来用；二是降低了形式设计施工成本。就本次展览设计、施工来说，上海宽创公司没有向现场派驻任何多媒体工程师，而仅有施工队的一名电工，以至于多媒体安装调试无法进行。幸好石家庄金大陆公司恰巧在对贵州省博物馆青少年活动展厅进行多媒体维护，于是请石家庄金大陆公司的多媒体工程师现场对展厅多媒体进行调试安装，才得以在开展前正常使用。

在展厅灯光方面，博物馆专业灯具费用较高，不可能每个展览都重新配置灯具，而且考虑到本展览属于临时展览，故灯光基本沿用以往灯光布置，仅在布展后对灯光角度进行调整，并少量增补了一些射灯，用于打向有图文的版面。在传统的博物馆形式设计要求中，对光不敏感的金属制品，其照度不超过300lx，但考虑到本展览所展文物绝大多数为青铜器、金器等，受光照强度影响极小，根据"以人为本"的理念，加大了灯光照度，便于观众观展。

该展览在文创领域也进行了尝试，文创部负责人联系厂商，设计、打样了多种冰箱贴、胸牌、工艺品、手机壳等文创样品，但均缺乏艺术性、实用性，仅在开幕式上向各馆和观众进行了展示，没有投入实际销售。由此可见，相较于博物馆展览设计，贵州省博物馆在文创设计方面，缺乏相关设计专业人员，在把握观众的审美、购买需求上有一定欠缺。

三、《王的盛宴》展的布展

在2018年第四季度时，贵州电视台"贵州新闻联播"节目主动联系贵州省博物馆，希望拍摄一部类似于《我在故宫修文物》的纪录节目，但限于贵州省博物馆新馆搬迁，技术部很多工作当时还未开展等客观情况，最终在贵州省博物馆馆领导的建议下，改为拍摄《王的盛宴》展文物点交、运输和布展纪录。

2019年1月上旬，贵州电视台"贵州新闻联播"节目组派人自费跟随贵州省博物馆点交人员赴重庆中国三峡博物馆拍摄三方点交过程及文物运输过程，并拟于1月20日拍摄其中最大的一件文物——长5米的船棺的布展场景。但在施工进度方面，上海宽创公司在开展前三天的进度有所延误，以至于1月20日文物进场时，展厅还在涂料粉刷，考虑到展厅施工与文物布展同步，现场过于杂乱，不适合将此杂乱的现场表现在电视镜头前，故最终没有让贵州电视台进行1月20日的拍摄，以至于最终成型的节目中，没有船棺布展的场景，留下了遗憾。

根据计划，布展时间是1月20日至22日，与参展各馆和文物运输公司协调，将布展分为两组，齐头并进。在文物布展过程中，需要协调的几方分别是参与布展的贵州省博物馆工作人员、参与布展的文物运输公司人员、施工中的展陈公司以及各参展馆来贵州省博物馆布展的工作人员。笔者的核心任务就是在协调这四方人员的同时，从布展美学的角度提出专业意见与建议。

通过《王的盛宴》展览，贵州省博物馆对展览形式设计人员在临时展览参与过程中的把关作用有了进一步认识，从而进一步增加了对展览施工的经费、形式设计、人员等方面的了解，要求形式设计人员切实对展览形式设计乃至施工负责，《王的盛宴》展作为个案，为今后的策展有所参考。

[**参考文献**]

1. 重庆中国三峡博物馆编:《盛筵——见证〈史记〉中的大西南》[M],成都:四川美术出版社,2018年。

2. 高红青:《博物馆临时展览工作基础实务》[M],北京:北京燕山出版社,2016年。

3. 单霁翔:《解读博物馆陈列展览的思想性与观赏性》[J],载《南方文物》,2016年第3期。

浅谈博物馆展陈设计手法

——以贵州省博物馆临展为例

陈若龄 *

摘　要　博物馆展览是策展团队精心策划的产物，陈列内容大纲是大纲编纂者多年的知识储备和学术见解的结晶，展览形式设计是展陈设计师灵感与思想多次碰撞后的艺术创作。陈列不是随意地拼凑摆放，而是要在有限条件下遵循一定的原则，并进行无限的创新和设计。坚持何种设计理念，如何提高展陈的表现形式、呈现给参观者最佳的视觉效果，是展陈设计要探索的问题。笔者试着对现代博物馆展陈设计的几种设计手法进行简要分析，从视觉传达的角度解读展陈设计。

关键词　博物馆　展览陈列　设计

博物馆是陈列历史、自然、民族、人类文化遗产的场所，是展示具有科学性、历史性和艺术价值物品的演示空间。博物馆展览是历史文化与人类文化的展示和交流，它向人们传播知识，又使人们从传统中汲取新的创造力。展览陈列的好坏直接影响着博物馆知识的传播和对历史的解读。优秀的展览能够促进文化的交流，使人与文物进行沟通对话，而优秀的展览离不开精心的策划，策划也不仅是内容大纲的体现，形式的表达与展陈的方式在展览中也至关重要。

---

* 陈若龄，女,（1994- ），助理馆员。研究方向：展陈设计、博物馆学。

一、形式与文本

展览设计是对展览大纲的解读，通过展线的走向、展品的陈列、展厅空间的布局、场景的渲染等，将文物的背景以及展览的主题意义传达给观众。展览设计是对展览主题和内容的理解与诠释，是对大纲文物、历史背景、空间环境等因素合情合理的综合把控。展览要具有鲜明性、艺术性、合理性、科学性、逻辑性等，传统的展陈手法大多千篇一律，陈列形式枯燥单调，缺乏情感的表达，很难让观众产生共鸣。优秀的展陈设计不仅能够使展品信息得到有效传播，还能最大程度地体现博物馆藏品的文化价值，让观众真正置身其中，感受展览背后的故事和历史。

展览设计的基础来源于设计理念，设计理念是指导博物馆展陈设计实施的重要基础，是展陈设计师在全方面掌握陈列大纲的基础上，用设计的语言进行详细的阐述。设计理念的提出决定了展览方向。形式是设计理念的体现，设计的最终呈现就是形式。形式是一种表现，但其内涵应该是丰富饱满不断创新的，可以简单大气，也可复杂多变，可以复古厚重，也可轻快活泼，而不同的形式取决于不同的展览主题。通过形式设计，将展览主题和内容融入环境中形成一定的氛围，从而调动观众的思维和情绪，让展览更容易被观众所接受，让观众在展览中能有所收获。

博物馆展陈的核心部分是内容大纲，大纲是将所要展览的文物按照一定的时间顺序、空间顺序、逻辑顺序进行排列分类，通常会将所有展品按照不同年代、不同性质、不同材质分成几部分，再按照不同的逻辑顺序设计成展线。博物馆设计在某种意义上就是对观众叙事，每一个展览都可以形容成一个故事，设计师叙事的"技巧"和大纲编纂者对"内容"的把控，决定了博物馆展览的形式和内容。形式和内容相辅相成、缺一不可，内容决定形式，形式表现内容。没有基于大纲内容而表现的形式设计是没有灵魂的，没有形式来呈现的大纲内容也是空洞的。同样的文物，在藏品库房中和在展厅展柜中给人的审美感受是不一样的。同一个内容大纲，用不同的艺术形式表现会收到不同的陈列效果，离开陈列主题内容的艺术设计，形式虽美，但苍白无力。反之，没有艺术设计的陈列，不论内容怎样正确，也没有吸引观众的力量。所以展览设计主张内容和形式的完美统一，以恰当的艺术形式来表现不同的内容大纲。

二、展览设计中常见的几种设计手法

在展陈设计中，色彩、灯光、图案、布局等因素的组合，会形成具有艺术性的视觉画面。展陈设计需要抓住不同时期的历史背景、地域文化特征、人物民族风格，从而体现出一种和而不同的艺术感受。其表现形式复杂多样，不同的表现形式具有不同艺术效果，能给人不同的审美感受，各种艺术手段都是构成整个展陈体系的重要部分。现笔者就以贵州省博物馆临展为例，进行简单分析，解剖展览设计中的几种设计手法。

1.展陈设计中对文物元素的提取应用

艺术设计是大纲内容的再创作，陈列展览的主题思想和设计理念也都来源于展品，所以在形式设计中应当突出展品的特征和内涵。博物馆藏品文物本身具有浓厚的历史感和文化底蕴，很多文物还有着很高的艺术美感。文物上的图案、纹样、色彩、形状都可以运用在现代的展陈设计中，特别是与之相关的文物展览中。将文物上的元素进行提取应用，是对传统的现代表达，这样的展陈方式更好地贴合主题，并起到解读文物的作用。

贵州省博物馆2018年的临展《黼黻文章——贵州民族服饰技艺展》，形式设计上就运用了这一表现手法。展陈设计师想要突出贵州民族的个性特征，体现在民族和地域的影响下，产生出的不同服饰特点和技艺亮点。设计师将贵州民族服饰中最具代表性和艺术感的刺绣纹样提取出来，与侗族女子的形象进行排列组合，设计出展览的主画面。在展厅中大量使用民族服饰上的图案纹样进行点缀和再设计，营造出少数民族服饰文化绚丽多彩的艺术氛围。

图1 《黼黻文章——贵州民族服饰技艺展》主画面

图2 《黼黻文章——贵州民族服饰技艺展》单元牌

展览单元牌的设计上，也将麻布、蜡染、绣片上的纹样色彩统统提取运用。麻布的格子状纹理和土黄色调，织绣丰富多彩的纹样图案，印染的素雅蓝调等元素都成了设计师传递展览主题的形式载体，既表达了主题，又起了装饰作用，并构成美观的视觉画面，与文物相辅相成。

贵州省博物馆2019年的临展《盈盈花盛处——贵州省博物馆藏彩瓷精品展》，也是将展品彩瓷瓶上的纹样进行提取设计后，用到了展览的形式设计中。在前期展览的筹备过程中，策展团队一致觉得此次展览可以尝试打破传统展器物的表达方式，不单单是展示瓷器，更要把彩瓷的韵味和多彩展示出来，营造一种春天般亮丽的感觉，让观众走进其中，仿佛置身盈盈花盛处。于是设计师就尝试对文物瓷器进行解构，将目光放到了传统瓷器纹样上。清光绪年间的蓝地粉彩梅花纹瓶是贵州省博物馆馆藏的彩瓷，该瓶色彩粉润柔和、秀丽雅致，

图 3　贵州省博物馆藏蓝地粉彩梅花纹瓶

图 4　《盈盈花盛处——贵州省博物馆藏彩瓷精品展》主画面

充分吸收了中国绘画的表现手法。设计师提取了瓶身中部的缠枝纹样，进行纹样变化再设计，从而演变成新的图案运用在展陈的版面设计中。在序厅的主画面上，也大胆采用了彩瓷的深蓝底色，将明度调低后使整个色彩感觉更典雅，配上底纹让层次更加丰富，将缠枝纹样图案放在整个版面的两侧，起到一个互相呼应的作用，视觉上也有一种冲击感和透气感。

在展厅上墙版面上也运用了同样的设计手法，展览中的版面是知识内容延伸的直接方式，版式设计不是简单地将展陈大纲中与展览有关的文字图片放上去，更需要进行合理排列并且考虑到版面的美观性。在展览版面设计中加入

图5 《盈盈花盛处——贵州省博物馆藏彩瓷精品展》展厅效果

再设计后的瓷器纹样图案，与瓷器展文物两相呼应，将展品传达的信息表达出来，同时也起到装饰展厅墙面的作用。

博物馆展览陈列设计应充分考虑视觉传播的功能，将展品的元素提取应用，营造出一种好的视觉传播氛围，使参观者能够在看展之余对整体展厅的氛围留下深刻印象，让参观者更直观地领会到该展览的主题和精髓。

2.展陈中对颜色的把控和运用

色彩的运用是展陈设计中不可缺少的一个重要部分，在展陈中准确的色彩能有力地烘托展品、展墙、图版和其他艺术装饰的层次感。合理的色彩运用可以避免观众在参观过程中出现视觉疲劳，同时还能增强展览的感染力，给观众视觉上的冲击感，并且在情绪上产生潜移默化的影响。色彩的把控决定展览的基调，色彩的运用并非随意的选色搭配，而是需要在明确展览目的的基础上以突出展品为原则来进行设计。

贵州省博物馆2018年的临展《时光凝固的美丽——波兰琥珀艺术展》，在展陈设计上，序厅版面和整体色调用蓝色，蓝色让人联想到宽广、清澈的天空和深沉的大海。波兰琥珀就是在经过流水和海洋的搬运，沉积在波罗的海沿岸，最终被人打捞上岸，用作装饰品和收藏品的。用蓝色作为背景色也能给人一种神秘的感觉，就像琥珀一般美妙、特别又不可思议。整个展览展托用的是藏蓝色，高雅的贵族色给人以高级、神秘、柔美的感觉，因大多展品均为琥珀艺术品和琥珀首饰品，用藏蓝色的丝绒展托更能衬托出琥珀首饰的高贵和典雅。

图6 《时光凝固的美丽——波兰琥珀艺术展》展厅效果

展厅中除了蓝色的主色调以外还加入了黄色的辅助色调，黄色明亮、灿烂、温暖，象征着辉煌，是一种极佳的点缀色。黄色同时也是琥珀的颜色，将展厅的部分背景画面用黄色调，再加上黄色的灯光配以藏蓝色展托，使得展品特性更加凸显。蓝黄两色调互为对比色，对比色的交汇融合会让色彩得到加强，造成一种明丽的效果。适当地运用补色，不仅能加强色彩的对比，拉开距离感，而且能表现出特殊的视觉对比与平衡效果。

贵州省博物馆2019年的临展《法兰西的雄鹰——拿破仑文物中国巡回展览》也是用了极强烈的对比色。蓝红白是法国国旗的颜色，设计师吸取了这个元素，降低饱和度和明度后，将正红色和正蓝色作为基础色，用于展厅的背景墙面和展柜背景色。两个撞色将展厅的氛围变得激扬、鲜明、大气、热情。蓝色典雅、冷静，红色热情、绚丽，极强的对比碰撞出了不一样的效果，使观众

图7 《时光凝固的美丽——波兰琥珀艺术展》柜内效果

留下深刻印象。在展陈设计中，有规律的色彩变化不仅仅能够突显展品的艺术性和特性，还能凸显出展览的主要内容和目的，鲜明又不失和谐的展览效果可以运用恰当的色彩来显示。该展厅的主要基调为红蓝色，为了使展品与背景以及周围环境形成对比，在展品画框和重点文物展托上都用了明亮的金属色来进行点缀，这样的辅助色不仅能突显出展品的精致高雅，同时也能让参观者处于一种庄严肃穆的氛围中。展厅中标题版和装饰拱门等都用白色调，白色可以调和红蓝两色，使得整个展厅氛围更加融洽，并且浅色调的标题版让参观者在阅读信息时不会产生视觉疲劳。展陈内容的版文设计是将描述展品的文字和图片等进行综合处理，使其更加生动和形象，排版不仅要求文字与图片之间巧妙配合，还要让版文设计与相应展区的主体和色彩相互协调。

利用展览中的色彩变化表达展陈内容，这是色彩设计的主要目的，通过对色彩的把控，营造出给参观者留下深刻印象的整体氛围。色彩和光源配合整体背景与展品，达到和谐统一的效果，使参观者感知到不同色彩所产生的心理感受，发现展览背后的精神所在。

图8 《法兰西的雄鹰——拿破仑文物中国巡回展览》展厅效果图

3.场景艺术设计在展览中的运用

场景陈列是指将要展示的内容和展品以一定的情节方式进行陈列展示，它在展览空间营造中有很重要的作用，可以让观众在第一时间准确理解展览所传达的信息和主题。现代博物馆的场景陈列主要是复原场景，依据展览的主题内容恢复历史原貌，将展品与和辅助物品互相搭配陈列，塑造出一个实际场景，不仅让观众得到视觉上的享受也会产生一种身临其境的感觉。这样的展陈方式可以更快吸引参观者的好奇心，并调动参观者对文化探索的积极性。场景艺术陈列一般需要寄托在大的展览空间情境下，但也可以独自成景，独立于整体展示空间之外。场景陈列的作用是为了配合展览内容，辅助展品对展览内容的表达，场景陈列常常运用在故事性的叙述手法中，丰富多彩的故事情节能够吸引观众的目光，也能构造出多层次的场景画面。

贵州省博物馆2018年的临展《咱们的40年》，大量用到了复原场景陈列。策展方觉得从传统纯学术的角度对文物进行展示难免会过于刻板，于是将展品的关联性以及展品的时代背景故事进行串联，构成一个个场景和故事，加强故事性叙述手法在展览陈列中的表现作用，从而完成对展陈设计的语言转化。

整个展厅的亮点是设计了80年代、90年代、21世纪以后的家居互动场景，陈列一些具有时代代表性的家具和生活用品，通过对家的诠释和对比，让观众

效果图

灯可亮 背景贴图

无吊顶

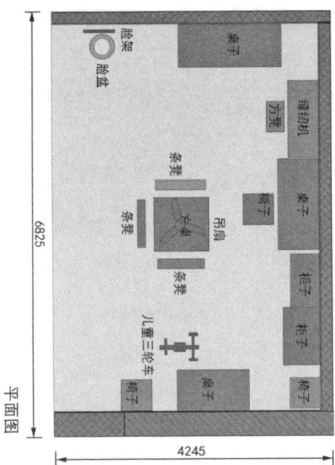

平面图

参考资料

图 9 《我们的 40 年》展厅 80 年代实景陈列设计图

80年代家居互动场景：

此场景展示的是80年代家居互动场景，场景中摆放着80年代具有代表性的家具物品，整个场景中的物品摆放在规中矩，体现80年代居家的家装风格。观众能走进入场景进行互动合影留念，让人感觉仿佛时光倒流，进入到80年代。

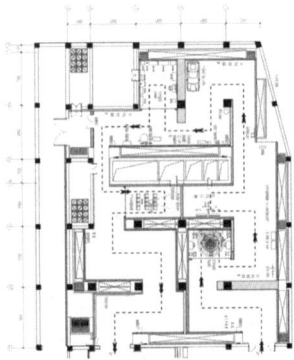

图10 《咱们的40年》90年代实景陈列场景

感受到改革开放40年以来我们的生活变化。从老百姓的角度出发，从衣食住行的简单小事出发，用一种体验式的展陈方式，让观众在观展中有了参与，有了更多和展品的互动。展览中不仅有家居的陈列，还有八九十年代街道的陈列，如儿时的小书摊、爆米花摊、酒摊、修鞋摊、老式电影院、供销社等场景的复原。观众走进其中仿佛瞬间就回到了那个年代，与展品沟通对话，从展览中找到自己的回忆。这样有故事感的创新展陈手法更亲民、更能感染观众，也更直观地表达了展览主题和内容。

带有叙事性的场景陈列设计不管在内容表达，还是表现形式上都能产生很好的反响，它能够将参观者带入展品所处的时代中，增强展品的渲染力和回忆性。场景陈列设计因具有很强的直观性和艺术性，相对于语言文字，更容易被观众所接受和领会。展陈场景设计中，时代背景和故事情节的加入，锦上添花地表达了主题。这样的组合不仅能够使观众感受到展品的历史由来，还能够使单一的展品变得更加灵动活泼，也更能吸引观众的目光，从而将展品的内涵和价值传递给观众。

图11 《咱们的40年》小人书摊实景陈列场景

好的展陈设计应该立足于观众，一方面站在观众角度，从观众的需求出发，另一方面对文物进行深刻的解读和表达。展陈设计应该是观众和文物之间的桥梁，将观众与文物连在一起，碰撞、沟通、对话、交流、提升……博物馆展陈设计不仅能带给观众视觉上的感受，更能让观众在有限的空间中有效地接收展览传达的信息，所以展陈设计是博物馆中不可或缺的一部分。展陈设计复杂繁琐、包罗万象，平面版式、立体空间、色彩元素等都是构成展陈表现的手法。每一种表现手法都是展览核心主题表达的关键因素。博物馆展览的功能不仅是传播和教育，也要与参观者建立心理和文化层面的交流，然而这种交流就可以通过独特的艺术设计，让展品特性和内容淋漓尽致地呈现，将单一文字内容变成形式多样、趣味横生的艺术表达。展陈设计更多是坚持艺术与历史文化的创新交融，展陈设计的发展也在不断为博物馆注入新的血液。

[参考文献]

1.《浅析设计理念在展陈实践中的运用——以金大陆展览装饰有限公司案例为中心》[J]，载《设计艺术研究》，2017年04期。

2. 蔡昱：《当代博物馆展陈设计的重点要素分析》[J]，载《建材与装饰》，2017年26期。

3. 陈曦：《浅谈博物馆陈列艺术设计》[J]，载《美与时代·城市》，2014年11期。

4. 胡杰明，刘智祎：《博物馆展陈设计对参观者情绪及行为的影响》[J]，载《科学教育与博物馆》，2018年05期。

5. 李峰、崔林浩：《博物馆展陈设计的表现形式研究》[J]，载《美术大观》，2018年7期。

6. 李骥悦：《论色彩设计在博物馆展示中的应用》[J]，载《戏剧之家》，2018年11期。

7. 肖原：《试析博物馆展陈设计中的故事性叙述手法》[J]，载《文物鉴定与鉴赏》，2018年8期。

8. 肖竹：《探究博物馆陈列艺术设计》[J]，载《读与写》，2017年23期。

9. 赵涛、李文瑾：博物馆展陈设计中的色彩运用》[J]，载《文物鉴定与鉴赏》，2018年15期。

浅谈博物馆历史类陈列的学术性和艺术性

——以贵州省博物馆为例

代梦丽[*]

摘　要　历史类陈列既要加强陈列展览自身的学术支撑，注重发挥自身特色，又要主动向社会公众普及，在阐释展览内容特别是历史文物的综合价值的同时，合理有效运用展示辅助手段，提高陈列展览的感染力，追求学术性与艺术性、专业性与趣味性的统一，既能科学再现历史本真，又能贴近参观者的心理需求，使参观者在有限的博物馆展陈空间内切实感受历史文化的敦厚、温柔之美，使历史类展览真正做到深入浅出、雅俗共赏。

关键词　博物馆　历史类陈列　学术性　艺术性

陈列展览是博物馆特有的语言，也是博物馆为实现其社会功能的主要方式，并最终体现着博物馆的整体工作水平。博物馆所取得的成就，不论是高质量的藏品，还是重要的科研成果，都要通过陈列来反映，博物馆陈列直观反映着博物馆工作的质量和研究水平。

由于文物（尤其是古物）是我国多数博物馆的主要藏品，以古物为依托的历史类陈列展览成为我国博物馆陈列展览的最重要类别之一。做好历史类陈列展览，不仅对于实现博物馆的社会功能具有重要意义，也是博物馆证明自己存在合理性的重要途径。

---

* 代梦丽，女，(1990-)，助理馆员。研究方向：藏品管理与研究。

随着科学的进步与社会的飞速发展，今天的博物馆陈展不仅内容丰富，形式也越来越多样。历史类陈列的特殊属性决定了其展陈设计除了要突出历史的凝重感、再现历史的真实面貌之外，还应吸引观众参与，以便其特殊的教育功能得以实现。这就要求博物馆的历史类陈列设计不仅要具备严肃的学术性和专业性以真实再现历史的本真，同时要注重陈列形式及手段的艺术性和趣味性，能牵动观众的心神，与参观者产生共鸣。

但是，在实际的博物馆"旅程"中，不难发现：对于博物馆"设计师们"精心设计布置的陈列，观众能从头至尾仔细观看的，往往只是少数。受种种环境、条件的影响，国内参观者对博物馆的历史类展览兴趣有余而耐心不足，大多数只是走马观花以看热闹的方式浏览展场，却无意深究和体会其中的历史、文化韵味[1]。据相关调查者对湖北省博物馆观众行为的调查，以曾侯乙墓展为例，停留时间在11—20分钟的观众数量比例最高[2]。1928年，心理学家罗宾逊提出观众的"博物馆疲劳症"，即在观众体力消耗和视觉高度集中的时候，极易产生疲劳。它主要表现在：人们怀着浓厚的兴趣来到博物馆，但刚过不久，心理就感到烦躁，腿脚开始酸疼，原来的兴趣大减，很想尽快走出展厅。这种疲劳产生的心理会使人们离开博物馆的念头随着参观时间的增加而增强，对陈列品的注意力也随着参观时间的增长而减弱。[3]深究来看，产生这种心理的原因主要可以归纳为以下两方面：

首先，陈列形式的单调和陈列环境不良造成的疲劳。在这种气氛下，参观者面对的是比较枯燥的知识图解，缺乏具有审美功能的环境，内容很少有趣味性。这种特点在博物馆的历史类陈展中尤为明显，我国博物馆的历史类陈展主要以通史、地方史、革命史、人物传记等历史性史料为主，传统上强调陈列的学术性、专业性，注重同行和上级领导的评价，忽略趣味性、观赏性，这无形

[1] 郑媛丹：《历史类博物馆陈列设计研究》，武汉理工大学硕士学位论文，2009年。
[2] 吕军等：《湖北省博物馆观众行为调查报告》，载《东南文化》，2012年03期。
[3] 郑媛丹：《历史类博物馆陈列设计研究》，武汉理工大学硕士学位论文，2009年。

中也增加了参观者身体和视觉的负担。在博物馆的陈列空间里，参观者往往存在对方位的探寻心理，即尽快想知道将要去看的地方。如果博物馆的陈列缺乏相关的引导设计，参观者就可能感觉到混乱，并因此而产生不安、厌倦和烦躁的情绪。

同时，引起观众疲劳的另一原因是博物馆陈列的内容与参观者已有的"认识结构"缺乏交流。简单来说，历史类陈展有着更多的历史厚重感，明显地透射出凝重、庄严和悠远的深层文化内涵。长期以来，出土文物对于历史学家、考古学家而言，其价值的重要性极为清晰，然而对于社会公众来说，理解和认识出土文物的价值则存在着明显的困难[1]。这种"隔行如隔山"的障碍不仅使参观者从中获取的知识大大受限，而且使博物馆的社会功能大打折扣。

随着科学进步和社会的发展，今天的观众获取知识与信息的方式和过去相比有很大不同，人们往往并不需要在博物馆里接受系统的知识传授，而希望了解文物展品背后的故事，期盼从从未有过的体验中获得知识和信息。这就要求博物馆的历史类陈展要让观众充满好奇，充分激活观众的情趣，实现学术性与艺术性、专业性和趣味性的统一。

一、历史类陈列的学术性和专业性

我国的博物馆陈列是由传统的古物收藏演变而来，受这些历史原因的影响，我国博物馆陈列尤其是历史类陈展的出发点都是藏品，大部分的陈展设计工作是围绕藏品展开的，考虑更多的是如何摆放更为安全，而观众一般只能透过橱窗观看展品。但现代意义上的博物馆陈展设计要求以人为本、以观众为中心、以观众的需求为出发点，不仅要考虑"我能给观众什么"，更要考虑"观众需要什么"。观众进入博物馆的展示空间，其参观活动主要包括阅读文字、

---

[1] 单霁翔:《浅析博物馆陈列展览的学术性与趣味性》，载《东南文化》，2013年02期。

聆听讲解、欣赏展品、观看视频、亲身体验和动手操作等[1]。为此，应当重新审视、评估博物馆所拥有的历史文化资源，并将其整合、转化为博物馆文化赖以深化的资本，通过新颖、多样的展示内容和手段，展示历史文化的内涵与魅力，使历史类陈展，乃至博物馆保持经久不衰的文化吸引力[2]。

根据一些研究者对其他博物馆观众行为的相关调查[3]，一般来说，参观时间在41分钟以上的观众大体可分为两种：第一种是随团参观的游客，他们的参观时间受到讲解员或导游的控制；第二种是本身对这类展览表现出浓厚兴趣的观众。跟踪调查发现，后者本身已经具备对将参观文物的基本了解，参观目的往往是追求更深层次的知识和信息。由此可见，博物馆要吸引参观者更长时间的关注虽然有赖于人们文化素质的提高和历史知识的积累，更需要博物馆认识、理解公众的社会需求，用科学普及的方式，更为主动地向社会公众阐释馆藏文物藏品的综合价值。历史类陈展的文物展品往往历史底蕴浓厚，且由于年代久远、损毁严重，其审美价值与艺术价值相对较弱。虽然这类文物展品的学术研究价值珍贵，然而普通大众对其重要意义却不易理解，所隐含的一些文化内容甚至容易引起争议。因此，为了进一步策划出高水平的历史类陈列展览，需要潜心对馆藏文物藏品进行细致而专业的释读，深入浅出，为观众呈现出一顿顿高质量、高水平的历史大餐。

首先，博物馆的科研实力和科学研究质量，直接决定着历史类陈列展览水平的高低。只有对文物藏品的特点进行长期不懈的探索，发掘其文化内涵，提炼出具有鲜明特色、使观众耳目一新的选题，才能为举办高水平的陈列展览创造必要的前提和基础[4]。贵州省博物馆作为一座以展示贵州历史文化和民族文化为主题的综合性博物馆，坐拥丰富的历史文化和民族文化资源，其藏品总量虽

[1] 单霁翔：《浅析博物馆陈列展览的学术性与趣味性》，载《东南文化》，2013年02期。
[2] 沈岩：《从免费开放反思当前博物馆教育的改革》，载《中国文物报》，2010年2月24日第7版。
[3] 吕军等：《湖北省博物馆观众行为调查报告》，载《东南文化》，2012年03期。
[4] 单霁翔：《浅析博物馆陈列展览的学术性与趣味性》，载《东南文化》，2013年02期。

不及国内其他"文物大省"的省级博物馆，但藏品种类丰富且特色鲜明。以三叠纪水生爬行动物化石为代表的古生物化石资源，以黔西观音洞、盘县大洞为代表的史前文明遗存，以赫章可乐遗址为典型遗存的古夜郎文化，以及以遵义播州杨氏家族为代表的丰富土司文化遗存等，都具有独特的地域特性和文化个性。同时，贵州是一个境内有十七个世居少数民族的多民族省份，馆藏民族文物不仅数量众多，且内涵丰富，作为多元文化载体，各民族文化相对集中，个性文化特征明显，除艺术性、历史性之外，还具有强烈的文化性。以此为基础，如果加大科研力度，不论是以史为线，对馆藏文物藏品进行深入探究和解读，还是以点带史，有重点、分步骤深层挖掘文物藏品的文化内涵，抑或是以点带面，对某一类藏品进行纵向研究，甚至不局限于贵州省博物馆，而可以和其他兄弟馆的馆藏文物进行整体、深度研究，均可以为打造更深层次的文物精品展，形成特色鲜明、独树一帜的高水平文物盛宴打下坚实的基础，从而把馆藏丰富的文物藏品资源转化为贴近社会大众的文化展品资源，让社会公众更好地理解和认识出土文物的价值，实现其文化传播的功能。同时，伴随着文物考古工作和历史研究工作的新进展，新成果层出不穷，博物馆应该及时做好调整，把新的研究成果以展览的形式转化给观众。此外，还可以某一类别、某一系列文物为主题，系统地向参观者展示整体文物之美。如《盈盈花盛处——贵州省博物馆藏彩瓷精品展》以贵州省博物馆馆藏明清至民国时期精品彩瓷为主题，不仅迎合了大众对瓷器这一精美艺术的喜爱心理，也充分展示出馆藏瓷器的丰富（图1）。

同时，除了对文物藏品本身的研究，文物藏品陈列的内容和形式也均应该以遵从科学性、学术性为前提。具体来说，首先是展览策划理念的转变。对于历史类陈展来说，以内容主题取胜是最主要的一种展陈形式，陈列展览的内容设计应该被放在足够重要的位置。以藏品的历史文化为线索，让历史和文化建立系统化的展品收藏与研究体系，围绕主题和故事线，通过各类文物的陈列来叙述完整的故事。其次，展品之间应当具有非常密切的关系。展品征集应该具有一定的系统性和有机性，会伴随着展览的进程，根据故事和主题来选择，使故事叙述更加完整和有说服力。同时，展品陈列必须与陈列主题息息相关，对体现主题具有良好表达能力。展品有了关联性，才能形成一个系列，以有

图1　盈盈花盛处——贵州省博物馆藏彩瓷精品展

效反映某种现象的历史演变过程。在历史类陈展中，很多文物展品的价值就在于他们是许多重要历史事件和故事的强有力见证者，其实欣赏价值已经不怎么重要了，他们可以为参观者娓娓讲述脚下这块土地所有过往的历史故事，富有文化传承意义，也是展览的重心。再者，在陈列形式上，也要注意专业性的表现。包括前言、说明等版面，以及对环境氛围的把握和艺术形象的表现，也均应依据文物藏品本身承载的历史信息，尽量减少不必要的历史性的、晦涩的描述，而充分利用文物藏品的本体特色，展示文明的魅力。

二、历史类陈列的艺术性和趣味性

历史类陈列展览主要以历史的发现、演变及历史人物、事件为宣传主题，旨在以各类文物及图片为信息的载体来再现历史，陈展的设计一般偏重突出历史的凝重感，由此显得单调而无味。同时，由于受历史原因影响及自身历史属性的局限，在内容方面，历史类的陈展内容一般都有学术性的、教诲式的刻板特点，缺少趣味性和观赏性。对于历史类专题陈列来说，陈列展览是打开大量珍贵文物对外展示的窗口，这类展览要持续获得公众的认可，其陈展设计必须力求创意新颖、特点突出，这就要求陈展设计师在展览设计中对新技术、新工

艺、新材料有选择地、适度地加以运用，在陈列展示的过程中运用多样化的方式和手段来弥补内容枯燥的缺陷，进一步增强陈列展览的艺术性和趣味性。

首先，历史类展览的陈展设计师们应转变态度，避免过于直白、缺乏想象力、直接灌输式的展览设计方案，而应该把参观者的态度逐渐由被动转为主动，鼓励不同立场与观念交融碰撞的双向对话，让参观者有更多互动与思考的空间，通过观众与展品之间的这种交互来实现信息的有效传播。展览设计方案应以吸引观众参与为目的，根据展品和观众需求来进行形象设计和知识铺垫，让观众变被动接受为主动学习。

在《博物馆趋势观察2014》报告中，美国博物馆联盟未来中心指出，不断增长的多感官体验的需求，会使博物馆在他们的展品和展览方案中，经常性地使用更多的方式，博物馆可以结合自身的智力资源和数字技术与新的感官再现科技，为藏品提供全面的远程访问通道，通过更多创造性的、个性化的方式来创造一个多感官的博物馆。同时，加之现在互动技术的大量涌现，这种双向的交流互动会变得越发具有自主性。例如在秦始皇帝陵博物院的秦俑地宫中，铜车马活动伞柄的模拟操作，在挑战今人头脑的同时也让我们由衷地感慨古人的智慧。在贵州省博物馆《古生物王国》的陈展设计中，为了吸引参观者主动了解那些已经消失的远古生物，陈展设计师们引用了一系列互动式体验设备（图2），通过简单易上手的互动式体验，这些数亿年前生活在我们脚下这片土地上但早已灭绝的古生物物种不再只是展柜里的标本，而变成了活生生的生物展现在参观者面前。

其次，为了增强历史类陈展的吸引力，塑造个性化的历史类陈展，可以从充分发挥独特的地方文化、区域文化优势着手，强调陈展内容与形式的地方文化、区域文化特色。从陈列主题的选定到陈列脚本的编写，可以着重突出本地区历史文化的特色和藏品的特点[1]，借可视性的形象语言配合简要的文字说明，

---

[1] 严建强：《文化解读与历史陈列的个性化》，载《中国博物馆》，2000年第4期。

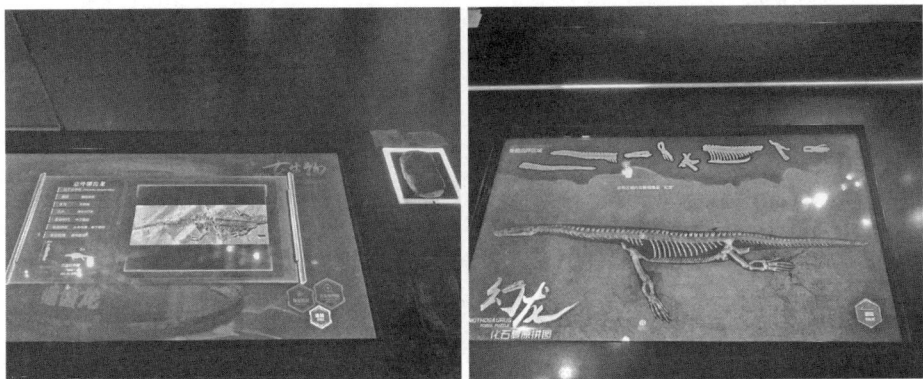

图2 《古生物王国》展厅的互动体验设备

重点关注能有力揭示个性特征和地方特色的历史事件和文物藏品，采用多种手段将其丰富、饱满地展示出来，直接给观众留下深刻印象。通过这些局部的丰富饱满的古代生活场景来拉近陈列和参观者之间的距离，并让参观者对这一地区历史中最富有特点的东西留下深刻的印象。以贵州省博物馆为例，在设计历史类陈展时，可以突出其鲜明的民族与地区文化特色（图3），使陈列展览更形象生动，富有感染力，从而更容易受到社会公众的青睐。[1]例如可以依托丰富且独特的民族文化资源，策划展示某一民族在不同历史时期的发展面貌或者在某一特定历史时期不同民族的不同文化面貌的历史类陈展。

　　合理运用展示辅助手段，增强历史类陈展的感染力。随着对博物馆展陈设计研究的不断深入和充分实践，已经有越来越多的展示辅助手段运用到了博物馆陈列之中，使陈列的教育传播效果更加生动、易于接受，这对于传统的历史类陈展而言，是新的发展机遇。运用得当的辅助陈列设备能大大提高所传达信息的感染力，使原本单调、枯燥的历史知识变得鲜活而富有生命力，从而丰富展示内涵，增强历史类陈展的吸引力和趣味性，给参观者带来轻松与愉悦的参

[1] 罗军:《关于历史类博物馆陈列展览与陈列设计的思考》，载《沧桑》，2014年第4期。

图 3 《历史贵州》展厅中夜郎文化套头葬复原展示

观体验，使参观者在有限的博物馆空间中能全方位体验和感受历史文化的无限魅力。2012年7月，湖北省博物馆与中国移动湖北公司合作，为馆内208件珍贵藏品设置二维码标签，在二维码的帮助下，参观者不用依赖讲解员就能在偌大的博物馆里"自助游"。[1]此外，近年来，历史类博物馆出现"艺术转向"的趋势，声音[2]、动画等都被运用到博物馆的陈列展示中来。这对于历史类陈展来说，也具有借鉴之意。同时，需要注意的是，要重视在展厅中对现代气息浓重的高科技应用设备适当进行遮蔽和隐藏，尤其是对于历史类陈展来说，历史性与文化特征应是主体，应避免这类现代设备"喧宾夺主"，从而才能真正实现"让博物馆享用无处不在的高科技，又像空气一样感觉不到它们的存在"[3]。

对于历史类陈列展览来说，其目的是通过陈列展览的方式，与观众交流文物藏品的历史内涵，让观众在欣赏文物的过程中了解历史、接受教育。同时，

---

[1] 岳昕瞳：《博物馆展示中说明标牌的数字化交互研究》，中国美术学院硕士学位论文，2013年。
[2] 阳昕：《浅议"声音"在陈列中的运用》，载《博物馆研究》，2014年04期。
[3] 单霁翔：《浅析博物馆陈列展览的学术性与趣味性》，载《东南文化》，2013年02期；徐征野：《"文化的设计"与"设计的文化"》，载《建筑与文化》，2007年02期。

博物馆面向整个社会，其观众涵盖不同的年龄层、不同的兴趣爱好、不同的知识结构，也导致了参观目的的多样性[1]。这种学术文化内涵和公众参与的双重属性，要求这类陈列展览必须兼顾学术性与艺术性、专业性与趣味性的统一，追求陈展思想与形式的完美结合。也只有如此，才能使观众在欣赏陈列时沐浴高新科技之惠泽，产生温柔敦厚之美感，并在审美体验中使情感得以升华[2]。

对于博物馆陈列设计理念，著名设计师徐征野曾经说过，做博物馆展览设计，"戴着镣铐跳舞"是常态，也可能成就独特的自由和美感。对于历史类陈列展览而言，尤其如此，每一次展陈设计都是全新的课题。除行政、资金、时间、空间上的种种制约，对历史文物文化价值的理解、文化谱系的解读、文化艺术的再现、文化核心的解释，都是不可规避的必经之路、必积之功。因此，历史类的陈展设计不应追求无意义的张扬，而要有内涵的收敛，寻找形式设计和文化输出的最佳契合点，以求在展厅内达到一种适度和谐的"宁静的辉煌"，真正实现"深入浅出、雅俗共赏"的展陈设计目标。

[1] 杨溯:《试论博物馆文物陈列》,载《徐州师范大学学报》(哲学社会科学版),2008年02期。
[2] 侯春燕:《博物馆陈列艺术与技术的界阈约论》,载《中国博物馆》,2008年01期。

浅析贵州省博物馆文化创意未来发展方向

江钊 [*]

摘　要　在政策导向及文化产业大力发展浪潮的背景下，对贵州省博物馆的文创衍生品的研发意义进行解读，再通过剖析贵州省博物馆文创开发的现状，探究如何更好地利用馆藏文物的文化特点及自身优势，为贵州省博物馆的文创研发开创新思路，真正做到"将博物馆带回家"。

关键词　贵州省博物馆　文化创意　发展

国家文物局于2016年7月公布文件《关于公布施行〈博物馆定级评估标准〉等文件的决定》(文物博发〔2016〕15号)，文件中首次将博物馆文化创意产品的研发和经营纳入博物馆考核体系。博物馆文化创意产品的研发和经营共计40分，在合计500分的博物馆"陈列展览与社会服务"中占比8%。文化创意产品研发工作虽然所占比例不高，但博物馆文创在近几年受到了越来越多的关注，优秀的博物馆文创也成了吸引更多观众的新选择和必要的配套服务。随着我国经济的高速发展，人民精神追求的提高，各种文化服务的需求量与质量也在逐步增加，"博物馆热"给文博工作者带来了巨大挑战。

在全国范围来看，贵州省博物馆的博物馆周边产品商店模式起步探索较早，从原北京路博物馆旧馆的"黔艺宝"等公司入驻的租赁销售合作模式，逐步转变为新馆开放后的"贵博文创""贵博课堂""贵博研学"等新的品牌化塑

---

* 江钊，男,(1987-)，馆员。研究方向：文创产品开发与研究。

造，并为全省超过40家文创公司工作室等提供展示平台，博物馆的文创工作也在不断探索。与全国大多数博物馆一样，贵州省博物馆在文博专业方向领域具有较强的研究能力，及一定的研发创意转化设计能力，但是贵州本省并没有生产大部分文创产品的能力，因此文创产品的生产也是授权委托给第三方。由于工厂能生产的产品品类有限，就存在着商品雷同、质量不稳定、种类重合度高、研发落地不成体系、创意程度参差不齐、版权意识淡薄、产业链不系统等一系列问题。那么，在文化创意服务工作中如何实现自身突破，适应社会潮流，更好地服务博物馆、服务观众，实实在在地发挥自身的作用，实现宣传教育传播文化的功能，一直都是文创工作中不断研究的课题。

一、贵州省博物馆文化创意服务的理念及意义

党的十八大以来，以习近平同志为核心的党中央高度重视文物保护利用工作。中共中央明确提出：要健全社会参与机制，在可移动文物保护利用方面，社会的力量参与，主要是助力国有博物馆开展运营，提升其公共文化服务水平，探索博物馆与文博企业合作研发文物衍生产品的新模式，使文物价值得到更广泛的体现。

贵州省博物馆作为一个综合性省级博物馆，其文创产品的研发理念主要是把传统的文化符号应用到文创产品中，使文创产品融入生活，做到让观众把"中华传统和地域文明"带回家，把博物馆的展览、文物、反映的社会思想带回家，通过博物馆的文化底蕴、器物的形象图案，传统生活方式的延续等，设计各种既具有实用功能，又有教育意义、美学价值的产品。因此贵博的文化创意工作理念以"让文物活起来"为文创产品开发研究的目标，以文创服务观众为核心，以传播美学价值、文化价值、文物价值为导向。通过博物馆的文化资源整合，各类文化元素的提炼、解构，再设计出与传统产品功能相结合的文化商品。

一是将馆藏文物所蕴含的文化通过重新梳理、载体重构与传统产品使用功能结合，对传统商品进行文化提升，使之获得更多的文化附加值；二是由于贵州省博物馆的藏品中，民族文物为贵州省博物馆馆藏亮点，在国内独树一帜，其中中国苗族服饰库和中国苗族银饰库的存量位居全国第一。因此，贵州省博物馆的文创能够结合本土的民族手工艺，以优秀的手工艺为载体做文创设计，让创意与民族传统工艺不断发生"化学反应"，使文化产业发展的推动力愈加强劲。

二、贵州省博物馆文化创意工作现状

在故宫博物院创意衍生品开发成功这一先例的影响下，全国各大博物馆开始注重自身馆藏资源的创新转化与研发，文化创意产业与博物馆馆藏历史文化资源有效嫁接，在成为博物馆界文化产业新发展共识的同时，也是博物馆时代发展的新趋势。作为贵州历史文化藏品、贵州民族文物藏品、史前文物标本最多的博物馆，贵州省博物馆在不断挖掘藏品内涵，与文化创意、社会教育、文旅融合等方向结合开发衍生产品，力求让文化的传播打破原有枯燥乏味的刻板印象，传递中国传统文化的精粹，不断研发产出符合市场需求的优质文化产品，呈现年轻活力的博物馆形象。贵博文创以结合贵州省文化特色作为产品开发的初衷，向观众推出系列文创产品，主要包括四个板块：

一是贵州丰富民族文化背景下的创意产品：包括民族Q版娃娃系列的行李牌、书签、抱枕、涂色板、笔记本等系列周边；传统民族纹样创意产品，包括马克杯、纸胶带、创意文具等。（图1）

二是结合贵州省博物馆馆藏文物，出品了大量历史文物文创周边，包括以镇馆之宝东汉铜车马为原型设计的"银车马"摆件、铜车马浮雕冰箱贴（图2）、铜车马花器等；将鎏金三足铜釜等比例缩小变为迷你立体冰箱贴；鱼形铜带钩上的铭文"日利八千万"变成了红包上的美好祝愿；馆内一级文物清代"尘定

图1 左上：民族Q版娃娃系列创意产品；右上：民族Q版娃娃马口铁套装；左下：民族Q版娃娃行李牌；右下：传统民族纹样创意产品纸胶带

图2 铜车马浮雕冰箱贴

图3　左：植物草木染DIY体验包；右：植物草木染DIY体验现场

轩"斗彩人物盖碗变成了馆藏彩瓷展的纪念勋章、开瓶器等；馆藏青花缠枝番菊瓶成为能种花的迷你冰箱贴，被赋予了别样的功用。

三是民族文化的推广。贵州作为少数民族聚居地，传播传承本土的民族文化是贵博文创不可推卸的义务，贵博文创结合当地优秀的民族企业，将蜡染、刺绣制作成一件件精美的手工艺品。与此同时，结合贵州省博物馆的非遗展示，设计了例如植物草木染DIY体验包（图3），观众可通过教程与体验包，自行设计蜡染、草木染布艺产品；可以在参观了解完贵州省传统干栏式建筑营造技艺后，自行组装苗族吊脚楼、侗族鼓楼DIY拼装玩具等。通过"贵博课堂"的形式，推出传统技艺、传统图样、传统生活方式等多种体验包，让课堂之外的游客也能学习传统工艺。

贵博文创的系统性研发起步较晚，但从2017年新馆全面开放到现在，已有两个文创商店、一个文创书店，文创品类也增加至300余种，贵博文创在此过程中不断汲取来自多方的宝贵经验，探索出"合作＋原创"的发展模式，与省内多家媒体、商业平台达成了战略合作，打造了精品研学路线及多家知名企业的联名产品，为我省优秀文创企业、本土设计师搭建了展示销售平台，合理运用自身文化优势，充分发挥博物馆的职能，将贵州省内独有的文化传播出去，吸引了众多游客，同时也吸引了大量年轻人投身到文创产品研发的大潮中，给贵博文创提供了更多可能性，注入了源源不断的新鲜血液。

三、文创研发所存在的问题

文化创意产业与博物馆馆藏资源结合交融的热潮下，带来了一定社会效益和经济收益，同时也出现了诸多问题：

一是如何平衡社会效益与经济利益？博物馆作为公益性事业单位，开展文创产品经营性活动势必会来带一定收益，当收益达到一定量时，如何平衡体制内部职工与文创收益的关系、文创收益的使用范畴、文创研发的公益性与经济利益，是文创工作需要重点考虑的。

二是创意文化符号的滥用，仅从视觉感官上选择使用馆藏经典文化资源，选择知名度高的文化符号滥用。例如我馆馆藏系列夜郎文物，是有着以赫章可乐遗址、威宁中水遗址和普安铜鼓山遗址出土大量文物为佐证的古夜郎文明。在文创产品的开发中贵州省博物馆也紧扣历史主题，出土文物的纹样、器型等，推出了夜郎武士主题形象、铜柄铁剑纹样布艺包、铜鼓形冰箱贴等，都是基于理论研究基础上，再对夜郎文化梳理后的创意。然而其他企业公司根据"夜郎"这一名号，就推出了夜郎酒、夜郎王药品、夜郎古国食府等，造成了文化符号的传播偏差。

三是过度依赖本土设计生产的力量。博物馆将文物过度授权于第三方开发，会造成创意堆叠、冗余，导致过度曝光博物馆的文化IP，观众产生倦怠感，也会导致创意深度挖掘不够、产品文化价值缺失。在大众文化消费观念日趋提高以及文化资源有待深掘的当下，馆藏资源需在转化中不断创新，提高文化品位；例如有众多厂商对贵州省丰富的民族文化感兴趣，推出了多款民族娃娃的创意设计，然而对文化的梳理不清，过度追求美观，成本控制过低等，导致民族玩偶公仔出现价格差异大、文化符号单一、制作精良程度差异大等问题，从而造成市场销售混乱，观众对民族服饰认知造成较大偏差。

四是馆藏资源创意衍生品开发能力不足，衍生品品类单调、缺乏博物馆馆藏资源特色文化内涵，且与各地旅游景点所销售的旅游纪念品大同小异，甚至存在粗制滥造、缺乏文化消费吸引力等问题。全国各大博物馆的授权生产商，大部分都是传统玩具制造商转型。由于文创产品起订量较低、质量要求高、文化符号需要凸显，导致能够量产的产品大多数都比较雷同。例如最畅销的冰箱贴、书签、笔记本、行李牌、丝巾、马克杯、帆布袋等成了大部分博物馆都会推出的同质化产品。

五是文化创意服务与社教功能结合薄弱。文化创意的核心要素是创新，创新产生的源泉是创造力。在文创大发展背景下，应该更好地结合博物馆社会教育中的学生创新意识、创造力的培养，应从产品研发需求源头设计开始，着力于社会教育服务职能，加强两者合作。

四、贵博文创未来发展方向

纵观各地博物馆的经验，可以看到贵州省博物馆文创服务工作的未来趋势大致有几个方向：

1.科技支撑，让原创陈列"活"起来

将互联网、物联网、大数据、虚拟现实、人工智能等科技手段充分融入博物馆标识系统、解说系统、保护与创意开发当中，丰富陈列展示形式、文创拓展延续内容，让博物馆能"说话"、会"说话"，说"文化话"、说"旅游话"，说"通俗易懂的话"，让传统文化在新时代融合新鲜血液，焕发新的生命力。

2.深度体验，让游客观众"嗨"起来

在体验经济时代，牢牢抓住游客的视觉、味觉、嗅觉、听觉、触觉的同时，通过节事节庆活动如博物馆文化旅游节、博物馆之夜、文创集市大会等及知识闯关体验活动、现场创意活动（拓片体验活动、彩陶绘画体验、书法临摹体验），以及科普研学活动设计等，打造令人眼前一亮的新产品，为游客制造兴奋点。

3.融入创意，让文创产品"火"起来

立足贵博自身实际，结合市场需求，打开贵博文创的大门，将文博元素充分融入纪念品、游戏、动漫、影视、书籍、课程当中，吸引各界优秀力量，打造极具博物馆自身特色的超级文化IP，从而提升博物馆的国际知名度和品牌影响力。

4.以展带会，让产业链条"长"起来

博物馆拥有极具科学研究价值、历史考古价值的丰富藏品，十分适合开展各类文物、民俗、绘画、音乐等专业展览，适合借助丰富的藏品开展各类学术研讨会、学术座谈会、学术辩论会、考古挖掘论证会、考古成果发布会、历史专题报告会、文化旅游高峰论坛、文化旅游资源推介会等不同类型的会议论坛，邀请国内外知名的历史学家、艺术家、旅游学者、高校教师、相关社会团体组织成员等参加，加快形成"以展带会、以会促游"的展览（展示）、会议（论坛）、旅游（考察）相融合的发展模式，让博物馆旅游的产业链"长"起来。

5.关注非遗，让传统文化"动"起来

博物馆联合文化艺术部门开展非遗文化进社区、进学校、进园区、进农村、进企业、进军营活动，尤其要注重加强与贫困地区联合进行非物质文化遗产传承保护工作等公益行动，联合当地政府打造一批非遗扶贫就业工坊，让作为文博旅游重要组成部分的非物质文化遗产流动起来，散播开来，传承下去。还要把博物馆的宣传优势联动起来，将非遗小剧场打造成市民展演的好舞台；将非遗系列的文创产品越做越精，真正成为百姓生活的必需品。

6.文旅融合，让研学课程"玩"起来

博物馆将继续深化文旅融合，将贵州省旅游的优势资源结合博物馆的参观、博物馆课程、博物馆研学等打造更多丰富的研学线路。包括"穿越千年古堡——海龙屯探秘""博物馆天眼小记者""博物馆奇妙夜""博物馆小当家""红色博物馆之旅""博物馆考古小达人""博物馆小小非遗传承人"等多种研学线路，通过与第三方合作，定制青少年学生博物馆研学之旅，通过定制的博物馆研学，培养不同年龄层次孩子的动手能力、思考能力、探索发现的能力等。让文旅深度融合，让青少年的意识从传统观光旅游上升到研学探索的层面。

博物馆的文化创意服务根基在文化，优势在创意，意在传承，利在广阔的市场。文创产品开发和研究将会越来越多地落在策略和基础指导模式的研究上。贵州省博物馆的文化创意范围也不仅仅立足落地于产品之上，还通过科技支撑、结合非遗、紧扣博物馆教育研学等方向多维度发展。本文提出的发展方向定有不足之处，愿作抛砖引玉之浅见。博物馆蕴藏的文化是中华民族之瑰宝，其文化内涵和人文情怀是文创产品开发的源泉。相信传统文化在不同的载体中能够焕发出更多新的生命力，在文化创意发展上也将迸发新的活力。

[参考文献]

1. 邢致远:《博物馆文化创意产业模式与产品研究》[J].载《艺术百家》.2014（1）：18-22.

2. 杨静、余隋怀:《博物馆纪念品的设计研究与开发》[J].载《包装工程》，2011，32（2）：37—40。

3. 阴鑫:《中国博物馆文化创意开发研究——以北京故宫博物院为例》[D].河南大学硕士毕业论文，2016。